코기토 총서

세계사상의 고전

코기토 총서 044
세계사상의 고전

# 존재자와 본질

토마스 아퀴나스 지음 | 박승찬 옮김

도서출판 길

옮긴이 **박승찬**(朴勝燦)은 1961년 서울에서 태어나 서울대 식품공학과를 졸업했다. 가톨릭대 신학부에서 신학을 공부하던 중에 중세 철학에 관심을 가지게 되었으며, 독일 프라이부르크 대학에서 석사와 박사 학위(중세 철학 전공)를 받았다. 한국중세철학회 회장을 역임했으며, 현재 가톨릭대 철학과 교수로 있다. 그의 '중세 철학사' 강의는 2012년 11월에 SBS와 대학교육협의회에서 공동으로 주관하는 '대학 100대 명강의'로 선정되었다. 또한 SBS-CNBC '인문학 아고라' 「어떻게 살 것인가」, EBS 특별기획 「통찰」 등의 TV 방송 출연, 『한겨레신문』 연재, 다양한 강연 활동을 통해 사람들이 중세에 대해 갖는 편견을 깨고 중세 철학이 지닌 매력과 그 깊이를 알리는 데 주력하고 있다.

저서로 『생각하고 토론하는 서양 철학 이야기 2: 중세 – 신학과의 만남』(책세상, 2006), 『서양 중세의 아리스토텔레스 수용사: 토마스 아퀴나스를 중심으로』(누멘, 2010), 『철학의 멘토, 멘토의 철학』(공저, 가톨릭대학교출판부, 2013), 『알수록 재미있는 그리스도교 이야기』(전2권, 가톨릭출판사, 2015), 『서양고대철학 2』(공저, 도서출판 길, 2016), 『아우구스티누스에게 삶의 길을 묻다』(가톨릭출판사, 2017), 『중세의 재발견: 현대를 비추어 보는 사상과 문화의 거울』(도서출판 길, 2017) 등이 있으며, 역서로는 『모놀로기온/프로슬로기온』(캔터베리의 안셀무스, 아카넷, 2002), 『토마스 아퀴나스의 형이상학』(레오 엘더스, 가톨릭출판사, 2003), 『신학요강』(토마스 아퀴나스, 나남출판, 2008/도서출판 길, 2021), 『대이교도대전 II』(토마스 아퀴나스, 분도출판사, 2015) 등이 있다.

코기토 총서 044
세계사상의 고전

존재자와 본질

2021년 3월 31일 제1판 제1쇄 발행

2021년 12월 10일 제1판 제2쇄 인쇄
2021년 12월 20일 제1판 제2쇄 발행

지은이 | 토마스 아퀴나스
옮긴이 | 박승찬
펴낸이 | 박우정

기획 · 편집 | 이승우
전산 | 한향림

펴낸곳 | 도서출판 길
주소 | 06032 서울 강남구 도산대로 25길 16 우리빌딩 201호
전화 | 02) 595-3153 팩스 | 02) 595-3165
등록 | 1997년 6월 17일 제113호


ISBN: 978-89-6445-235-6 93100

서양 고대 철학과 그리스도교 사상을 이상적으로 종합해 낸 토마스 아퀴나스
그는 중세 시기까지 주도적인 사상으로 자리 잡은 플라톤-아우구스티누스주의에 바탕을 둔 그리스도교 사상에 새롭게 등장한 아리스토텔레스 철학을 이상적으로 종합해 냈을 뿐만 아니라 이후 서양 사상사에 중요한 토대를 마련하는 독창성까지 겸비했다. 이에 흔히 그의 철학을 '영원의 철학'(philosophia perennis)이라고도 한다.

어린 시절 9년여 동안의 영적 · 문화적 생활을 영위했던 몬테 카시노 수도원
529년경에 건립된 베네딕도 수도회 소속의 몬테 카시노 수도원은 유럽에서도 손꼽히는 교회 건축물로 토마스의 부모는 그가 5세 되던 해에 초등 교육을 받게 하기 위해 이곳에 봉헌했다. 이 수도원은 네 차례나 큰 피해를 겪기도 했는데, 제2차 세계대전 당시에는 전파(全破)되어 지금의 모습으로 새롭게 중건(重建)되었다.

파리 대학의 강의실 모습(16세기경)
서양 중세 신학 사상의 본고장이었던 파리 대학에서 수학한 토마스는 1257년 프란치스코 수도회 소속 보나벤투라와 함께 교수단에 받아들여져 강의를 하게 되었다. 당시 전 유럽의 재능 있는 학생들이 모여든 파리 대학에서 그의 명성은 삽시간에 퍼져 나갔다.

토마스의 위대한 스승 알베르투스 마그누스
'보편 박사'라는 별칭처럼 다양한 학문 분야에 박학했던 그는 아리스토텔레스 철학을 그리스도교 세계로 받아들이는 데 결정적인 공헌을 했다고 평가받는다.

서양 중세 사상의 형성에 지대한 영향을 끼친 아랍 학자 아비첸나(왼쪽)와 아베로에스(오른쪽)
서양에서 아리스토텔레스 철학은 그의 사후부터 12세기 무렵까지 거의 전승되지 못하고 있었다. 그의 철학은 이슬람 세계에서 방대한 주해 작업을 거치면서 활발히 연구 · 계승되었는데, 이를 대표하는 사상가들이 바로 아비첸나와 아베로에스였다. 아비첸나는 아리스토텔레스주의와 신플라톤주의를 이슬람 신학과 조화시키는 것을 목표로 삼았으며, 아베로에스는 아리스토텔레스가 남긴 작품들을 주해하는 데 학문 생활의 대부분을 보낼 정도로 중세의 아랍 철학자들 중에서도 가장 아리스토텔레스적인 학자였다.

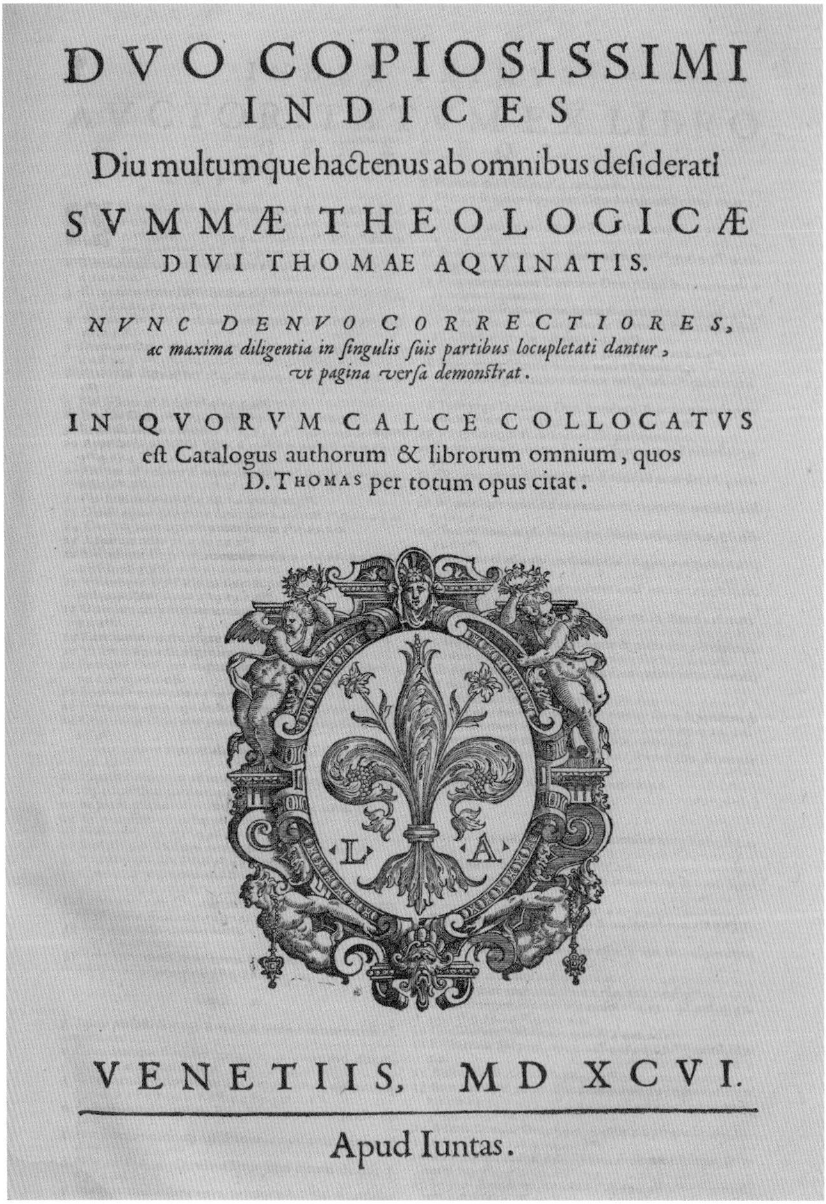
DVO COPIOSISSIMI
INDICES
Diu multumque hactenus ab omnibus desiderati
SVMMÆ THEOLOGICÆ
DIVI THOMAE AQVINATIS.

*NVNC DENVO CORRECTIORES,*
*ac maxima diligentia in singulis suis partibus locupletati dantur,*
*ut pagina versa demonstrat.*

IN QVORVM CALCE COLLOCATVS
est Catalogus authorum & librorum omnium, quos
D. THOMAS per totum opus citat.



VENETIIS, MD XCVI.

Apud Iuntas.

토마스의 방대하면서도 탁월한 주저인 『신학대전』(1596년 판)

『신학대전』은 서양 중세의 신학과 철학의 백과사전적 성격을 지닌 대작으로 영어 번역본만 하더라도 60여 권에 달하는 방대한 분량이다. 이 책에서 그는 인간의 합리적인 추론으로도 신의 존재를 증명할 수 있음을 보여 이성과 신앙의 조화를 꾀했다. 그가 남긴 또 다른 책 『신학요강』(미완성)은 일반 독자와 신도들을 위해 『신학대전』을 축약한 것이다.

## 옮긴이 해제

# 토마스 아퀴나스 전체 사상의 설계도: 『존재자와 본질』

### 1. 토마스 아퀴나스의 생애

토마스 아퀴나스(Thomas Aquinas)의 생애는 소크라테스나 아우구스티누스와는 달리 사람들의 기억에 항상 남아 있게 하는 뚜렷한 기복이 없었다. 그의 생애는 극히 단순했고 대부분을 여러 학교와 대학에서 보냈다. 그럼에도 그의 삶 속에서는 신에 대한 사랑으로 자신을 전적으로 헌신했던 이성적인 학자의 귀감이 발견된다.

토마스는 이탈리아 남부의 아퀴노(Aquino)라는 마을 근처 로카세카(Rocasecca) 성(城)에서 1225년경에 귀족의 아들로 태어났다. 그의 부모는 그를 5세 때 근처의 베네딕도 수도회 소속 몬테 카시노(Monte Cassino) 수도원에 봉헌해 초등 교육을 받게 했다. 뛰어난 지적 성숙을 보였던 토마스는 이미 14세에 인근 나폴리 대학에 입학했다. 당시 이 대학에서는 유럽의 많은 대학에서 금지되어 있던 아리스토텔레스가 이미 정식 과목으로 채택되어 있었다. 따라서 토마스는 자신의 학문에 결정적인 영향을 끼치게 될 이 철학자를 다른 학생들보다 먼저 접할 기회를 가졌다. 그렇지만 토마스에게는 나폴리에서 더욱 중요한 만남이 기다리고 있었다. 당시 그곳에는 새로운 탁발 수도회인 도미니코 수도회가 활동하고 있었다. 토마스는 그들의 청빈한 생활, 성서에 대한 해박한 지식, 복음을 선포하기 위한 열정 등에 깊은 감명을 받고 그 수도회에 입회하기를 원했다. 토마스는 도미니코 수도회 총장의 뜻을 따라 당시 신학의 중심지인 파리 대학으로 길을 떠나야 했다. 그러나 그의 어머니는 그가 교회의 고위 성직자가 되기를 원했기 때문에 기사(騎士)였던 형들로 하여금 파리로 가던 그를 납치해 감금토록 했다. 가족들은 감금된 토마스에게 아름다운 여인을 들여보내 유혹하거나 또는 신체적인 위협을 가하는 등 여러 가지 수단으로 그의 마음을 돌리려 시도했지만 성공하지 못했다. 토마스는 1년여의 감금 기간 동안에 많은 어려움을 잘 극복하고 자신의 결정을 확고하게 밝힘으로써, 마침내 가족들의 동의를 얻어 도미니코 수도회에 정식으로 입회했다.

그는 1245년 가을에 파리에 도착해 대(大)알베르투스(Albertus Magnus, 1200?~80)라는 위대한 스승을 만나게 된다. 알베르투스는 당시 '보편박사'(Doctor universalis)라고 지칭될 만큼 박학했으며, 특히 아리스토텔레스 철학을 그리스도교 세계로 받아들이는 데 결정적인 공헌을 했다. 토마스는 이 훌륭한 스승 밑에서 공부하면서 그로부터 매우 개방적인 정신을 물려받았다.[1]

토마스의 뛰어난 재능을 높이 평가했던 알베르투스는 몸집이 크고 말이 적어 붙게 된 그의 별명인 '벙어리 황소'라는 말을 빌어 이렇게 말했다고 한다. "우리는 이 사람을 벙어리 황소라고 불렀지만, 그가 앞으로 가르치게 될 때 그 울음소리는 전 세계에 울려 퍼질 것이다." 이러한 그의 영감에 찬 예언은 바로 실현되었다.

1 대(大)알베르투스에 대해서는 Jan A. Aertsen, 1999; Ludger Honnefelder, 1999; Timothy B. Noone, 1992; Caterina Rigo, 2001, pp. 29~66; Carlos Steel, 2001b 참조. 그와 라틴 아베로에스주의의 관계에 대해서는 Albert Zimmermann, 1980, pp. 465~93; Ludger Honnefelder, 2005a/2005b 참조.

토마스는 그 후에 파리 대학에서 규정보다 젊은 나이로 강의를 시작했으며, 1257년에는 프란치스코 수도회의 보나벤투라(Bonaventura, 1217?~74)와 함께 교수단에 받아들여졌다. 두 사람은 사상적인 차이에도 불구하고 꾸준한 우정 관계를 유지했다. 당시 전 유럽의 재능 있는 청년 학생들이 모여든 파리 대학에서 그의 명성은 삽시간에 퍼져 나갔다.

1259년 토마스는 파리를 떠나 이탈리아로 돌아가 9년 동안 여러 교황청 소속의 학원과 수도원에서 강의했으며, 1269년부터 1272년까지는 다시 파리 대학에서 강의했다. 이 시기에 그의 학문 활동은 절정에 이르렀는데, 특히 아리스토텔레스의 정통한 주석자임을 자처하던 라틴 아베로에스주의자들과 논쟁을 벌여 그리스도교의 진리를 옹호했다. 그 후에는 다시 이탈리아에 머물며 수도회 학교들과 나폴리 대학에서 강의했다. 토마스는 교황에 의해 리옹 공의회에 초청되어 가던 도중, 포사노바의 한 시토회 수도원에서 1274년 3월 세상을 떠났다. 그는 1323년에 성인(聖人)으로 선포되었으며, 1879년에는 그의 사상이 교황 레오 13세의 회칙인 「영원하신 아버지」(Aeterni Patris)에 의해 가톨릭교회의 공식 학설로 인정되었다.

이와 같이 토마스는 14세에 대학에 입학한 이후 49세의 나이로 세상을 떠날 때까지 오직 학문 활동에만 전념했다. 그는 재능이 워낙 뛰어났기 때문에 대학이나 교회에서 어려움이 있을 때마다 항상 초빙을 받았다. 이러한 떠돌이 생활이 학자인 그에게는 적합하지 않았지만, 그는 어떠한 조건 아래에서도 연구와 저술에 정진해 짧은 생애에도 불구하고 놀랄 만큼 많은 저작을 남길 수 있었다.

이러한 열정의 뒤에는 토마스가 믿었던 신에 대한 사랑이 자리 잡고 있었다. 그는 끊임없이 "모든 인간이 진정한 행복을 얻기 위해서는 바로 신을 추구해야 한다"라고 주장하면서 전 생애를 통해 이를 실천하며 살았다. 그는 가끔 모든 것을 잊고 깊은 사색에 빠지기도 했으며, 생애 말기에 이르러서는 신비 체험이 강해져 성자적(聖者的) 황홀경에서 삶을 영위했다고 전해진다. 결국 1273년 12월 미사를 봉헌하던 도중 신비한 체험을 한 후에 토마스는 일체의 저술 활동을 그만두었다. 그의 동료가 여러 차례 저술 활동을 계속하도록 권했으나, 토마스는 "내게 계시된 모습에 비하면 내가 쓴 것은 모두가 지푸라기처럼 보인단 말이네"라는 대답을 남겼다고 한다. 이러한 신비 체험은 토마스가 일생 동안 지니고 있었던 신에 대한 사랑이 집약적으로 드러난 사건이었다. 실제로 그가 알고 있는 모든 것은 자신의 탐구와 노력의 결실이라기보다는 신의 선물이라고 솔직하게 고백했다.

그렇지만 그는 이러한 신에 대한 열정 때문에 인간 이성의 중요성과 가치를 경시한 인물이 결코 아니었다. 그는 당시 대학의 인문학부에서 배운 철저한 논리학 지식과 광범위한 독서를 바탕으로 엄청나게 많은 정보를 경제적으로 기술하는 뛰어난 구성 능력과 명석한 사고를 지니고 있었지만, 자신의 방대한 작품에서는 거의 개인적인 기분을 드러내지 않았다. 그는 항상 사태의 뒤편에 머물러 있었으며, 그가 밝히고자 노력했던 것도 사태 자체였다.

토마스가 자신의 작품에서 이루고자 하는 평생의 과제란 바로 엄격한 사실성과 객관성이었다. 토마스는 이 과제가 위협을 받는다고 생각될 때에는 아리스토텔레스의 경고에 따라 강하게 사실성과 객관성을 강조했다. "학설들을 받아들이거나 거부할 때, 그 의견을 말하고 있는 사람에 대한 애호나 거부감에 따를 것이 아니라 진리의 확실성에 따라 판단해야 한다." 그는 학문적인 토론에서 "아무도 양쪽 편의 의견을 듣지 않고 판단을 내려서는 안 되는" 공정한 재판정에 선 것처럼 처신했다. 그렇기 때문에 그는 "반론을 제거하는 것은 진리를 발견하는 것과 마찬가지"라는 아리스토텔레스의 의견에 동조하면서 학문적으로 토론을 벌이는 상대에게도 그 의견을 명백하게 밝히도록 요구했다.

## 2. 토마스 사상의 특징

토마스는 새롭게 발견된 **아리스토텔레스 철학과** 전통적인 **그리스도교를 성공적으로 종합**해 내는 데 가장 탁월한 능력을 발휘했다. 아리스토텔레스는 자연학 분야뿐만 아니라 철학과 신학을 포함한 모든 학문 분야를 근본적으로 변화시켰는데, 토마스는 전통적인 플라톤-아우구스티누스주의의 핵심적인 가르침을 수용하면서도 이를 아리스토텔레스의 개념과 학문 방법론을 통해 표현하기 위해 노력했다.

토마스의 뛰어남은 동시대의 다른 학자들이 지녔던 아리스토텔레스 철학에 대한 태도와 비교해 보면 더욱 뚜렷이 드러난다. 13세기에는 대략 다음과 같은 세 가지 학문적 경향을 발견할 수 있다.

1) **보수적 아우구스티누스주의**: 그리스도교의 아우구스티누스 전통에 따라 교육을 받았던 학자들이 갑작스럽게 이성적 사고의 완성된 형태로 드러난 아리스토텔레스 철학에 직면했을 때 보인 반응은 비판적인 망설임이었다. 13세기 초의 대표적 학자인 오베르뉴의 윌리엄(William of Auvergne/Guillaume d'Auvergne, 1180?~1249)은 세계가 영원하다는 아리스토텔레스의 학설이나 신이 세계를 영원히 필연적으로 창조한다는 아비첸나(Avicenna/Ibn Sina, 980/87?~1037)의 학설이 세계를 무(無)로부터 자유롭게 창조했다는 그리스도교의 전통적인 가르침을 위협한다는 이유로 반대했다.[2] 이러한 위협에 공감했던 프란치스코 수도회 중심의 학자들은 정통적인 그리스도교의 가르침이 들어 있다고 믿는 아우구스티누스의 학설에 더욱 의존하게 되었다. 이 경향의 대표자인 프란치스코 수도회 소속의 수사 보나벤투라는 아리스토텔레스를 자연과학자로서는 존경했지만 형이상학자로서는 플라톤과 플로티누스를 더 존경했고, 특

2 Gabriel Jüssen, 1987/1990 참조.

히 그리스도교 학자인 아우구스티누스를 가장 존경했다. 보나벤투라는 아리스토텔레스가 신의 정신 안에 있는 이데아를 알지 못하고 이를 부인했던 점을 비판하면서 신앙의 안내를 받지 못한 그를 참된 형이상학자로 인정하지 않았다.

**2) 극단적 아리스토텔레스주의:** 이와는 정반대로 브라방의 시제(Siger of Brabant/Sigerus de Brabant, 1235?~84?)로 대표되는 라틴 아베로에스주의는 신학에서 독립적인 순수 아리스토텔레스를 주장했다.[3] 이에 속하는 학자들은 그리스도교 신앙과의 일치 여부에 관계없이 아리스토텔레스의 의견들을 '재인용'하는 것에 만족했다. 또한 이들은 세계의 영원성과 인간 지성의 단일성 등을 철학적으로 타당한 의견이라고 주장하는 한편, 철학과 신학의 관계에 대해 모호한 입장을 취함으로써 그 두 학문에서의 상반된 진리를 인정하는 것으로 의심받았다. 이러한 입장이 파리 대학의 인문학부를 중심으로 퍼져 나가면서 서구 세계는 아리스토텔레스 철학의 도입 이후에 최대 위기를 맞게 되었다. 이에 대처하기 위해 교회 지도자들은 1270년과 1277년 두 차례에 걸쳐 여러 명제들을 단죄했으나, 이는 위기를 해결하기 위한 현명하거나 적절한 대처 방안은 되지 못했다.[4]

**3) 온건한 아리스토텔레스주의:** 아리스토텔레스 철학에 대한 심정적인 거부감과 무비판적 수용의 태도를 넘어 오류로부터 진리를 가려내고, 이 새롭게 발견한 보물들을 그리스도교 신앙의 핵심에 결합하고 수용하

---

3 Fernand Van Steenberghen, 1977b; B. Carlos Bazán, 2005; J. F. Wippel, 2005, pp. 143~70 참조.

4 Alain de Libera, 1998; Silvia Donati, 1998; John E. Murdoch, 1998; D. Piché, 1999; Volker Leppin, 2000, pp. 283~94; Joseph P. Wawrykow, 2001, pp. 299~319 참조. 세계의 영원성에 대한 논쟁에 대해서는 김이균, 2007; 박승찬, 2019 참조.

려는 움직임도 나타났다. 이 과정에서 교황권의 지도 아래, 특히 도미니코 수도회 소속의 학자들이 주도적인 역할을 했다.

토마스의 스승이자 매우 박식하고 개방적인 사상가였던 대알베르투스는 아리스토텔레스 철학과 아랍 주해자들의 참된 가치를 깨달았다. 그는 이들의 문헌을 아직 파리 대학에서 공식적으로 강의되지 못한 시기에 이미 가르치기 시작했으며, 자신의 연구와 주해를 통해 이 새로운 철학을 다른 이들에게 이해시키기 위해 노력했다.

토마스는 스승을 넘어서 이 철학을 그리스도교 전통과 종합하려 했다. 그는 그리스도교 교리를 새롭게 도입된 철학들과 조화시키고 혼합함으로써 그 교리의 핵심을 변화시키려는 작업은 하지 않았다. 오히려 그는 그리스도교의 믿음과 아리스토텔레스주의나 다른 철학 사상이 충돌할 때마다 그 철학적 입장들을 수정하고 그리스도교의 가르침에 따라 교정하려 했다.

토마스의 『신학대전』, 『대이교도대전』, 『신학요강』과 다양한 '정기 토론 문제집' 등을 망라하는 엄청난 업적에 대해 가장 열정적인 반응을 보였던 주체는 가톨릭교회였다. 온전히 철학만을 위해 작성된 최초의 권위 있는 교황 문헌이었던 교황 레오 13세의 회칙인 「영원하신 아버지」는 토마스를 현대 가톨릭 철학의 스승으로 신포했다. 교황 레오 13세에 따르면, 토마스는 "이성과 신앙을 날카롭게 구분"했으나 "이 양자를 조화시켜 각각 자신의 권리와 품위를 고스란히 간직할 수 있게" 했다(제57항). 교황 바오로 6세도 이러한 평가를 계속해서 받아들였다.

> 그[토마스 아퀴나스]는 그리스도교 사상사 속에서 언제나 새로운 철학과 보편적 문화에 이르는 길의 선구자로 남아 있습니다. 그가 찬란한 예언자적 통찰력으로 신앙과 이성 사이의 새로운 만남에서 제시한 요점과 해결의 씨앗은 세계의 세속성(saecularitas)과 복음의 근본성 사

이의 화해였으며, 따라서 세상과 그 가치들을 부정하려는 자연스럽지 못한 경향을 피하면서도 동시에 초자연적 질서의 숭고하고 준엄한 요구들로써 신앙을 지킬 수 있었습니다(바오로 6세, 「사도적 서한」Lumen Ecclesiae, 1974. 11. 20).[5]

교황 요한 바오로 2세는 1998년 발표한 「신앙과 이성」이라는 회칙에서 회칙 「영원하신 아버지」가 교회 생활을 위해 역사적으로 매우 중요한 일보를 내딛었으며, 시간의 흐름에도 그 중요성을 보존하고 있다고 판단했다. 「신앙과 이성」의 후반부에서는 명시적으로 왜 가톨릭교회의 교도권이 반복해서 토마스 사상의 중요성을 강조했는지를 밝히고 있다.

실상 그[토마스 아퀴나스]의 성찰 속에서 이성의 요구들과 신앙의 힘이 일찍이 인간 사고에 의해 이룩된 가장 고상한 종합을 발견합니다. 왜냐하면 그는 이성에 고유한 모험을 평가 절하함이 없이 계시를 통해 도입된 근본적인 새로움을 옹호할 수 있었기 때문입니다(제78항).

그렇지만 위대한 성과를 거둔 토마스를 존경하기 위해 붙여졌던 '영원의 철학'과 '가톨릭교회 최고의 스승' 등의 명칭은 그가 당시 상황에 비추어 볼 때 얼마나 '진보적' 사상가였는가를 잊어버리게 만들기 쉽다. 오히려 사람들은 신(新)토미즘적인 학문 경향에 따라 토마스가 매우 보수적인 학자라는 인상을 받는다. 그러나 당대 학자들이 의심하면서 받아들이기를 주저하던 아리스토텔레스 철학을 그리스도교의 가르침을 설명하기 위해 과감하게 사용했다는 것은 그가 매우 **개방적인 사상가**였다는 것을 잘 보여 준다.

더욱이 토마스야말로 "신앙인은 건방지지 않으며, 오히려 진리는 겸

5 「신앙과 이성」 제43항에서 재인용.

손으로 이끈다"(「신앙의 빛」 제34항)라는 사실을 자신의 전 생애에 걸쳐 보여 준 학자였다. 그는 평생에 걸쳐 이루어진 토론 중에 항상 **평온하고 겸손한 태도**를 유지하며 상대방의 견해를 경청했다. 이러한 자세는 심지어 그와 다른 의견을 가졌던 토론자에게서도 찬탄과 칭송을 받을 정도였다.

이러한 토마스의 개방성과 겸손을 보면서 우리는 현대의 다양한 사상과의 관계 정립을 위한 중요한 단서를 발견할 수 있다. 만일 토마스의 정신에 진정으로 충실한 학자라면, 근대 이후의 변화와 현대의 다양한 사상에 대해 적대적이며 논쟁적인 태도를 일방적으로 취할 필요가 없다. 처음부터 회의(懷疑)와 거리낌, 심지어 적개심 등을 지니고 접근하기보다는 오히려 그 안에서도 참신한 지적 조명을 발견할 수 있다는 기대를 가지고 다가가도 좋을 것이다.

다른 학문과 견해에 대한 개방적 태도에도 불구하고, 토마스는 아리스토텔레스 철학의 특정 해석을 무비판적으로 수용했던 라틴 아베로에스주의의 편협함과 대조되는 뚜렷한 자의식을 지니고 있었다. 토마스는 아리스토텔레스 철학이 참신하고 당대에 영향이 컸기 때문에 그것을 단순히 받아들인 것이 아니라 그의 철학이 전체적으로 진리와 일치한다고 판단했기 때문에 받아들였던 것이다. 예를 들어 토마스는 세계의 영원성과 능동 지성의 분리 등에 대한 입장에 대해서는 그리스도교 교리와 일치하기 힘든 아리스토텔레스의 해석을 명백히 거부했다.

이러한 토마스의 태도에서 우리는 다른 학문과의 대화에서 나타날 수 있는 위험에 대처하는 방법을 배울 수 있다. 그 첫 번째 위험은 '**절충주의**'(eclecticismus)로서, 이는 서로 다른 체계나 역사적 맥락에서 사용되고 있는 개념이나 주장들을 무비판적으로 종합하는 태도이다. 이를 극복하기 위해서는 단순히 여러 사상을 나열해 놓는 것이 아니라 그 사상들이 담고 있는 모순과 긴장감을 해결하기 위한 진지한 노력이 반드시 필요하다.

또 다른 위험은 어떤 철학의 진리성이 특정한 역사적 시기에 적합한지에 따라 좌우된다는 **'역사주의'**(historicismus)이다. 물론 그 자체로 영원 불변한 진리라고 하더라도 시대와 문화에 따라 다르게 표현되어야 하며, 이러한 역할이 전통에 기반을 두면서도 현대적인 문제에 답해야 하는 신학자와 철학자의 사명이다. 그러나 이러한 사명과 역사주의는 분명하게 구별되어야 한다. "어떤 사상 체계가 어떤 식으로든 시간과 문화에 매여 있다고 하더라도, 그것이 표현하는 진리 또는 오류는 시공(時空)의 거리에도 불구하고 언제까지나 불변하게 그러한 것으로 규정되고 평가될 수 있다"(「신앙과 이성」 제7항).

## 3. 『존재자와 본질』의 저술 시기 및 중요성

### 1) 저술의 명칭

이 책은 통상적으로 『존재자와 본질』(*De ente et essentia* 또는 *De ente et essentia ad fratres et socios suos*)이라고 불린다. 이미 기존 번역서에서 『유(有)와 본질(本質)에 대하여』 또는 『존재자와 본질에 대하여』 등으로 번역되었으나 최근 학계에서 라틴어 'De'나 영어의 'On'을 번역하지 않는 경향(『신학대전』 최신 번역본, 한국교부학회 발간 저서 목록 등)에 따라 『존재자와 본질』로 번역했다. 『무엇임과 존재』(*De quidditate et esse*, Ptolomaeus Lucensis), 『존재자의 무엇임 또는 존재자와 본질』(*De quidditate entium seu de ente et essentia*, Bernardus Guidonis) 등의 제목도 함께 사용되었다.

### 2) 의의

토마스는 자신의 학문적 연구 및 교육 활동과 관련된 주요 저작들(『명제집 주해』, 『대이교도대전』, 『신학대전』 등) 이외에도 논쟁과 질의, 개인적 중재 및 그 시대의 중요한 문제들에 대한 견해를 밝힌 수많은 문헌을 우리에게 남겨 놓았다. 이 문헌들의 내용이 목표하는 바는 그것들이 저술된 동기를 통해 드러난다. 토마스의 제자들은, 인쇄 이전에 수사본으로 이루어진 편집본들이 증명하듯이, 이 작은 저술들을 수집하려고 애를 썼다. 토마스의 비서였던 피페르노 레지날두스(Piperno Reginaldus, 1230?~85/95?)는 당시 『소품집』(*Opuscula*)이라고 불린 25권의 목록을 작성했다. 『존재자와 본질』은 소품들 중에서 가장 유명한 것으로, 의심의 여지없이 사람들이 정말로 연구했던 유일한 작품이다.[6]

『존재자와 본질』은 초기에 저술된 작품인데도 불구하고, 그 안에는 토마스 철학의 근본 사상들이 분명하게 드러나 있다. 특히 모든 탐구의 기초를 제공하는 형이상학의 기본 용어들, 즉 존재자, 본성, 본질, 유(類), 종(種), 종차(種差) 등을 상세히 설명하고 있다. 토마스는 존재와 본질이라는 용어의 여러 의미들을 살피면서 본질이라는 개념이 복합체에도, 분리된 실체들에도, 우유(偶有)들에도 유비적으로 적용될 수 있음을 보여주고 있다. 이 작품은 비록 아비첸나의 『형이상학』을 비롯해 아랍 철학자들의 작품에 상당히 의존하고 있음에도 불구하고 완전히 독창적이다. 토마스는 여섯 개의 장으로 된 짧은 글 안에 자신의 풍부한 사상과 거대한 체계의 기초를 이루는 핵심적인 내용을 잘 요약해 놓았다. 따라서 이 작품은 비록 적은 분량이지만 내용이 대단히 풍부하며, 형이상학의 근본 개념들을 이해하는 데에 중요한 텍스트이다. 또한 토마스는 이 근본 개념들과 주제들을 일생 동안 꾸준히 발전시켜 나감으로써 존재철학을 완성하게 된다.[7] 따라서 이 책은 토마스의 독창적인 '존재의 형이상학'의 축약판처럼 보였으며,[8] 그의 정신적 삶이 구체적으로 확장되는 과정을

6 M. D. 셰뉘, 1997, 370쪽; H. Renard, 1949, pp. 62~70; C. Stevens, 1980, pp. 389~400; N. Slenczka, 2003, pp. 159~72; T. Wietecha, 2016, pp. 155~70 참조.

7 토마스가 형이상학에서 사용한 근본 개념들에 대한 개괄은 J. 드 프리스, 1997; 레오 엘더스, 2003 참조.

8 J. C. Doig, 1972; Martin Grabmann, 1975, pp. 314~31; J. J. E. Gracia, 2003, pp. 137~

알기 원했던 이들에게 적극적으로 수용되었다.

그뿐만 아니라 이 책은 시대의 흐름에 따라 항상 새롭게 제기되는 존재(esse) 또는 실존(existentia)의 문제를 파악하는 데 대단히 중요한 토대가 되기 때문에 깊이 연구해야 하는 원전이다.[9] 현대 철학자인 마르틴 하이데거(Martin Heidegger)는 서구 철학 전체를 '존재 망각의 역사'라고 비판했지만, 이 책을 보면 토마스가 얼마나 '존재'와 '본질'이라는 문제를 심도 있게 고민했는가를 잘 알 수 있다. 토마스가 이 문제를 도입함으로써 존재의 문제는 서구 철학에서 가장 중요한 문제 가운데 하나로 논의되었다.[10] 이러한 의미에서 『존재자와 본질』은 여전히 철학 분야에서 중요한 고전적 텍스트로 남아 있다.

### 3) 저술 연대

이 책의 저술 시기에 대해서는 매우 다양한 의견이 제시되었다. 루트비히 바우어(Ludwig Baur)는 그 시기를 1252년 조금 이후로 보며, M.-D. 롤랑-고슬랭(M.-D. Roland-Gosselin)은 "『명제집 주해』 제1권의 25구분(distinctio XXV)을 강의하고 있었을 때"라고 특정하면서 이 저서가 1254년경에 저술된 것으로 본다. 피에르 망도네(Pierre Mandonnet)는 1256년에 저술된 것으로, 앙투안 동뎅(Antoine Dondaine)은 다양한 의견을 제시하면서 신중하게 1252~56년이라는 넓은 기간을 제시했으며, 왈츠(P. A. Walz)는 더 넓게 1250~56년으로 저술 시기를 열어 놓는다. 이와 같은 견해들을 볼 때, 아직까지는 특정 연도를 저술 시기로 지정할 정도로 확실한 논거가 제시되지 않은 것으로 보인다. 그러나 이 책은 톨로메오 다 루카(Tolomeo da Lucca)의 주장대로, 토마스가 정식 신학 교수(Magister)가 되는 1256년 3월 이전에(nondum existens magister) 아직 페트

42; 정의채, 1981; 서병창, 1996c, 59~84쪽; 요셉 라삼, 2009 참조.

9 P. Fotta, 2005, pp. 473~89 참조.

10 정의채, 1975; É. 질송, 1992; D. 카푸토, 1993 참조.

루스 롬바르두스(Petrus Lombardus)의 『명제집』(*Libri Sententiarum*)[11]을 후배들에게 강독하던 강사 시절에 쓴 것이 확실하다. 따라서 이 책은 『자연의 원리들』(*De principiis naturae*)과 함께 토마스가 쓴 최초의 학술서 가운데 하나일 것이다.

젊은 토마스는 이 작품을 "형제들과 동료들에게"(ad fratres et socios) 헌정했다. 이 형제들과 동료들이란 신학 교육을 받기 위해 파리로 모인 도미니코 수도회 소속 생 자크(St. Jacques) 수도원의 동료 수도자들을 가리키는 것이 확실하다. 그들은 당시 형이상학의 근본 개념들이 학자들의 저술과 대학 강의실에서 널리 사용되었지만 통일된 의미가 제시되지 않아 그 정확한 의미를 파악하기에 어려움을 겪은 것으로 보인다. 따라서 그들은 토마스에게 철학적인 근본 개념들을 설명해 줄 것을 요청했고, 토마스는 동료들의 학문 탐구에 도움을 주고자 이를 체계적으로 정리하기 시작했을 것이다. 또한 토마스는 자기 자신을 위해서라도 철학적인 근본 개념들을 명확하게 하기 위해 이 책을 저술했을 텐데, 그것은 바로 이 책이 철학 개념들의 수많은 정의와 설명을 포함하고 있기 때문이다. 이렇게 『존재자와 본질』은 동료 수사들을 도우려는 본래의 의도를 넘어 토마스 자신이 새롭게 획득한 형이상학적 통찰에 의해 당시 활발히 논의되고 있던 철학적 문제에 대해 독창적인 해결책을 제시하는 수준에까지 이르렀다. 토마스는 당시에 플라톤주의자들이 가졌던 형상 내지 본질에 대한 관심이나 아리스토텔레스주의자들이 가졌던 실체에 대한 관심을 최고의 현실태나 완전성으로 파악된 존재로 전환한 셈이다.[12]

---

11 『명제집』은 신앙의 신비를 좀 더 깊이 연구하려는 동기에서 성서 주해들을 논리적으로 발전시키고 있는 교부들의 저술들 가운데 중요한 내용들을 발췌·수집한 체계적인 작품이다. 이 성서 주해들은 성서 설화들의 순서를 따르고 있었지만, 『명제집』은 모든 그리스도교 가르침을 '신경'(信經, Credo)의 순서에 따라 취급하고 있는 교부문헌들(Sententiae Patrum)을 재정리한 것이었다. 신경은 삼위일체, 천지창조와 피조물, 그리스도와 덕행, 성사와 종말의 순서로 전개된다. J. 와이스헤이플, 1998, 121쪽; Petrus Lombardus, 1981 참조.

### 4) 수사본과 비판본

• **수사본**(手寫本)

많은 철학자와 역사가들이 토마스의 사상적 발전을 탐구하기 위해서나 존재의 형이상학의 토대를 탐구하기 위한 중요성 때문에 끊임없이 『존재자와 본질』의 새로운 판본을 만들고 주해서를 썼다. 이 작품은 독특할 정도로 널리 퍼져 나갔는데, 수사본만 해도 180종 이상이 되고 그 중에 165종은 완전한 모습을 갖추고 있다. 르네상스 시기의 학자들이 그의 라틴어를 제대로 교육받지 못한 야만적인 것으로 비판하자, 그것을 새로 쓰는 것이 유행할 정도였다.[13] 대표적인 수사본을 들면 다음과 같다.

| | |
|---|---|
| Bo 7 | Bologna, Bibl. Univeritaria 2312 |
| E1 | Erlangen, Universitätsbibl. 213 (485) |
| Er 2 | Erfurt, Amplon. Qu. 296 |
| M 10 | München, Bayer. Staatsbibl. Clm 8001 |
| N1 | Napoli, Bibl. Nazionale VII. B. 16 |
| Sv 10 | Sevilla, Bibl. Capit. y Colombiana 7. 6. 2 |
| Tl1 | Toulouse, Bibl. Municipale 872 |
| V 18 | Bibl. Apostol. Vaticana, Vat. lat. 722 |

• **비판본**

앞에서 언급한 수사본을 바탕으로 현재까지 40종 정도의 비판본이 존재하고 있다. 그 가운데 대표적인 비판본을 언급해 보면 다음과 같다.

**레오니나 판**: Leonina-Edition, *Sancti Thomae de Aquino Opera omnia*,

12 이나가키 료스케(稻垣良典), 1995, p. 61 참조.

13 J. P. Torrell, 1995, p. 70; J. 와이스헤이플, 1998, 137쪽 참조.

Tomus XLIII, Roma, 1976.

**바우어 판:** Ludwig Baur, *Opuscula et textus historiam ecclesiae eiusque vitam atque doctrinam illustrantia*, Series scholastica et mystica edita curantibus M. Grabmann et Fr. Pelster, Aschendorff, 1926(이것은 11종의 수사본에 기초하고 있는 판본이다).

Ludwig Baur, *S. Thomae Aquinatis Sermo seu Tractatus "De ente et Essentia"*, Editio Altera Emendata, Monasterii: Aschendorff, 1933.

**롤랑-고슬랭 판:** M.-D. Roland-Gosselin, *Le "De Ente et Essenta" de S. Thomas D'Aquin*, Texte établi d'après les manuscrits parisiens, Introduction, Notes et Études historiques, Kain: Le Saulchoir, 1926/Paris, 1948(이것은 8종의 수사본에 기초하고 있는 판본이다).

**마리에티 판:** Marietti-Edition, *S. Thomae Aquinatis Opusculum "De Ente et Essentia"*, Editio Tertia, Marietti, 1954; Charles Boyer (ed), *Opuscula Philosophica,* 1957, pp. 5~18(샤를 부아예는 여기서 롤랑-고슬랭과 바우어의 작업을 기초로 삼아 편찬하고 있다).

**페리에 판:** Joannes Perrier (ed.), *Opuscula*, Paris: Lethielleux, 1949, pp. 25~50.

나는 가장 최근에 출판되고 학계에서 비판본으로 인정받고 있는 레오니나 판을 번역의 저본으로 삼았다. 현존하는 최상의 비판본인 레오니나 판은 과거의 판본을 지엽적인 단어 차원에서 수정하는 경우도 있지만, 『존재자와 본질』의 경우에 상당히 많은 내용적 수정을 포함하고 있다. 따라서 이 책에서는 저본으로 삼은 레오니나 판을 따랐지만 그 차이가 다른 번역본, 특히 흔히 사용되는 마리에티 판과 비교해 독자들의 오해를 불러일으킬 만큼 큰 경우에는 각주에 밝혀 놓았다.

### 5) 번역본

『존재자와 본질』은 지금까지 최소한 10개 국어로 번역되었으며, 그 대부분은 원전 비판과 역사적 해석을 덧붙였다. 독자들이 접하기 쉬운 대표적인 언어의 번역본들은 다음과 같다.

#### • 우리말 번역본

토마스 아퀴나스, 정의채 옮김, 『존재자와 본질에 대하여: 有와 本質에 대하여』, 바오로딸, 2004/서광사, 1995.

________, 김진 · 정달용 옮김, 『존재자와 본질에 대하여』, 서광사, 1995.

#### • 영어 번역본

Bobik, Joseph, *Aquinas on Being and Essence: A Translation and Interpretation*, Notre Dame, Ind.: University of Notre Dame Press, 1965.

Goodwin, Robert P. (trans.), *On Being and Essence*, in: *his Selected Writings of St. Thomas Aquinas: The Principles of Nature, On Being and Essence, On the Virtues in General, On Free Choice*, pp. 33~67, The Library of Liberal Arts, Indianapolis: Bobbs-Merrill, 1965.

King, Peter (trans.), *On Being and Essence*, in: *Aquinas: Basic Works*, (ed.), Jeffrey Hause and Robert Pasnau, Indianapolis: Hackett, 2014.

Klima, Gyula (trans.), *On Being and Essence*, Available in E-text, faculty.fordham.edu/klima/Blackwell-proofs/MP_C30.pdf.

Leckie, George G. (trans.), *Concerning Being and Essence*, Appleton-Century Philosophy Source-books, New York: Appleton-Century-Crofts, 1937.

Maurer, Armand (trans.), *On Being and Essence*, 2d rev. ed. Mediaeval Sources in Translation, 1. Toronto: Pontifical Institute of Mediaeval

Studies, 1949; 1968(Also on CD-ROM from InteLex).

McDermott, Timothy (trans.), *On Being and Essence*, in: *Thomas Aquinas, Selected Philosophical Writings*, selected and translated by Timothy McDermott, Oxford: Oxford University Press, 1993, pp. 90~113.

McInerny, Ralph (trans.), *On Being and Essence*, in: *Thomas Aquinas, Selected Writings,* edited and translated with an introduction and notes by Ralph McInerny, Harmondsworth: Penguin, 1998, pp. 30~49.

Miller, Robert T. (trans.), *On Being and Essence*, Available in E-text, sourcebooks.fordham.edu/basis/aquinas-esse.asp, www.logicmuseum.com/wiki/Authors/Thomas_Aquinas/esse_essentia (bilingual), www.catholicprimer.org/aquinas/de_ente_et_essentia.pdf, www.saintwiki.com/index.php?title = De_Ente_Et_Essentia, and (with parallel Latin and Russian) antology.rchgi.spb.ru/Thomas_Aquinas/De_ente_et_essentia.html.

Reidl, C. C. (trans.), *On Being and Essence*, Toronto: St. Michael's College, 1934.

• 독일어 번역본

Thomas von Aquinas, (hg.) R. Allers, *De ente et essentia. Über das Sein und das Wesen* (Bibliothek klassischer Texte), Wien, 1936; Olten/Köln, 1953; Wissenschaftliche Buchgesellschaft, Darmstadt, 1980/1991.

Thomas von Aquinas, (hg.) F. L. Beeretz, *De ente et essentia. Das Seiende und das Wesen*, Stuttgart, 1987(국역본: 김진 · 정달용 옮김, 『존재자와 본질에 대하여』의 번역 원본).

Thomas von Aquinas, (hg.) Kern Bruno, (übers.) Edith Stein, *Thomas von Aquin: Über das Seiende und das Wesen* (Lateinisch und Deutsch) (Kleine philosophische Reihe), Wiesbaden: Marix Verlag, 2014.

Thomas von Aquinas, (übers., u. einleit.) W. Kluxen, *De ente et essentia. Über das Seiende und das Wesen* (Lateinisch-Deutsch), Freiburg/Basel/Wien: Herder, 2007.

Thomas von Aquinas, (übers., u. einleit.) F. Meister, *Vom Sein und von der Wesenheit*, Freiburg im Breisgau, 1935.

Thomas von Aquinas, (hg.), Horst Seidl, *Über Seiendes und Wesenheit* (Lateinisch-Deutsch), Hamburg: Felix Meiner Verlag, 1988.

Thomas von Aquinas, (hg.) A. Speer · F. V. Tommasi, *Über das Seiende und das Wesen: mit den Roland-Gosselin-Exzerpten*, (Edith Stein Gesmatausgabe. Übersetzungen VI), Freiburg: Herder, 2010.

• 프랑스어 번역본

Thomas d'Aquin, (trans.) Emile Bruneteau, *De Ente et Essentia,* texte latin, précédé d'une introduction, accompagné d'une traducion, et d'un double commentarie historique et philosophique par Emile Bruneteau, Paris, 1914.

Thomas d'Aquin, (trans.) Catherine Capelle, *L'Etre et l'Essence*, traducio et notes par Sr. Catherine Capelle, O. P. Bibliothèque des textes philosophiques, Paris, 1947.

Thomas d'Aquin, (trans.) Joseph Rassam, *Saint Thomas, L'Etre et l'Esprit*, Textes choisis et traduits par Joseph Rassam, Paris: Presses universitaires de France, 1964(토마스 아퀴나스 모음집에 일부가 번역되어 있다).

Thomas d'Aquin et Dietrich de Freiberg, (trans.) Alain De Libera · Cyrille Michon, *L'Être et l'Essence. Le vocabulaire médiéval de l'ontologie*, Paris: Seuil, 1996(디트리히 폰 프라이베르크의 동명의 책도 함께 들어 있다).

• 이탈리아어 번역본

Tommaso D'Aquino, (trad.) Abelardo Lobato, *L'ente e l'essenza* (in Opusculi Filosofici), Città Nuova, 1989.

Tommaso D'Aquino, (trad.) Vincenzo Miano, *Dell' Ente et dell' Essenza*, introduzione, traduzione et note di Vincenzo Miano, Turin, 1952.

### 6) 주해서

『존재자와 본질』은 토마스가 세상을 떠나자마자 이미 그 중요성이 인정되어 학자들이 주해한 그의 첫 작품이었다.[14]

첫 주해자는 벨로비수의 아르만두스(Armandus de Bellovisu, ?~1334)로서, 1319년경에 여러 수사본을 참고해 주해서를 썼으며 1472년에 인쇄되었다.[15] 프러시아의 콘라트(Conrad of Prussia)의 주해서는 토마스가 세상을 떠난 지 채 50년이 되지 않아 시성(謚聖)된 1323년 7월 이전에 작성되었다.[16] 유명한 토마스 카예타누스(Thomas Cajetanus/de Vio, 1469~1534) 추기경도 겨우 20대였던 젊은 시절(1491~95년 사이)에 이 작품의 주해서를 썼다.[17] 그 밖에도 다음과 같은 주해자들이 이 책에 대해 주해했다.

---

14 Wolfgang Kluxen, 1938 참조.

15 H. Ch. Barbour, *The Byzantine Thomism of Gennadios Scholarios: And His Translation of the Commentary of Armandus De Bellovisu on the De Ente Et Essentia of Thomas Aquinas*, Catholic Scholars Press, 1996 참조.

16 J. A. Corbett · J. Bobik, *The Commentary of Conrad of Prussia on the De Ente et Essentia of St. Thomas Aquinas: Introduction and Comments*, Dordrecht: Springer, 1974 참조.

17 Caietanus, Thomas de Vio cardinalis, *In De ente et essentia divi Thomae Aquintis commentaria*, (ed.) M. H. Laurent, Taurini, 1934; Caietan, Thomas de Vio cardinalis, *Commentary on Being and Essence =In De ente et essentia d. Thomae Aquinatis*, translated from the Latin with an Introduction, (eds.) L. H. Kendizierski · F. C. Wade (Medieval Philosophical Texts in Translation 14), Milwaukee, 1964; Gili, 2012, pp. 217~27 참조.

- Heinrich von Gorrichem/Gorkum(†1431).
- Gerhardus de Monte(†1480); 인쇄: 1489.
- Johannes Versorius(†1480); 인쇄: 1497.
- Petrus Crockaert/Bruxellensis(†1514); 인쇄: 1509/1514/1521.
- Raphael Ripa(†1611); 인쇄: 1598/1626.
- Hieronymus Contarini; 인쇄: 1606.
- Giuseppe (Kardinal) Pecci(†1890); 잡지에 출간: 1882.
- Michael de Maria; 인쇄: 1886.
- Emile Brunetau; 인쇄: 1914.

그 밖에도 현대적인 주해서가 계속 출간되고 있다.

Seidl, Horst, *Analytische Gliederung; Hauptaspekte; Interpretationsprobleme;*, in: *Thomas von Aquin-Über Seiendes und Wesenheit*, Hamburg, 1988.

Stroick, Clemens, *Ein anonymer Kommentar zum Opusculum De ente et essentia des Thomas von Aquin*(Studia Friburgensia, NF 65), Friburg, 1985.

『존재자와 본질』은 그 철학적 · 방법론적 간결함에서 뿐만 아니라 그 모든 신학적 함축성에서도 후대의 학문적 관심을 이끌어 왔다. 특히 지난 수세기 동안의 광범위한 주해서들은 존재론의 역사와 이론에 가장 적절한 이 작품에 대해 철학적 논의가 한 번도 단절되지 않았다는 사실을 입증하고 있다.

## 4. 『존재자와 본질』에서 다루어진 중요한 문제들

난해하기로 유명한 형이상학의 근본 개념들의 발전과 그로부터 유래한 기본적인 원칙들이 『존재자와 본질』 안에서처럼 새롭게 등장한 문제들과 연관되어 멋지게 분석된 것은 철학사(哲學史)에서도 찾기가 매우 힘들다. 더욱이 이 소책자 안에는 그 핵심 주제인 형이상학뿐만 아니라 논리학, 인식론, 자연철학, 철학적 인간학 및 신론(神論) 등이 포괄되어 있다. 아울러 이후에 『대이교도대전』과 『신학대전』에서 논의될 신학적 내용의 기초를 이루는 토마스 철학이 매우 함축적으로 다루어지고 있다.

이 소책자의 주제는 '본질'(essentia)이라는 개념과 이 본질이 존재 또는 논리적 개념들과 맺고 있는 관계이다. 이를 해명하기 위해 토마스는 우선 다음과 같은 질문들을 중점적으로 다룬다. 각각의 실재하고 있는 사물들에서, 특히 물질적 실체들 안에서 본질의 특성이란 무엇이며, 더 나아가 실체적이거나 우유적인 다양한 실재의 영역에서 유, 종, 종차 같은 논리적 개념들은 본질과 관련해 무엇을 표시하는가? 우리는 바로 이러한 논리적 개념들의 도움으로 정의(定義, definitio)를 구성하는데, 이 정의의 대상이야말로 바로 본질이기 때문이다. 토마스는 이 문제를 해결하면서 매우 많은 이전 사상가의 입장을 때로는 수용적으로 때로는 비판적으로 다룬다. 그 중에서도 주제에 부합하게 본질 개념이 중심적인 위치를 차지하던 아비첸나의 사상을 주로 수용한다.[18] 토마스가 『존재자와 본질』을 저술하던 1250년대에는 아비첸나가 많은 이들에게 강력한 영향을 끼치고 있었다. 이러한 분위기에서 토마스는 본질 개념과 그것의 인식 가능성에 대한 원천을 해명함으로써 학생과 동료들에게 당시의 토론이 지니고 있던 중요성을 밝혔다. 더 나아가 이전 사상가들의 논의 수준에 머물지 않고 더욱 심오한 사상인 '존재의 형이상학'이라는 자신의 철학 세계로 이끌기 위한 작업을 시작한 것이다.

이 소책자는 모두 여섯 개의 장으로 구성되어 있다. 제1장에서는 존재자와 본질의 명칭으로 무엇이 의미되는지를 고찰했다. 남은 다섯 개의

18 J. P. Torrell, 1995, p. 69 참조.

장에서는 서로 다른 사물들에서 어떻게 본질이 발견되는지를 고찰했다. 우선 둘째 부분(제2~3장)에서는 복합 실체들을 고찰한다. 제2장에서는 먼저 복합 실체의 존재자가 무엇인지를 고찰하고, 이어서 복합 실체의 본질이 어떠한 근거에서 서로 다른지를 고찰한다. 제3장에서는 이러한 복합 실체의 본질이 논리적 개념들, 즉 유(類)와 차이(差異)의 개념들과 어떻게 관련되는지를 고찰한다. 셋째 부분(제4~5장)에서는 단순 실체의 본질과 존재를 다룬 이후에 신, 창조된 지성적 실체, 질료와 형상으로 합성된 실체에서 본질이 어떻게 다른 방식으로 발견되는가를 밝힌다. 마지막 제6장에서는 이제까지 실체를 중심으로 다루었던 내용을 적용해 우유가 지닌 독특한 성격을 설명한다.

이러한 순서로 앞에서 언급한 질문들을 중점적으로 다룸으로써 토마스는 다음과 같은 중요한 결론에 도달한다. 즉 아리스토텔레스의 질료형상론에 기반한 복합 실체와 단순 실체의 구별, 물질적이건 비물질적이건 간에 모든 피조물의 신적 존재에의 참여, 제1질료의 순수 가능성, 복합 실체의 개체화의 원리인 지정된 질료, 단순 실체들의 물질적 본성의 배격, 아리스토텔레스의 이론에 따라 논리적 개념과 추상적 형상의 실존하는 개별 실체에 대한 의존성, 창조된 본질과 존재 사이의 실재적 구별, 실체와 구별되는 우유의 속성들 등이 해명되었다.[19]

다루어진 다양한 주제들 중에서 몇 가지 문제는 특별히 주목할 만하다. 예를 들어 토마스는 이 책에서 인식론과 논리학 분야에서도 탁월함을 보여 준다. 그는 아리스토텔레스의 합리적 경험론이라는 의미에서 상이한 본질들에 대한 논리적 개념들의 연관을 분석한다. 유와 종과 종차는 보편적 속성들이고, 그것을 다시 보편으로 만드는 것은 지성이다. 이러한 아리스토텔레스적인 입장에 부합하는 개념의 보편성으로부터 아베로에스(Averroes/Ibn Rushd, 1126~98)는 지성의 단일성을 주장한다. 그

19 Armand Maurer, 1998, pp. 573~83 참조.

러나 토마스는 이와 반대로 모든 개별 인간은 각자의 지성을 가진다고 주장한다. 그에 따르면, 보편성은 그것이 개별적인 정신에 따라 다양한 개별적 주체들 속에서 현실화하거나 현실화할 수 있는 본질로 포착되는 것처럼 본질의 유사함에 근거한다.

다른 분야에서도 주목할 만한 많은 내용을 제공하지만 역시 독보적인 탁월성은 형이상학적인 분석에 있다. 우선 '개체화의 원리'에 대한 설명은 이전의 논리를 명확하게 정리한다. 아리스토텔레스의 이론에 따라 물질적 실체는 그것에 본질적으로 속하는 질료로부터 독립적으로는 정의될 수 없다. 아비첸나에 따르면 이 질료는 그 실체를 개체로 만드는데, 토마스는 '개체화의 원리'를 이루는 질료를 '지정된 질료'라고 명확하게 규정한다. 그러나 사람들은 이러한 질료보다는 형상이 더 우월함을 인정한다. 형상만으로 이루어진 비물질적 실체, 즉 단순 실체는 질료가 없기 때문에 이러한 방식으로 개체화할 수 없다. 그런데 단순 실체에 속하는 지성 존재들은 제1원인인 신과 가까운 정도에 따라 완전성이 차이가 나므로 종 사이의 구별은 가능하다. 따라서 지성 존재들은 각 종이 하나의 개체를 이루는 셈이다. 이와 달리 인간의 영혼은 육체와의 결합을 통해 이루어진 개별화가 육체와 분리된 이후에도 유지된다.

단순 실체는 또 다른 복잡한 문제와 연관되어 있는데, 여기에도 일반적으로 통용되고 있던 질료와 형상 사이의 결합을 인정해야 하는가라는 문제였다. 이러한 논의는 스콜라 철학에 들어와 창조주인 신과 피조물인 천사 사이의 구별을 위해서라도 그 중요성이 커졌다. 한 가지 해결 방식은, 아비체브론(Avicebron/Avencebrol, 1020?~70?)과 그를 따르는 신학자들이 주장한 바와 같이, 지성 존재들의 본질 안에 특정한 연장성을 지니지 않은 정신적인 질료를 끌어들이는 것이다. 또는 존재와 형상(보에티우스), 또는 '그것에 의해 [무엇이] 존재하는 것'(quo est)과 '존재하는 그것'(quod est)의 전통적인 합성을 본질과 존재의 실재적인 합성으로 변화시켜야만 했다.

세계의 영원성을 인정한 고대 철학자들에 속하는 아리스토텔레스는 세상의 존재에 우연을 도입하는 것에 관심이 없었던 것처럼 보인다. 이와는 대조적으로 아비첸나는 창조주 신에 대한 자신의 신앙을 바탕으로 존재와 본질을 구별했지만 단순하게 나란히 배열해 놓은 정도였다. 대(大)알베르투스는 오베르뉴의 윌리엄을 따라 질료형상론적 이원론을 넘어서는 창조물의 실재적 결합을 취하는 이 길을 선택했다. 그러나 그는 연구가 변화함에 따라 통용되고 있던 용어의 다의성을 감수해야 했다. 토마스는 스승을 넘어서 용어와 문제의 위상을 확립했다. 그는 신(新)플라톤주의자들에 반대해 훌륭한 아리스토텔레스주의자로서 질료 없는 '현실태'(actus)의 존재를 옹호했다.

아리스토텔레스는 물질적 실체 안에서 가능태와 현실태의 합성, 즉 질료와 형상의 합성을 인정했다. 아리스토텔레스는 어떠한 합성도 없는 단순 실체, 즉 지성 존재를 인정해 그러한 존재를 순수 형상으로 보고 있다. 토마스가 이 책의 제6장에 이르기까지 실체에 대한 논의를 중심으로 삼고 있는 것은 사실이다. 그렇지만 그가 목표로 삼은 것은 모든 피조물이 본질과 존재로 합성되어 있다는 사실과 그러한 존재자들의 궁극적 근원인 자존하는 존재 자체를 탐구하는 형이상학을 형성하는 데 있었다. 그 목표를 위해 토마스는 복합 실체와 감각적 물질세계에서 단순 실체로 논의를 전개해 나갔다. 즉 모든 피조물을 실재적으로 구별되는 형상과 존재의 합성, 다시 말해 본질과 존재의 합성을 통해 설명했다. 또한 이렇게 합성된 존재는 모두 그러한 합성을 야기한 존재의 원인을 필요로 한다. 이 때문에 토마스는 다른 원인을 더 이상 필요로 하지 않으면서도 다른 모든 것의 원인이 될 수 있는 존재에 이르렀다. 이를 바탕으로 토마스는 제1원인인 신을 순수 존재로 규정하고, 그로부터 존재를 분유받아 존재와 본질로 합성된 단순 실체와 복합 실체의 구별을 완성했다. 토마스는 논의를 마무리하면서 이러한 제1원인, 즉 존재와 본질이 같은 존재, 자존하는 존재 자체(ipsum esse subsistens)에 도달하는 것이 이 책의 목적이라고 분명히 밝힌다. 이로써 토마스는 이 책에서 아리스토텔레스를 완전히 뛰어넘어 본래의 존재론, 즉 모든 존재자의 기초로 삼는 이른바 '존재의 형이상학'의 초석을 놓았다.[20] 그러나 토마스 이후의 서구 근대 철학의 흐름 속에서 존재 없는 본질에 치중한 본질철학(essentialism)과 본질 없는 존재에 치중한 실존철학(existentialism)이 널리 퍼지게 되었다.[21]

### 형이상학적 지평을 열어 놓은 '존재의 철학'

회칙 「신앙과 이성」은 신앙과 이성 사이의 조화롭고 창조적인 관계를 위해 요구되는 가톨릭 철학의 과제를 분명하게 제시한다. 우선 가톨릭 철학은 현대의 회의주의와 상대주의를 넘어서 인간 이성의 "진리 인식 능력에 대한 신뢰"를 확인하고(제82항), 허무주의와 과학주의를 넘어설 수 있도록 "삶의 궁극적이고 보편적인 의미를 추구하는 그 지혜적 차원을 회복"(제81항)해야 한다. 그런데 이러한 과제를 제대로 수행하기 위해서는 "**진정한 형이상학(vera metaphysica)적 차원의 철학**, 곧 그 진리 탐구에서 절대적이고 궁극적이며 정초적인 어떤 것을 얻기 위해 경험적 소여들을 초월할 수 있는 철학"(제83항)을 복원해야 한다.

이 회칙에 따르면, 이러한 철학의 가장 중요한 전형이 바로 "모든 한계를 넘어 모든 것을 완성하는 분께 인도하는 존재 현실력"(actus essendi)(제97항)을 발견해 낸 토마스의 '**존재의 철학**'를 통해 제시된 바 있다. 그렇지만 현대의 가톨릭 철학자들은 단순히 토마스가 제시한 결론과 표현을 답습하는 것에 만족해서는 안 된다. 왜냐하면 근대주의의 위협이 매우 심각했던 시대에 나온 「영원하신 아버지」(1879)와는 달리, 제2차 바

20 Albert Zimmermann, 1965; N. Kretzmann · E. Stump (eds.), 1993, pp. 85~126; J. F. Wippel, 2000; 장욱, 1996, 31~86쪽; 이재룡, 1997, 99~127쪽; 이경재, 2000, 71~99쪽; 존 위펠, 2004, 153~207쪽 참조.

21 Johannes B. Lotz, 1959a/1959b; 이재룡, 1994, 158~87쪽 참조.

티칸 공의회의 개방적인 정신을 경험한 후에 발표된 「신앙과 이성」이 요구하는 '형이상학'이나 '존재의 철학'은 어떤 특정한 역사적 철학 사조 또는 학파의 의미로 해석될 필요가 없기 때문이다. 오히려 이 회칙에 따르면, "토미즘과 신(新)토미즘의 부흥이 그리스도교적 영감을 받은 문화 속에서 철학적 사고의 부흥의 유일한 표지(標識)는 [아니며]", 그 밖에도 많은 가톨릭 철학자들이 "신앙과 이성을 결합하는 위대한 그리스도교적 사상 전통들을 생생하게 보존하고자 노력"(제59항)해 왔다. 따라서 진정한 형이상학은 "낡은 형식의 무익한 반복에 떨어지는 것을 피하면서 최근까지 이르는 철학 전통 전체의 요구들 내지 통찰들과의 조화를 고려해 존재의 문제를 새롭게 제시할 수 있어야"(제97항) 한다. 각 대화 상대자의 오류들을 분명하게 지적하면서도 그들이 지닌 진리의 단편들을 소홀히 하지 않았던 겸손하고 개방적인 토마스의 자세는 진정한 형이상학자에게 대화를 위한 훌륭한 모범이 될 수 있다.[22] 이러한 자세로 계속 노력해 갈 때, 토마스가 영원한 지혜인 '계시된 진리'와 당대의 가장 뛰어난 이성의 진리를 담고 있던 아리스토텔레스 철학을 훌륭하게 종합했듯이, 우리도 '영원한 진리'와 현대의 다양한 사상에 담겨 있는 '보화'들을 조화시킬 수 있을 것이다.

## 5. 『존재자와 본질』 각 장의 핵심 내용 요약

### 서론

토마스는 서론에서 이 책에서 논의해야 할 과제들의 유익성과 필요성, 난점을 간략하게 제시한다. 그는 "시작할 때의 작은 오류가 끝에 가서는 큰 것[오류]이 된다"라는 아리스토텔레스의 말을 인용하면서 형이상학

22 J. 오웬스, 1999, 155~96쪽 참조.

에서 첫 시작의 중요함을 강조한다. 이어서 당시 형이상학계에서 큰 영향력을 갖고 있던 아비첸나의 사상, 즉 지성에 제일 먼저 포착되는 것은 '존재자'와 '본질'이라는 점을 강조한다. 이 개념들에 대해 무지한 형이상학은 큰 오류에 빠지게 된다는 것이다. 곧이어 그는 이 책에서 다루는 과제들이 어떤 순서로 정리되어야 하는지를 제시한다. 즉 더 쉬운 것에서 시작해야 하기 때문에 존재자의 의미로부터 본질의 의미로 나아가야 한다는 것이다.

### 제1장: 존재자와 본질 개념의 일반적 의미

제1장에서는 '존재자'와 '본질'이라는 명칭이 무엇을 의미하는지를 고찰한다. 토마스에 따르면, 존재자는 두 가지를 의미한다. 첫 번째 의미에 따르면, 첫째로 그것을 실재적 존재자로서 실체(實體, substantia)와 우유(偶有)라는 10범주에 의해 설명하며, 둘째로는 그것을 논리적이고 사고상으로만 있는 것까지 포괄하는 것으로서 명제 내에서의 진리와 관련된 것으로 설명한다. 두 번째 의미에 따르면, 결여와 부정, 맹목 같은 실재적이지 않은 것도 존재자일 수 있다[I, 2]. 이렇게 존재자 개념은 실재세계에 대해서도 사용될 수 있으며, 또한 "긍정적 명제가 형성될 수 있는 그 모든 것", 즉 논리 또는 인식 세계에 대해서도 사용될 수 있다. 그렇지만 1차적이고 본래적인 의미에서 존재자란 10범주에 의해 나누어지는 실재 세계에 적용되며, 이 경우에만 본질이란 명칭이 해당된다. 여기서 "본질이란 다양한 존재자가 다양한 유와 종에 속하도록 만들어 주는 모든 본성에서 공통적인 어떤 것을 의미해야 한다"[I, 3].

그리고 본질을 의미하는 다양한 명칭들, 즉 실체, 무엇임, '어떤 것이 존재로 있었던 것이 계속하는 것', 형상, 본성 등의 명칭들을 검토해 그 의미하는 바를 분명히 밝힌다. 본질은 '어떤 것이 어떤 것이게끔 하는 것', 즉 정의(定義)를 통해 의미되는 바로 그것인 '무엇임'(quidditas)을 말한다. 본질은 사물의 완전성과 확실성을 의미하는 것으로 이해된 '형상'

(形相, forma)이라고 불릴 수도 있다. 그리고 토마스는 아리스토텔레스가 실체를 본성이라 한 것도 상기시킨다. 사물이 지성으로 포착될 수 있는 한에서, 즉 "사물의 고유한 작용과 관계를 맺는 한에서" 본질은 '본성'이라 불린다. 본질과 본성은 모든 사물의 존재 및 인식의 원리이다[I, 4].

그런데 존재자는 일차적으로 실체에 대해 언급되고, 후차적으로는 우유들에 대해 언급된다. 실체의 본질은 본래적 의미로 지칭되고, 우유의 본질은 어떤 특정한 관점에서 지칭된다[I, 5]. 토마스는 계속해서 '단순 실체'(substantiae simplices)와 '복합 실체'(substantiae compositae)라는 구별을 제시한다. 이 구별은 『존재자와 본질』의 논의 과정 전체를 일관되게 관통하고 있다. 복합 실체뿐만 아니라 단순 실체도 역시 본질을 가진다. 그리고 이 경우에 본질은 "더 참되고 더 고귀한 방식으로" 단순 실체 안에서 현실화하는데, 그것들도 역시 특별한 방식으로 존재를 가지기 때문이다[I, 6]. 따라서 단순 실체의 본질이 복합 실체의 본질보다 더 고귀하다고 주장한다. 그러면서 그는 보다 쉬운 것에서부터 논의를 시작하기 위해 복합 실체에 대한 관찰을 우선적으로 제안한다.

### 제2장: 복합 실체에서 발견되는 본질

토마스에 따르면, 복합 실체의 본질은 질료만도 아니고 형상만도 아니다. 또한 그것은 질료와 형상 사이의 관계도 아니고, 그렇다고 복합체에 부가된 어떤 것도 아니다[II, 1-2]. 오히려 복합 실체는 항상 물질적이기 때문에, 이 경우의 본질은 형상과 질료의 두 계기에 의해 구성된다. 토마스는 복합 실체의 본질이라는 명칭이 질료와 형상에서 합성된 것을 의미한다는 점을 보에티우스와 아비첸나, 아베로에스에 의존해 밝혀낸다. 따라서 "복합 실체의 존재는 형상에만 또는 질료에만 속하는 것이 아니라 복합체 자체에 속하는 것"[II, 3]이다.

토마스는 여기서 복합체의 정의에 들어오는 질료에 대해 더 깊이 설명한다. 그것은 개체화의 원리로서 작용하는 지정된 질료가 아니다. 본래 "특정한 차원들 아래 고찰되는 '지정된 질료'"(materiam signatam, quae sub determinatis dimensionibus consideratur)[II, 4]로서의 현실화한 질료는 개별화의 원리로 기능한다. 즉 개별적인 인간의 경우에 '이 뼈'와 '이 살'이 여기에 해당된다. 그러나 복합 실체의 정의에 들어오는 질료는 '지정되지 않은 질료'(materia non signata)이다. 인간 누구에게나 적용되는 보편적 차원, 즉 '뼈'와 '살'인 것이다.

이어서 토마스는 제2장의 후반부에서 포르피리오스의 나무(arbor porphyriana)에서 사용된 유(genus)와 종차(differentia), 종(species)이라는 논리적 범주와 개체의 개념을 십분 활용함으로써 그의 존재론적 탐구를 심화해 나간다. 그는 유와 종과 개체의 본질이 제일 먼저 개념화되어 부과되는 명칭으로서 다루어질 만큼 어떻게 그처럼 절대적으로 구별되는지를 설명한다[II, 5]. 그에 따르면, 인간이라는 종의 본질과 개체라는 소크라테스의 본질은 '지정된 것(질료)'과 '지정되지 않은 것(질료)'이라는 측면에서만 다르다. 또한 유의 본질과 종의 본질도 지정된 것(사물의 형상으로부터 취해지는 구성적 차이)과 지정되지 않은 것(종 안에 있는 것은 무엇이든 규정되지 않는 것)에 따라 다르다. 그런데 부분은 전체에 대해 서술되지 못하기 때문에 유는 종의 부분이 아니라 전체를 가리킨다.

토마스는 다양한 의미로 사용되는 '물체'라는 단어를 예로 들어 유와 종과 개체의 본질이 어떻게 구별되어야 하는지를 설명한다. 첫째, 물체는 동물의 구성적이고 질료적인 부분을 의미한다. 즉 그 형상을 잘라내고 배제(단절)한 채 세 차원을 지정하는 것 자체가 이루어지는 형상을 갖는 사물을 의미할 수 있다. 둘째, '물체'라는 단어는 동물의 유를 가리키기 위해서도 사용된다. 즉 그러한 형상이 영혼이나 돌 등 어떠한 형상이든지, 거기서 더 다른 완전성이 이루어질 수 있든 없든 상관없이 그 형상 안에 세 차원이 지정될 수 있는 그러한 형상을 갖는 사물을 의미할 수 있다[II, 6]. 인간에 대한 동물의 관계도 이와 유사한 관계로 생각할 수 있다. 동물이 "다른 완전성을 단절하고 자체 안에 있는 원리를 통해 감각하고 움직일 수 있는 정도의 어떤 완전성을 갖는 그러한 사물"만을 뜻한다면 동물의 유가 아니다. 그러나 동물이 감각혼이나 이성혼을 지녔든 지니지 않았든 간에 상관없이 "그 형상으로부터 감각과 운동이 유래될 수 있는 어떤 사물"을 의미하는 한에서는 '동물'은 유이다[II, 7].

토마스는 계속해서 어떤 이유로 유, 종, 차이(종차)의 정의가 다른지를 설명한다[II, 8]. 유는 질료가 아닐지라도 사물 안에 있는 질료적인 것이 무엇인지를 규정하는 특정한 명명 방식에 따라 전체를 의미하기 때문에 질료로부터 취해진다. 그렇지만 차이는 특정한 형상으로부터 얻어진 어떤 규정과 같은 것이다. 그러나 종 혹은 정의(定義)는 유라는 명칭이 지정하는 특정한 질료와 차이라는 명칭이 지정하는 특정한 형상을 모두 포괄한다. 토마스는 이를 분명히 하기 위해 유, 종, 종차가 자연계의 복합체와 맺고 있는 비례 관계를 다룬다[II, 9]. 질료와 형상과 복합체는 유와 종차와 종과 동일한 것이 아닐지라도 비례하는 것이다. 그런데 유가 종의 본질 전체를 의미한다 할지라도, 같은 유에 속하는 다양한 종이 하나의 본질을 가져야 하는 것은 아니다[II, 10]. 왜냐하면 유의 단일성은 비(非)규정성과 비(非)차이성 자체에서 나오기 때문이다. 차이를 더함으로써 유의 단일성의 원인이었던 저 비규정성이 제거된다면 본질적으로 상이한 종들이 남게 된다. 마찬가지로 토마스는 '인간'이라는 명칭과 '인간성'이라는 명칭을 이용해 어떻게 종의 본질들이 결국 개체들과 비교되는지도 설명한다[II, 11]. 종, 예를 들어 '인간'이란 명칭이 개체에 대해 서술되는 한, 비록 구별되지는 않을지라도 개체 안에 본질적으로 있는 것 전체를 의미해야 한다. 이와는 달리 '인간성'은 '인간이 인간이게끔 하는 바로 그것'을 의미하며, 개체화의 원리인 지정된 질료가 단절된 상태를 가리킨다. 인간성이 비록 복합된 것일지라도 '인간성'이 '인간'은 아니며, 오히려 인간성은 지정된 질료인 어떤 것 안에 수용되어야만 한다. 토마스는 이제까지의 고찰을 정리하면서 다음과 같이 말한다. "유와 관련해 보면 종의 지정은 형상을 통해 이루어지고, 종과 관련해 보면 개체의 지정은 질료를 통해 이루어진다"[II, 12]. 따라서 인간의 본질은 인간과 인간성이라는 명칭을 통해 상이한 방식으로 의미된다[II, 13]. '인간'이라는 명칭은 인간의 본질을 전체로 의미함으로써 질료의 지정을 함축적으로 내포하므로 개체들에 대해서도 서술된다. 그러나 '인간성'이라는 명칭은 오직 '인간인 한에서의 인간'에 속하는 것만을 포함하고 인간의 본질을 부분으로서 의미하기 때문에 개체들에 대해서는 서술되지 않는다.

#### 제3장: 본질의 유, 종, 종차에 대한 관계

토마스는 제3장에서 복합체의 본질이 유나 종이나 차이라는 개념과 어떤 관계를 갖는지 설명한다. 이 개념들은 지정된 특정 개별체에 대해 서술되기 때문에 '인간성'이란 명칭에서처럼 부분의 양태를 통해 의미되는 한에서의 본질(1)에 적합할 수는 없다. 또한 플라톤주의자들이 생각하는 것처럼 개별체 밖에 실존하는 어떤 대상인 한에서의 본질에 적합한 것일 수도 없다. 따라서 유나 종이라는 개념은 '인간'이란 명칭처럼 전체를 함축적으로 포함하는 전체의 양태로 의미되는 한에서의 본질(2)에 적합한 것이다[III, 1].

이러한 복합 실체의 본질을 고찰하는 방식으로 두 가지가 제시된다[III, 2-4]. 첫째 방식은 본질에 대한 절대적 고찰(2.1)로서, 본질인 한에서 본질에 적합한 것만을 말할 때이다. 예를 들어 인간인 한에서 인간에게는 이성적인 것과 동물 등 그 정의에 들어오는 것들은 적합하지만, 흰 것이나 검은 것 혹은 하나 또는 다수 같이 인간성이라는 의미에 속하지 않는 것들은 적합하지 않다. 둘째 방식은 개별체 안에 존재를 갖는 한에서 고찰(2.2)되는 것으로, 소크라테스가 희기 때문에 '사람은 희다'라고 말하는 경우이다. 이러한 본질의 두 번째 방식은 하나는 개별체들 안에(2.2.1), 다른 하나는 영혼 안에(2.2.2) 이중의 존재를 갖는다. 그리고 "절대적으로 고찰된 인간의 본성은 어떠한 존재로부터도 추상된 것이고, 또한 그것은 그러한 것들 중의 어떠한 것도 단절하지 않는다". 이 본성이야말로 모든 개체에 대해 서술된다.

토마스는 제3장 후반부에서 "복합 실체에서 어디로부터 유와 종차의 개념과 보편적 개념이 얻어지는가"라는 질문을 다룬다[III, 5]. 절대적으로 고찰된 본성에는 단일성과 공통성이 속한 보편적인 의미 개념이 부합하지 않는다. 이와 마찬가지로 인간 본성이 개체들 안에 가지고 있는 존재에 따라 인간 본성에 유나 종 개념이 주어지는 것도 아니다. 그러므로 유나 종 개념은 지성 안에 있는 "개체화하는 모든 것으로부터 추상된 존재"[III, 6]에 따르는 것이다. 지성은 영혼 밖에 있는 모든 개체가 지닌 유사함으로부터 종이나 유의 의미 근거를 발견함으로써 보편 개념을 형성하게 된다. 그러나 토마스는 "지성으로 이해된 형상(形相)의 보편성으로부터 모든 인간 안에 있는 지성의 단일성을 결론"내리려는 아베로에스의 시도에 대해서는 강하게 비판한다[III, 7]. 이러한 비판 안에는 나중에 라틴 아베로에스주의와 벌이게 될 '지성 단일성'에 대한 논쟁의 중요한 방향성이 함축되어 있다.

토마스는 여기서 종 개념과 유 개념의 차이에 대해서도 언급하는데, 종 개념은 인간 본성에 절대적인 고찰 방식에 따라 적합한 것이 아니라 인간 본성이 지성 안에 가지고 있는 존재에 따라 수반되는 우유성(偶有性)에 속한다[III, 8]. 이와는 달리 결합(긍정)하고 분리(부정)하는 지성 작용을 통해 이루어지는 '서술됨'은 유의 정의 안에 포함되므로 유에 그 자체로 적합하다. 그런데 지성이 서술됨을 귀속시키는 것은 유라는 지향 개념 자체가 아니라 '동물'이라는 용어를 통해 의미되는 바로 그 사물이다. 즉 우리는 '소크라테스가 서술될 수 있다'나 '소크라테스는 유이다'라고 말하지 않고, '소크라테스는 동물이다'라고 말한다.

제3장에서 기술된 복잡한 설명들을 요약해 보면, 다음과 같은 표를 얻을 수 있다.

| 본질 개념 | 구성 요소 | 예 | 특징 |
|---|---|---|---|
| **1. 부분으로서의 본질**<br>(*per modum partis*) | +: 형상, 지정되지 않은 질료<br>-: 지정된 질료, 존재 (배제됨) | 인간성<br>(*humanitas*) | 개체에 진술될 수 없음<br>(≠ 종 개념) |
| **2. 전체로서의 본질** | | 인간(*homo*) | 개체에 진술 가능함 |
| **2.1 절대적 고찰**<br>(*absoluta consideratio*)**에 따름** | +: 형상, 지정된 질료(내포)<br>-: 우유들, 존재(추상(abstrahere)되었지만 배제되지는 않음) | 인간인 한에서의 인간 | 다수성의 규정을 내포하지 않음<br>(≠ 종 개념) |
| **2.2 개별체 안에 존재를 갖는 한에서 고찰됨**(*secundum esse quod habet in hoc vel in illo*) | | | |
| **2.2.1 개체 안에 있는 존재**<br>(*esse in singularibus*) | +: 형상, 지정된 질료(내포), 우유들(내포), 개체 안에 있는 존재 | | 단일성 개념을 내포하지 않음<br>(≠ 종 개념) |
| **2.2.2 지성 안에 있는 존재**<br>(*esse in anima*) | +: 형상, 지정된 질료(내포), 우유들(내포), 지성 안에 있는 존재 | | 단일성 개념을 내포함 |

제3장의 복잡한 설명에 따라 유, 종, 종차 같은 보편 개념이 복합 실체의 본질과 관련해 어떻게 취해져야만 하는가가 분명해진다. **그것은** 부분이 아니라 **전체로서 표현되는 것(2)으로,** 절대적으로 고찰된 것이 아니라 **어떤 것 안에 그것이 가지는 존재에 따라 고찰되는 것(2.2)으로,** 개별체 안에 가지고 있는 존재가 아니라 **인식하는 지성에 있는 어떤 존재에 따라 (2.2.2), 그리고** 인식 작용 안에 실존하는 개별적 지성(intellect)과의 관계에서가 아니라 **공통적 유사성으로 개체들에 관계하는 것으로 취해져야 한다.**

**제4장: 단순 실체의 본질과 존재**

토마스는 영혼(anima)과 지성 존재(intelligentiae), 제1원인인 신(causa prima)을 소개하는 제4장에서 존재 작용과 그 실체에로의 운동을 정확하게 설명하기 위해 비로소 비(非)질료적인 단순 실체에 도달하게 된다. 이 부분에서 『존재자와 본질』의 핵심이 논의된다. 그것은 세계 내 존재 혹은 유한한 존재와 근원적 존재의 존재론적 차이가 뚜렷이 부각되기 때문이다.

질료와 형상을 모두 포함하는 복합 실체의 본질과는 달리, 단순 실체의 본질은 결코 질료와 형상으로 합성되어 있지 않고 형상으로만 되어 있다[IV, 1-3]. 토마스는 절대적으로 단순한 신과는 달리, 지성 존재와 영혼에 질료와 형상의 합성을 도입하려 한 아비체브론 같은 학자들을 단순 실체가 지닌 이해 능력을 토대로 비판한다. 또한 물체적 질료만이 가지성(可知性)을 방해한다는 주장도 거부한다. 토마스에 따르면, 영혼과 지성 존재 안에는 질료와 형상의 합성이 아니라 형상과 존재의 합성이 있을 뿐이다. 영혼과 지성 존재가 지닌 형상은 제1원리에 가장 가까이 있는 형상들로서 질료 없이 그 자체로 자립하는 형상들이기 때문이다.

이어서 토마스는 단순 실체의 본질을 복합 실체의 본질과 비교한다[IV, 4-5]. 복합 실체의 본질이 전체로서 혹은 부분으로서 의미될 수 있는 반면에, 단순 실체의 본질은 바로 그 형상이며 오직 전체로서만 의미될 수 있다. 또한 복합 실체의 본질이 지정된 질료 안에 받아들여지기 때문에 복합 실체에서는 하나의 종에서 여러 개체가 발견된다. 그러나 아무런 질료성을 갖지 않는 단순 실체에서는 다수화가 될 수 없고 개개의 존재가 모두 자체로 하나의 종(species)이 된다.

토마스는 계속해서 단순 실체는 질료 없는 오직 형상이지만, 전적으로 단순한 것이 아니라 본질과 존재에서 합성되어 있음을 제시한다[IV, 6]. 그 안에는 다른 종류의 합성, 즉 가능태(potentia)와 현실태(actus)의 합성이 있다. 단순 실체 안에서 본질과 존재는 서로 다른데, 모든 본질이나 무엇임은 그 존재에 대해 어떤 것이 이해되지 않고서도 이해될 수 있기 때문이다. 오직 하나뿐인 자기 존재를 제외한 모든 다른 사물에서 그 존재는 자기 본질(본성, 형상)과 다를 수밖에 없다.

그런데 그 존재가 자기의 본성과 다른 단순 실체들은 모두 그 존재를 타자(他者)로부터 가져야만 한다. 그리고 이것들은 오직 존재일 뿐인 그 자체 존재하는 것, 즉 제1원인인 신에게로 환원되어야 한다[IV, 7]. 단순 실체들은 제1원인으로부터 존재를 받기에, 그것들의 본질은 받아들여진 존재에 대해 가능태가 현실태에 관계하듯이 그렇게 관계를 가진다[IV, 8]. 지성 존재의 본질은 지성 존재인 것 그 자체와 일치한다. 신으로부터 부여받은 그것의 존재는 그 실체의 존립 근거이며, 본질은 그 실체가 무엇인지를 드러내 준다. 토마스는 여기서 자신의 입장을 옹호하기 위해 아베로에스와 보에티우스를 인용하지만 일부 내용은 정확하지 못하다.

이러한 지성 존재 간의 상호 구별은 가능태와 현실태의 정도에 따라 이루어진다[IV, 9]. 제1원인인 순수 현실태, 곧 신에 가까울수록 지성 존재는 현실태를 더 많이, 그리고 가능태는 더 적게 가진다. 따라서 그 구별은 각 지성 존재가 얼마나 신에 가깝게 자리 잡고 있느냐에 따라 결정된다. 이 지성적 실체들의 계열에서 인간의 영혼은 가장 낮은 곳에 있다[IV, 10]. 그 영혼은 지성 존재들 사이에서도 가능태를 더 많이 가지기 때문에 물질적 사물과 가까운 것이다. 그러므로 인간 영혼은 육체와 결합되어 하나의 복합 실체, 곧 인간을 이룬다. 그 아래에는 질료 없이는 존재할 수 없어 가능태를 더 많이 가진 물체적 형상들이 발견된다. 가장 낮은 위치에는 제1질료에 가장 가까운 원소들의 형상이 자리 잡고 있다.

**제5장: 신과 지성 존재들과 영혼의 본질과 특성**

제5장에서 토마스는 본질이 어떻게 다양한 실체들, 즉 신과 단순 실체와 복합 실체로 서로 다르게 발견되는지 고찰한다.

(1) 신의 본질은 자신의 존재 자체이다. 따라서 신은 하나의 유에 속하지 않으며, 유나 종에 속하는 개체가 아니다[V, 1]. 이어서 토마스는 순수 존재인 신과 "어떤 사물이든 모두 형상적으로 존재하게 되는 보편 존재(esse universale)" 또는 공통 존재(esse commune)를 구별해야 함을 강조한다[V, 2]. 또한 신의 본질이 곧 그 존재라고 해서 다른 유 안에서 발견되는 완전성이나 고귀성이 신에게 결핍되어 있다고 말해서는 안 된다. 신은 더 탁월한 방식으로 "모든 유 안에 있는 모든 완전성을 가진다". 그것은 그 모든 완전성이 신의 단순한 존재에 의해 하나로 통일되어 그에

게 부합하기 때문이다[V, 3].

(2) 창조된 지성적 실체들, 즉 지성 존재와 인간의 영혼 안에서는 존재와 본질이 동일하지 않다. "즉 그것들의 존재는 절대적인 것이 아니라 수용된 것이다"[V, 4]. 그러나 그것들의 본질은 절대적인 것이고 어떤 질료에 수용된 것이 아니다. 창조된 지성적 실체들은 '위로부터는', 즉 제1원인인 신으로부터 받은 것으로서 원인을 가진 유한한 존재이다. 그러나 그 형상이 질료로부터 제한받지 않는 만큼 '아래로부터'는 제한되지 않는다. 이러한 실체들 안에서는 한 종(種) 안에서 개체들의 다수가 발견되지 않지만, 인간의 영혼은 그것과 합일하는 육체 때문에 자기의 개별성을 갖는다. 인간의 영혼은 그 발생에 있어 기회적으로 육체에 의존하지만, 육체가 소멸한 후에도 그 개체성이 소실되지는 않는다. "[영혼이] 육체의 형상이 됨으로써 자신에게 개체적 존재를 얻어 절대적 존재를 갖게 되었을 때, 그 존재는 항상 개체적 존재로 머무르기 때문이다"[V, 5]. 이와 같은 주장은 토마스가 생애 후반에 지성 단일성을 주장하는 라틴 아베로에스주의자들과 논쟁할 때 취할 입장을 이미 분명하게 보여 주는 것이다.

창조된 지성적 실체들에는 본질과 존재가 같은 것이 아니기 때문에 범주 안에 배열 가능하고 유와 종과 종차가 발견된다. 우리는 감각적 실체들 안에서의 본질적 차이를 그것들의 작용으로부터라도 규정할 수 있지만, 지성적 실체들의 고유한 우유성은 우리에게 결코 알려지지 않는다[V, 6]. 그런데 감각적 실체들에서는 그 종차가 사물 안에 있는 형상적인 것에서 취해지며 이를 '단순 차이'라고 부른다. 비물질적 실체들의 종차는 본질의 부분으로부터가 아니라 전체적인 본질(무엇임)로부터 얻어진다[V, 7]. 이와 비슷하게 비물질적 실체들의 유도 전체적인 본질로부터 얻어지지만 순수 현실태인 신과 가까이 있는 정도에 따라 서로 구분되며, 이러한 완전성의 정도에 따라 종차가 취해진다[V, 8]. 그러나 이러한 종차들은 종을 다양화하지 못하는 우유적 차이여서는 안 된다. 창조된 지성적 실체들에서는 앞에서 언급한 완전성의 다양한 정도가 종을 다양화한다[V, 9].

(3) 질료와 형상으로 합성된 실체들 안에서 존재는 제1원인인 신으로부터 받은 것이기에 수용되고 유한하다[V, 10]. 더 나아가 그것들의 본질 역시 지정된 질료 안으로 받아들여지기 때문에 그러하다. 그러므로 이러한 복합 실체들은 '위로부터도', '아래로부터도' 모두 유한하다. 또한 그러한 실체들에서는 지정된 질료의 구분 때문에 한 종 안에서의 개체들의 다수화가 가능하다.

**제6장: 우유**

마지막으로 제6장에서는 드디어 본질이 어떤 방식으로 우유 안에 존재하는지를 다룬다. 그러나 우유의 본질은 실체적인 것의 본질과 비교해 불완전한 정의를 가진다[VI, 1]. 그 불완전함은 우유의 정의에서 드러난다. 왜냐하면 우유의 정의 안에 주체(subiectum)가 주어져야만 우유가 정의될 수 있기 때문이다. 우유가 주체에 더해질 때에 우유와 주체로부터 우유적 존재가 남게 된다.

계속해서 토마스는 실체적 형상과 우유적 형상의 뚜렷한 차이에 대해 고찰한다[VI, 2]. 실체적 형상과 질료는 각각 그 자체로는 독립적인 존재를 가지지 못하고 오로지 그 둘의 결합을 통해서만 비로소 그 자체로 하나가 이루어져 자립하는 존재로 남게 된다. 그러나 우유적 형상에서는 그 형상이 더해진 것이 "자기 존재 안에 자립하는 그 자체로 완전한 존재자"이며, 우유적인 것에 본성적으로 선행한다. 그러므로 우유와 주체, 즉 실체의 결합으로부터는 실체적 존재가 아닌, 단지 우유적 존재가 나올 뿐이다. 또한 이 결합으로부터는 어떤 본질도 유래되지 않는다. 이러한 이유로 우유는 완전한 본질의 개념을 갖지 않으며, 완전한 본질의 부분도 아니다. 그러나 우유는 어떤 관점에서의 존재자인 것과 같이 그렇게 어떤 관점에서의 본질을 가진다.

토마스는 계속해서 매우 상세히 우유의 특성들을 고찰한다. 존재자의 유 안에서 첫째인 실체는 2차적으로, 또한 이른바 어떤 관점에서만 존재자의 개념을 분유하는 우유의 원인이어야 한다[VI, 3]. 그런데 우유가 존재자 개념을 분유하는 것은 다양한 방식으로 이루어진다. 즉 (1) 주로 실체의 형상을 따르는 우유들도 있고, (2) 주로 그 질료를 따르는 우유들도 있다[VI, 4]. 형상을 따르는 우유들은 (1.1) 질료와 교류를 가지지 않는 어떤 것(이해 작용)과 (1.2) 질료와 교류를 가지는 것(감각 작용)으로 구분된다. 질료를 따르는 우유들에서도 (2.1) 특정한 형상과 관련되는 질서에 따라 질료를 따르는 것(동물의 암컷과 수컷)과 (2.2) 일반적 형상과 관련되는 질서에 의해 질료를 따르는 것(흑인의 검은 피부색)으로 구분된다[VI, 5]. 실체의 질료를 따르는 우유들은 개체의 우유이고, 그것에 의해 같은 종에 속하는 개체들도 서로 다른 것이 된다. 그러나 형상을 따르는 우유들은 유 혹은 종의 고유한 특성들(propriae passiones)이며, 그 본성을 분유하는 모든 것에서 발견된다(인간의 웃을 수 있음)[VI, 6]. 더 나아가 때때로 우유는 a) 본질적 원리로부터 완전한 현실태에 따라 야기되기도 하고(뜨거운 불 안에 있는 열), b) 때때로 외부적 작용자로부터 보충을 받는 경우도 있는데, b1) 본질적 원리의 적성에 따라서나(공기의 투명성), b2) 사물의 구성적 원리에 들어가지 않는 것(움직여짐)으로부터 야기된다[VI, 7].

토마스는 더 나아가 유와 종차의 개념이 우유에서 어떻게 취해지는지를 설명한다. 구체적으로 언급되는 우유의 명칭들(예를 들어 '흰-것' 혹은 '음악적인-것')은 오직 환원에 의해서만 종이나 유 같은 범주 안에 놓인다[VI, 8]. 단지 추상적으로 파악된 우유들('하양'이나 '음악성')은 범주 안에 놓인다. 추상적 의미에서의 우유에서는 실체에서와는 달리, 유는 질료에서가 아니라 관련된 우유가 지닌 존재의 양태로부터 얻어진다[VI, 9]. 그런데 우유들의 종차는 형상에서가 아니라 '우유의 원인이 되는 원리의 다양성', 즉 주체의 고유한 원리로부터 취해진다(들창코성이

'코의 비틀어짐'이다). 그러나 구체적 의미에서 우유가 언급될 경우에는 정반대의 관계를 갖는다. 그러한 경우에 주체는 우유의 정의에서 유처럼 놓이고, 우유의 범주적 존재 방식이 종차가 된다(들창코는 비틀어진 코이다). 한 우유가 다른 우유의 원리라고 하는 경우에도 마찬가지이다. 그러한 경우에 구체적인 것으로 자립하는 우유는 다시 실체의 범주로 들어가게 되며, 정의 안에서 유를 형성한다. 때때로 우유의 고유한 원리가 명백히 알려지지 않았을 경우에, 우리는 종차를 알려지지 않은 원인의 결과로부터 취해야만 한다.

토마스는 이 소책자를 마치면서 자신이 이러한 담화를 전개한 목적이 단순성의 정점에 있는 제1원인, 즉 신에 있음을 분명하게 밝힌다.

> [이러한 제1원인에는] 유 혹은 종의 개념이 적합하지 않고, 따라서 그것의 단순성 때문에 정의도 [적합하지 않다]. 이러한 것에 이 담화의 목적과 완결이 있는 셈이다. 아멘.

전체적인 논의를 정리해 보면, 거칠지만 다음과 같은 표를 얻을 수 있다.

<table>
<tr><td rowspan="9">존재자</td><td colspan="5">논리적 존재자(그것에 대해 긍정적인 진술이 성립될 수 있는 것) — 본질을 가지지 않음</td></tr>
<tr><td rowspan="8">실재적 존재자<br>(범주들에 의해 구분될 수 있는 것)<br>— 본질을 가짐</td><td rowspan="7">실체</td><td rowspan="4">합성된 물질적 실체<br>(예: 소크라테스)</td><td rowspan="2">형상(종)<br>(예: 인간)</td><td>종차</td></tr>
<tr><td>유(동물)<br>(개체의 질료 역할)</td></tr>
<tr><td>질료(지정된 질료,<br>개체화의 원리)</td><td rowspan="2"></td></tr>
<tr><td>존재<br>(현실화의 원리)</td></tr>
<tr><td rowspan="2">합성된 비물질적 실체<br>개체=종<br>(예: 대천사 가브리엘)</td><td>형상(종)<br>(각 형상은<br>하나의 개체)</td><td>유(예: 지성 존재,<br>인간 영혼)</td></tr>
<tr><td>존재<br>(현실화의 원리)</td><td></td></tr>
<tr><td>절대 단순 실체</td><td colspan="2">존재=본질 : 신</td></tr>
<tr><td colspan="4">우유</td></tr>
</table>

# 옮긴이의 말

토마스 아퀴나스(Thomas Aquinas, 1224/25~74)는 중세를 대표하는 철학자이며 신학자이다. 그는 서양 사상의 두 뿌리인 그리스 철학과 그리스도교를 성공적으로 종합해 냄으로써 서양 사상의 형성에 지대한 영향을 끼친 사상가로 인정받고 있다.

그는 전통적인 그리스도교 사상으로 자리 잡은 플라톤-아우구스티누스주의의 핵심적인 가르침을 수용하면서도 이를 새롭게 등장한 아리스토텔레스(Aristoteles, 기원전 384~기원전 322)의 개념과 학문 방법론을 통해 표현하기 위해 노력했다. 그는 이 종합 작업을 위해 단순히 상이한 의견들을 나열하거나 절충하는 것에 만족하지 않고 근원에까지 파고들어가 비교하면서 필요할 경우에는 기존 이론을 변형함으로써 독창적인 종합을 이루어 냈다.

토마스의 작품을 당시의 다른 저작들과 비교해 볼 때, 그가 지녔던 명석한 사고와 논리를 매우 경제적으로 기술하는 뛰어난 구성 능력은 타의 추종을 불허할 정도이다. 그렇기 때문에 토마스의 철학적·신학적 사상은 시공을 초월한다는 의미에서 '영원의 철학'(philosophia perennis)이라고 불리기까지 했다.

그는 49년이라는 길지 않은 생애 동안 서양 사상사 전체를 고려해도 그 유례를 찾아볼 수 없을 정도의 많은 저술을 남겼다. 저술에 사용된 것이 800만 단어를 넘는데, 이는 일반적인 현대의 책으로 환산할 경우에 400여 권에 달하는 엄청난 분량이다.

토마스가 당대의 어떤 철학자보다도 아리스토텔레스 철학을 깊이 이해하고 있었다는 사실은 만년에 저술한 여러 권의 아리스토텔레스 주해서에 잘 나타나 있다.[1] 여러 권의 성서 주해와 다양한 정기 토론 문제집(진리론과 권능론 등)도 저술했는데, 이 책들에서는 개별적인 주제에 대해 놀랄 만한 치밀함을 보이고 있다. 그렇지만 그의 가장 큰 강점은 다양한 주제를 연속적이고도 체계적으로 구성하는 능력에 있었다. 후대의 학자들은 그의 작품을 '고딕 건축'과 비교하기도 했다. 개별적인 부분들이 정교하면서도 하나의 커다란 조화를 이루는 것이 서로 매우 유사하기 때문이다.

이러한 특성이 가장 잘 나타난 것은 그의 불후의 명작인 『신학대전』(*Summa Theologiae*)과 『대(對)이교도대전』(*Summa contra Gentiles*)이다. 이 책들은 마치 한 권의 책처럼 오해되고 있지만 『신학대전』의 경우에 영어 번역본이 60권에 달하는, 당시 신학과 철학의 백과사전적 성격을 지닌 대작이다. 『대이교도대전』도 외국에서는 일반적으로 5권 정도의 분량으로 나누어 출판되고 있으며, 그의 초기 작품인 『명제집 주해』도 번역된다면 10권 정도에 달하는 엄청난 분량이다.

이 모든 책이 번역·소개되었을 경우에야 비로소 토마스의 진면목을 어느 정도 알 수 있겠지만, 이러한 작업은 서구 학계에서도 수십 년에 걸쳐 이루어진 엄청난 과업이다. 물론 국내에서도 토마스에 대한 개론서들이 여러 권 번역·소개되었고 그에 대한 많은 연구서가 나왔지만, 실제

1 Martin Grabmann, 1926, pp. 266~313; Joseph Owens, 1974, pp. 213~38; Mark D. Jordan, 1991, pp. 99~112; F. Cheneval · R. Imbach, 1993 참조.

로 그의 작품을 우리말로 읽을 수 있는 기회는 여전히 제한되어 있다. 그의 주저인 『신학대전』이 여러 번역자의 공동 작업으로 번역되고 있지만 전체 분량의 4분의 1 정도가 진행된 상황이다. 그의 또 다른 주저인 『대이교도대전』도 국내 토마스 전문가들의 공동 작업을 통해 분도출판사의 '중세철학총서'로 출간되고 있지만 완간까지는 아직도 더 기다려야 한다.

이러한 대작에는 미치지 못하지만 토마스의 체계적이고 종합적인 사유와 저술 능력을 엿볼 수 있는 한 권의 책이 있으니, 그것이 바로 『존재자와 본질』이다. 후기에 이르러 각기 독립된 주제로 발전해 논의될 것들을 토마스는 이 책에서 매우 경제적이고 축약된 형태로 다루고 있다.[2] 따라서 토마스의 철학과 별로 친숙하지 못한 사람들에게는 그 자체가 명확한 내용일지라도 난해할 수밖에 없다. 다행히 이 책은 우리나라에서도 두 차례 출간한 바 있으며, 그 내용의 중요성을 깨달은 여러 연구자가 대학원 세미나 등에서 교재로 활용하고 있다. 심지어 어떤 교육자는 이 책을 토마스의 초기 작품이자 내용이 짧다는 이유로 학부 수업에서 그의 사상에 대한 입문으로 강의하기도 했다. 나 역시 토마스에 대한 논문[3]을 써서 박사 학위를 취득한 후, 20년이 넘는 기간을 번역과 집필을 통해 그의 사상을 연구하는 데 몰두해 왔다. 그런데 이 기간 동안의 교육을 통해 체험한 바에 따르면, 『존재자와 본질』은 결코 이해하기 쉬운 책이 아니다. 기존의 번역들을 최대한 활용하더라도 형이상학이라는 주제의 난해함과 사용된 용어들의 정치(精緻)함 때문에 대학원생들조차 부가적인 설명 없이는 이해하기 힘들어 했다. 어떤 번역은 부가적인 보충 설명 없이 라틴어 본문만 직역되어 있었고, 또 다른 번역은 독일어 판의 비교적

2 M. B. Ewbank, 1989, pp. 123~49 참조.

3 Park, Seung Chan, *Die Rezeption der mittelalterlichen Sprachphilosphie in der Theologie des Thomas von Aquin: Mit besonderer Berücksichtigung der Analogie*, Leiden/Boston/Köln: Brill(=STGMA 65), 1999 참조.

상세한 각주까지 번역했지만 본문의 번역과 개념 사용에 많은 아쉬움이 있었기에 독자들의 어려움이 더욱 가중되었다. 또한 중세 철학 전공자가 아닌 다른 학자들, 특히 형이상학에 대해 관심을 가진 학자들이 적어도 이 책에 대해 기존의 연구를 망라하는 해설서가 필요하다고 지속적으로 요구해 왔다.

새롭게 출간되는 이 책에서는 독자가 익숙하지 않은 중세 철학 분야의 논의를 이해하기 위해 관련 도서를 뒤적이지 않아도 이해할 수 있도록 상세한 각주와 해설을 덧붙였다. 또한 주요 개념의 역사적 배경과 다루어지는 문제가 지닌 함의를 최대한 자세하게 설명하기 위해 노력했다. 더욱이 각 장마다 특별히 중요한 개념과 문제들에 대해서는 후주 형식의 '별도의 해설'을 통해 상세히 설명했다. 이 부분은 토마스 철학을 이해하는 데 도움이 되는 입문서 역할을 할 수 있기를 기대하는 의미에서 비교적 평이한 문체로 설명을 시도했다. 이와 달리 본문에 달린 각주들에서는 전문가들이 필요한 문제들을 계속해 탐구할 수 있도록 다양한 병행 구절들과 상세한 참고문헌을 제시했다.

이러한 기획을 가지고 이미 수년 전에 『존재자와 본질』에 대한 새로운 번역과 상세한 해설을 위한 초안을 마련했었다. 그러나 이를 출간하기에 앞서 오랫동안 준비해 왔던 1,000여 쪽에 달하는 『대이교도대전』 제2권의 번역을 마쳐야 했다. 또한 '중세 철학사' 강의가 2012년 11월에 SBS와 대학교육협의회에서 공동으로 주관하는 '대학 100대 명강의'로 선정되면서 시작된 생활의 변화는 이 책의 탈고를 위해 필요한 시간을 앗아갔으며, 플라톤 아카데미의 'Who am I 2'(SBS-CNBC 방영, 고통을 넘어서는 희망), EBS의 '통찰'(12세기 르네상스와 스콜라 철학의 태동, 13세기 중세 문화의 황금기 등), JTBC의 '차이나는 클라스'(중세 천년의 빛과 그림자), EBS 클래스e(중세의 위대한 유산, 10강), 그리고 평화방송의 '그리스도교, 서양 문화의 어머니'(26강), '아우구스티누스 성인을 만나다'(13강) 등의 강연들은 매우 큰 반향을 불러일으켰다. 전국 각지에서

몰려드는 강연 요청을 대부분 거절했지만, 특별한 친분을 맺고 있는 분들의 부탁으로 거절 못한 강의들도 매년 수십 건에 달했다. 이 강의들을 토대로 일반인들이 중세에 대해 관심을 이어갈 수 있도록 『알수록 재미있는 그리스도교 이야기 1 · 2』, 『아우구스티누스에게 삶의 길을 묻다』, 『중세의 재발견』 등의 입문서를 저술하는 데에도 시간이 필요했다. 더욱 안타까웠던 것은 가톨릭대 성심대학원장, 김수환추기경연구소장, IRB 위원장, 한국중세철학회장, 한국가톨릭철학회장 등의 크고 작은 행정적인 업무가 나머지 시간을 빼앗았다. 자투리 시간을 최대한 이용해 보았지만 초안이 마련된 지 거의 10년이 지난 지금에서야 탈고할 수 있었다. 여전히 아쉬움이 많이 남지만 토마스 아퀴나스의 형이상학을 직접 그의 글을 통해 파악하는 데 도움이 될 것이라는 희망을 가지고 이 책을 출간한다.

이 책을 출간하면서 특별히 감사를 드려야 할 분들이 떠오른다. 우선 이 책으로 대학원 세미나에서 함께 공부했던 모든 학생에게 감사를 전하고 싶다. 특별히 초고를 읽고 소중한 제언을 통해 완성도를 높여 준 임경헌 박사와 이예림, 엄가윤 학생에게 감사를 드린다. 앞서 언급한 이유로 책의 완성이 늦어지는 데에도 대단한 인내로 기다려 주고 이렇게 아름다운 모습으로 만들어 준 도서출판 길의 이승우 편집장께도 감사를 드린다. 이 책을 통해 생겨난 토마스 아퀴나스에 대한 관심이 『신학대전』과 『대이교도대전』을 직접 읽고 공부하는 열정으로 연결될 수 있기를 기대해 본다.

2021년 2월

옮긴이 박승찬

차례

## ■ 일러두기

**• 단락 구분의 변형**

옮긴이가 번역 저본으로 채택한 토마스 아퀴나스 연구의 비판본은 레오니나 판이다. 하지만 이 판은 훌륭한 비판본임에도 몇 가지 단점을 지니고 있다. 그 가운데 하나는 바로 단락 구분이다. 아마도 원본에 가깝게 하기 위해서라고 추정되지만, 레오니나 판의 단락 구분은 지나치게 길기 때문에 그렇지 않아도 전체적인 윤곽을 파악하기 힘든 독자들에게 매우 불친절한 셈이다. 따라서 옮긴이는 필요한 경우에 영어 번역본과 독일어 번역본 및 마리에티 판을 참조해 단락을 좀 더 상세히 구분했다. 그렇지만 원본의 단락 구분(A: 김진·정달용 번역본과 아먼드 마우러 등은 이와 유사함)과 마리에티 판의 단락 구분(B: 정의채 번역본은 이를 따름)에 따른 인용들이 국내외에 널리 퍼져 있는 현실을 고려해 매 단락마다 해당 부분을 다음과 같이 표시했다.

**[II, 1]** = [II, 3b]

앞의 진한 단락은 단락 구분 A, 뒤의 구분은 단락 구분 B를 의미한다. 또한 이해를 돕기 위해 옮긴이가 별도로 단락을 구분한 경우에는 단락 뒤에 '-'를 두어 레오니나 판 라틴어 원본에서는 서로 연결된 단락임을 알 수 있도록 표시했다.

**• 레오니나 판의 고유한 라틴어 표기법**

레오니나 판의 두 번째 단점은 토마스를 직접 전공하지 않는 연구자들에게 혼란을 일으킬 수 있는 라틴어 표기법이다. 레오니나 판은 토마스가 활동하던 당시인 13세기의 라틴어 표기법을 따르고 있다. 그래서 많은 경우에 고전 라틴어의 표기법과 차이가 나 흡사 라틴어 오자(誤字)인 듯이 착각할 수 있다. 이에 불필요한 오해를 막기 위해 대략 다음과 같은 방식으로 표기법에 차이가 있음을 미리 밝혀 둔다.

모든 소문자 '**v**'는 '**u**'로 표기되었다. 대부분의 모음 '**ae**'는 '**e**'로, '**ph**'는 '**f**'로 표기되었다. 그 밖에도 다음과 같은 예들에 따라 표기법이 변화되었다. 그러나 고대 철학과 근대 철학, 또는 중세 철학 내에서도 토마스 이외의 학자를 연구하는 연구자들과의 교류를 생각하면 레오니나 판의 표기법을 고수하는 것은 많은 문제점을 야기할 수 있다. 따라서 대부분의 경우에 호환성을 고려해 고전 라틴어의 일반적인 표기법을 따랐다. 대표적인 차이를 비교할 수 있도록 특수한 경우들을 언급해 보면 다음과 같다.

| 일반 표기법 | 레오니나 판 표기법 | 일반 표기법 | 레오니나 판 표기법 |
|---|---|---|---|
| abundare | habundare | hypostasis | ypostasis |
| adminiculum | amminiculum | identitas | idemptitas |
| admiratus | ammiratus | Iesus | Ihesus |
| admixtio | ammixtio | imaginativa | ymaginatiua |
| admonere | ammonere | inhaesio | inhesio |
| arca | archa | mystice | mistice |
| Boethius | Boetius | nihil | nichil |
| coercere | cohercere | nunquid | numquid |
| condicio | conditio | obtinere | optinere |
| damnatio | dampnatio | quamdiu | quandiu |
| definitio | diffintio | quidquid | quicquid |
| eamdem | eandem | somnium | sompnium |
| Hieronimus | Ieronimus | Socrates | Sortes |
| his | hiis | usia | usya |

• **각주의 출처 및 인용 방법**

옮긴이는 라틴어 원문을 번역 저본으로 삼아 초역한 후에 기존의 우리말 번역, 영어 번역 및 독일어 번역과 철저히 대조함으로써 번역의 오류를 최대한 줄이기 위해 노력했다. 이 과정에서 라틴어 원본, 영어 번역본, 독일어 번역본에 나와 있는 각주 내용을 철저히 검토해 우리 실정에 맞는 부분을 취하고, 아울러 옮긴이의 기존 연구를 토대로 필요 부분들을 보충해 가급적 상세한 각주를 첨부하려고 노력했다.

**라틴어 원본**에서는 일차적으로 토마스가 사용하고 있는 **문헌의 전거들**을 수용했다. 라틴어 원본에 달려 있는 상세한 수사본에 대한 수정 사항은 이해를 위해 반드시 필요한 몇몇 경우를 제외하고는 생략했다.

오히려 각주에서 가장 많은 양을 차지하는 것은 상세한 각주가 제시되어 있는 다양한 번역본에서 취한 것들이다. 방대한 각주 내용을 번역하고 비교해 취사선택하는 데에는 본문을 번역하는 것과는 비교가 안 될 정도의 많은 시간이 필요했다. 그렇지만 아직까지 충분한 연구서들이 나와 있지 못한 우리 상황과 외국어에 친숙하지 못한 독자들을 위해 새로운 연구에 의해 비판된 일부 내용을 제외하고는 대부분을 번역해 소개하고자 노력했다. 각각의 주마다 기존의 각주를 그대로 받아들인 경우에는 출전을 표시함으로써 연구자가 해당 각주를 직접 찾아볼 수 있도록 했다. 앞에서 언급한 번역본이나 해설서 중에서 Armand Maurer, Rudolph Allers, Joseph Bobik, F. L. 베레츠 등의 경우에는 계속해 반복되기 때문에 'Maurer, p. 28, n. 3'과 같이 축약된 형태로 제시했다. 별도의 언급이 없는 경우에는 다양한 참고 자료들을 종합해 옮긴이가 저술한 내용이나 번역어와 관련된 설명들이다. 또한 옮긴이가 직접적으로 연결할 수 있는 한에서 해당 내용 부분에 국내에 출간되어 있는 번역서와 저서 및 논문들을 제시했다. 그렇지만 각주의 분량이 지나치게 길어지는 것을 피하고 새로운 자료의 추가를 수월하게 하기 위해 'Étienne Gilson, 1956, p. 448'과 같이 저자명과 출판 년도가 표시된 간략한 형태로 그 출처를 표시했다.

각주에 직접 인용된 문헌들 중에서 국내에 번역서가 나와 있는 경우에는 이를 참조해 번역문을 제시했으며, 용어 통일과 이해를 돕기 위해 필요한 경우에는 일부 용어를 수정했다. 국내에 번역서가 없는 경우에는 옮긴이가 직접 번역했다.

• 사용된 약어

| | |
|---|---|
| *ACPQ* | *American Catholic Philosophical Quarterly.* |
| *AHDLMA* | Archives d'histoire doctrinale et littéraire du moyen âge. |
| Allers | Rudolph Allers (hg.), *Über das Sein und das Wesen,* Wissenschaftliche Buchgesellschaft, Darmstadt, 1980. |
| *AM800* | W. Senner (ed.), *Albertus Magnus. Zum Gedenken nach 800 Jahren. Neue Zugänge, Aspekte und Perspektiven,* Berlin: Akademie Verlag, 2001. |
| *AMAA* | L. Honnefelder/R. Wood/M. Dreyer/M.-A. Aris (eds.), *Albertus Magnus und die Anfänge der Aristoteles-Rezeption im lateinischen Mittelalter. Von Richardus Rufus bis zu Franciscus de Mayronis*, Münster: Aschendorf, 2005. |
| *AT* | R. Sorabji (ed.), *Aristotle Transformed. The Ancient Commentators and Their Influence*, London, 1990. |
| *AZP* | *Allgemeine Zeitschrift für Philosophie.* |
| *BGPhMA* | *Beiträge zur Geschichte der Philosophie und Theologie des Mittelalters.* |
| *BGPhMA NF* | *Beiträge zur Geschichte der Philosophie und Theologie des Mittelalters*, Neue Folge, Münster: Aschendorf. |
| Bobik | Joseph Bobik, *Aquinas on Being and Essence*, Notre Dame, 1965. |
| Denz. | H. Denzinger · K. Rahner, *Enchiridion Symbolorum, Definitinitionum et Declarationum de rebus fidei et morum*, Barcelona-Freiburg-Rom, [31]1957. |
| DThA | Deutsche Thomas-Ausgabe [독일어 판 토마스 아퀴나스 『신학대전』 전집], 1933년 이후. |
| *FZPhTh* | *Freiburger Zeitschrift für Philosophie und Theologie.* |
| *HWP* | *Historisches Wörterbuch der Philosophie,* Darmstadt: Wiss. Buchgesellschaft, 1971~. |
| *LexMA* | *Lexikon des Mittelalters*, München/Zürich, 1977~1999. |
| Maurer | Armand Maurer (trans.), *On Being and Essence*, Toronto: PIMS, 1949. |
| *MM* | *Miscellanea Mediaevalia*, Berlin/New York, 1962~. |
| *MM 19* | A. Zimmermann (ed.), *Thomas von Aquin. Werk und Wirkung im Licht neurerer Forschungen*, Berlin, 1988. |

| | |
|---|---|
| *MM 22,1* | I. Craemer-Ruegenberg/A. Speer (eds.), *Scientia und ars im Hoch- und Spämittelalter,* Berlin/New York: de Gruyter, 1993. |
| *MM 22,2* | I. Craemer-Ruegenberg/A. Speer (eds.), *Scientia und ars im Hoch- und Spätmittelalter,* Berlin/New York: de Gruyter, 1994. |
| *MM 26* | Jan A. Aertsen/Andreas Speer (eds.), *Was ist Philosophie im Mittelalter?*, Berlin/New York: de Gruyter, 1998. |
| *MM 27* | Jan A. Aertsen/Andreas Speer (eds.), *Geistesleben im 13. Jahrhundert*, Berlin/New York: de Gruyter, 2000. |
| *MM 28* | Jan A. Aertsen/Kent Jr. Emery/Andreas Speer (eds.), *Nach der Verurteilung von 1277. Philosophie und Theologie an der Universität von Paris im letzten Viertel des 13. Jahrhunderts. Studien und Texte,* Berlin/New York: de Gruyter, 2001. |
| *MM 33* | Andreas Speer/Lydia Wegener (eds.), *Wissen über Grenzen. Arabisches Wissen und lateinisches Mittelalter*, Berlin/New York, 2006. |
| *MS* | *Mediaeval Studies.* |
| *NCE* | *New Catholic Encyclopedia,* 2003. |
| *NSchol* | *The New Scholasticism.* |
| *PG* | *Patrologiae cursus completus, Series Graeca*, (ed.) J. P. Migne, Paris, 1857~1866. |
| PIMS | *Pontifical Institute of Mediaeval Studies.* |
| *PL* | *Patrologiae cursus completus, Series Latina*, (ed.) J. P. Migne, Paris, 1844~1864. |
| *PM* | T. Kobusch (ed.), *Philosophen des Mittelalters*, Darmstadt: Primus, 2000. |
| *RMet* | *The Review of metaphysics.* |
| *STGMA* | *Studien und Texte zur Geistesgeschichte des Mittelalters.* |
| *TEMA* | *Textes et Etudes du Moyen Age.* |
| 베레츠 | F. L. Beeretz (hg.), *Das Seiende und das Wesen*, Stuttgart, 1987(국역본: 김진·정달용 옮김, 『존재자와 본질에 대하여』에서 인용한 후에 대폭 수정). |

# 서론

369,1 Quia parvus error in principio magnus est in fine, secundum philosophum in I Caeli et Mundi,• ens autem et essentia sunt quae primo intellectu concipiuntur, ut dicit Avicenna in principio suae Metaphysicae,••

---

• Aristoteles, DCM I, 9, 271b8-13. 동일한 내용이 아베로에스의 『영혼론 주해』(III, comm. 4)에서도 인용되고 있다. "minimus enim error in principio est causa maximi erroris in fine, ut dicit Aristoteles"(ed. F. Stuart Crawford, p. 384, 1.32).

•• Avicenna, *Methaphysica* Tr. I, c. 6: "따라서 우리는, 존재자와 사물과 필연적으로 그런 것들은 더 잘 알려진 다른 것으로부터 얻어지는 것이 아닌 첫 번째 인상에 의해 영혼에 즉각적으로 각인된다고 말한다"(Dicemus igitur quod ens et et necesse talia sunt quae statim imprimuntur in anima prima impressione, quae non acquiritur ex aliis notioribus se)(ed. Venetiis 1508, f. 72, rb A 참조). '본질'(essentia)이라는 단어는 여기에서 나오지 않지만 바로 아래에 다음과 같은 문장이 따라온다(vox quidem 'essentia' ibi deest, sed paulo infra sequitur): "Unaqueque enim res habet certitudinem qua est id quod est (……) Unaqueque res habet certitudinem propriam que est eius quiditas"(*ibid.*, f. 72, va C 참조). 존재 또는 존재자의 개념이 인간 정신 안에 내재화하는 첫 번째 것이라는 주장은 향후 일반적인 확신이 되었다(Leoniana, n. 4).

M.-D. 롤랑-고슬랭(M.-D. Roland-Gosselin, 1926)에 의하면, 토마스는 여기서 12세기에 세고비아의 대부제(大副祭, archdeacon)였던 도미니쿠스 군디살리누스(Dominicus Gundissalinus/Gundissalvi)의 아비첸나 번역을 이용한다. 군디살리누스는 톨레도의 주교 라이문두스(Raymundus)의 원의에 따라 유대계 학자인 요하네스 아벤데아트(Johannes Avendeath/Ibn Daud) 또는 요하네스 히스파누스(Johannes Hispanus) 및 살로몬(Salomon)과 함께 아비첸나의 형이상학과 다른 서적들을 카스티야어로, 그리고 이것으로부터 라틴어로 번역했다. 토마스가 사용했던 번역은 1508년 베네치아에서 인쇄되었다. 그 번역은 아비첸나 자신의 의견을 정확하게 전달해 주는 것이 아니라 부분적으로는 변형된 모습으로 전해 주는데, 토마스는 아비첸나를 자신이 생각한대로 이해하고 사용했다.

## 1. (1) 논의해야 할 과제의 유익함, 필요성 및 어려움

『천계론』(*De caelo et mundo*) 제1권[1]에서 철학자[2]의 말에 따르면, **시작할 때의 작은 오류가 끝에 가서는 큰 것[오류]**이 되고,[3] 또한 아비첸나[후주 1)]가 자기 『형이상학』의 처음에서 말한 것처럼 지성에 의해 제일 먼저 포착되는 것은 존재자와 본질(本質)이다.[후주 2)] —

---

1 Aristoteles, DCM I, 9, 271b8-13; Thomas Aqinas, In DCM I, 9, 4; Averroes, *In De anima* III, comm. 4: "minimus enim error in principio est causa maximi erroris in fine, ut dicit Aristoteles"(ed. F. Stuart Crawford, p. 384, 1.32 참조).

2 스콜라 철학 융성기의 저작에 나오는 '철학자'(philosophus)는 언제나 '아리스토텔레스'를 뜻한다.

3 "'존재자'라는 단어의 의미는, 지성이 지닌 일상적인 지식을 분석하는 시작점이기 때문에, 그리고 어떤 의미에서 지성이 지닌 일상적인 지식은 모든 지성적 지식의 시작점이기 때문에, 존재자의 의미에 대해 오류를 만들지 않는 것은 가치 있고 정말로 필요한 것이다. 왜냐하면 시작할 때의 작은 오류가 쉽게, 끝에 가서는 큰 오류가 되기 때문이다"(Bobik, p. 12 참조).

ideo ne ex eorum ignorantia errare contingat, ad horum difficultatem aperiendam, dicendum est quid nomine essentiae et entis significetur et quomodo in diversis inveniatur• et quomodo se habeat•• ad intentiones logicas, scilicet genus, speciem et differentiam.

• 마리에티(Marietti) 판에서는 'inveniantur'.

•• 마리에티 판에서는 'habeant'.

그러므로 이러한 것들(존재자와 본질)에 대한 무지로부터 오류가 일어나지 않도록 하기 위해, 먼저 이것들(존재자와 본질)의 어려운 점을 드러내도록 [다음과 같은 문제들에 대해 언급해야 한다]. 즉 **본질과 존재자라는 명칭이** 무엇을 의미하는가, 또 이러한 것[4]이 어떻게 다양한 것 안에서 발견되는가, 그리고 이러한 것이 논리적 지향 개념들(intentiones logicae),[후주 3] 즉 유(類, genus)와 종(種, species)과 차이(差異, differentia)와는 어떻게 관계되는지[5] 등에 대해 언급해야 한다.[6]

---

4 다른 판본의 본문에 나와 있는 대로 'inveniantur, se habeant'로 읽게 되면 이 질문들의 주어는 이러한 것들, 즉 존재자와 본질을 의미하는 것으로 해석할 수 있다(Armand Maurer, Rudolph Allers, Joseph Bobik의 번역 참조). 김진과 정달용은 독일어 번역에 따라 이 문장의 주어를 '본질'로 번역한다.

5 "유, 종, 그리고 종차(種差, 차이)는 사물에 대한 다양한 지성적 파악 또는 표현을 나타낸다. 각각의 것들은 사물을 표현하지만(사물의 무엇임으로서 — 그것의 본질로서), 그러나 각각 다른 방식으로 표현한다. 즉 유는 사물의 무엇임이 지닌 공통적인 부분을 표현하고, 종차는 고유하거나 독특한 부분을, 종은 사물의 무엇임 전체를 표현한다" (Bobik, p. 16 참조).

6 롤랑-고슬랭과 아먼드 마우러(Armand Maurer)는 바로 이 부분에서 토마스 책의 서론(prologus, 또는 그의 표기대로 'prooemium')을 끝내고, 그 다음부터 '제1장: 존재자와 본질 개념의 일반적 의미'를 시작하고 있다. 그러나 루트비히 바우어(Ludwig Baur)와 루돌프 알레르스(Rudolph Allers)는 레오니나 판에서처럼 서론을 표제 없이 'procedendum est'까지 계속하고 있다. 그러나 알레르스는 롤랑-고슬랭의 선례에 대해 다음과 같이 쓰고 있다. "다음에 나오는 구절은 이미 첫 번째 연구의 주제가 되므로 여기에서의 분리는 의미상으로 적합한 것 같다. 서론에서 논문의 단락이 분명해지기 때문이다."
여기서 제시된 토마스의 사고 과정은, 롤랑-고슬랭이 정확하게 밝혀낸 바와 같이, 아리스토텔레스의 『형이상학』 제7권의 순서를 따르고 있다. 그러나 내용적으로는 이미 이 초기 작품인 『존재자와 본질』에서 토마스가 아리스토텔레스를 넘어선다는 것을 보여 주고 있다(Allers, p. 118 참조). 그런데 실제로는 두 번째 과제와 세 번째 과제는 바뀐 순서로 논의되고 있다. 토마스는 세 번째 과제에 착수하기 전에 두 번째 과제를 완수하지 않고, 두 번째의 일부를 시행한 후에 세 번째 과제를 하고 다시 두 번째의 나머지 부분으로 돌아오는 순서로 과제를 진행한다(Bobik, pp. 1~2 참조).

[I,1] = [0,2]

Quia vero ex compositis simplicium cognitionem accipere debemus, et ex posterioribus in priora devenire,• ut, a facilioribus incipientes, convenientior fiat disciplina, ideo ex significatione entis ad significationem essentiae procedendum est.

• 마리에티 판에서는 'devenire in priora'.

## 2. (2) 논의해야 할 과제들이 정리되어야 하는 순서

더 쉬운 것으로부터 시작하면서 학문이 더욱 적절하게 이루어지도록, 우리는 실제로 복합적인 것으로부터(ex compositis) 단순한 것(simplex)의 인식을 얻어야 하고, 또 후차적인 것으로부터(ex posterioribus) 선차적인 것(in priora)에 도달해야 하기 때문에 존재자의 의미[7]로부터 본질의 의미로 나아가야 한다.[후주 4)]

---

7 토마스의『존재자와 본질』은 본격적인 존재론적 탐구의 시작에 불과하다는 사실을 명백히 해두어야 한다. 따라서 이 책의 표현 방식이 후기 학자들이 주의 깊게 구분해 낸 것과 같은 날카로움에 도달하지 못했다는 것도 이해할 만하다. 사실 토마스의 개념 설정을 불명확하다고 판단하기에는 무척 어렵더라도 말이다. 특히 캔터베리의 안셀무스(Anselmus Cantuariensis, 1033~1109)의 작품에도 자주 등장하는 '실존'(existentia)이라는 단어가 토마스의 시대에는 그리 많이 사용되지 않았다. 따라서 '존재'(esse)와 '존재자'(ens)는 일반적인 의미뿐만 아니라 좁은 의미에서도 사용되었다. 예를 들어 한편으로 존재 그 자체를 의미 지시하기 위해 사용되었고, 다른 한편으로는 존재자 안에 있는 원리로서의 존재를 위해 사용되었다. 따라서 합성된 것으로서의 존재자를 출발점으로 삼아 더욱 단순한 본질로 상승할 수 있다고 말할 때, 여기서 존재자는 명백하게 '현존하고 있는', 실존하는 것이라는 뜻이다. 이것이 합성된 것(compositum)이라는 것은 당연한 것으로, 적어도 논쟁의 여지가 없는 것으로 전제되었다. 그러면 어떤 점에서 합성된 것인가라는 질문이 제기된다. 앞으로의 토론이 밝혀 주듯이, 첫째로는 질료와 형상, 둘째로는 존재와 본질의 합성을 말한다(Allers, p. 119 참조). 이렇게 존재자(ens)는 본질과 존재(esse)라는 두 가지 원리로 분석될 수 있다. 따라서 그것은 합성된 용어이다. 본질은 그것의 한 요소이며, 그 용어는 우리가 존재자의 의미를 탐구한 후에야 부여할 수 있다.

주 1) 아비첸나(Avicenna/Ibn Sina: 980/987?~1037)

페르시아의 철학자이자 의사, 정부 관리로서 자신에게 전해진 이른바 팔사파(Falsafa) 스승들의 사상을 종합했다.[1] 알-파라비(Al-Farabi, 872~950)[2]를 비롯한 그의 스승들은 아리스토텔레스 철학을 요약하고 주석을 달면서 그것을 비판하고 수정했으며, 또한 다양하고 폭넓은 신학적·과학적 문제들을 해결하는 데 사용했다.[3] 아리스토텔레스 철학을 이슬람 세계에 널리 소개했던 이들의 사상을 바탕으로 아비첸나는 이슬람 세계에서 이미 서양 중세 이전에 스콜라학적인 체계를 형성했다. 언제 어디서나 학문 탐구에 열정적이었던 그는, 아랍어로 '치유의 책'(Kitāb al-Shifā)이라고 불렸고 라틴 사람들은 『충족』(*Sufficientia*)이라고 부른 책을 남겼다. 이 책은 백과사전 같은 것으로서 논리학, 자연학, 수학, 심리학, 형이상학 등을 포함하고 있는데,[4] 이를 포함해 아비첸나는 아리스토

1 아비첸나의 사상 전반과 영향에 대해서는 H. 코르방, 1997, 225~35쪽; Dimitri Gutas, 2000, pp. 27~41; 이재경, 2005b/2010 참조.

2 Deborah L. Black, 1983 참조.

3 리처드 루빈스타인, 2004, 122쪽 참조.

텔레스가 다루었던 거의 모든 주제에 대해 160권가량의 책을 아랍어로 저술했다.[5] 그는 이슬람 세계에서 최초의 철학자로서 완성된 체계를 남겨 놓았다. 그는 이 체계 안에서 알-파라비의 '오르가논'에 대한 주해서들을 통해 바르게 이해했다고 믿은 아리스토텔레스 철학에 대한 설명에 자신의 고유한 생각들을 삽입했다. 이렇게 아비첸나는 자신의 백과사전적인 저서들에서 아리스토텔레스의 텍스트들로부터 매우 멀어졌기 때문에, 독립적인 분석과 전개를 담은 그의 저서는 더 이상 주해서라고 불릴 수 없을 정도였다.[6] 이를 통해 그는 아리스토텔레스와 알-파라비 다음의 '제3의 스승'이라고 불렸다.

아비첸나는 철학에 심취해 있으면서도 독실한 유일신론자였으며, 아리스토텔레스 철학이 신학자들과 일반 신도들의 신앙을 교란하고 있음도 이미 알고 있었다. 아리스토텔레스주의와 신플라톤주의를 이슬람 신학과 조화시키는 것을 목표로 삼았던 그는 아비첸나주의로 알려진 자신의 독창적인 사상을 발전시켰다.

그가 선택한 방법의 핵심은 아리스토텔레스의 몇 가지 주된 이론들을 플라톤 식의 해석, 즉 정신적인 것으로 해석하는 것이었다. 그는 만일 물질세계가 영원한 정신의 반영이라는 생각에다가 이 세상을 강조하는 아리스토텔레스의 철학 체계를 통합해 '수정'할 수 있다면, 이러한 사상을 선동적인 이슬람 신학자들도 수용할 것이라고 생각했다. 그렇지만 이러한 작업은 결코 쉬운 일이 아니었다. 왜냐하면 아리스토텔레스는 자연세계 외부에 존재하는 독립된 관념들의 영역을 가정하는 생각을 혐오했기 때문이다. 플라톤 철학을 너무 많이 수용했던 사상가들은 우주를 지나치게 정신적인 것으로 만들고 신의 창조적인 간섭도 부정할 위험성을 지니고 있었다.

4 Fernand van Steenberghen, 1977, p. 87 참조.

5 Dimitri Gutas, 1988/2000 참조.

6 Gui Guldentops et al., 2007b, p. 280; R. Bosley · M. Tweedale (eds.), 1991 참조.

그렇지만 아비첸나는 정교한 작업을 통해 신이 필연적으로, 그리고 '유출' 과정이나 신성의 범람 과정을 거쳐 우주를 창조했다고 주장한다. 즉 유일자이며 필연적인 존재인 신이 존재자의 최초이자 최상의 영역(제1지성 존재, prima intelligentia)을 직접 창조했고, 각각의 영역은 그 다음 낮은 단계의 영역을 산출했다. 즉 근원적인 일자(一者)에는 이원성이 없었으나 제1지성 존재 안에는 본질과 존재의 이원성이 성립한다. 제1지성은 계속해서 천지만물의 다수성을 설명할 열 가지 지성을 도출해 낸다. 여기서 제10지성(decima intelligentia)은 형상들의 부여자(Dator formarum)이다.[7] 이렇게 형성된 형상들은 순수 가능태인 제1질료에 받아들여짐으로써 종(species)들이 성립한다. 아비첸나에 따르면, 질료는 개체화의 원리이기 때문에 같은 종의 형상이 질료에 의거한 개체 사물들에 받아들여져 다수화될 수 있다. 이렇게 신성이 순수 지성의 영역에서 시작해 천국과 지상 영역에 이르기까지 잇달아 있는 존재자의 영역들로 유출되거나 또는 흘러넘쳐 들어가는 과정을 통해 우주가 창조되었다는 것이다.[8]

그렇지만 이러한 설명은 그의 의도와는 달리 천국과 지상이 신의 의지적 창조에 의해 이루어졌다고 믿는 정통 이슬람 신학자들의 분노를 자아냈다. 이러한 유출 개념은 필연성을 지니고 있는 것으로서, 절대적 선(善)인 신은 필연적으로 자신의 선을 방사하고 확산시키게 된다는 것이다. 또한 아비첸나는 신은 영원하기 때문에 같은 속성인 창조도 영원하다는 결론을 이끌어 냈다. 그런데 이렇게 신이 자기 본성의 필연성에 따

7 아비첸나에 따르면, 제10지성은 인간 안에서 능동 지성(intellectus agens)의 작용을 한다. 인간 지성은 수동적 가능태에서 현실태로 건너가는데, 그것은 자체의 힘으로 되는 것이 아니고 인간 지성과 비슷한 외적 작용자의 영향에 의해 이루어지는 것이기 때문이다.

8 세계 창조에 대한 아비첸나의 이론과 그 영향사에 대해서는 Raymond Macken, 1987, pp. 245~57 참조.

라 창조하는 것이라면 신의 창조 작업에서 아무런 자유도 없게 된다. 더 나아가 이러한 설명은 한편으로 신과 창조물을 구분 없이 뒤섞어 놓을 범신론적 위험을 지니면서도, 다른 한편으로는 결국 창조자를 자연적인 우주로부터 멀리 떼어놓을 것이라는 의심을 받았다.[9] 아비첸나는 이러한 의심의 가능성을 알고 있었기 때문에 자신의 이론을 이슬람의 정통 신학과 조화시키기 위해 노력했다. 예를 들어 그는 자신의 학설을 범신론으로부터 보호하기 위해 직접적으로나 간접적으로 신에서 산출된 모든 사물 안에서 본질과 존재의 구별을 인정했다. 이러한 구별이 토마스가 『존재자와 본질』을 집필하는 데 결정적인 영향을 끼쳤다. 또한 사후의 심판을 보장하기 위해 인간 영혼의 불사성도 인정했다.

아비첸나의 화해의 노력에도 불구하고, 그의 사후에 그리스 철학의 영향력은 이슬람 세계 내에서 점차 감소하게 되었다. 이러한 감소에는 알-가잘리(Al-Ghazālī, 1058?~1111)[10]로 대표되는 아샤리(ashari)파(派)의 대두가 큰 영향을 끼쳤다. 이슬람 세계에서 1200년경에 다시 철학이 각광을 받게 되었을 때에는 더 이상 알-킨디(Al-Kindi, 801?~73)나 알-파라비는 기억되지 않았지만, 아비첸나의 종합적인 작품들은 여전히 통용되었다. 그 이후에 이슬람 세계에서는 아비첸나의 작품들이 가장 권위 있는 형이상학적 체계로 인정받아 아리스토텔레스의 『형이상학』을 능가했으며, 신학적인 색채를 띤 고유한 수해 전통을 만들어 냈다.[11] 그의 영향력은 16세기 물라 사드라(Mulla Sadra)에 이르기까지 이슬람 철학에 지속되었다.

---

9 이러한 정통 이슬람 신학자들의 거부감은 아비첸나의 사상이 서구 세계에 전달되었을 때 오베르뉴의 윌리엄 같은 신학자들에 의해 다시 제기된다(리처드 루빈스타인, 2004, 253~55쪽 참조).

10 Al-Ghazālī, 1965 참조. 그의 『논리학』은 대(大)알베르투스에게도 많은 영향을 주었다(Jan A. Aertsen, 2002, p. 99 참조).

11 R. Wisnovsky, 2004, pp. 173~74 참조.

서구 세계의 스콜라 철학에 대한 아비첸나의 영향력은 이슬람 신학에 대한 영향력보다 더욱 컸다. 그의 의학적 주저인 『의학정전』(*Canon medicinae*)은 12세기에 라틴어로 번역되었으며, 수세기에 걸쳐 서구 세계의 의학 연구에 주된 기초를 이루었다. 많은 역사가들이 그를 '이슬람의 가장 유명한 과학자'라고 칭할 정도로 『의학정전』은 의학 분야에서 절대적인 권위를 지녔다. 또한 철학적으로도 그의 학설들은 서구의 스콜라 철학자들에게 다양한 형태로 수용되었다.[12] 아비첸나는 아리스토텔레스가 형이상학을 '존재자로서의 존재자'(ens qua ens)에 관한 학문으로 보았다는 해석과 더불어 '존재' '본질' '실존' 등 많은 형이상학 용어에 대한 분석, 신 존재에 대한 증명, 개체화의 원리로서의 질료, 인식과 조명(illuminatio)의 밀접한 관련성 등을 제시했다.[13] 이러한 주장은 그리스도교 학자들이 찬성하든 반대하든 간에 자주 인용되었으며, 토마스도 아비첸나의 어떤 부분에 대해서는 매우 비판적이면서도 그의 학설에 대한 고찰에서 부분적으로는 긍정적 영향을 받았다. 한편 둔스 스코투스(Duns Scotus, 1265/66~1308)는 그에게서 토마스보다 더 많은 영향을 받았다.

**주 2) 지성에 의해 제일 먼저 포착되는 것은 존재자와 본질이다**

이 주장은 모호하기 때문에 더욱 분명하게 분석할 필요가 있다. 우선 '제일 먼저'(primo)가 의미하는 것은 무엇인가? 루돌프 알레르스(Rudolph Allers, p. 118)에 따르면, 발달심리학적인 차원에서 존재자라는 일반적인 이 개념은 어린 아기에 의해 가장 먼저 형성되는 개념으로 밝혀졌다. 인간이 물질세계를 사고를 통해 해결하려 할 때 첫 번째로 정신 안에 형성되는 것이 존재자 개념이라는 것이다. 그러나 조지프 보빅(Joseph Bobik,

12 Jan A. Aertsen, 2002, p. 97 이하 참조.

13 Dimitri Gutas, 1988; Amos Bertolacci, 2006 참조.

p. 3)은 토마스가 '제일 먼저'(first)를 단순하게 '시간적으로 제일 먼저'(temporally first)의 의미로 쓰는 것이 아니라 좀 더 '논리적 의미에서 제일 먼저'(analytically first)라는 의미로 쓴다고 주장한다.

우리가 꽃을 본다고 생각해 보자. 우리는 맨 처음 우리의 감각 기관을 통해 꽃을 본다. 즉 감각 기관을 통해 모양, 색, 크기, 향 등을 감각한다. 이처럼 우리의 지식은 감각을 통해 형성된다.

> 그러므로 우리가 시간적으로 제일 먼저 얻는 지식은 감각적인 사물들에 대한 감각적 지식이다. 지성에 의한 지식은 그 기원으로서 감각에 의한 지식에 의존하고, 이러한 이유로 지성에 의한 우리의 시간적인 첫 번째 지식은 감각될 수 있는 사물들에 대한 것이다(Bobik, p. 3).

감각을 통해 형성된 지식은 우리의 지성에 전달되는데, 이때 지성에 맨 처음 전달되는 것은 '저기에 무언가가 **있다**'라는 지식이다. 즉 지성이 꽃을 인식했을 때 처음 발생하는 것은 나와는 다른 존재자가 있다는 지식이다. 자크 마리탱(Jacques Maritain)은 다음과 같이 간략하고 명쾌하게 말하고 있다. "아이에게 형성되는 첫 번째 관념이 (곧) 존재자의 관념인 것이 아니라 아이가 형성한 첫 번째 관념 속에 암묵적으로 들어 있는 것이 존재자의 관념인 것이다."

> 우리의 시간적인 첫 번째 개념은 명시적으로는 감각적 경험을 나타내고, 내포적으로는 존재자의 개념을 포함한다(Bobik, p. 5).

시간적으로는 감각적 인식이 우선이지만 분석적으로는 존재자라는 개념이 우선한다. 왜냐하면 존재자라는 개념이 우선하지 않는다면 '꽃이 있다'라는 명제는 불가능하기 때문이다.[14] 그런데 토마스는 다른 저서들에서 지성이 맨 처음 인식하는 것은 '존재자'라고만 할 뿐, 본질에 대한 언급은 없다.[15] 예를 들어 그는 『진리론』 첫 부분에서 다음과 같이 말한다.

> 아비첸나가 자신의 『형이상학』 첫 부분에서 말한 바와 같이, 지성이 마치 가장 잘 알려진 것처럼 처음으로 파악하는 것, 그리고 그 안으로 모든 개념이 환원되는 바로 그것은 존재자이다. 그러므로 지성의 모든 다른 개념은 존재자에 부가되는 것으로 받아들여져야만 한다(QDV I, 1).

또한 『신학대전』에서도 존재자가 지성의 첫째, 그리고 자연스러운 대상이라고 말한다.

> 그런데 지성의 파악에 있어서는 존재자가 먼저 오는 것이다. 그 이유는 『형이상학』 제9권에서 말하는 바와 같이, 어떠한 것도 그것이 현실적으로 있는 한에서만 인식 가능한 것이기 때문이다. 따라서 존재자는 지성의 고유한 대상이며, 이러한 의미로 마치 소리(sonus)가 첫 들을 수 있는 것(primum audibile)과 같이 존재자는 첫 가지적인 것(primum intelligibile)이다. (그러므로 존재자는 개념상 선(善)에 선행한다)(STh I, 5, 2).[16]

지성이 처음 인식하는 것이 존재자임이 증명되었다고 한다면, 본질도 처음에 인식한다는 것은 무엇을 의미하는가? 존재 개념과 함께 본질 개념도 첫째라는 주장은, 같은 정도로 일반적으로 받아들여지는 것은 아니

---

14 Bobik, pp. 4~5 참조. 이 주제에 대한 가장 상세한 논의는 B. Kemple, 2017과 그곳에 제시된 참고문헌 참조.

15 Bobik, p. 2 참조.

16 Thomas Aquinas, STh I, 85, 3; I, 87, 3, ad 1; I-II, 94, 2; SCG II, 83, n. 31; In Met I, 2, n. 46; IV, 6, n. 605 참조.

다. 명시적으로 존재 자체, 즉 존재와 본질의 구분을 겨냥한 경험적인 탐구는 나와 있지 않은 것 같다.[17] 그렇다면 토마스는 왜 "지성이 존재자와 본질 둘 다를 제일 먼저 포착한다"라고 하는가? 왜 그것이 존재자 혼자, 또는 본질 혼자일 수는 없는가? 이에 대해 암시를 줄 수 있는 부분이 『대이교도대전』의 한 구절에서 발견된다.

> 지성은 하나의 힘이기 때문에, 그 자체로 그리고 본성적으로 그것에 대해 인식을 가지고 있는 하나의 본성적인 대상을 [소유한다]. 그러나 이것은 마치 색깔 아래 그 자체로 눈에 보일 수 있는 모든 색깔이 포괄되듯이, 그 아래 지성에 의해 인식되는 모든 것이 포괄되는 바로 그것이어야만 한다. 이것[지성의 본성적 대상]은 존재자 이외에 다른 것이 아니다. 따라서 우리 지성은 본성적으로 존재자와 바로 존재자 자체에 속하는 것들을 인식한다(SCG II, 83, n. 1678).[18]

토마스가 『존재자와 본질』 제1장에서 밝히고 있듯이, 존재자는 두 가지 의미로 사용된다. 이 중 첫 번째 의미의 존재자는 실재가 가능해 10범주로 분류될 수 있는 존재자를 의미한다. 즉 실제 세계에 있는 존재자가 첫 번째 의미의 존재자인 것이다. 그런데 첫 번째 의미의 모든 존재자는 본질을 갖는다. 왜냐하면 본질은 사물이 독립된 존재를 지니게 하는 원리를 의미하면서 동시에 가지성(可知性)의 원리이기 때문이다.

> 그러므로 본질은 사물들 안에 있는데, 동시에 그 사물들은 거기에 있고, 그리고 그것들은 알 수 있는 상태로 있다. 만약 사물들이 거기에 없다면, 그것들은 우리가 그것들을 알 수 있게 만들지 못한다. 그것들의

17 Allers, p. 118 참조.

18 Aristoteles, Met IV, 1, 1003a21 이하 참조.

존재가 거기에 있다는 원천이, 그것들이 우리가 그것들을 알도록 하는 원천이다. 이러한 원천이 본질이라고 불린다(Bobik, p. 9).

독립된 존재의 원리라고 하는 것은 본질을 통해 이 종에 속하는 존재자와 저 종에 속하는 존재자가 구별된다는 것을 의미하며, 가지성의 원리라고 하는 것은 본질을 가지고 있는 것만이 우리에게 알려질 수 있다는 것이다. 즉 실재하고 있는 존재자는 본질을 가진다. 그러므로 지성이 처음 파악하는 것이 존재자라고 한다면, 존재자는 본질을 가지고 있기 때문에 동시에 본질도 알려지게 된다는 것이다.[19]

그러므로 감각적 사물들에 대한 우리의 지성적 지식을 분석하는 작용의 시작점은 존재자의 파악인데, 바로 본질을 가지고 있는 존재자의 파악이다. 그리고 이것이 토마스가 '그리고 본질'(et essentia)이라고 여기에 덧붙인 이유이다"(Bobik, p. 10).

토마스는, 일반적으로 현세에서의 인간 지성의 직접적이고 고유한 대상은 물질적 대상들의 본질이라고 밝혔다.[20] 그의 사상 체계가 전제하는 기본 개념과 원리들은 생득적인 것이 아니고 구체적인 대상들에 관한 경험에서 추상하고 반성함으로써 파악된 것이다.[21] 그러므로 토마스는 자신의 경험론적(a posteriori)인 신 존재 증명에서 명백하게 드러나듯이, 우선 물질적 실체들을 고찰하고 이를 바탕으로 논증을 진행한다. 말하자

---

19 Bobik, pp. 9~10 참조.

20 "육체와 결합되어 있는 인간의 지성에는, 그의 고유한 대상이 물질적 물체 안에 존재하는 본질 또는 본성이다"(STh I, 84, 7). 아리스토텔레스도 플라톤에 반대해 이와 같은 것을 실재라고 보았다. 스토아 학파와 그리스도교의 창조론의 영향을 받아 실재에 대한 이런 견해는 더욱 굳어갔다(J. 힐쉬베르거, 1983, 555쪽 참조).

21 Wolfgang Kluxen, 1972, pp. 177~220 참조.

면 신의 존재를 밝혀 주는 것은 경험 가능한 피조물들이며, 이 대상들은 자기 존재의 근거를 스스로 지니고 있지 못하다. 신에 대한 인식조차도 우선 피조물과 신 사이의 관계를 반성함으로써 시작되는 셈이다.

**주 3) 라틴어 '인텐시오'(intentio)**

이 단어는 다양한 의미를 지니고 있으며, 토마스의 작품에서도 맥락에 따라 완전히 다른 의미로 사용되고 있다. 'intentio'는 특히 두 가지 측면에서 주로 사용된다. 첫 번째는 행위자가 무언가를 하고자 하는 의도를 가지거나 하려고 애쓴다는 실천적인 측면에서 사용된다. 두 번째는 무언가를 가리키거나 그것에로 향해 가는 정신의 활동이라는 이론적인 측면에서 사용된다. 'intentio'는 윤리적인 측면과 관련해 종종 '의도'라고 번역될 수 있지만, 인식론적인 맥락과 관련해서는 '개념'을 의미하는 아랍어의 번역어로 사용되었다. 이 두 번째를 가리키는 것이 맥락에서 충분히 드러나지 않을 경우에 나는 '지향 개념'이라는 단어를 사용할 것이다. 사실 우리는 '지향 개념'과 '이성적 존재자'(ens rationis)라는 두 개념의 연관성을 집중할 필요가 있으며, 특히 '논리적 지향 개념들'이 실제 사물과 어떤 관계를 맺고 있는가를 탐구해야 한다.

토마스에 따르면, 지성은 먼저 외부에 있는 실제 사물을 인식하고 난 다음에서야 지향성 자체와 지향 개념의 원리 및 도구들을 인식한다. 지성이 외부 사물들에 대해 직접적으로 맺고 있는 관계로부터 '인식된 지향'(intentio intellecta)이 발생하는데, 이것은 종종 '이성의 개념'(conceptus rationis) 또는 '내적인 단어'(verbum interius)라고 불린다. 이 '인식된 지향'은 외부 사물들 곁에 있는 특별한 사물이 아니라 그것이 생각 속에 떠올려졌다는 점에서 관찰된 바로 그 사물 자체이다.[22] 이것은 지성에 의해 능동적으로 형성된 결과물이며, 로베르트 슈미트(Robert Schmidt, 1966)

22 Ad. M. Heimler, 1962, pp. 32~39 참조.

에 따르면 '가지상'(可知像, species intelligibilis)으로부터 구별되어야 한다. 가지상은 이성 안에 받아들여진 형상으로서 인식 행위의 원리이며, 토마스는 때때로 이것 역시 '지향'(intentio)이라고 부른다.[23]

이 개념이란 의미에서의 '인식된 지향 개념'은 우리 사고의 실재에 대한 직접적인 관련을 표현하며, 토마스는 이 관계를 '올바른 지향'(intentio recta)이라고 부른다.

그러나 이외에도 생각된 이해 내용의 실재에 대한 관계 자체 또는 이해 내용들 사이의 관계를 반성할 수도 있다. 이 반성으로부터 이성은 이른바 '간접 지향'(intentio obliqua)을 구성한다. 토마스가 여기서 아비첸나의 유명한 '제1지향'과 '제2지향'(intentio prima et secunda) 구분을 생각하고 있다는 점은 어렵지 않게 알 수 있다.[24] 제1지향이란 실재에 대한 개념을 의미한다. 제2지향이란 지성이 실재를 이해하는 방식에 대해서나 자기 자신에 대해서 반성할 때 지성에 의해 형성되는 것으로서, 이러한 제2지향은 실재의 개념이 아니라 개념의 개념이다.[25] 이 '간접 지향' 또는 '제2지향'은 실재에 대해 직접적인 관계는 아닐지라도 적어도 반성된 이해 내용을 통해 간접적인 관계를 가지고 있다.

범주, 진술, 삼단논법 등 사고된 사물들의 특성인 관계들이야말로 논리학이 고찰하는 것이며, 논리학의 고유한 대상이라고 여겨지는 것이다. 토마스에게 논리적 개념들은 제1지향이 아니라 제2지향이다.[26] 즉 논리학은 제2지향에 대한 것이며, 그것은 실재하는 것이 아니다. 논리학과 형이상학은 모든 사물에 대해 말해질 수 있는데, 형이상학은 사물로서의 그것들에 대한 것, 사물들의 공통적인 특성들에 대한 것이며, 그래서 그것들은 우리가 그것들을 인식하는 과정과는 독립되어 있다. 그러나 논리

23 A. C. 페지스, 1998, 190~218쪽; 이상섭, 2005, 159~206쪽 참조.

24 '제1지향'과 '제2지향'의 구분에 대해서는 P. Engelhardt, 1976, pp. 466~74 참조.

25 아비첸나의 지향성 개념에 대해서는 이재경, 2005b; Maurer, p. 28, n. 3 참조.

26 Joseph Owens, 1963a, pp. 237~41; R. W. Schmidt, 1966, pp. 93, 129 참조.

학은 인식되는 것으로서의 그것들에 대한 것, 사물들의 공통적인 특성들(그 특성들은 사물들에 부수적인 것이다)을 다룬다. 논리학에서 우리는 그것들을 형이상학에서처럼 그것들이 가지고 있는 고유한 것에 귀속시키는 것이 아니다. 정확히 보자면 인식된 공통적 특성들은 우리의 인식과 독립된 것이 아니기 때문에, 인간이라는 인식 주체로서 우리는 그것들을 우리의 지식에 들어오는 사물에 귀속하는 것으로 이해한다(Bobik, p. 20 참조).

**주 4) 논의해야 할 과제들이 정리되어야 하는 순서**

그런데 보빅에 따르면, **쉬운 것에서부터 어려운 것으로 가자는 규칙**은 다음과 같이 상반된 두 가지 진술로 요약될 수 있다. (1) **특정한 것이 보편적인 것보다 쉽다.** (2) **더 보편적인 것이 특정한 것보다 쉽다.**

> (1)에서 사람의 인식 도구(knowing equipment)인 감각과 지성 둘 다를 고려해 보자면, 개체들의 감각 안에서 특정한 것으로 파악된 감각적 지식이 보편들의 파악인 지성적 지식보다 우리에게 더 쉬운데, 예를 들어 나무가 무엇인지 아는 것보다 나무를 보는 것이 더 쉽다는 것이다(Bobik, pp. 23~24).

이렇게 개체적 사물들을 파악하는 감각들의 지식은 우리들 안에서 보편적인 것들을 파악하는 지성적 지식에 선행한다. 그러나 우리가 지성적 지식에만 국한해 바라본다면, (2)에서 주장하는 것처럼 더욱 보편적인 것이 특정한 것보다 쉽게 인식될 수 있다.

> (2)는 지성적 지식 단계에서의 진술인데, 더욱 보편적인 것(more universal)이 덜 보편적인 의미에서의 특정한 것(the particular in the sense of less universal)보다 우리에게 더욱 쉽다. 왜냐하면 더욱 보편적

> 인 것은 덜 세부적(less detailed)이어서, 예를 들어 삼각형이 직각삼각형보다 덜 세부적이고, 직각삼각형의 정의는 삼각형의 정의보다 더 많은 세부 사항들이 추가(직각으로 된 내각을 포함한다)되기에 상대적으로 정의가 덜 상세한 삼각형이 더욱 보편적인 것으로 우리에게 더욱 쉽다(Bobik, p. 24).

아리스토텔레스에 따르면, 우리는 일반적인 용어로부터 시작해 점점 더 특수한 것들을 분석해야 한다. "처음에 우리에게 단순하고 명백한 것은 혼란스러운 덩어리이다. 그것의 요소들과 원리들은 우리에게 분석을 통해 나중에야 알려진다."[27] 요소와 원리는 그것들이 구성하는 합성물보다 본성적으로 앞선 것이지만 합성물 이후에 알려진다.[28] 분석되는 것은 우리의 인식에 가깝게 놓여 있는 것이고 자연적으로는 더 나중의 것이다. 그러므로 우리의 인식은 "그 자체적으로는 나중의 것이지만 우리에게는 더 먼저의 것"으로부터, "그 자체적으로는 먼저의 것이지만 우리에게는 더 나중의 것"을 향해 진행한다(베레츠, 8~9쪽; Maurer, p. 29 참조).

보빅은 이러한 성찰을 인간이 언어를 배우고 쓰는 과정과 연결해 설명한다.

> 언어 사용을 배우는 것에 대해 우리는 처음 배운 단어들이 우리의 감각적 세계의 제한된 경험의 부분 안에서, 예를 들어 '뜨겁다'라는 단어에서처럼 굉장히 그 단어들의 적용이 제한되어 있다는 것을 알아야만 한다. 더욱 보편적인 의미들을 갖는 단어들은 나중에 배우게 된다. 이것은 암묵적으로 파악되지만 단어화되지 않고(unworded) 파악된 보편

27 Aristoteles, Phys I, 1, 184a22-24 참조.

28 Aristoteles, APo I, 1-2, 71a-72b4; Met VII, 3, 1029b1-7; Thomas Aquinas, In Met VII, 2, n. 1300-1305 참조.

들, (그 중에) 특히 존재자(being)는 감각적인 사물들에 대해 파악될 때에 무엇이든 언제든지 단어화됨(become worded)을 말해 준다"(Bobik, pp. 24~25).

이러한 성찰을 이 책의 주된 탐구 대상인 존재자와 본질에 적용해 보면, 단어 '존재자'의 의미로부터 단어 '본질'의 의미로 나아가야 하는 이유가 분명해진다.

(1) **"복합적인 것에서부터 단순한 것으로."** 예를 들어 직사각형을 생각해 보자. 직사각형을 두 부분으로 나누어도 각 부분들은 나누어지지 않은 채로 남아 있다. 이제 직사각형은 두 부분으로 합성된 것으로 묘사될 수 있지만 각 부분들 자체는 나누어지지 않은 채로, 즉 복합적인 것이 아니라 단순한 것으로 묘사될 수 있다. 이러한 관계를 단어 '존재자'와 '본질'에 적용해 보면, 단어 '존재자'는 단어 '본질'과 여러 관계를 맺고 있는 것으로, 이것은 단어 '존재자'의 많은 의미 중의 하나가 단어 '본질'의 의미로부터 취해진다는 것을 말한다. (……)

(2) **"후차적인 것(posterior)에서 선차적인 것(prior)으로."** 우리는 우리가 나중에 '존재자'라고 이름을 부여하는 것의 의미가, 어린이가 시간적으로 제일 먼저 형성하는 의미 안에서 파악되지만, '뜨겁다'의 예시에서 볼 수 있는 것처럼 그것이 내포적으로 그리고 단어화되지 않은 채 있다는 것을 주목해야 한다. 이와 같은 것이 우리가 나중에 '본질'이라고 이름을 부여하는 것의 의미에서도 말해지며(그것도 어린이가 시간적으로 제일 먼저 형성하는 의미 안에서 파악되지만 내포적으로, 그리고 단어화되지 않은 채 남아 있다), 또 같은 것이 '존재'라는 이름을 주는 것의 의미에서도 말해진다." (……)

(3) **"쉬운 것으로부터."** 인간의 지식은 오직 우리 인간이 알기에 쉬운 것으로부터 시작해야 더 진보할 수 있다. 그리고 명확히 모든 인간 혹은

> 거의 대부분의 인간에 의해 알게 되는 것은 우리가 알기에 더 쉬운 사물들에 속한다고 볼 수 있다(Bobik, pp. 28~30).

그런데 '존재자'에는 많은 의미가 있다. 그렇다면 "당신이 '존재자'라는 단어를 사용할 때, 그 단어를 통해 정확히 의미하려는 바는 무엇인가?"라고 물을 수 있다. 바로 이 질문에 답하기 위해 다음 장에서처럼 존재자와 본질이 지닌 다양한 의미를 고찰할 필요가 있다.

> '존재자'라는 단어의 많은 의미에 대해 분석되지 않은 지식은 우리가 알기에 더 쉬운 사물들에 속한다고 볼 수 있는 것이다. 분석된 것으로서 이러한 다양성을 아는 것은 다른 여러 가지를 의미할 수 있지만, 분석된 것으로서 단어 '본질'의 의미를 아는 것을 의미한다(Bobik, p. 30).

# 제1장

&

# 존재자와 본질 개념의 일반적 의미

## [I, 2] = [I, 1a]

Capitulum I

369,1 Sciendum est igitur quod, sicut in V Metaphysicae[•] Philosophus dicit, ens per se dicitur dupliciter: uno modo quod dividitur per decem genera, alio modo quod significat propositionum veritatem. Horum autem differentia est quia secundo modo potest dici ens omne illud, de quo affirmativa propositio formari potest, etiam si illud in re nihil ponat; per quem modum privationes et negationes entia dicuntur : dicimus enim quod affirmatio est opposita negationi et quod caecitas est in oculo. Sed primo modo non potest dici ens nisi quod aliquid in re ponit; unde primo modo caecitas et huiusmodi non sunt entia.

---

• Aristoteles, Met V, 7, 1017a22-35; Thomas Aquinas, In Met V, 7, n. 7 참조.

### (1) 존재자와 본질이라는 명칭의 의미

그러므로 『형이상학』 제5권에서 철학자[아리스토텔레스]가 말하는 바와 같이, 존재자는 그 자체로 두 가지 의미로 사용된다[후주 1)]는 것을 알아야 한다. 첫째 양태로 [존재자는] 10범주(類, decem genera)[1 후주 2)]에 의해 나눠진다. 둘째 양태로 [존재자는] 명제들의 진리를 의미한다. 그러나 이것들의 차이점은, 둘째 양태로는 긍정적 명제가 형성될 수 있는 그 모든 것은, 비록 그것이 실재 안에 있는 아무것도 뜻하지 않더라도 존재자라고 불릴 수 있다는 점이다. 이 양태를 통해 결여(缺如, privatio[2])와 부정(否定, negatio)도 존재자라고 불린다. 우리는 '긍정은 부정의 반대이다', 그리고 "'눈멂'(盲目)은 눈에 있다"[3]라고 말하기 때문이다. 그러나 첫째 양태에서는, 그것이 실재 안에 있는 어떤 것을 뜻하지 않는다면 존재자라고 불릴 수 없다. 그러므로 첫째 방식으로는 '눈멂'과 이러한 종류의 것들은 존재자가 아니다.[4] 369,1

1 10범주에 대해서는 이 장의 후주 2 참조.

2 토마스는 때때로 'privatio' 대신에 'spoliatio'(탈취), 또는 'remotio'(분리), 'defectus'(결핍) 등을 사용한다. '부정'은 항상 문장과 관계 안에서 사용되는 용어이고, '결여'는 한 존재자가 지닌 성질을 뜻하는 것이라는 점은 본문의 예시가 잘 보여 주고 있다.

3 '맹목은 눈 안에 있다'라고 직역할 수 있다.

4 이것은 맹목과 같은 악(惡)이 비실재적이라는 점을 강조하는데, 그렇다고 이 비실재적이라는 말이 실재에서 발견되지 않고 오직 정신 안에만 있다는 것을 의미하는 것은 아니다(Cyril Barrett, 1962, p. 208 참조). 토마스에 따르면, 악은 사물들이 가져야만 하는 선(善)이 결핍된 것으로 사물들 안에서 발견된다. 그러나 우리가 그것을 생각할 때 마치 그것이 존재자인 것처럼 받아들이고, 우리의 사고 안에서 그것에 존재의 상태를 부여한다(STh I, 48, 2; SCG III, 7-9; QDM I, 1; I Sent, 46, 1, 2, ad 1 참조). 결여란 존재 자체를 소유하지 못하는 것과는 거리가 멀다. 토마스에 의하면, 지옥 그 자체는 은총과 지복 직관의 결여일 뿐이지 그 자체로는 존재하는 것이다(III Sent 22, 2, 1, sol. 2 참조). 토마스의 존재와 진리에 대한 일반적인 설명은 장욱, 2003a 참조.

## [I, 3] = [I, 1b]

369,14 Nomen igitur essentiae non sumitur ab ente secundo modo dicto : aliqua enim hoc modo dicuntur entia, quae essentiam non habent, ut patet in privationibus; sed sumitur essentia ab ente primo modo dicto. Unde Commentator in eodem loco[•] dicit quod ens primo modo dictum est quod significat essentiam rei.[••] —

Et quia, ut dictum est, ens hoc modo dictum dividitur per decem genera, oportet quod essentia significet aliquid commune omnibus naturis per quas diversa entia in diversis generibus et speciebus collocantur, sicut humanitas est essentia hominis, et sic de aliis.

---

• Averroes, *In Metaph*. V, comm. 14: "그러나 당신은 사물의 본질을 의미하는 이 존재자라는 명칭이 참(眞)을 의미하는 저 존재자와는 다른 것이라는 사실을 알아야만 한다"(Sed debes scire universaliter quod hoc nomen ens quod significat essentiam rei est aliud ab ente quod significat verum)(ed. Venetiis 1552, f. 55 va 56 참조).

•• 마리에티 판에서는 'quod significat substantiam rei'.

따라서 본질이라는 명칭은 둘째 양태로 언급되는 존재자에서는 취해 369,14
지지 않는다. 이러한 양태로는 결여에서 명백한 것처럼 본질을 갖지 않는 어떤 것도 존재자라고 불리기 때문이다. 오히려 본질은 첫째 양태로 언급되는 존재자에서 취해진다.[5] 그러므로 주해자[아베로에스][6 후주 3)]가 같은 곳에서 "첫째 방식으로 언급되는 존재자는 **사물의 본질을 의미하는 것이다**"[7]라고 한다. 언급된 바와 같이, 이러한 방식으로 언급된 존재자는 10범주를 통해 나눠지기 때문에, 본질이란 다양한 존재자가 다양한 유와 종에 속하도록 만들어 주는 모든 본성에서 공통적인 어떤 것을 의미해야 한다. 이것은 마치 인간성이 인간의 본질이며, 다른 것들도 그러한[각각의 것의 본질인] 것과 같다.[8]

---

5 "그러므로 본질은 실재의 존재자 모두가 가지고 있는 것이지만, (명제적으로) 참인 존재자 모두가 가지고 있지는 않다. 이것은 또한 사고상의 존재자들(beings of reason)과 관련 지어 설명될 수도 있다. 즉 실재 존재자들(real beings)은 본질을 가지고 있지만 사고상의 존재자들은 반드시 본실을 가지는 것은 아니다"(Bobik, p. 46 참조).

6 아리스토텔레스 작품에 대한 '주해자'는 언제나 아랍의 사상가인 아베로에스를 가리킨다. 아베로에스에 대해서는 이 장의 후주 3 참조.

7 기존 번역에서는 마리에티 판에 따라 "첫째 양태로 지정된 존재자는 사물의 실체를 의미하는 것이다"로 번역했다.

8 "만일 본질이 '10범주'에 따라 변화하고 그것들의 연결 속에서 각각 다른 변형된 의미를 가지게 된다면, 어떤 것이 '본질'이란 진술의 종류 전체에 해당되는 것이지 단지 이러한 진술의 종류 중의 하나로 서술되고 있는 실체에만 해당되는 것은 아니다. 한 존재자가 한 종과 유에 속하게 되는 것의 근거가 되는 '본성들'은 이 '존재자 자체'가 아니라 '존재자에 속하는 어떤 것'이다. '인간성'이, 즉 인간인 것이 아니고 인간이 그것을 '가지고 있다'는 것이다. '본질'(essentia)은 처음부터 아리스토텔레스의 'οὐσία'(토마스는 이것의 번역을 위해 'essentia'를 사용한다)보다 더 광범위한 다른 의미를 지닌다"(Allers, p. 120, n. 6 참조).

## [I, 4] = [I, 2a]

369,27 Et quia illud per quod res constituitur in proprio genere vel specie est hoc quod significatur per diffinitionem indicantem quid est res, inde est quod nomen essentiae a philosophis[•] in nomen quiditatis mutatur ; et hoc est etiam quod Philosophus frequenter[••] nominat quod quid erat esse, id est hoc per quod aliquid habet esse quid. Dicitur etiam forma, secundum quod per formam significatur certitudo uniuscuiusque rei, ut dicit Avicenna in II Metaphysicae suae.[•••]

---

• 예를 들어 Avicenna, *Metaph*. V c. 5 passim; 또한 Averroes, *In Metaph.* VII passim 참조.

•• '종종'(frequenter)을 뜻하는 'τὸ τί ἦν εἶναι'는 Aristoteles, APo II, 4-6, 91a25-92a25, 또는 Met VII, 3-6, 1028b34-1032a29 등에서 자주 사용되는 단어이다. 라틴어에서는 번역자들이 'quod quid erat esse'라는 단어를 사용했다. 베네치아의 야코부스(Iacobus Venetus, APo (AL IV. 1-4); Metaph. 'Vetustissima'(AL XXV. I. Ia))와 모에르베케의 윌리엄(William of Moerbeke)이 『형이상학』의 새 번역에서 이 용어를 사용했다(Jozef Brams, 1990 참조).

••• Avicenna, *Metaph*. c. 6: "unaqueque res habet certitudinem propriam que est eius quiditas"(fol. 72 va), 그리고 II, c. 2: "hec certitudo …… est forma"(fol. 76 ra).

## (2) 본질을 의미하는 다양한 명칭을 설명한다

또한 그것에 의해 한 사물이 고유한 유와 종에 속하게 되는 것은 그 사물이 무엇인지를 가리키는 정의(定義)를 통해 의미되는 바로 그것이다. 그렇기 때문에 철학자들은 본질이라는 명칭을 **'무엇임'**(quidditas)[9]이라는 말로 대체했다. 이것은 또한 철학자가 종종 **'어떤 것이 어떤 것이게끔 하는 것'**[10](quod quid erat esse)[후주 4)]이라고 하는 것이다. [이 단어는] **어떤 것이 그것에 의해 '그 무엇인지'**(esse quid)**가 되도록 해 주는 것**을 [뜻한다]. 그것은 또한 아비첸나가 그의 『형이상학』 제2권에서 말하는 바와 같이 **형상**(形相, forma)[11]이라고도 불리는데, 그것은 각 사물의 [객관적] 확실성[12]이 그 형상을 통해 의미되는 한에서 그렇게 불린다. 369,27

---

9 라틴어 '퀴디타스'(quidditas)는 '그 무엇을 이루고 있는 본질적 특성'을 의미하는 단어로 기존 번역에서는 하성(何性)과 통성(通性) 원리 등의 번역어가 사용되었지만, 독자들의 이해를 돕기 위해 이 책에서는 '무엇임'이란 용어로 일관되게 사용했다.

10 의역하면, '한 사물이 그 사물(무엇)이게끔 해 주는 것', 또는 '그것을 통해 한 사물이 [구체적] 사물로서의 존재를 갖게 해 주는 것'이라고 할 수 있다. 기존 번역에서는 '그것에 의해 어떤 것이 존재로 있었던 것이 계속하는 것'이라고 의역했다. 이 개념에 대해서는 이 장의 후주 4 참조.

11 "이 맥락에서 형상은 한 사물의 전적인 본성이나 본질을 의미하는 것이지, 질료와 함께 질료적 실체를 구성하는 실체적 형상이 아니다. 형상의 이 두 가지 의미는 적합하게 '전체로서의 형상'(forma totius) 또는 '부분적 형상'(forma partis)이라고 불린다. 전자는 전체 본질로서 물질적 실체의 경우에 실체적 형상과 질료 모두를 포함한 것, 즉 '인간임'과 같은 것이다. 후자는 본질의 한 부분으로서 질료와 함께 물질적 사물의 완전한 본질을 이루는 것이다. 예를 들어 살아 있는 생물의 영혼과 같은 것이다"(Maurer, p. 31, n. 7 참조). Thomas Aquinas, DEE III, 4-26 참조.

12 "중세 번역가들이 라틴어 'Certitudo'로 번역한 아랍어 'haqiqa'는 완전성 내지 완벽한 규정성이라는 의미를 지니고 있다. 한편으로 그것은 사물의 객관적인 진실을 의미하고, 다른 한편으로는 그것에 대한 정확하고 명백한 인식을 뜻한다"(A. M. Goichon, 1937, p. 34, n. 7 참조). 이 단어는 본질을 의미하는 수많은 표현 가운데 하나인데, 특히 지성을 통해 인식된 본질이란 의미이다. 레오 엘더스, 2003, 354쪽, n. 10 참조.

Hoc etiam alio nomine natura dicitur accipiendo naturam secundum primum modum illorum quattuor, quos Boetius in libro de duabus naturis• assignat : secundum scilicet quod natura dicitur omne illud quod intellectu quoquo modo capi potest, non enim res est intelligibilis nisi per diffinitionem et essentiam suam ; et sic etiam Philosophus dicit in V Metaphysicae•• quod omnis substantia est natura. Tamen nomen naturae hoc modo sumptae videtur significare essentiam rei, secundum quod habet ordinem ad propriam operationem rei, cum nulla res propria operatione destituatur ; quiditatis vero nomen sumitur ex hoc quod per diffinitionem significatur.

• Boethius, *De persona et duabus naturis in Christo* c. 1: "Natura est earum rerum quae, cum sint, quoquomodo intellectu capi possunt" (PL 64, 1341 BC).

•• Aristoteles, Met, V, 4, 1014b36: "Alio modo dicitur natura existentium natura substantia"; V, 5, 1015a11-13 참조: Thomas Aquinas, In Met V, 5, n. 823: "Ex ex hoc secundum quamdam metaphoram et nominis extensionem omnis substantia dicitur natura; quia natura quam diximus quae est generationis terminus, substantia quaedam est. Et ita cum eo quod natura dicitur, omnis substantia similitudinem habet."

또한 그것은 다른 명칭으로 **본성**(natura)이라고도 불린다.[13] 이것은 보에티우스가 『[그리스도 안에 있는 위격과] 두 본성』(*De duabus naturis*)의 제1장[14 후주 5)]에서 지정하는 본성의 네 양태 중에서 첫째 양태에 따라 취해진 것이다. 즉 이것[첫째 양태]에 의하면, 어떤 방식으로든 지성으로 포착되는 것은 다 본성이라고 불린다. 사물은 오직 그 정의와 본질을 통해서만 가지적(可知的)이기 때문이다. 그래서 또한 철학자는 『형이상학』 제5권에서 '모든 실체는 본성이다'라고 말했던 것이다.[15] —

그런데 이러한 의미로 파악된 본성이라는 명칭이 사물의 본질을 의미 지시하는 것은 그것이 사물의 고유한 작용과 관계를 맺는 한에서 그런 것으로 생각된다. 어떠한 사물도 그 고유한 작용을 잃지는 않기 때문이다.[16] 그런데 '무엇임'이라는 명칭은 정의[17]를 통해 의미된 것으로부터

13 어원적으로 라틴어 'natura'는 대당(對當)되는 그리스 단어 'φύσις'나 영어의 'nature'와 같이 '탄생'을 의미한다. 토마스는 'natura'라는 단어가 우선 생물의 출생을 의미하고, 그 다음에 그 출생의 내적이고 역동적인 원칙, 그리고 변화와 운동의 어떤 내적인 원리를 의미한다고 말한다. 그러므로 질료와 형상의 내적 원리들은 '본성'이라고 불릴 수 있게 되었다. 마침내 정의에 의해 표현되는 한 사물의 종적인 본질도 그 발생의 귀결점이기 때문에 본성이라고 불리게 되었다(STh III, 2, 1 참조).

14 보에티우스에 대해서는 이 장의 후주 5 참조.

15 본질은 지성에 의해 파악될 수 있는 실재 존재자들(real beings)이 근거하고 있는 어떤 것이다. 보에티우스는 '본성'(natura)이라는 명칭으로 이러한 것을 설명한다. 실재 존재자는 오직 그것의 정의에서 표현되는 본질을 통해서만 가지적이 될 수 있기 때문이다(Bobik, p. 47 참조).

16 "본질의 한 의미 안에는 참된 실재가 자기의 고유한 작용이나 활동의 수행에 연관되도록 만들어 주는 어떤 것이 있다. 이 같은 아리스토텔레스의 묘사는 '본성'이라고 명명된다. 실재가 무엇을 하는가는 그것이 무엇인가에 의해 결정된다"(Bobik, p. 47 참조).

마우러는 여기에서 토마스가 언급하고 있는 아리스토텔레스의 형이상학에 대한 출처가 명확하지 않다고 말한다. 이 책에서 토마스는 그 출처를 나중에 그가 편찬한 아리스토텔레스의 『형이상학』에 대한 주해서(In Met. V, 5, n. 823)와는 다르게 이해하고 있기 때문이다. 『존재자와 본질』과의 연관에서 보면, 그 출처는 갑작스러운 것처럼 생각된다. 아리스토텔레스의 『자연학』(II, 1)에서는 '자연'(혹은 '본성')의 의미에 대해 상세하게 논의되고 있으나, 『형이상학』 V, 4,

Sed essentia dicitur secundum quod per eam et in ea ens habet esse.•

• 마리에티 판에서는 'in ea res habet esse'. 기존 번역에서는 마리에티 판에 따라 "사물이 존재를 갖는다는 데 근거해 지칭된다"로 번역했다.

얻어진다. 그러나 본질[18]은 그것을 통해, 또한 그것 안에서 존재자가 존재를 갖는 한에서 본질이라 불린다.[19 후주 6)]

---

1015a11-13에서는 유감스럽게도 본성에 대한 아무런 언급도 발견되지 않는다. 토마스가 『존재자와 본질』에서 해석한 것을 직접 앞에서(DEE I, 36-41) 나온 보에티우스에 대한 설명과 연결해 보면, 마우러의 견해에 동의할 수 있다. 존재와 작용의 관계에 대해서는 Joseph de Finance, 1945 참조.

17 정의는 '그것이 무엇인가'라는 질문에 대한 해답이다.

18 라틴어 'essentia'는 '존재함'을 의미하는 부정형 'esse'로부터 파생된 것이다. 그러므로 'essentia'의 어원은 그 단어를 존재와 연관시킨다. 토마스에 따르면, 본질은 본성 또는 무엇임과 같은 것이지만 존재를 위한 가능성으로 간주된다. "나는 그것의 현실태가 존재인 것을 본질이라고 부른다"(I Sent. 23, 1, 1 참조).

추상(abstractio)에 의해 포착될 경우에 본질은 존재하고 있는 사물, 즉 사람과 동일하다. 분리(praecisio)에 의해 이해될 경우에 본질은 사물의 형상적 원리, 즉 인간성이다. 이 본질을 포착하는 두 가지 길의 차이에 대해서는 Joseph Owens, 1963a, pp. 132~33; Kevin Nordberg, 1990, pp. 144~53; 신창석, 1995, 159~203쪽; 이재룡, 1999, 134~68쪽; Thomas Aquinas, SCG I, 21, n. 200 참조: "그 밖에도 어떤 사물의 본질은 바로 그 사물 자체이든지 아니면 어떤 측면에서는 그 사물의 원인이다. 왜냐하면 사물은 그것의 본질을 통해 그 종(種)을 도출하기 때문이다. 그러나 그 어떤 것도 결코 신의 원인일 수 없다. 이미 드러난 대로(I, 13), 신은 제일의 존재자이기 때문이다. 그러므로 신은 그의 본질이다."

19 이것은 본질이 존재자에게 존재를 빌려준다는 것을 의미하는 것이 아니고, 존재자가 (본질 안에서) 본질을 매개로 히어 또는 신에 의해 존재를 갖게 되는 것을 의미한다(Étienne Gilson, 1920, p. 183, n. 68; 1956, p. 448, n. 30; Thomas Aquinas, DEE IV, 90-166 참조).

토마스는 여러 곳에서 존재의 행위 또는 현실력(actus essendi)으로서의 존재의 중요성을 강조한다. 존재자(ens)는 존재(esse)이거나 [존재를] 소유하는 것이다(In Met XII, 1, n. 2419 참조). 존재(esse)는 한 사물을 존재자로 만드는 활동력이다. 한 사물의 존재는 그것이 소유하고 있는 최고의 완전성으로서 그것이 없이는 아무것도 존재하지 못한다. 그것은 "모든 현실력 중의 현실력이요, 모든 완전성 중의 완전성이다"(QDP VII, 2, ad 9 참조). 실존 행위로서의 존재는 "그 어떤 것에 더더욱 내부적(內部的)인 것이며, 더욱 깊이 모든 것에 내재하는 것이다. 그것은 이미 앞에서도 명백히 한 바와 같이(STh I, 3, 4; I, 4, 1, ad 3 참조), 사물 안에 있는 모든 것과의 관계에 있어 형상적(形相的)인 것(formale)이기 때문이다"(STh I, 8, 1 참조).

## [I, 5] = [II, 1]

369,53 Sed quia ens absolute et primo• dicitur de substantiis, et per posterius et quasi secundum quid de accidentibus, inde est quod etiam essentia proprie et vere est in substantiis, sed in accidentibus est quodammodo et secundum quid. —

• 마리에티 판에서는 'per prius'(우선적으로).

### (3) 실체의 본질은 본래적 의미로 지칭되고 우유의 본질은 어떤 특정한 관점에서 지칭된다

그런데 존재자는 절대적으로 그리고 일차적으로 실체에 대해 언급되고, 후차적으로 그리고 어떤 관점에서는 우유(偶有)들에 대해 언급된다.[20] 그래서 본질은 고유하고 참되게 실체 안에 있으며, 우유[21] 안에는 어떤 [특정한] 방식으로 또는 어떤 [특정한] 관점에서 있는 것이다. 369,53

20 실체는 '어떤 주체 안에 있지 않음이 속하는 사물', '어떤 다른 것 안에 있지 않음이 속하는 무엇임을 가지고 있는 것'이다(SCG I, 25, n. 236 참조). 실체는 주체로서의 다른 실체 안에서만 존재할 수 있는 우유와 달리, 그 자신을 통해 존재할 수 있는 사물이나 본질이다. 그것은 존재한다거나 존재를 소유하고 있다고 본래적인 의미에서 진술될 수 있다. 신은 존재 자체(ipsum esse)이고 존재를 소유하고 있는 것이 아니기 때문에 엄격한 의미에서는 실체가 아니다(SCG I, 25 참조). 'substantia', 'subsistentia', 'persona', 'essentia' 사이의 차이에 대해서는 I Sent 23, 1, 1 참조. 아리스토텔레스에 의존해 토마스는 형이상학의 주요 과제(principalis intentio)가 실체의 탐구라고 말한다(In Met VII, 2, n. 1270 참조). 즉 실체는 '존재자'란 단어가 가장 충만한 의미에서 사용될 수 있는 대상이다. 실체는 우유와 마찬가지로 존재자를 경계짓고, 특정하고, 특별한 대상으로 제한한다(STh I, 5, 3, ad 1: "…… contrahunt ens" 참조). 반면에 초월적 개념들과 존재, 본질, 분유 등에 대한 탐구는 존재자 전체를 포괄하는 범위에서 유효하다. 그러므로 실체는 존재자에 도달하는 유일한 통로는 아니다.

21 "우유들은 그것들의 존재를 위해 (주체로서 있는) 실체들에 의존한다"(Bobik, p. 50 참조).

[I, 6] = [II, 2]

369,58 Substantiarum vero quaedam sunt simplices et quaedam compositae, et in utrisque est essentia; sed in simplicibus veriori et nobiliori modo, secundum quod etiam esse nobilius habent: sunt enim causa eorum quae composita sunt, ad minus substantia prima simplex quae Deus est. —

Sed quia illarum substantiarum essentiae sunt nobis magis occultae,

## (4) 단순 실체의 본질은 복합 실체의 본질보다 더 고귀하다

실체 중에서 어떤 것은 단순한 것이고 어떤 것은 복합적인 것인데,[22] 369,58
이 두 가지 경우 모두에 본질이 있다. 그런데 단순 실체가 더 고귀한 존재를 갖는 한, 단순 실체에는 본질이 더 참되고 고귀한 방식으로 있다.[23] 사실 단순 실체들은 복합적인 것들의 원인인데, 적어도 제1의 단순 실체인 신(神)[후주 7]이 그렇다.[24] 그러나 이러한 단순 실체의 본질은 우리에게

---

22 단순하고 비물질적인 실체와 질료와 형상으로 합성된 실체 사이의 구별은 토마스의 『분리된 실체』(*De substantiis separatis*) 참조. 토마스는 아리스토텔레스를 따라 그의 『형이상학 주해』 제7권에서 감각 가능한 실체를 다루고, 제11권에서는 비물질적 실체를 다룬다.

23 롤랑-고슬랭(Roland-Gosselin, 1926, p. 5)에 의하면, 실체의 두 질서의 구분은 신플라톤주의의 영향과 그리스도교 전통이 토마스에게 부여한 것이다. 그러나 이 영향이 곧 아리스토텔레스적 영향과 반대되는 것이라고 보는 것은 성급한 일이다. 아리스토텔레스는 플라톤주의적 영향을 완전히 저버리지는 않았다. 오히려 아리스토텔레스는 사람들이 비질료적인 실체의 존재를 인정할 수 있다는 것을 사실상 수용했다. 그는 이 비질료적인 실체의 존재의 사유를 플라톤적이기보다는 신플라톤적 사유에 기초해 보존했으며, 그러한 다음에 순수 현실태와 최상의 사유로서 신의 존재와 천체를 움직이는 지성적 실체들을 다루었다. 이 비질료적인 실체들은 항상 아리스토텔레스에 의해 단순하고, 영원한 존재자, 원인들로서 간주되었다. 반면에 플로티누스는 가지적인 세계 안에도 형상의 주체로서 질료를 허용했다(Enn. II, 4, 160 G ss 참조). 신플라톤주의의 존재철학이 토마스에게 끼친 영향에 대해서는 Klaus Kremer, 1966 참조.

아리스토텔레스는 『형이상학』 제7권의 시작 부분에서 실체들의 두 질서의 구분을 예시했다. 그리고 그는 우선 감각적 실체와 그것의 합성에 관심을 기울였다. 비질료적 실체의 탐구는 제13권에서 다루었다. 우리는 제7권에서도 이를 재발견한다. 이것이 토마스의 『존재자와 본질』에서도 수용되었다.

24 이 문장에서 표현된 사실은 이미 고대에서 지지를 받아 그리스도교 사상에서 특징을 이루고 있는 사항이다(Allers, p. 122, n. 13 참조). 이에 대해서는 이 장의 후주 7 참조.

ideo ab essentiis substantiarum compositarum incipiendum est, ut a facilioribus convenientior fiat disciplina.

더 감추어져 있기 때문에 보다 쉬운 것으로부터 배움이 더 적절하게 이루어지도록 복합 실체의 본질로부터 시작해야 한다.[25] 후주 8)

25 Thomas Aquinas, In BDT 2, 1, 1, ad 9 참조. “단순 실체 전에 복합 실체를 탐구하는 것에 관해서는 감각적으로 명확히 인식될 수 있는 사물들이 감각적 관찰로부터 제거된 사물들에 대한 지성적 지식보다 우리에게 더 쉽기 때문이라고 말해야 한다. 그리고 천사들이나 신을 탐구하기 전에 인간의 영혼을 탐구하는 것은, 각각의 인간은 그의 영혼이 행하는 의지적 작용 그리고 생각에 대한 직접적이고 내적인 경험을 가지고 있기 때문이다. 그러므로 인간 영혼의 본질에 대한 탐구가 우리에게 더 쉽다. 비슷하게 실체의 존재가 우유의 존재보다 더 고귀한데, 그것은 실체의 본질이 더 고귀하기 때문이다. 왜냐하면 실체가 적어도 우유들이 존재하기 위해 필요로 하는 주체라는 의미에서 우유들의 원인이기 때문이다”(Bobik, pp. 50~52 참조).

**주 1) 존재자는 그 자체로 두 가지 의미로 사용된다**

**① 존재자가 그 자체로(ens per se) 언급되는 두 가지 서로 다른 방식**

**A. 10범주를 통해 나뉘는 것**: 첫 번째 의미로 존재자란 실체의 범주와 아홉 우유들 중의 하나를 의미한다. 예를 들어 '사람'이라는 실체와 '하얀'이라는 우유이다. 오로지 실재상으로 어떤 것(특정 개별자)이 상정될 때만 존재하는 어떤 것이라 불린다. 아베로에스에 따르면, 이것은 **사물의 본질**을 의미하는 것이다.

**B. 명제의 진리를 의미하는 것**: 존재자의 첫 번째 의미(A)는 존재자의 우유적인 결합, 즉 '하얀 사람(백인)', '음악적인 사람'(ens per accidens)과는 구분된다. 이 두 번째 의미(B)에서의 존재자란 '소크라테스는 음악적이다'와 같은 명제 안에서의 주어와 술어의 결합이다. 연계사 '이다'(is)는 그 명제를 형성하는 정신 안에서만 명백하게 존재할 수 있는 존재의 양태에 대한 의미 지시이다. 연계사 '이다'는 그 명제가 참이라는 것을 의미 지시한다. 따라서 이 존재의 양태는 명제의 참을 의미 지시하는 것이다.[1] 이 방식에 따르면, 실재하지 않더라도 긍정적인 명제를 형성하게 하는 모든 것이 존재자이다. 따라서 결함과 부정도 존재자라고 불린다

(긍정은 부정의 반대, 눈 멂은 눈에 한함).

② **본질의 명칭이 언급되는 방식**

두 번째 방식(B)의 존재자, 즉 결합 속에서처럼 본질을 갖지 않는 존재자로부터가 아니라 **첫 번째 방식(A)의 존재자**, 즉 10범주를 통해 나뉘는 존재자로부터 취해진다.

이 두 가지 방식은 종종 토마스가 더 자주 사용하는 **실재 존재자**(ens realis)와 **사고상의 존재자**(ens rationis)와 혼동되기도 한다. 그러나 이 구분은 혼동되어서는 안 된다. 그렇다면 이 존재자에 대한 이 구분과 앞에서 언급된 참인 명제를 이루는 존재자는 어떤 관계를 맺고 있는가? 이 질문에 분명히 답하기 위해 혼동을 일으킬 수 있는 많은 예들을 서로 비교하고 있는 보빅의 설명을 들어보자(Bobik, pp. 31~38). 보빅은 "(a) 잭; (b) 잭의 키; (c) 잭의 셔츠에서 잃어버린 단추; 잭의 눈멂(blindness); (d) 아무것도 아닌 것(nothing); (e) 켄타우로스, 불사조, 마녀, 마귀; (f) 유, 종, 종차; (g) 인간 영혼, 천사, 신" 등을 구분한다.

보빅은 자신이 이 예들을 단어 '존재자'의 세 가지 근본적인 사용에 대한 이해에 다가가기 위해 제시한다고 밝힌다. 즉 (1) 실재 존재자(real being), (2) 사고상의 존재자(being of reason), (3) 참으로서의 존재자(being as true)(또는 참의 존재자true being, 또는 명제로 이루어지는 존재자propositional being).[2]

(a) 우리가 '잭은 존재자이다'(Jack is a being)라고 말할 때, 그것은 그가 실존한다(he exists)라는 맥락에서 그가 있음(he is)을 의미하는 것이다.

---

1 Thomas Aquinas, In Met V, 9; X, 3, n. 1982; Quodl. II, 3; IX, 3 참조.

2 보빅은 위의 예들과 마찬가지로 (a), (b), (c)라는 기호를 사용하지만, 혼동을 막기 위해 (1), (2), (3)으로 변경했다.

(b) 그런데 우리는 '잭의 키는 존재자이다'(Jack's height [is] a being)라고 말하지 않는다. 잭의 키와 같은 것은 어떤 것 안에(in something), 더 정확히 말하면 잭 안에(in Jack) 하나의 특성(characteristic)으로서 있는 것이다.

(c) 우리는 잭의 셔츠에서 잃어버린 단추를 존재자라고 부르지 않을 것이다. 4세가 된 아들이 밖에서 놀다가 들어왔을 때 엄마가 "오늘 네 셔츠에서 잃어버린 단추가 몇 개나 있어?"(How many missing buttons are there on your shirt today?)라고 물어본다면, 아들은 "세 개일 것 같아요, 엄마"라고 대답하는 상황을 가정해 보자. 우리는 여기에서의 '(거기에) 있다'(is there)가 '잭이 (거기에) 있다'(Jack is there), 혹은 '잭의 키가 (거기에) 있다'(Jack's height is there)는 것과는 다른 의미로 말한 것임을 알 수 있다. 그것은 단추가 (마치 잭의 일부로서 손이 있듯이) 거기에 있을 수 있었던 상황에서 그것의 부재 혹은 결여의 사실을 의미한다. 잃어버린 단추는 거기에 없는 어떤 것이지만(이것이 우리가 잃어버린 단추를 존재자라고 부르지 않는 이유이다), 단추 그 자체는 (잭의 일부로서 손이 있는 것처럼) 실재 안에 있는 어떤 것으로서 거기에 있는 것이다. 비슷하게 잭의 눈멂(blindness)에 대해서도 말할 수 있다. 있는 것으로서의 잭의 눈멂은, 다른 상황에서는 잭의 키가 지금 잭에게 있듯이 잭의 눈에 있었던 시력이 (현재의 잭에게는) 부재하고 있다는 사실을 의미한다.

(d) 우리는 아무것도 아닌 것(nothing)을 존재자(being)라고 부르지는 않지만, 특정한 상황에서 우리는 [언어에 따라] '아무것도 아닌 것이 (거기에) 있다'(Nothing is there)라고 표현하기도 한다. 집에 막 도착했는데 기르고 있는 개가 거실에 없어 "거실에는 아무것도 없어!"(There is nothing in the living room!)라고 소리치는 상황을 가정해 보자. 여기에서의 'There is'는 '잭이 있다', 혹은 '잭의 키가 있다', 혹은 '눈멂이 있다'(Blindness is there)는 것과는 다르다. '눈멂'은 시력의 부재를 의미하고, 시력은 어떤 것의 특징(characteristic of something)이다. 그런데 "거실

에는 아무것도 없어!"는 개의 부재를 의미하며, 어떤 것의 특징 이상의 어떤 것이다. 거실에서의 개의 부재는 거실 말고 다른 곳에서 개를 찾을 수 있다는 것을 가리키지만, 잭의 눈멂, 시력의 부재는 다른 곳에서 그의 시력을 찾을 수 있다는 것을 가리키지는 않기 때문이다.

(e & f) 우리는 (e) '켄타우로스, 불사조와 같은 것' 그리고 (f) '논리적 개념들(유, 종, 종차)'을 존재자라고 부르지 않으며, 이런 것들은 앞에서처럼 감각을 통해 묘사할 수 있는 것들이 아니다. 그러나 그것들은 마음에 의해 만들어졌다는 의미에서 '마음의 존재자'이고, 마음의 양태나 특성이라는 의미에서 마음 안에 있다.

(g) 인간의 영혼과 천사, 그리고 신에 대해 말하자면 그것 각각은 존재자이고 (거기에) 있는 것(is there)이지만, 그것은 '잭이 있다'라고 말할 때처럼 감각되지는 않는다. 잭은 감각을 통해 지각할 수 있지만 이것들은 그렇지 않다. 우리는 이것들은 볼 수도, 느낄 수도, 만질 수도, 들을 수도 없다. 우리는 그것들을 볼 수 없을 뿐만 아니라 그것들은 그 자체로 명확히 지각될 수 있는 것도 아니다.

위의 논의들을 요약해 보면 다음과 같다. (a') 잭과 (b') 잭의 키는 '긍정적인 어떤 것'(something positive)으로서, 그리고 명확히 지각될 수 있는 어떤 것으로 (거기에) 있다고 말할 수 있다. (g') 인간의 영혼들과 천사들, 그리고 신은 '긍정적인 어떤 것'으로서 있지만, 명확히 지각될 수 있는 어떤 것으로서 있는 것은 아니다. 여기에서 중요한 것은 우리가 그것들 각각에 대해 '긍정적인 어떤 것'으로서 존재하는 어떤 것인양 말할 수도 있다는 점이다.

이와는 대조적으로 (c') 잭의 눈멂, 그리고 그의 셔츠의 잃어버린 단추는 거기에 있는 부재(an absence which is there)를 말하지만, 그것들 중 어느 것도 존재하는 '긍정적인 어떤 것'은 아닌 셈이다. 만약 우리가 그것들 각각이 부재하는 것이 아니라 '거기에 있다'(is there)라고 말한다고 가정하면, '거기에'(there)는 **'마음 안'(in the mind)**을 의미할 것이다. '마음 안'은 '지식으로서, 즉 알려진 내용이라는 뜻에서(as a known content) 마음 안'에 있음을 의미할 것이다. 이와 똑같이 만약 우리가 (d') '아무것도 아닌 것이 거기에 있다'(Nothing is there), 혹은 (e') '켄타우로스, 불사조, 이와 같은 것들이 거기에 있다', 혹은 (f') '논리적 개념들이 거기에 있다'라고 말할 때, 여기에서의 '거기에'(there)도 마음 안(in the mind)을 의미할 것이다.

그러므로 만약 우리가 사물에 대해 '그것이 있다'(it is)라고 말하는데, 그것이 (a' & b')처럼 '긍정적인 어떤 것'으로서 거기에 있는 존재자의 의미로 말한 것일 때에 그것은 실재 존재자(real being, 또는 범주적 존재자 categorical or predicamental being)이다. 그렇지만 만약 우리가 사물에 대해 '그것이 있다/-이다(it is)'[3]라고 말하는데, 그것이 마음 안에 있는 존재자를 말하는 것일 때에는 그것은 사고상의 존재자(being of reason)이다.

그런데 '그것이 있다/-이다'에 대해 말할 때, (위의 두 가지 이외의) 세 번째 방식도 있다. '불사조가 신화적인 새이다'(A phoenix is a mythical bird)라는 진술에 대해 두 남자가 토론을 벌이는 상황을 가정해 보자. 한 남자가 '아니다'(It is not)라고 말한다면 그 남자는 (위의 'it is'의 의미 중에) 첫 번째(1')를 강조(불사조는 신화적인 새가 아니라 실재하는 새이다)하는 것이고, 다른 남자가 '그렇다'(It is)라고 말한다면 그는 (위의 'it is'의 의미 중에) 나머지 하나를 강조(불사조는 상상의 새, 사고상의 새이다)하는 것이다.

'It is'라고 말한 남자의 경우에 주목해 볼 때, 여기서의 'it is'가 과연 실재의 존재자(real being)를 일컫기 위해 쓴 것인가? 물론 아닐 것이다. 첫째, 불사조는 (2') 상상의 존재자이고, 그것은 사고상의 존재자(being of

3 우리말 번역에서는 'it is'가 가지고 있는 두 가지 기능을 간략하게 표현할 수 있는 방법이 없기 때문에 이 단락에서는 예외적으로 번역하지 않고 그대로 사용했다.

reason)가 될 수 있을 것이다. 둘째, '불사조는 신화적 새이다'라는 진술이 참이라는 뜻(3')으로, 즉 'It is true'라는 의미로 'it is'라고 말할 수 있다. 여기에서의 'is'는 연계사(copula)로 쓰이고 있다. 따라서 '불사조는 신화적 새이다'라는 진술에서 'It is'라고 답할 때, 여기서의 'it is'는 실재의 존재자를 뜻하는 맥락에서 쓴 것도 아니고, 사유의 존재자를 뜻하는 맥락에서 쓴 것도 아니다. 여기서의 'it is'는 단순히 '그것이(그 진술이) 참이다(It is true)'라는 의미로 쓰인 것이다.

> 단어 '존재자'(being)는 'what is'를 의미하고 'what is'(~인 것)는 'what is there'(거기에 있는 것, 즉 실재의 사물)를 의미하지만, 'what is'(~인 것)는 또한 'what is true'(참인 것)를 의미하기도 한다. 'it is'라는 말은 'It is there'(그것이 거기에 있다)를 의미하지만, 그러나 'it is'는 'It is true'(그것이 참이다)라는 것을 의미하기도 한다. 이러한 단어 '존재자'의 두 가지 쓰임(그리고 단어 'is'의 그것)을 토마스는 "존재자는 그 자체로 두 가지로 사용된다"라고 말하며 드러내고 있다(Bobik, p. 38).

보빅의 복잡한 설명을 통해 분명해지는 바와 같이, 토마스가 즐겨 사용하는 실재 존재자(1': a, b, g)와 사고상의 존재자(2': e, f)의 구분과 범주에 속하는 존재자와 참인 명제로 이루어지는 존재자(3': c, d 포함) 사이의 구분은 서로 혼동하지 말아야 한다. 사고상의 존재자(e, f)는 그것에 대해 참인 명제를 구성할 수 있기 때문에 참인 명제로 이루어지는 존재자(3')에 포함될 수 있다. 그렇지만 참인 명제로 이루어지는 존재자는 좁은 의미의 사고상의 존재자에 속한다고 보기 힘든 부정과 결여(c, d)까지 포함하기 때문에 포괄하는 영역이 훨씬 더 큰 셈이다. 엄격히 말하면, 사고상의 존재자(2')에 대해 우리는 그 자체로 단적인 의미에서 존재자 명칭을 사용하지 않는다. 사고상의 존재자라고 말하는 것으로 한정하거나, 실재 존재자가 아니라는 의미에서 비-존재자(non-being)라고 말하는 것으로 한정(qualify)해 사용하며, 그 존재자는 부정(negated)된 의미의 '존재하는 무엇'인 셈이다.[4]

토마스가 여기서 논하고 있는 두 가지 사용 방식(A & B)은 존재자가 아무런 특별한 제한 없이 사용되는 '존재자가 그 자체로' 사용될 때를 의미하는 것이다. 그렇다면 이와는 달리 존재자를 제한하는 방식으로, 또는 서로 배타적으로 구별되는 방식으로 구분하는 것에는 어떤 방식이 있는가?

보빅은 우리의 구분(A-B)과 혼동되어서는 안 되는 '존재자' 명칭의 다른 사용 방법에 대해서도 매우 상세하게 구분하고 있다(Bobik, pp. 38~44 참조). 그의 설명을 기본으로 해서 몇 가지 중요한 구분 방식을 살펴보겠다.

『아리스토텔레스의 형이상학 주해』에서 토마스는 존재자 명칭의 여러 가지 사용에 대해 논했다. 실재 존재(A)와 명제 진리(B)에서의 그 명칭 사용(I)에 부가해 다음과 같은 의미에서의 존재자 명칭의 사용들이 있다.

> 그러므로 아리스토텔레스는 존재자 명칭이 때로는 본질적으로, 때로는 우유적으로 사용된다고 말한다. 그리고 우리는 이 존재자 명칭의 구분이 실체와 우유의 구분과 동일하지 않다는 것에 주목해야만 한다(In Met V, 9, n. 885). …… 그리하여 그는 존재자 명칭을 가능태와 현실태로 구분한다(In Met V, 9, n. 889).

여기서 우리는 존재자라는 명칭이 적어도 세 가지 방식으로 사용된다는 사실을 확인할 수 있다. 첫째로 우유적 의미와 반대된 것으로서의 본질적 의미에서의 존재자 명칭 사용, 둘째로 실체와 우유에 관련된 존재

4 이상섭, 2003a, 107~41쪽; 2004, 317~88쪽 참조.

자 명칭의 사용, 셋째로 현실태적 의미의 반대된 것으로서 가능태적 의미에서의 존재자 명칭의 사용이 그것이다.

이를 앞에서 논의했던 실재 존재(A)와 명제 진리(B)에서의 그 명칭 사용(I)과 구분하기 위해 각각 (II), (III), (IV)라고 호칭하겠다.

**(II) 우유적 의미(secundum accidens, 혹은 per accidens)와 반대된 본질적 의미(secundum se, 혹은 per se)의 사용**

진술이나 명제로 사물에 대해 언급할 때, 두 가지 경우가 있다.

II-A. 술어가 최소한 '주체(주어)가 무엇인가'에 대한 한 부분으로서 속하는 경우: 그런 명제 안에서 '이다/있다'는 본질적으로 '이다/있다'의 의미를 갖는다. 예) '인간은 동물이다'는 '인간은 본질적으로 동물이다'라는 의미를 갖는다.

II-B. 술어가 '주체가 무엇인가'에 속하지 않는 경우: 그러한 명제 안에서 '이다/있다'는 본질적으로 '이다/있다'라는 의미를 갖지 않고 다만 우유적으로 '이다/있다', 즉 우연히 존재한다는 의미를 갖는다.

이것은 다른 방식으로 표현될 수 있는데, 술어와 주어를 결합해 다음과 같은 표현을 얻을 수 있다.

(II-A') 동물인 인간/실체인 인간/흼이라는 색깔/흼이라는 우유

(II-B') 흰 사람/마른 사람/둥근 흼/인간의 흼

(II-A')의 경우처럼 둘 중 하나가 다른 하나를 명백한 의미 속에 포함할 때 둘은 본질적으로 연관되어 있는 것이며, 그 둘의 결합이 존재하는 것이라 불릴 때 그것은 본질적 의미에서 존재하는 것이라고 불린다. 그러나 (II-B')의 경우는 두 개념들이 모두 다른 하나를 포함하지 않는다. 둘은 오로지 우유적으로만 연관되어 있을 뿐이다. 그래서 이 결합이 존재하는 것이라 불릴 때, 그것은 우유적 의미에서 존재하는 것이라고 불린다.

따라서 한 사물이 — '책이 거기에 있다'(a')라는 의미에서 그것이 거기에 있던지, 혹은 '책의 키가 그렇다'(b')라는 의미에서 그러던지 — 그것이 무엇인가에 속하는 그것의 특징들의 의미에서 진술될 때, 그것은 본질적 의미에서 존재하는 것(II-A')이라고 불린다. 반면에 그것이 무엇인가에 속하지 않는 특징들의 의미에서 진술될 때에는, 그것이 결국 존재하는 것이라 불릴지라도 우유적 의미에서 존재하는 것(II-B')이라고 불린다.

(III) **실체와 우유의 의미에서의 사용**

III-A. '인간은 실체이다'라고 말할 때, 실체는 인간이 무엇인가에 속하는 것임을 아는 것만이 아니라 '실체임'이 무엇을 의미하는지 이해해야 한다. '실체임'은 무엇임이나 무엇이 존재하는지를 의미하며, 거기에 단적으로 어떤 긍정적인 것으로서 있음을 의미한다. 즉 '책이 거기에 있다'.

III-B. '흼은 우유이다'라고 말할 때, 오직 '우유임'은 흼이 무엇인가에 속하는 것임을 아는 것만이 아니라 '우유임'이 무엇을 의미하는지도 알아야 한다. '우유임'이란 단적으로 존재하고 있는 그 어떤 것 '안에서' 존재하는 것을 의미하며, 거기에 단적으로 존재하는 것 안에서 긍정적인 어떤 것으로서 거기에 있음을 의미한다. 즉 '책의 키가 그렇다'라는 의미에서 거기에 있음을 말한다.

우유는 그것 안에서 존재하는 주체에, 최종적으로는 실체에 의존하는 것이다. 실체는 '존재하는 그 무엇'(what exists)이다. '존재하는 그 무엇'은 실체이며, 실체 안에 존재하는 것이 우유이다. 그런데 실체는 그것의 존재 안에서 독립적이지만 절대적으로가 아니라 상대적으로 독립적이다. 절대적으로 독립적인 것이라면 바로 신(神)일 것이다. 따라서 실체의 독립성은 그것 안에서 존재하는 주체로서의 독립성일 뿐이다.

### (IV) '가능적 존재자'(ens in potentia)와 '현실적 존재자'(ens in actu)의 구분

IV-A. 존재자라는 명칭은 우리가 '한 사람이 코너에 있다'라고 말을 할 때 심중에 있는 의미로서, 거기에 있는 사물에 한정해 사용할 때에 현실적 의미에서 사용된다.

IV-B. 반면에 손에 도토리를 쥐고는 '내 손에 참나무가 있다'라고 말하는, 그런 식으로 거기에 있을 수 있는 사물에 한정해 사용할 때에는 가능태적 의미에서 사용되는 것이다.

우리가 가능태적 의미에서 존재자 명칭을 사용하는 그 사물(IV-B')은 현실적으로 존재하지 않는 것임을 본래적으로 고찰한 그런 것이다. 하지만 무(無, nothing)와는 다르다. 가능태적 의미에서 존재하는 것은 본래적으로 현실태적으로 거기에 있을 수 있는 그런 것이지만, 무는 본래적으로 있지 않으며 있을 수도 없는 것이기 때문이다. 가능태적인 의미에서 존재자는 실제로 존재하는 것이거나 우유적으로 존재하는 것이다.

우리는 이 차이를 우리가 감각하는 변화를 통해서 뿐만 아니라 우리 스스로 무엇인가를 할 수 있는 가능성을 통해서도 알 수 있다. 존재자가 어떤 것이 될 수 있는 가능성의 상태에 있을 수 있다는 통찰은 이미 이오니아의 자연철학에서 이루어졌지만, 파르메니데스(Parmenides)는 존재자 안에 있는 가능성과 생성을 비판했다. 그러나 아리스토텔레스는 가능적 존재자와 실제로 존재하고 있는 존재자 사이의 차이를 형식화했다. 레오 엘더스(Leo Elders)에 따르면, 이 구분은 — 심리학적이고 존재론적으로 보아 — 범주 자체보다도 앞서는 존재자에 대한 최초의 구분이다. 어떤 것이 이루어지고 실현될 수 있다는 사실은 실체와 우유 사이의 차이를 위한 기초를 제공해 주기 때문이다. 즉 범주들 상호 간의 관계는 현실태와 가능태의 관계에 바탕을 두고 있다.[5]

5 레오 엘더스, 2003, 76쪽 참조. 토마스의 가능태 이론에 대한 상세한 논의는 박승찬, 2008, 65~105쪽 참조.

| | |
|---|---|
| 존재자 I | (1) = (I-A) 실재(real) (2) 사고상의(of reason) (3) = (I-B) 참(true) |
| 존재자 II | (II-A) 본질적인(essential) (II-B) 우유적인(accidental) |
| 존재자 III | (III-A) 실체(substance) (III-B) 우유(accident) |
| 존재자 IV | (IV-A) 현실적(actual) (IV-B) 가능적(potential) |

I의 구분은 앞에서 설명했던 단어 '존재자'의 두 가지 기초적인 쓰임에 초점을 둔 것이다. II와 III, 그리고 IV의 구분은 실재 존재자(real being)에 관한 존재자 명칭의 사용에 대한 것이다. '존재자'라는 명칭은 그 자체로 단순하게 우선적으로 실체들에 대해 쓰이고, 후차적으로는 우유들에 대해 쓰인다(III'). 또한 그것은 우선적으로 그것들의 무엇임(what they are)과 관계하는 특징들의 측면에서 묘사되거나 한정되는 실체들에 대해 쓰이고, 후차적으로는 그것들의 무엇임과 관계하지 않는 특징들의 측면에서 한정되는 실체들에 대해 쓰인다(II'). 끝으로 '존재자'는 우선적으로 거기에 실제로 있는 실체들에 대해 쓰이고, 후차적으로는 거기에 가능 상태에 있는 것들에 대해 쓰인다(IV').

### 주 2) 범주론

존재자를 분류하는 대표적인 방식 가운데 하나가 바로 실체와 우유로 구분(III)하는 것인데, 이 구분은 본래 한 술어가 어떤 것에 대해 진술되는 방식으로부터 도출해 낸 것이다.[6] 우리는 이 존재 방식을 '범주들'(praedicamenta)이라고 부르거나 그리스 용어에 따라 '카테고리'(category)라고 부른다. 전통 철학에서는 아리스토텔레스의 10범주가 유명하지만(Cat IV, 1b25-2a4; Top I, 9, 103b21-23), 범주란 본래 아리스토텔레스보다 훨씬 이전에 모든 존재자를 귀결시키는 최고류(最高類)들이

---

6 레오 엘더스, 2003, 제16장 참조. 이 주장에 대한 근거로 토마스는 다음과 같은 설명을 제시한다: "Quoties ens dicitur, id est quot modis aliquid praedicatur, toties esse significatur aliquid"(In Met V, 9, n. 889 참조).

무엇이며 몇 개나 되는가를 탐구하는 과정에서 발견된 것이다. 고대 철학자들은 이 문제에 대해 여러 가지 학설을 주장했다. 피타고라스 학파는 20개의 범주를, 플라톤은 일반적으로 5개 정도를 나열하지만 범주의 수에 대해 고정된 학설을 갖고 있지 않은 것으로 보인다. 후대에도 새로운 구분은 계속되어 스토아 학파는 4개(실체, 성질, 사물의 양상과 관계)를, 에피쿠로스 학파는 10개를 나열해 아리스토텔레스의 10개와는 다른 범주를 주장했다.

토마스는 아리스토텔레스에 의해 제시된 범주표로부터 다음과 같은 점을 이끌어 낸다.[7] 술어는 세 가지 방식으로 주어에 대해 서술될 수 있다.

a) 술어가 그 주어 자체인 경우: **실체**(substantia)

b) 술어가 주어 안에 존재하는 경우, 즉 실체에 내재적으로 의존하는 우유

① 필연적으로 절대적으로 의존하는 것

**분량**(양, quantitas): 실체의 질료에 의존한다.

**성질**(질, qualitas): 실체의 형상에 의존한다.

② 상대적으로 의존하는 것

**관계**(relatio): 다른 것과의 연관, 예컨대 부성(父性)

c) 주체의 바깥에 놓여 있는 것으로부터 수반되는 경우

① 부분적으로 외적 관련을 갖는 것

**능동**(작용, actio): 원인으로서 내재하는 주체의 수반적 작용

**수동**(passio): 결과로서 작용을 받아들이는 경우

② 전적으로 주체의 바깥에 놓여 있는 것으로부터 수반되는 경우
— 사물의 척도로서

**시간**(tempus),

---

7 Thomas Aquinas, In Met V, 9, n. 891 참조.

**장소**(공간, ubi, locus),

[공간에 있는] **상태**(배치, situs)

—사물의 척도가 아닌 것

**소유**(소속·습성, habitus): 예컨대, 옷은 실체(인간)에 속하지만 실체의 척도가 아니다.

| 이름 | 본뜻 | 사례 |
|---|---|---|
| **실체**<br>**(substantia)** | 있는 것(being)<br>이것(this something here)<br>무엇(what it is) | 홍길동, 이 말,<br>사람, 말, 동물 |
| **분량(quantitas)** | 얼마(how much) | 180센티미터, 80킬로그램 |
| 성질(qualitas) | 어떤 성질의(of what kind) | 용감하다, 한국인이다 |
| 관계(relatio) | 어떤 것과 관계해서<br>(with respect to something) | '심청이보다 크고 임꺽정보다 작다',<br>'홍대감의 서자이다' |
| 장소(locus) | 어디(where) | 방 안에서, 산 속에서 |
| 시간(tempus) | 언제(when) | 어제, 지난 해 |
| 상태(situs) | 놓여 있음(to be put, to lie) | 앉아 있다, 누워 있다 |
| 소유(habitus) | 가짐(to have) | 신을 신고 있다,<br>무장을 하고 있다 |
| 능동(actio) | 함(to do) | 자르다, 태우다 |
| 수동(passio) | 당함(to undergo) | 잘리다, 타다 |

아리스토텔레스의 10범주를 비롯한 구분들은 존재자를 가장 근본적인 최고류(最高類)에 의해 구별하는 형이상학적 범주이다. 이것은 『존재자와 본질』 제3장에서 다루어지는 논리적 범주(유, 종, 종차, 특성, 논리적 우유성 등)와는 구별되어야 한다.

범주를 새롭게 구분하려는 노력은 근대 철학에서도 이어져 르네 데카르트(René Descartes)와 베네딕투스 데 스피노자(Benedictus de Spinoza)는 실체를 속성과 양상으로 구별했으며, 라이프니츠(Leibniz)는 6개의 범주(실체, 양, 질, 작용, 수동, 관계)를, 이마누엘 칸트(Immanuel Kant)는 12개의 범주를 주장했다.

칸트는 아리스토텔레스가 범주들을 오직 '긁어모았다'(aufgerafft)[8]라고 비판했다. 그의 『순수이성비판』에 따르면, 감성에 의해 주어진 대상은 참다운 인식이 되기 위해서는 오성(悟性)에 의해 정리되고 통일되어야 한다. 오성은 판단하는 능력이며, 이 능력 속에서도 역시 선천적인 형식이 있어 우리의 판단을 보편적이며 필연적인 것으로 만들어 준다. 이 오성의 형식이 곧 범주(Kategorie)이며, 이 범주는 오성 속에 있으면서 선천적 형식으로 지식 성립의 조건이 되고 있다. 칸트는 판단에 따라 다음과 같은 12개의 범주를 구별했다.

| | | | |
|---|---|---|---|
| 가. 분량 | 전칭(全稱) 판단 | 모든 A는 B이다. | 전체성(Allheit) |
| | 특칭(特稱) 판단 | 약간의 A는 B이다. | 다수성(Vielheit) |
| | 단칭(單稱) 판단 | 이 A는 B이다. | 단일성(Einheit) |
| 나. 성질 | 긍정(肯定) 판단 | A는 B이다. | 실재성(현실성) |
| | 부정(否定) 판단 | A는 B가 아니다. | 부정성(非有性) |
| | 무한(無限) 판단 | A는 비(非)B이다. | 제한성(한계성) |
| 다. 관계 | 정언(定言) 판단 | A는 B이다. | 실체와 우유 |
| | 가언(假言) 판단 | A는 B이면 C는 D이다. | 원인과 결과 |
| | 선언(選言) 판단 | A는 B이거나 C이다. | 상호성(상호 작용) |
| 라. 양상 | 개연(蓋然) 판단 | A는 B일 수 있다. | 가능성과 불가능성 |
| | 실연(實然) 판단 | A는 B이다. | 현존성과 비존재성 |
| | 필연(必然) 판단 | A는 B여야 한다. | 필연성과 우연성 |

칸트에 의하면, 시간과 공간이 감성에 속하는 선천적인 것과 같이 범주도 인간의 오성에 속하는 선천적인 판단의 형식으로서 경험으로부터 이끌어 낸 것은 아니다. 칸트가 범주를 이렇게 규정함으로써 칸트 이후의 범주론 논의는 형이상학적 문제이기보다는 인식론의 문제로 변했다. 그렇지만 전통적인 범주의 문제는 논리적 범주가 관심을 두고 있는 '인식의 양태'보다는 객관적이며 실재적인 '인식의 대상'에 관심을 두었다는 점을 주목할 필요가 있다.

---

8 Immanuel Kant, *Kritik der reinen Vernunft*, "Transz. Logik", I, Abh. 1, I, 3 (B 107/A 81) 참조.

주 3) 아베로에스(Averroes/Ibn Rushd, 1126~98)

이슬람의 아리스토텔레스주의는 서구 세계에서 아베로에스로 알려진 이븐 루시드(Abūl-walīd-Muḥammad Ibn Rušd)와 함께 절정에 이르렀다.[9] 아베로에스는 1126년 스페인의 안달루시아 지방에 위치한 코르도바의 유명한 법률가 가문에서 출생했다. 당시 코르도바는 도서관, 공중목욕탕, 이슬람 사원 등 다양하고 방대한 문화 요소들 때문에 '서방의 바그다드'라고 불릴 수 있을 정도의 문화 도시였다. 그는 어렸을 때부터 당대의 이슬람 학문에 대해 해박한 지식을 습득했다. 또한 이슬람 신학과 법학을 철저하게 공부했으며, 이외에도 문학, 수학, 철학에도 관심을 보였다. 철학자 이븐 투파일(Ibn Tufail)의 소개로 1154년부터 아부 야쿱 유스프(Abu Yaqub Yusuf)라는 통치자의 궁정에서 아리스토텔레스의 전 작품을 일반인들이 읽을 수 있도록 하는 주해 작업을 했다. 유수프는 1171년에 아베로에스를 세비야의 법관으로 임명했다. 1173년경에 그는 전임되어 코르도바로 돌아왔다. 이때부터 그는 공적인 책임 때문에 중압감을 느끼고 있었지만 자신의 위대한 저술들의 편집에 몰두하게 되었다. 많은 여행 후에 돌아온 1182년에는 투파일에 이어 통치자의 주치의(主治醫) 자리에 올랐다. 그는 유수프를 계승한 아들 야쿱 알 만수르(Yaqub al-Mansur)의 통치 초기에도 신뢰를 받았지만, 보수적인 신학자들이 그의 작품에 대해 반대함으로써 총애를 잃게 되었다. 그러나 이는 그의 철학이 지니고 있던 영향력을 반증하는 사건이기도 했다. 그들은 잡다한 이단 사상을 가지고 있다는 이유로 아베로에스를 고소했으며, 결국 그는 코르도바 부근에 있는 루케나로 추방되었다. 통치자 만수르는 약학, 수학, 천문학 분야를 제외한 그의 모든 작품을 불사르라고 명령했다. 그러

9 그의 생애와 사상 전반에 대해서는 D. Urvoy, 1990; Oliver Leaman, 1988; F. C. 코플스톤, 1988, 263~67쪽; É. 질송, 1997, 309~21쪽; H. 코르방, 1997, 322~35쪽; J. Hjärpe, 1980, pp. 51~55; G. C. Anwati · L. Hödl, 1980, pp. 1291~95; 움베르토 에코, 2016, 320~22, 336~38쪽 등 참조.

나 후에 이 명령은 철회되었으며, 아베로에스는 곧 다시 명예를 되찾았다. 하지만 그는 귀환 후에 총애를 받은 지 얼마 안 된 1198년경 코르도바에서 세상을 떠났다.

아베로에스는 지칠 줄 모르는 정열을 가지고 엄청난 분량의 작품을 남겼는데, 아리스토텔레스에 대한 주해와 독창적인 작품들의 두 부류로 나눌 수 있다. 특히 그는 아리스토텔레스를 주해하는 데 학문 생활의 대부분을 보냈다. 이 주해서들은 다음과 같이 분류할 수 있다.

> 소(小)주해서: 라틴 세계에서는 '에피토메'(Epitome) 또는 '대전'(Summa)이라고 불리며, 아베로에스는 이 주해서에서 처음부터 끝까지 스스로 이야기하는 형식으로 아리스토텔레스의 학설들을 요약한다.
>
> 중(中)주해서: '탈리스'(talḫīṣ)라고 불리며, 전체 텍스트의 첫 단어들만을 나열한 후에 텍스트를 단락별로 주해한다. 아리스토텔레스의 학설 내용을 소개하고 자기 나름의 해설과 해석을 덧붙여 전개했으나, 어느 것이 아리스토텔레스의 것이고 어느 것이 아베로에스의 것인지 구별하기가 쉽지 않다.
>
> 대(大)주해서: '타프시르'(tafsīr)라고 불리며, 텍스트를 단락별로 완전히 인용한 후에 철저히 주해한다.[10]

그가 주해서를 쓰는 데 할애한 관심과 주해의 범위, 풍부한 자료와 정교함 때문에 이 주해서들은 여러 학교에서 철학 분야의 기본서로 사용되었다. 또한 3년 단위의 교육 과정과 연계되어 있던 이 주해서들은 대부분 외국어로 번역되었는데, 먼저 히브리어로 나중에는 라틴어로 번역되어 서구 세계에 많은 독자가 생겼다. 중세에 그가 서구 세계에서 얻은 명성도 바로 이 주해서들에서 유래했다. 하지만 아랍어로 쓰인 주해서

10 아베로에스 작품 전체에 대한 번역 및 참고문헌은 Gerhard Endress, 1997 참조.

원본들의 절반 정도는 소실되었다. 아리스토텔레스 작품에 대한 아베로에스의 38개 주해 중에서 아랍어 원본으로는 28개 정도가 남아 있고, 히브리어 번역으로는 36개가 남아 있다. 플라톤 작품 중에서는 『국가』를 주해했다.

아베로에스의 초기 작품인 '에피토메'와 생애 후기에 작성한 방대한 분량의 '대(大)주해서'를 비교해 보면, '주해자' 자체로 인정받았던 한 주해자가 살아가면서 주해하는 텍스트에 대한 태도가 어떻게 바뀌었는지를 알 수 있다. 예를 들어 형이상학의 고유한 대상이 무엇이며, 하나로부터는 오직 하나만이 나올 수 있다는 유출의 원리, 형이상학의 원리와 다른 사변적인 학문들 사이의 인식론적인 관계에 대한 물음 같은 핵심적인 질문에서 변화를 발견할 수 있다.[11]

아베로에스의 독창적인 작품으로는 『모순의 모순』(*Tahāfut at-tahāfut*)이 유명한데, 그는 이 작품에서 알-가잘리가 『철학자들의 모순』[12]에서 철학자들을 비판했던 것을 조목조목 재반박했다. 아베로에스는 『종교적 교의에 관련된 방법 해설』(*Al-Kashf'an Manahij al-Adillah*)과 『종교와 철학의 조화에 대한 최종 연구』(*Kitab fasl al-Magal*) 등의 작품도 저술했다. 이 책들에서 아베로에스는 아리스토텔레스에 대한 그의 주해들처럼 신학이 완수할 수 없는 학문 이상을 지향하는 철학을 기획했다. 그의 철학 작품들은 다방면에서 맹렬한 공격을 받았는데, 현대 학자들의 견해에 따르면 오해를 받은 때도 많았다.

지성적이고 이론적인 경향을 지닌 확신에 찬 철학자였던 아베로에스는 아리스토텔레스야말로 지성의 화신(化身)이라고 생각했다. 그의 주장들은 본질적으로 바로 이 전제로부터 유래한다. 아베로에스는 중세의 아랍 철학자들 중에서 가장 아리스토텔레스적인 학자이다.[13] 아베로에

11 Herbert A. Davidson, 1987, pp. 310~35; T. A. Druart, 1993, pp. 184~202 참조.

12 Al-Ghazālī, 2002 참조.

13 Josep Puig Montada, 2000, pp. 80~82 참조.

스는 자신의 주해에서 아리스토텔레스의 철학 체계가 지니고 있는 몇몇 공백들을 신플라톤주의적 요소들로 보충했던 아비첸나의 해석들을 비판하면서 순수한 아리스토텔레스의 의견을 찾기 위해 노력했다.[14] 그렇지만 최근의 연구에 따르면, 그의 해석도 자신이 자각하지 못하는 사이에 다른 의미에서 신플라톤주의로부터 많은 영향을 받고 있었다.[15] 그는 보편 관념과 인과율을 확실한 철학적·자연과학적 지식을 얻기 위한 근거로 간주했다. 신은 초월적인 인과 관계를 규정한다. 신은 제1동자(動者)이며 다양한 본질을 직접 창조하는 것이지, 아비첸나가 생각했던 것처럼 그 사이에 있는 독립적인 지성들을 통해 창조하는 것이 아니다.

그런데 아베로에스는 신이 단지 보편적인 것만을 안다고 주장했는데, 이 주장은 『쿠란』의 명백한 주장과 충돌을 일으키는 것이었다. 그에 따르면, 신은 세계를 영원으로부터 창조했고 이미 제1질료 자체가 영원한 것이었다. 그의 형이상학은 가장 낮은 단계인 제1질료로부터 가장 높은 단계로서의 순수 현실태(Actus Purus)인 신에 이르며, 또한 그 사이에 가능태와 현실태로 구성된 대상들을 포함한다.

아리스토텔레스의 철학 사상을 그대로 받아들이면서도 이슬람 신앙에 머무르려던 아베로에스는 어쩔 수 없이 정통 이슬람 신학과의 조화를 시도하지 않으면 안 되었다. 이러한 그의 태도는 종종 이른바 '이중진리'(duplex veritas)설을 주장한 것으로 해석되었다. 그러나 실제로 그가 말했던 것은 한 명제가 철학상으로는 진리이면서 신학상으로는 허위일 수 있다거나 또는 그 역일 수 있다는 것이 아니라 한 진리 혹은 같은 진리가 철학에서는 이론적으로 명백히 이해되고 신학에서는 비유적

---

14 이재룡, 1994, 164쪽 참조. 아베로에스가 아리스토텔레스를 주해하는 태도에 대해서는 Josep Puig Montada, 2002 참조.

15 쾰른 대학 소속 토마스 연구소(Thomas-Institut)의 안드레아스 스페어(Andreas Spear) 교수와의 대담을 통해 확인했으며, 그 연구소에서 편집 중인 『아베로에스 전집』이 완간될 경우에 확인 가능할 것으로 추정된다.

(allegorice)으로 표현된다는 점이었다. 이를 설명하기 위해 그는 『쿠란』의 경전 해석 방식을 필연적인 논증을 요구하는 철학적인 증명, 신학자의 비유 해석, 백성들의 단순한 이해라는 세 범주로 구분했다. 그에 따르면 어떤 내용이 어느 범주에 속하며, 또 어떻게 그러한 내용들이 해석되어야 할 것인지는 철학이 결정해야 할 사항들이었다. 철학자만이 비유의 껍질을 벗겨내고 표상의 꾸밈이 없는 '있는 그대로의' 진리에 이를 수 있다는 것이다.[16] 아베로에스의 이러한 주장은 신학을 철학에 종속시키는 결과를 낳았기 때문에 이슬람 정통 신학자들에게는 용납될 수 없었다. 결국 신학과 철학의 이러한 극한적 대립은 점점 심해져 이슬람 문화권에 속해 있던 스페인에서는 그리스 철학 연구가 금지되고 철학 서적들이 불태워지기까지 했다.

지성에 대한 그의 이론은 특별히 13~16세기에 걸쳐 서구 중세 철학에 엄청난 영향을 끼쳤다. 그에 의하면, 인간 전체에는 하나의 능동 지성이 있을 뿐이다. 이 능동 지성이 관념을 받는 경향에 불과한 것으로 보이는 개별 인간의 수동 지성과 접촉함으로써 어떤 결합 상태, 즉 '질료적'(materialis) 지성을 이룬다. 단순히 능동 지성만이 분리되고 개별적이지 못한 것이 아니라 수동 지성도 인격적인 성격을 가지지 못하며 신체와 함께 소멸한다. 서구에서 그의 제자들은 이러한 설을 받아들여 '라틴 아베로에스주의'라는 사상을 발전시켰는데,[17] 이 주장은 많은 찬성과 반

16 유대인 동료였던 마이모니데스(Rémi Brague, 2000)와 마찬가지로, 그는 '자신에 대해 생각하는 사고'라는 아리스토텔레스의 신 개념이 결점을 갖고 있기는 하지만 성경이나 『쿠란』을 문자 그대로 읽는 데 기초한 생각보다는 진리에 더 가깝다고 주장했다. 성경이나 『쿠란』에서는 신이 왕좌에 '앉고', 자기의 천지창조가 좋다는 것을 '보며', 또한 사람들의 기도를 '듣기' 때문에 신이 육체를 갖고 있음에 틀림없다는 점을 시사한다. 아리스토텔레스를 따르는 철학자는 신념을 가진 유일신론자일 수도 있지만, 신의 기적과 육체의 부활 내지는 개별적인 영혼의 불멸성 같은 이론들을 간단히 믿어버리지는 않을 것이다. 리처드 루빈스타인, 2004, 126~27쪽; 신학과 철학의 관계에 대한 아베로에스의 입장은 Averroes, 1991 참조.

17 라틴 아베로에스주의의 능동 지성에 대한 일반적인 이론에 대해서는 B. Carlos

대를 불러일으켰고 다양한 토론으로 발전했다.

아베로에스의 라틴어 번역들은 미카엘 스코투스(Michael Scotus), 헤르마누스 알레마누스(Hermannus Alemannus), 루나의 윌리엄(William of Luna), 페트루스 갈레구스(Petrus Gallegus)라는 네 번역가의 작품들인데, 그들이 기여한 정도는 서로 다르다.[18] 아베로에스가 라틴 세계에 끼친 영향과 관련해 최근의 연구는 시간적으로 구별되는 두 가지 형태의 라틴 아베로에스주의를 구분했다. 수용의 첫 번째 시기는 명시적으로 익명의 저자가 저술한 『영혼과 그 능력들』(*De anima et de potenciis eius*, 1225?)이라는 작품에서 잘 드러난다. 이 시기에는 아베로에스의 지성 이론이 아비첸나의 지성체 이론에 대항한 논쟁의 주제였다. 1230년 이래로 미카엘 스코투스의 번역을 통해 아베로에스의 방대한 주해서들이 알려지면서, 그 이전까지 큰 영향력을 끼치던 아비첸나의 해석[19]을 물리치고 서구의 정신세계에서 대표적인 아리스토텔레스 주해로 인정을 받았다.[20] 오베르뉴의 윌리엄(William of Auvergne, 1180?~1249, 또는 기욤 도베르뉴)과 대학 총장 필리푸스(Phillipus Cancellarius, 1160?~1236)의 작품에서는 이미 아베로에스의 작품을 인용하고 있었다. 1240년 이래로 서구인들에게 아베로에스는 '철학자' 아리스토텔레스의 '주해자'(Commentator) 자체였으며,[21] 1250년 이전에는 서구 학자들이 그를 아무런 의심 없이 받

Bazán, 2001 참조.

18 각 번역가들이 기여한 정도에 대해서는 Hans Daiber, 1990, pp. 237~46을, 주해 전반에 대해서는 이재경, 2005a, 60~69쪽 참조.

19 12세기 중엽부터 『아리스토텔레스 전집』이 라틴어로 번역될 때 아비첸나의 몇몇 작품들도 함께 번역되어 있었으며, 12세기와 13세기에 걸쳐 아리스토텔레스 해석에 지대한 영향을 끼쳤다.

20 J. J. Glanville, 1967, p. 804; J. P. Torrell, 1995, p. 207 참조.

21 토마스 역시 아베로에스의 '본문 주해' 방법과 아리스토텔레스 텍스트의 분류법 등을 사용했다. Marie-Dominique Chenu, 1982, p. 235 참조. 그렇지만 토마스는 주석가 아베로에스와 아리스토텔레스의 상반됨을 보여 주기 위해 아베로에스의 상세한 텍스트 분석에 자신의 것을 대비하려고 노력했다.

아들였다. 그러나 아베로에스의 두 번째 소개 과정을 통해 발전한 라틴 아베로에스주의에 의해 신앙과 이성은 노골적인 긴장 관계에 놓이게 되었다.[22] 1277년의 단죄 회칙 서문에서 브라방의 시제(Sigerus de Brabantia, 1235?~84)가 주장했던 이론의 신학적인 귀결이라고 비판받은 '이중진리설'은 신앙의 인식과 철학의 논증적 지식 사이의 일치를 고려하지 않는 방법론과 관련이 있다. 라틴 아베로에스주의자들은 그리스도교 진리와 명백한 모순 관계에 놓여 있는 아리스토텔레스와 아베로에스의 주장들을 증명하기 위해 노력했다. 학설들에 대한 단죄와 학자들에 대한 제재는 파리 대학의 인문학부에서 아리스토텔레스와 아베로에스의 작품들을 더욱 주의 깊게 읽고 심리학과 윤리학의 문제들을 세분해 탐구하도록 만들었을 뿐이다.[23] 아베로에스의 사상은 14세기 전반기의 파리 대학에서 강력한 영향력을 행사했고, 심지어 15~16세기에도 지속되어 파도바 학파에서 꽃을 피웠다.[24]

**주 4) '어떤 것이 어떤 것이게끔 하는 것'(quod quid erat esse)**

'quod quid erat esse'는 아리스토텔레스가 'τὸ τί ἦν εἶναι'라고 표현한 것을 번역한 것이다. 아리스토텔레스에게 'τὸ τί ἦν εἶναι'는 존재적인 'εἶδος'(forma, 형상)에 대한 개념적인 대척이다. 'quod quid erat esse'에서 반(半)과거인 'erat'는 과거를 의미하는 것이 아니라 계속해서 그리고 아직도 존재하고 있는 것을 의미한다.[25] 토마스는 이 단어 그대로의 번역을

22 이에 대해서는 박승찬, 2010c, 131~38쪽 참조.

23 Kent Jr. Emery · Andreas Speer, 2001; Luca Bianchi, 1998/2005 참조.

24 13세기와 14세기에 걸쳐 라틴 아베로에스주의자들은 아베로에스의 아리스토텔레스 해석을 옹호했으며, 토마스의 조화적인 아리스토텔레스주의에 반대하면서 아리스토텔레스의 텍스트를 근거로 제시했다. 라이문두스 룰루스(Reimundus Lullus)는 아베로에스를 직접 읽지는 못했지만, 그의 학설들 안에 일반적인 결정론과 인간의 포괄적이고 자연적인 지식의 두 기본 이념에 기초한 체계가 숨어 있음을 간파하고 아베로에스를 비판했다.

나중에 아리스토텔레스의 『형이상학』을 주해할 때에도 그대로 유지한다. 그리고 이것을 한 사물의 무엇임이나 본질이라고 설명한다.[26]

무엇보다도 먼저 토마스는 본질(essentia)을 근거로 어떤 것이 정의되고 또한 개념적으로 고정될 수 있다는 사실을 강조하면서 'essentia'를 'quidditas'와 결합한 다음에, 계속해서 'quidditas'를 'τὸ τί ἦν εἶναι'와 같은 것으로 생각했다. 그러나 복합 실체의 경우에 토마스는 — 우리가 제2장에서 보게 되는 것처럼 — 그가 말한 'essentia'가 형상뿐만 아니라 일반적인 의미에서의 질료까지를 포함한다고 생각하지 않았다.[27]

'본질'과 '무엇임'의 개념은 어떤 것을 바로 그것으로서 있게 하는 존재 특성을 말한다. 마우러(Maurer, p. 31, n. 6)는 사물의 '무엇임'은 바로 '본질적으로, 그리고 필연적으로 그것은 무엇인가'라는 물음에 대한 답이라고 말한다. 논리적 관점에서 이것은 완벽한 종적 정의이다. 형이상학적인 관점에서는 인식 불가능한 질료에 대응하는 형상적이고 가지적인 사물의 완전성이다. 이러한 의미에서 일찍이 아리스토텔레스는 그것을 사물의 근본적 존재인 형상이라고 불렀다.[28]

### 주 5) 보에티우스의 『[그리스도 안에 있는 위격과] 두 본성』(*De duabus naturis*)에 나오는 네 가지 본성의 양태

476년 서로마제국이 멸망한 이후 발생한 문화적 침체기에 마지막으로 밝은 빛을 비추고 사라진 사상가가 있었으니, 그가 흔히 '로마 최후의 철인(哲人)'이라고 불렸던 보에티우스(Boethius, 475/480?~524/526?)

---

25 Aristoteles, DA III, 6, 430b28 참조.

26 Aristoteles, Met VII, 2, 1028b34; Thomas Aquinas, In Met VII, 2: "quod quid erat esse id est quidditas et essentia rei".

27 베레츠, 13쪽 참조.

28 W. D. Ross, 1924, I, p. 127; Joseph Owens, 1963b, pp. 180~88; Thomas Aquinas, In Met VII, 5 참조.

이다. 그는 480년경 로마의 명문인 아니치우스 가문에서 태어나 아테네에서 그리스 철학과 기타 문예를 광범위하게 연구했다. 그는 동(東)고트족의 왕 테오도리쿠스 치하에서 중요한 관직을 두루 지내면서 그리스의 철학 사상을 정치에 구현해 선정을 베풀고자 노력했다. 정치에 적극적으로 참여하면서도 보에티우스는 대략 504년부터 플라톤과 아리스토텔레스의 작품 전체를 라틴어로 번역할 계획을 세웠으나, 갑작스러운 죽음을 맞이했기 때문에 이 계획을 이룰 수가 없었다. 그는 정의에 입각해 불의에 대해 준엄한 태도를 취했으나, 이것이 오히려 화근이 되어 많은 반대자가 생기게 되었다. 그는 반대자들의 무고로 반역죄에 몰려 자기 변호의 기회조차 얻지 못한 채 사형 선고를 받은 후에 파비아에 유배되었다가 524/525년에 처형되었다. 그의 웅대한 계획에 비하면 극히 일부이지만, 그가 남겨 놓은 아리스토텔레스의 논리학 저서들의 일부(『범주론』과 『명제론』)와 포르피리오스(Porphyrios, 234?~305?)의 『이사고게』(*Isagoge*)에 대한 번역과 주해서들은 중세 사상가들에게 아리스토텔레스 논리학의 기초를 전해 주었다.[29] 또한 10세기와 11세기에는 그의 아리스토텔레스의 『토피카』(*Topika*) 번역도 두 가지 판본으로 알려져 있었다.[30]

심지어 13세기 이전의 중세에서 보에티우스는 아리스토텔레스주의의 거의 유일한 원천이었다. 따라서 아리스토텔레스의 논리학과 형이상학의 근본 개념들을 스콜라 철학에 도입한 것도 바로 그였다. 예를 들어 현실태(actus)-가능태(potentia), 종(species), 원리(principium), 보편(universale), 특성(proprium), 우유(accidens), 우연유(contingens), 기체(subiectum) 등의 용어들이 보에티우스를 통해 서양 철학에 뿌리내렸다.

---

29 보에티우스의 아리스토텔레스 주해에 대해서는 James Shiel, 1990, pp. 349~72; Sten Ebbesen, 1987, pp. 286~311; 1990a/1990b 참조.

30 Lorenzo Minio-Paluello, 1972, pp. 355~76 참조. 로렌초 미니오-팔루엘로(*Ibid.*, pp. 323~35)에 따르면, 보에티우스가 『분석론 후서』를 제외한 아리스토텔레스의 오르가논 전체를 번역했을 가능성도 있다.

또한 보에티우스는 자신의 책들을 통해 중세 철학은 물론 철학 전반에 큰 문제로 등장하는 보편자의 성격에 대한 중요한 문제를 제기했다. 그는 자신이 라틴어로 번역한 포르피리오스의 『이사고게』를 주해하면서 세 가지 문제를 발견했다. 첫째, 유(類)나 종(種), 즉 동물과 인간 등 보편적인 것은 존재하는가 혹은 존재하지 않는가? 둘째, 또한 그것들이 자체로 존재한다면 물질적인 것인가 아니면 비물질적인 것인가? 셋째, 만일 비물질적인 것이라면, 그러한 것은 감각적인 사물에서 분리되어 존재하는가 아니면 감각적인 사물 안에 존재하는가? 앞에서 언급한 바와 같이, 포르피리오스는 이러한 문제를 제기할 뿐 자신의 해답을 제시하지는 않았다. 보에티우스는 이 문제를 취급하면서 우선 이 문제가 어렵다는 것과 이 문제를 고찰함에 있어 신중함이 요구됨을 주의시킨다. 인간이 추상을 통해 얻은 개념과 제멋대로 개념들을 결합해 만든 개념 사이의 차이를 강조한 후에, 그는 보편적인 개념의 형성 과정에 대해 설명한다. 보에티우스는 보편적인 개념의 형성 과정에 대한 설명을 토대로 이 질문들에 답변했다.[31]

보에티우스가 번역하고 주해한 것들이 비록 아리스토텔레스의 '오르가논'에 국한되어 있었을지라도, 아리스토텔레스의 지식을 중세 초기에 전달한 것은 논리학뿐만이 아니었다. 그는 다른 저서들을 통해서도 아리스토텔레스적인 학설들을 활용한다.

보에티우스의 여러 번역과 저술들 중에서 가장 유명한 것은 역시 억울한 죽음을 앞두고 저술한 『철학의 위안』(*De consolatione philosophiae*, 525?)[32]이다. 유배지에서 처형을 기다리며 쓴 이 철학서에서 보에티우스는 자신의 지나온 호화찬란한 생애와 현재의 전락한 처지의 심경을 정확하게 묘사하면서 거기서 제기되는 인간의 행복과 운명, 그리고 신의

31 보편 문제에 대한 보에티우스의 답변에 대해서는 박승찬, 2010, 54~56쪽 참조.

32 보에티우스, 박문재 옮김, 『철학의 위안』, 현대지성, 2018 참조.

섭리와 우연, 신의 예지와 필연성과 자유 등 인생의 궁극적 문제를 철학적으로 논증하는 가운데 자신과 인간의 파국을 극복한다.[33]

보에티우스가 비록 독창적이고 독자적인 철학자로서 특별히 뛰어나지는 않았을지라도, 그가 아리스토텔레스에 대한 지식의 대부분을 비롯해 수학과 음악 등을 전해 준 한 명의 전달자로서 중세의 발전을 위한 토대를 마련했다는 점은 높이 평가된다.[34] 만일 보에티우스가 단지 포르피리오스의 『이사고게』, 『범주론』, 『명제론』만을 번역하고 주석한 것이 아니라 자신의 본래 계획을 실행해 중세 초기에 아리스토텔레스의 전 작품을 전수해 주었더라면, 서구 철학사 전체는 전적으로 다르게 흘러갔을 것이다.[35] 무엇보다도 그는 위대한 철인들의 저작들을 학구적으로 번역함으로써 정확성을 기하는 학문적 방법의 시초를 마련했으며, 여러 주해서를 통해 중세에 성행한 주해의 모범을 제공했다.[36] 또한 그의 자유 학예에 대한 개론서들은 고대의 교육을 중재했으며, 그의 철학 작품들은 수세기 동안 교과서로 사용됨으로써 스콜라 철학이 발생할 수 있는 토대를 마련했다. 그의 신학 작품들은 그리스도론과 삼위일체론의 철학적 이해를 위한 고전적 정의를 싣고 있고, 철학적 용어와 범주를 신학에 활용함으로써 신학과 철학 양자의 발전에 모두 기여했다.[37] 스콜라 철학자들이 아리스토텔레스의 재발견이 본격적으로 이루어지기 이전인 12세기 초에 당시 활용할 수 있었던 그의 저술 연구에 몰두함으로써 12세기

33 형식적인 관점에서도 『철학의 위안』은 고전 시대의 문학적·철학적인 모든 정신적 자산을 하나로 합친 걸작이라 할 수 있다. 이 책에는 많은 수사법을 구사하면서 플라톤과 아리스토텔레스 식의 대화와 견유학파적 풍자의 형식들을 따르고 있는 39편의 산문이, 같은 수의 시(詩)로 쓰인 부분과 교차되어 나온다. 보에티우스는 플라톤과 아리스토텔레스뿐만 아니라, 특히 스토아 철학을 망라하는 통일된 철학적 사상 체계를 근본적으로 이해하고 있었다. H. R. 드롭너, 2001, 626쪽 참조.

34 Gui Guldentops et al., 2007a, p. 274 참조.

35 F. Cheneval · R. Imbach, 1993, p. XXII 참조.

36 아리스토텔레스 주해자로서의 보에티우스에 대해서는 Sten Ebbesen, 1990a 참조.

37 Matthias Lutz-Bachmann, 2004 참조.

가 '보에티우스의 시대'라고 불린 것은 결코 우연이 아니었다.[38] 보에티우스 이후 스콜라 철학이 시작되기까지, 심지어 12세기까지 라틴 세계에서 더 이상 수준급의 아리스토텔레스 중개자는 나타나지 않았다. 따라서 아리스토텔레스의 작품들은 그가 세상을 떠난 후에 겪어야 했던 것과 비슷한 운명에 직면해 그만 잊혀져 버리고 말았다.

보에티우스의 매우 유명한 인격에 대한 정의, 즉 "인격은 이성적 본성을 지닌 개별적 실체이다"(Persona est rationalis naturae individua substantia)[39]는 『그리스도의 위격과 두 본성론: 에우티케스와 네스토리우스를 거슬러』(*Contra Eutychen et Nestorium*)에서 발견된다. 이 책은 그가 본래 정치가인 동시에 철학자이면서도 그리스도교 신학에 대해 큰 관심을 가지고 있다는 것을 유감없이 보여 준 그의 5개의 신학 소품들[40] 가운데 하나이다. 5개의 소품들 가운데 가장 먼저 저술된 이 책은 그리스도의 두 본성과 한 위격의 관계를 규정한 칼케돈 공의회(451)의 결정과 밀접한 관계가 있다. 니케아 공의회(325)와 콘스탄티노플 공의회(381)를 거치면서 성부, 성자, 성령이 유일한 참된 신이며 동등한 고귀함을 지닌다는 삼위일체론(三位一體論)은 상당 부분 명확해졌지만, 5세기에 들어서면서 또 다른 중요한 신학적 문제인 그리스도의 본성과 위격의 관계에 대해 토

38 이 시기에 쏟아져 나온 보에티우스 작품에 대한 엄청난 양의 주해서에 대해서는 Andreas Speer, 2005a; Gui Guldentops et al., 2007a, pp. 274~77에 잘 요약되어 있다.

39 보에티우스는 자신의 정의를 통해 우선 동물과 구분되는 인간의 이성적 본성을 강조한다. 그렇지만 인격을 보편적인 본성과 동일시하지 않고 오히려 '개별적 실체'라는 개념을 부각함으로써 개체들의 고유한 지위를 인정한다. 이러한 정의는 인간을 단순히 영혼과 동일시하거나 개체들이 지닌 물질적 측면만을 강조하는 두 극단을 모두 극복해 포괄적으로 인간을 이해할 수 있는 계기를 마련했다. 이러한 입장은 아리스토텔레스의 인간 이해를 그리스도교적인 정신에 따라 개별성을 강조하는 쪽으로 새롭게 해석한 것이라고 할 수 있다. 보에티우스의 정의에 대한 상세한 해설과 그 정의가 지니는 의미에 대해서는 박승찬, 2007과 그곳에 제시된 참고문헌 참조.

40 이에 대한 개괄적인 설명은 Boethius, *Theological tractates*, 1973; Ralph M. McInerny, 1990, p. 98 참조.

론하면서 많은 이단이 발생했던 것이다.

네스토리우스(Nestorius)와 에우티케스(Eutyches)의 이단들 사이에서 올바른 입장을 정립해야 한다는 문제의식은 보에티우스로 하여금 이 책을 저술하도록 만들었다. 그런데 네스토리우스와 에우티케스의 두 극단으로부터 벗어나려는 해결의 시도는 테오도로스 폰 몹수에스티아(Theodoros von Mopsuestia)가 창안하고 교황 레오 1세(Leo I)가 칼케돈 공의회에서 일반적인 인정을 받도록 했던 '2본성-1위격'이라는 정식을 토대로 이루어졌다. 이 형식을 신뢰할 만한 내용으로 채우기 위해 보에티우스는 본성 개념을 위격(hypostasis나 persona) 개념과 분리해 이를 좀 더 추상적인 영역으로 옮겨 놓아야만 했다.

보에티우스는 자신이 서구 세계에 도입했던 아리스토텔레스의 철학 개념들(특히 본성과 실체 등)을 이용해 당대에 논란이 되었던 그리스도론의 논쟁을 더욱 명확히 규정하려고 시도했다. 이를 위해 그는 '본성'(natura)이란 라틴어가 때로는 물체에, 때로는 물체이든 아니든 간에 실체에 제한되기도 하고, 더 나아가 존재하고 있는 모든 것에 사용되기도 한다는 사실을 언급하는 것으로 논리 전개를 시작한다. 이러한 다양한 사용 방식은 혼란의 원인이 되므로 본성의 의미가 먼저 구분되어야 한다. 보에티우스는 네 가지 방식을 다음과 같이 구분한다.

(1) 첫째, "본성은 그것이 존재하기 때문에, 지성에 의해 어떤 방식으로든 파악될 수 있는 것에 속한다"(natura est earum rerum quae, cum sint, quomodo intellectu capi possunt).[41] 여기서 '어떤 방식으로든'(quomodo)이라고 말하는 것은 신이나 질료 같은 극단적인 실재들이 오직 불완전하게만 지성에 의해 파악될 수 있기 때문이다. 그렇지만 신은 그의 완전성 때문에, 질료는 그 불완전성 때문에 이해되지 못하며, 이것들은 다른

41 Boethius, 1973, p. 78 참조.

것들로부터 알려진 것을 부정하거나 제거하는 방식으로 파악된다. 물론 지성에 의해 파악되는 모든 것이 본성을 지닌 것은 아니다. 예를 들어 '무'(無, nihil)라는 것은 의미를 지니므로 이해되지만, 그 의미가 본성의 부재를 뜻하므로 '존재하기 때문에'(cum sint)라는 표현을 덧붙인다. 그러나 모든 본성은 존재한다(Omnis vero natura est).

(2) 둘째, "본성은 작용할 수 있는 것이거나 겪을 수 있는 것이다"(Natura est vel quod facere vel quod pati potest).[42] 이러한 의미에서 본성은 물체와 물체의 영혼뿐만 아니라 신이나 다른 신적인 것들(cetera divina)[43]에 대해서도 서술될 수 있다. 그러나 어떤 경우에든 이것은 오직 '실체'에만 적용될 수 있다.

(3) 세 번째 의미는 아리스토텔레스적인 것으로 "본성은 우유적이 아니라 본래적인 운동의 원리이다"(Natura est motus principium per se et non per accidens).[44] 랠프 M. 맥키너니(Ralph M. McInerny)에 따르면, 이것에 대한 짧은 토론은 아리스토텔레스의 『자연학』 제2권에 흔적이 나타나고 있다. 그곳에서 아리스토텔레스는 인공적 사물과 자연적 사물 사이의 차이를 보여 주기 위해 침대를 예로 사용한다(당신이 침대를 심어서 성장하는 일이 일어난다면 그것은 자연적인 사물인 나무이다. 그러나 인공적인 사물인 침대는 그렇지 않다).

(4) 네 번째이자 마지막 의미는, 예를 들어 사람들이 금은 은과 동일한 본성을 가지고 있지 않다고 말할 때처럼 "본성은 각각의 사물에 형상을 부여하는(형상화하는) 종적인 차이이다"(Natura est unam quamque rem

42 *Ibid.*

43 여기서는 천사들을 말한다. 맥키너니(Ralph M. McInerny, 1990, p. 98)에 따르면, 보에티우스는 『주간론』(*De hebdomadibus*)뿐만 아니라 『삼위일체론』(*De Trinitate*) 제2권 같은 후기 저작들에서 질료가 없는 단순 형상(sine materia forma)의 영역을 신에게만 국한한다.

44 Boethius, 1973, p. 80 참조.

informans specifica differentia).[45] 가톨릭 신자들과 네스토리우스파 사람들이 "그리스도 안에는 두 본성이 존재한다"라고 말할 때, 바로 이 마지막 의미에서 그렇게 사용하는 것이다. 보에티우스의 정의에 나오는 본성도 바로 이러한 의미와 관련된다.

토마스는 보에티우스가 제시한 본성의 네 양태 중에서 본질과 동일시될 수 있는 것은 바로 첫째 양태, 즉 "본성은 그것이 존재하기 때문에, 지성에 의해 어떤 방식으로든 파악될 수 있는 것에 속한다"라는 설명과 관련된다고 설명한다. 즉 토마스에 따르면, "어떤 방식으로든 지성으로 포착되는 것은 다 본성이라고 불린다. 왜냐하면 사물은 오직 그 정의와 본질을 통해서만 가지적(可知的)이기 때문이다."

**주 6) 존재자 명칭 구분에 따라 규정된 본질 명칭의 여러 가지 의미들**

본문에서 언급한 본질과 관련된 여러 명칭들은 다음과 같이 정리할 수 있다.

① **본질**: 실재적인 존재자들, 즉 개별 사물들이 서로 구분될 수 있게 하며 10범주 중 각각에 속하게 만드는 어떤 것.

아리스토텔레스는 일상 담화에 대한 철학적 반성에서 이 10범주를 발견했으며, 이러한 구분은 일상적인 언어에서 쉽게 인정될 수 있는 현상이다. 범주 속에 속할 수 있는 것은, 곧 유나 종이 범주 속에 속한다는 의미에서 취해진 존재자이다. 이는 한 원리나 한 부분이 범주 속에 속한다는 의미와는 반대되는 것이다. (예컨대, 제1질료는 실체의 원리로서 실체의 범주 속에 속하지만 실체의 종이나 유는 그렇지 않다.)

② **무엇임**: '그것이 무엇인가'라는 물음에 대답을 제공할 수 있는 어떤 것.

45 *Ibid.*

실재 존재자는 범주에 속할 수 있고, 그것은 사물의 무엇임을 나타내는 정의(definitio)에 속하는 것이다. 아리스토텔레스를 따라 토마스는 이를 'quod quid erat esse'(롤랑-고슬랭은 실제 아리스토텔레스가 이 용어를 형상을 가리키며 썼다고 봄), 혹은 'quod quid est esse', 혹은 'quod quid est', 혹은 단순히 'quid (rei)'라고 부른다. 이는 '명칭의 무엇'(quid nominis)과 관점상으로 구분되는 것이다. '그것은 무엇인가'라는 질문은 실재 존재자의 무엇임에 대한 질문이고, 그 질문이 실재 존재자가 실존한다는 사실에 대한 지식을 전제하는 것이다. 반면에 '그 명칭이 의미하는 바가 무엇인가'라는 질문은 '명칭의 무엇'에 대한 질문이고, 그것은 '그러한 사물이 존재하는가'(이것은 이른바 'an est'에 대한 질문이다)라는 질문에 답하기 위해 전제되는 것이다(Bobik, p. 47 참조).

③ **형상**: 실재 존재자의 전체적인 규정이나 정체성을 형성하는 어떤 것.

아비첸나는 이 형상이라는 명칭으로, 부분의 형상을 의미하는 것이 아니라 실재 존재자의 실체적 형상을 의미했다. 그것은 그 전체적 실체의 부분일 뿐이나, 전체 형상의 의미에서 정의상 무엇임이 표현된 것이다.

④ **본성**: a. 보에티우스적 의미의 본성: 실재 존재자가 지성에 의해 파악될 수 있게 하는 어떤 것. 그것들이 가지적이게 하는 어떤 것. 실재 존재자는 오로지 정의상 표현된 그것의 본질에 의해서만 가지적인 것이 된다.

b. 아리스토텔레스적 의미의 본성: 실재 존재자들이 그들의 고유한 작용이나 활동의 완성을 향해 있도록 하는 어떤 것. 실재 존재자가 행하는 그것은 그것이 무엇임에 의해 결정되는 것이다.

⑤ **본질**: 실재 존재자가 긍정적인 어떤 것으로서 존재하도록 하는 어떤 것.

본질은 모든 실재의 존재자들이 가지고 있는 것이고, 그리고 (명제적으로) 참인 존재자들은 가지고 있지 않은 것이다. 또한 '본질'이라는 명칭은 그것의 근본적인 특징(실재의 존재자가 거기에 있다는 것을 통하는 것으로서의)으로부터 취해진 것이다. 그러나 본질은 그것을 통해, 또한 그것 안에서 사물이 존재를 갖는다는 데 근거해 지칭된다(Bobik, p. 48 참조).

*** 여러 의미의 본질 명칭과 '지성에 의해 제일 먼저 포착되는 것'의 관련:** 이렇게 다양한 명칭을 "지성에 의해 제일 먼저 포착되는 것은 존재자와 본질이다"(이 책 서론의 후주 2 참조)라는 명제와 관련한 보빅의 장황한 설명은 다음과 같이 정리할 수 있다.

**1. 실재적·이성적 참의 존재자, 현실적·가능태적 존재자의 사용과의 관련:** 이 경우에 최초로 파악된 존재자의 내용을 '실제로 거기에 존재하는 무엇'이라고 표현할 수 있다.

— 최초의 지성적 인식 내용 — a. 분명한 명시적 내용: 감각 경험 속에 근거

b. 내재적 내용: 존재자

— 내재적으로 함축된 이 최초로 파악된 존재자는, 앞서 거기에 있는 어떤 것으로서 언급된 이것이 이제는 실재 현실적인 존재자로서 표현된다. 즉 거기에 현실적으로 존재하는 무엇이다. 달리 말해 거기에 있을 수 있는 무엇, 즉 가능태적 존재자로서 표현되지 않는다. 또한 이 역시도 오로지 거기에 현실적으로 있는 무엇과의 관련에 의해서만 파악할 수 있는 것이기 때문에 부재로서 거기에 있는 무엇, 즉 사고상의 존재자로서 표현되지도 않는다. 또한 참인 무엇의 의미에서 무엇임으로서 표현되지도 않는다. 왜냐하면 거기에 분명하게 있는 무엇에 관한 참된 진술을 하려면, 거기에 있는 무엇의 파악을 전제해야 하기 때문이다. 왜냐하면 개념은 분석적으로 판단에 앞서는 것이기 때문이다. 따라서 오로지 **현실적으로 거기에 존재하는 무엇**으로 표현된다.

**2. 실체와 우유와의 관련:**

이 경우에 최초로 파악된 존재자의 내용을 우리는 '최초로 서술하는 바의 그것'이라고 표현할 수 있다. 즉 현실적으로 거기에 있는 무엇은 최초로 실체에 대해 서술되는 것이다.

— **실체 명칭과 존재자 명칭**: 실체라는 명칭은 분명히 존재자 명칭과 동일한 것을 의미하지 않는다. 실체 명칭은 단지 존재자 명칭의 의미를 부가적으로 포함한다. 그러나 존재자 명칭의 의미는, 우리가 또한 실체라는 명칭을 서술하는 바의 그것에 대해 최초로 서술되는 것이다.

우리가 실체의 주체로서 사용된 존재자 명칭을 고려할 때, 우리는 쉽게 우리가 존재하는 것으로 어떤 것을 말할 때에 그것이 실체인 그러한 사물들이라고 말한다는 사실을 관찰할 수 있다. 예컨대, 우리가 모든 존재자는 신의 결과들이라 말할 때, 모든 존재자는 모든 실체와 관련된다.

*** 여러 의미의 본질 명칭과 존재자 명칭의 관련:**

① 이와 같은 본질의 규정에 일차적으로 해당하는 존재자: 긍정적인 어떤 것으로서 거기에 존재하는 것.

② 이차적으로 해당하는 존재자: 이성의 존재자들(본래적으로는 아닐지라도 최소한 다음과 같은 방식으로 실재 존재자들과 함께 하는 것이라고 말할 수 있다).

a. 유와 종 안에 배정될 수 있기 때문. 즉 유적 관계가 지성의 일차적 작용의 논리적 관념의 유 안에 배정된다. 아리스토텔레스가 말하는 10범주의 유 안에 배정될 수 있는 것은 물론 아니다.

b. 어떤 종류의 정의 가능성 때문.

c. 어떤 종류의 전체적 정체성 때문.

d. 어떤 종류의 지성에 의한 파악 가능성 때문.

e. 그것들이 있다는 사실에 따라 그것들이 작용한다는 사실 때문(예컨대, 켄타우로스는 그것이 존재한다고 사유됨에 따라 작용한다고 사유된다).

③ 이성의 존재자와 실재하지 않는 참된 명제 존재자가 결여하고 있는 그것은 긍정적인 어떤 것으로서 거기에 있는 것이다. 즉 그것들이 결여하고 있는 것은 거기에 존재하도록 하는 어떤 것이다.

*** 결론적인 본질의 규정:**

그러므로 본질은 실재 존재하는 모두가 가지는 바이고, 참된 명제 존재자 모두가 가지지는 못하는 것이다. 그리고 본질이라는 명칭은 그것을 통해, 또한 그것 안에서 실재 존재자가 거기에 있게 만드는 것 같은 그것의 근본적인 특징으로부터 취해진다. 따라서 그것을 통해 또 그것 안에서 실재 존재자가 존재를 갖게 되는 그 사태로 인해 본질이라 불리는 것이다.

**주 7) 제1이며 단순한 실체인 신(神)**

여기서는 고대에 이미 여러 차례 주장되었고 그리스도교 철학에서 특별한 방식으로 표현된 견해가 제시된다.

단순한 것은 합성된 것보다 더 계급이 높은 것으로 간주되고, 더 높은 존재의 종류와 계층에 속하는 것이다. 이 진술은 그것이 받아들여지는 전체적인 세계관에 따라 완전히 다른 두 가지 방향으로 변형될 수 있다는 사실에 주목해야 한다.

(1) 단순한 것은 한편에서는 '순수 영적'인 것이고, (2) 다른 한편에서는 '분리 불가능한'(ἄτομον) 물질적 부분이다.

단순 실체가 복합 실체의 원인이라고 하는 생각 속에는, 내면적으로는 연관된 출발점을 감추고 있을지라도 두 가지 서로 상이한 가치를 지닌 입장이 포함되어 있다. 이 원인성은 다음과 같이 이해할 수 있다.

1) 합성된 것은 마침내 단순한 것에 의해 구성되어 있고, 따라서 이것은 합성된 것의 '질료인'(causa materialis)이거나,

2) 높은 존재 계층에 속하는 단순한 것이 모든 존재의 계층 질서에

따라 모든 아래 계층의 것, 특히 합성된 것의 '능동인'이다.

제1원인으로서의 신에 대한 언급은 2)의 의미를 뜻한다. 더 단순한 실체가 더 뛰어난 방식으로 본질을 가지고 있다는 진술은 쉽게 설명할 수 없다. 우월성이 정말로 소유의 방식에 관련한 것인지 아니면 본질 자체에 관련한 것인지, 즉 존재와 관계없이 본질 안에 이미 계층 차이가 있는 것인지라는 질문이 제기된다. 나중의 텍스트를 고려하면 두 번째 의견이 옳은 것으로 드러나는 것처럼 보인다.[46]

그리스도교 철학에서 신과 천사 세계에 대한 신앙 조문과 관련해 매우 중요했던 물질적 존재와 비물질적 존재의 구별은 고대 철학과 아리스토텔레스에게서도 낯선 것이 아니었다. 플라톤 또한 그의 이데아론에서 비물질적 존재를 가르쳤다. 잘 알려진 바와 같이, 아리스토텔레스는 이러한 설들에 대해 비판적 입장을 취했다. 그러나 그것의 부정이 그의 날카로운 지성을 전체 문제를 무시하도록 이끌지는 않았다. 아리스토텔레스에게서도 비물질적 실체는 단순하고 영원하다. 그의 의견은 완전히 변형되었더라도 신플라톤주의의 형이상학에 도입된다. 이들은 '지성들'과 지성적 본성의 최고 존재자를 알고 있었으며, 동시에 정신세계 안에서 질료(당연히 '지상적인 물체'의 의미에서가 아닌)와 형상을 알고 있었다.[47] 어떤 점에서 토마스와 플라톤주의자들과의 논쟁은 아리스토텔레스와 이데아론 사이의 논쟁과 비슷하다.

토마스는 실체에 대한 아리스토텔레스의 견해를 정확하게 연구하면서 이 주제를 다루는 것이 형이상학의 핵심이라고 가르쳤다.[48] 그는 실체를 감각적으로 지각 가능한 실체와 비물질적 실체로 구분했다. 감각적으로 지각 가능한 실체(substantia sensibilis) 안에서 토마스는 구체적인 사물

---

46 토마스의 존재와 원인성에 대한 일반적인 개관은 서병창, 1996a 참조.

47 지성 존재가 정신적 질료와 형상으로 결합되었다는 주장에 대해서는 이 책의 제4장 후주 1 참조.

48 Thomas Aquinas, In Met VII, 2, n. 1270 참조.

과 그 본질(quod quid est) 사이의 구분을 강조했다. 구체적인 사물은 종적인 본질 형상을 가지고 있지만, 이 형상 자체는 아니다.[49] 그러나 토마스는 아비첸나가 실체를 '그 자체로서의 존재자'(ens per se)라고 정의하는 것을 거부했다. 이 정의는 존재자를 '그-자체로서의-존재자'와 '다른-것-안에-있는-존재자'(ens in alio)로 구분할 수 있는 유(類)로 간주하고 있다. 그러나 토마스에 따르면, 존재자(ens)는 유(類)가 아니고 실체는 존재자란 단어의 충만한 의미가 적용되는 대상이기 때문에 아비첸나의 입장은 틀린 것이다.[50] 이것을 넘어서 만일 신이 '그 자체로서의 존재자'라고 정의될 수 있다고 가정한다면, 신도 또한 실체일 것이다. 반면에 실체는 '존재 그 자체'(esse per se)가 속하게 되는 본질 형상을 뜻하지만 존재 그 자체는 아니다. 이와는 반대로 신은 자신의 존재(esse)이다.[51] 더 나아가 신은 실체들의 경우에 그러한 것처럼 규정들의 담지자는 아니다.[52] 그러나 우리가 그 용어를 덜 전문적인 의미에서 고찰하고 '그-자체로서의-존재'라는 측면을 강조하게 되면, 이 용어를 신에게도 적용할 수 있다.[53]

**주 8) '본질과 존재자의 명칭이 어떻게 다양한 사물들 안에서 발견되는가'라는 문제에 접근하는 순서**

단순 실체의 본질은 우리에게 더 감추어져 있기 때문에 보다 쉬운 것으로부터 배움이 더 적절하게 이루어지도록 복합 실체의 본질로부터 시작해야 한다.

---

49 Thomas Aquinas, In Met V, 11, n. 1535 참조.

50 Thomas Aquinas, I Sent 8, 4, 2; II Sent 35, 1, 2, ad 1: "(Substantia) perfecte rationem entis habet"(실체는 완전하게 존재자의 의미를 가지고 있다).

51 Thomas Aquinas, STh I, 3, 5, ad 1 참조.

52 Thomas Aquinas, I Sent 8, 4, 2 참조.

53 Thomas Aquinas, QDP 1, 1 참조.

토마스는 '본질과 존재자의 명칭이 어떻게 다양한 사물들 안에서 발견되는가'에 대해 본격적인 논의를 시작하기 이전에 그 순서에 대해 성찰하고 있다. 그는 존재에 앞서 본질을 성찰해야 한다(이에 대한 논의는 이 책 서론의 후주 4 참조)는 주장을 정당화하기 위해 아리스토텔레스의 가르침, 즉 이해하기 쉬운 것으로부터 시작해 더 어려운 것으로 나아가야 한다는 것을 제시한 바 있다. 그렇지만 토마스의 생각에 따르면, 이것은 무조건적으로 적용되는 법칙이 아니다. 그것 이외에도 탐구의 순서를 결정하기 위해 고려해야 할 여러 가지 다른 차원이 있다. 이를 요약해 보면 다음과 같다.

**1) 우유 이전에 실체를 탐구**

토마스는 우유적인 것들의 본질이 우리에게 알기 쉽거나 정의하기 쉽다고 해서 실체의 본질에 앞서 고찰해야 한다고 제안하지 않는다. 오히려 우유적인 것들이 그들의 존재를 실체에 의존한다는 필연성 때문에 실체는 우유적인 것들 이전에 탐구해야 한다.

**2) 단순 실체 이전에 복합 실체를 탐구**

감각적으로 지각 가능한 것인 복합 실체를 지적으로 인식하는 것이 감각적 관찰이 제거된 단순 실체를 인식하는 것보다 우리에게 더 쉽기 때문에 복합 실체를 먼저 탐구해야 한다.

**3) 지성과 신 이전에 인간의 영혼을 탐구**

각각의 인간은 자신의 영혼을 내부에 가지고 있고 사고와 영혼의 의지적 활동을 직접 경험한다. 그렇지만 신에 대해서는 이러한 경험을 할 수 없다. 역시 우리에게 더 쉽기 때문에 (따라서) 인간의 영혼을 먼저 탐구해야 한다.

**◆가능한 반론**

보빅은 이러한 일반적인 순서에 대해 반론이 제기될 수 있다는 점을 지적한다.

1) **반론:** 토마스가 본질이 실체에 본래적이고 우유들에는 단지 어떤 방식으로만 있다고 한 이유는 존재자라는 단어가 실체와 우유에 유비적으로 말해지기 때문이다. 만일 이러한 이유라면, 명칭에서 나타나는 선차성과 후차성은 그 자체로는 그렇게 명칭이 부과된 실재(res significata)에서의 선차성과 후차성을 보증해 주지는 못한다는 반론이 제기될 수 있다. 예를 들어 우리는 신을 알고 이름을 붙이기 이전에 피조물을 먼저 알고 이름을 붙일 수 있다.

2) **해결책:** 토마스가 여기에서 실체가 존재자라고 절대적이면서도 일차적으로 말하는 것은 본질이 그들 안에 본래적이고 참되게 있다고 말하는 것과 같다. 왜냐하면 어떤 것의 본질은 정말로 그것의 존재자의 근원이고 척도이기 때문이다.

(a) 존재자는 실체에 대해 절대적이고 우선적으로 말해지기 때문에(because), 본질은 그들 안에 고유하고 참되게 있다.

(b) 본질은 실체 안에 고유하고 참되게 있기 때문에(because), 존재자는 그들에 대해 절대적이고 일차적으로 말해진다.

위 (a)와 (b)에 나오는 'because'는 이유(reason)을 나타내는 것으로 기능하지 않고 동등함(equivalence)을 지시하는 것으로 기능한다. 혹은 토마스는 여기서 존재자라는 단어가 실체에 대해 절대적으로, 그리고 우선적으로 말해진다고 이해한 것으로 해석할 수 있다. 왜냐하면 "사과는 빨간데, 왜냐하면 그것이 빨갛게 있기 때문에"라고 말하는 것과 유사한 방식으로, 실체는 절대적이고 우선적으로 존재자라고 말할 수 있기 때문이다. 즉 "어떤 것이 그러한데, 왜냐하면 그것이 그러하게 있기 때문에"라고 말하는 것은 받아들여질 수 있다. 그렇다면 존재자는 실체에 대해 절대적이고 우선적으로 있기 때문에[1](이는 실체들이 절대적이고 우선적으로 존재자들이기 때문에[2] 말해진다), 본질이 그들 안에 본래적이고 참되게 있다고 말할 수 있을 것이다. 그리고 첫 번째 '때문에'[1]는 동등함을 지시하는 것으로 기능하며, 두 번째 '때문에'[2]는 말해진 것이 무엇임에 의해 입증되었다는 것을 지시하는 것으로 기능한다. 두 번째 '때문에'[2]는 '이다/있다'(is)를 의미하는 것이 아니라 '말하다'(say)라는 것을 허용하는 근거가 된다.

3) ① **복합 실체의 존재자보다 단순 실체의 존재자가 더 고귀하다고 주장하는 이유**는 명칭에 대한 것이 아니다. 단순 실체인 존재자들은 그 본질이 더 고귀하기 때문에 고귀한 것이고, 그것들의 본질이 더 고귀한 것은 그것들이 복합 실체의 원인이기 때문이다.
② **실체인 존재자가 우유적인 존재자보다 더욱 고귀하다고 주장하는 이유**도 그것들의 본질이 더욱 고귀하기 때문이다. 왜냐하면 실체의 본질이 우유적인 것의 원인이기 때문이다.

'실체'라는 명칭은 ('존재자'라는 명칭도 그렇고) 단순 실체에 대해 언급되기 이전에 복합 실체에 대해 언급된다. 왜냐하면 복합 실체는 그것의 실재함을 우리가 먼저 인식하기 때문이다. 그렇다고 하더라도 단순 실체가 그 자체로는 복합 실체보다 선차적인 것이다. '본질'이라는 명칭은 먼저 실체의 본질을 한정하는 데 쓰이고, 그런 다음에 우유의 그것을 한정하는 데 쓰인다. 그리고 물질적 실체의 본질을, 그러한 다음에는 비물질적 실체의 그것을 한정한다(Bobik, p. 54 참조).

제2장

&

# 복합 실체에서 발견되는 본질

[II, 1] = [II, 3b]

370,1 In substantiis igitur compositis forma et materia nota est, ut in homine anima et corpus. Non autem potest dici quod alterum eorum tantum essentia esse dicatur. Quod enim materia sola rei non sit essentia, planum est,• quia res per essentiam suam et cognoscibilis est, et in specie ordinatur vel genere; sed materia neque cognitionis principium est, neque secundum eam aliquid ad genus vel speciem determinatur, sed secundum id quod aliquid actu est.

• 마리에티 판에서는 'Quod enim materia sola non sit essentia planum est'.

## (1) 복합 실체의 본질은 질료도 아니고 형상도 아니다

그런데 복합 실체에서는 인간 안에서 영혼과 육체가 알려지는 것처럼 형상과 질료후주 1)가 알려진다.[1] 그러나 그것들 중 어느 하나만이 본질이라고 언급된다고 말할 수는 없다.[2] 즉 한 사물의 질료만이 본질이 아니라는 것은 명확하다. 왜냐하면 한 사물은 그 본질을 통해 인식될 수 있으며, 그래서 종이나 유(類)에 속하게 되기 때문이다. 그러나 [우선] 질료는 인식의 원리(cognitionis principium)가 아니다. 또한 어떤 것은 그것(질료)에 따라서가 아니라 현실적으로 존재하는 어떤 것[3]에 따라 유나 종으 370,1

1 Thomas Aquinas, In Met VIII, 1, n. 1688; In DCM I, 6, n. 6; Klaus Bernath, 1969 참조.

2 롤랑-고슬랭에 따르면, 이 사유는 온전히 아리스토텔레스적이다. 그럼에도 아비첸나와 아베로에스의 인용들과 아비첸나의 병행 구절을 담고 있는 유사한 어떤 표현들이 우리로 하여금 토마스가 아리스토텔레스와 동시에 아랍 철학자들의 작품을 읽었음을 알게 해 준다. 다만 알 수 있는 사실은, 토마스가 아리스토텔레스의 자연학과 형이상학에 대한 문제들을 인식하고 있었다는 것이다. 이 문제들은 토마스가 『존재자와 본질』을 작성하기 몇 해 전부터 몇몇 문제는 신학자들 사이에서 뿐만 아니라 철학자들 사이에서도 거론되었음을 알려 준다. 아래에서 언급될 영적인 것과 정신 안에 '가지적인' 질료가 존재한다는 '플라톤적인' 이론을 주장했던 그리스도교 철학자들 중에는, 롤랑-고슬랭이 언급했듯이 '경이로운 박사'(doctor mirabilis) 로저 베이컨(Roger Bacon)이 속한다. 베이컨은 1247~50년 사이에 파리의 인문학부에서 가르쳤다. 그는 토마스가 그곳으로 왔을 때, 이 도시를 떠났던 것으로 추정된다. 두 사람 사이에 직접적인 만남이 이루어졌을 가능성은 거의 없다. 따라서 토마스가 베이컨의 이론을 알았을 것이라고 추정되는 근거도 전혀 없다. 토마스와 마찬가지로 베이컨은 본질이 합성된 것을 의미한다고 생각했다. 하지만 베이컨은 이 결론을 직접적으로 영적 실체들에까지 연장했다. 또한 그는 질료는 홀로가 아니라 작용인의 능동적 가능성과 결합된 질료로서, 사실 불완전하게나마 본질의 존재를 형성하기에 충분한 것이기를 원했다(M.-D. Roland-Gosselin, pp. 6~7 참조). 베이컨에 대해서는 Jeremiah Hackett (ed.), 1997/2004, pp. 161~212; 2005, pp. 219~47; Timothy B. Noone, 1997, pp. 251~65 참조.

3 Augustinus, *Confessiones* XII, 6, 6: "주님, 저 질료에 대해 당신께서 제게 가르치셨던 바를 …… 당신께 모조리 고백해 보겠습니다. 먼저 그 명사를 들었을 적에는 저도 못 알

Neque etiam forma tantum essentia substantiae compositae dici potest, quamvis hoc quidam• asserere conentur. Ex his enim quae dicta sunt patet quod essentia est illud quod per definitionem rei significatur; definitio autem substantiarum naturalium non tantum formam continet sed etiam materiam, aliter enim definitiones naturales et mathematicae non differrent.

• 반대되는 의견들에 대해 이름을 언급함이 없어 '어떤 이들'(quidam) 내지 '몇 사람'이라고 지칭하는 것은 중세 학문의 고유한 방식에 속한다. 이 '어떤 이들'이 누구를 가리키고 있는가를 확정하는 것은 종종 어렵거나 거의 불가능하다. 여기서도 확정하기는 어렵지만 연구자들에 따르면, 아베로에스와 그의 추종자들이 이 의견을 주장했다고 한다. 토마스 자신이 "Haec opinio videtur Averrois et quorundam sequentium ipsum"(이 의견은 아베로에스와 그를 따르는 이들의 것으로 보인다)"(In Met VII, 9, n. 1467 참조)라고 말했기 때문이다. 아베로에스는 *Metaph.* VII, comm. 21에서 다음과 같이 말한다: "Quiditas hominis …… est forma hominis, et non est homo qui est congregatus ex materia et forma"(인간의 무엇임은 …… 인간의 형상이고, 질료와 형상이 결합된 인간이 아니다)(fol. 81 ra 31-3 참조). 또한 *Metaph.* VII, comm. 34도 참조: "따라서 만약 이 실체라는 명칭이 단적인 의미에서 질료와 형상으로 합성된 실체의 질료에 대해 언급되는 것이라면, 그리고 그것의 형상에 대해, 또한 복합체에 대해 언급되는 것이라면, 이때 실체의 형상이 사물의 실체라 언급될 것이다. 왜냐하면 형상은 이것의 본질을 설명하는 것이기 때문이다. 반면에 질료는 질료와 형상으로 합성된 실체에 대한 고찰에 따라 실체의 부분이라 일컬어진다. 그러나 사물의 본질을 설명하는 실체에 대한 고찰에 따라서는 실체의 부분이라 일컬어지지 않고 다만 자기 정의상 형상을 알려 주는 것이라 일컬어진다"(fol. 86 b 52). 롤랑-고슬랭도 '어떤 이들'이란 아베로에스와 그의 제자들을 가리키며, 이 견해에 아비첸나가 가담하게 된다고 주장한다. 토마스 자신은 이 주제에 대해 아비첸나의 의견을 따른다. Armand Maurer, 1951, pp. 165~76 참조.

로 규정된다.[4] 마찬가지로 형상만이 복합 실체의 본질이라고 할 수도 없다. 비록 어떤 이들이 이러한 것을 주장하려 힘쓸지라도, [그것은 사실이 아니다]. 이미 말한 것에서 명백한 바와 같이,[5] 본질은 사물의 정의를 통해 의미되는 바로 그것이기 때문이다. 그런데 자연적 실체들[6]의 정의는 형상뿐만 아니라 질료도 포함한다. 그렇지 않다면 자연적 정의와 수학적 정의[후주 2)]는 구별되지 않을 것이다.[7] 또한 그렇다고 질료가 자연적 실체

---

아들였고 …… 그래서 무수하고 다양한 형상(形象)을 떠올리면서 그 질료라는 것을 생각해 보았으니, 사실 질료를 생각한 것이 아니었습니다. 영혼은 흉하고 소름끼치는 형상(形相)들을 두서없이 떠올리고 있었으니, 생각으로는 어디까지나 형상들을 떠올리면서 입으로는 무형(無形)이라고 불렀던 것입니다. …… 말하자면 제가 생각한 것은 일체의 형상의 결핍이 아니고 보다 아름다운 형상들을 갖춘 것들에 비해 무형하다는 말이었습니다."

4 질료는 이 맥락에서 실체적 형상과 결합해 감각 가능한 실체를 구성하는 제1질료이다. 질료는 자체적으로 어떤 것에 대한 가능성으로서, 그리고 아직-아닌 것 그 자체로서 주어진다. 따라서 질료는 그 자체로는 현실적인 어떤 것이 아니고 알려지지도 않는다. 그것은 형상을 받아들이는 순수 가능태일 뿐이다. 따라서 제1질료는 '인식의 원리'가 될 수 없다. 그런데 본질은 복합 실체의 인식 원리이기 때문에 제1질료는 본질이 될 수 없다. 또한 본질은 실재 존재자에서 어떤 것이 다른 것들과 구분될 수 있게 해주고 10범주에서 어느 것에 위치할 수 있게 해 준다. 그러나 순수 가능태인 제1질료는 모든 자연적 실체들이 공통으로 가지고 있다. 그렇기 때문에 많은 것에 공통으로 있는 제1질료가 유나 종처럼 자연적 실체를 구분하는 원리가 될 수는 없다. 이와는 달리 형상은 질료의 현실태이며 질료를 현실적인 어떤 것으로 만들고, 그것의 유와 종을 결정한다. Thomas Aquinas, In Met VII, 2, n. 1285; VIII, 1, n. 1687 참조.

"제1질료 자체는 순수 가능태라는 이론의 논리적 귀결로서, 토마스는 아우구스티누스의 '종자적 형상'(rationes seminales)에 대한 이론을 거부했다(II Sent 18, 1, 2). 능동인은 주어진 유형적인 실체가 질료의 가능태에서 끌어내어지는 새로운 형상에 대한 요구를 나타내도록 그 실체의 상태를 한정하거나 변화시킨다. 변화는 하나의 '결여'를 전제하거나 또는 실체가 아직은 획득하고 있지 않으나 능동인에 의해 그 실체 가운데 생겨난 변용에 힘입어 획득할 '필요'가 있는 새로운 형상에 대한 요구를 전제하고 있다"(F. C. 코플스톤, 1988, 420~21쪽 참조).

5 Thomas Aquinas, DEE I, 28-29 참조.

6 '자연적 실체'(substantia naturalis)는 '가시적 자연에 속하는 실체'이다.

7 본질은 실재하는 것이 무엇인지를 표현하는 정의를 통해 의미되는 것이다. 그런데 자연적 실체의 정의에는 유일하게 형상만 포함되지 않고, 또한 유일하게 질료만 포함되

Nec potest dici quod materia in definitione substantiae naturalis ponatur sicut ad ditum essentiae eius vel ens extra essentiam eius, quia hic modus definitionis proprius est accidentibus, quae perfectam essentiam non habent; unde oportet quod in definitione sua subiectum recipiant, quod est extra genus eorum. Patet ergo quod essentia comprehendit materiam et formam.

의 정의 안에 마치 그것의 본질에 부가된 것으로, 또는 그 실체의 저 본성이나 본질 밖에 있는 존재자로서 주어진다고 말할 수는 없다. 왜냐하면 이러한 정의 방식은 완전한 본질을 갖지 못하는 우유(偶有)들에 고유한 것이기 때문이다. 그래서 우유들은 자기의 정의에 그것이 속한 유(類, 범주) 밖에 있는 주체를 받아들여야만 한다.[8] 그러므로 본질은 질료와 형상을 내포한다는 사실이 명백하다.

---

지도 않는다. 따라서 형상 하나만으로는 본질이 될 수 없다. 토마스는 그렇지 않으면 자연적 정의와 수학적 정의가 다르지 않을 것이라고 설명한다. 수학적 정의는 '양'의 범주에 속하는 형상이지만, 반대로 자연적 실체의 형상은 '실체'의 범주에 속하는 형상이다. 그가 말하고자 했던 바는 수학적 존재자에 대한 형상이 질료에 대한 이해 없이도 정의되는 것이 가능한데 반해, 자연적 존재자에 대한 형상은 그것이 반드시 존재해야만 하는 질료에 대한 이해 없이 이해될 수 없다는 점이다(Bobik, pp. 68~69 참조).

8 Thomas Aquinas, DEE VI, 1-43 참조.

[II, 2] = [II, 4]

Non autem potest dici quod essentia significet relationem quae est inter materiam et formam vel aliquid superadditum ipsis, quia hoc de necessitate esset accidens et extraneum a re, nec per eam res cognosceretur: quae omnia essentiae conveniunt. Per formam enim, quae est actus materiae, materia efficitur ens actu et hoc aliquid; unde illud quod superadvenit non dat esse actu simpliciter materiae, sed esse actu tale, sicut etiam accidentia faciunt, ut albedo facit actu album.

## (2) 복합 실체의 본질은 질료와 형상 사이의 관계도 아니고, 그렇다고 복합체에 부가된 어떤 것도 아니다

또한 본질은 질료와 형상 사이에 있는 관계를 의미하거나 그것들[질료와 형상]에 부가되는 어떤 것을 의미한다고 말할 수도 없다. 이러한 것은 필연적으로 우유(偶有)이거나 사물 밖의 것이며, 또한 그러한 것을 통해서는 사물이 결코 인식되지 못할 것이기 때문이다. 이 모두가 본질에 적합한 것이다.[9] 즉 질료의 현실태인 형상을 통해 질료는 현실적으로 존재자가 되며, '이 어떤 것'[특정한 어떤 것][10]이 된다. 그래서 [이미 현실화된 실체에] 부가되는 것은 질료에 '단적으로 현실적인 존재'를 부여하는 것이 아니라 우유들이 그러한 것처럼 — 예를 들어 '흼'(白色性)이 현실적으로 흰 것을 만드는 것처럼 — '현실적으로 이러저러한 존재'를 370,26

9 이 구절들의 의미가 불분명하기 때문에 많은 편집자나 번역자가 어려움을 겪었다. 심지어 바우어는 그 어려움을 고려해 자신의 저서 제2판(1933)에서 "quae omnia essentiae non conveniunt"라고 'non'을 첨가해 그 뜻을 분명히 하려 했지만, 'non'이 첨가될 수 있는 문헌학적 근거는 수사본상에서 전혀 확인할 수 없다. 알레르스(1936/1991)는 이러한 수정을 수용해 다음과 같이 번역하고 있다: "그러나 본질이 형상과 질료 사이에 있는 관계나, 혹은 그것들에 부가된 어떤 것에 있다고 말할 수는 없다. 왜냐하면 이것은 필연적으로 부가된 특성이거나 혹은 사물 밖에 있는 어떤 것이므로, 본질에 관련되지 않은 모든 것에 의해서는 결코 사물이 인식되지 않을 것이다." 이러한 수정 시도와는 달리, 본문을 그대로 살려 해석하게 되는 경우에 '이 모두'(quae omnia)가 무엇을 가리키는지는 분명하지 않다. '이 모두'를 기존 번역처럼 '질료와 형상'을 의미하는 것으로 전체적인 맥락과 연결할 수 있는 가능성은 남아 있지만, 현재 편집된 텍스트와는 달리 별도의 문장으로 처리해야 할 것이다. 현재 텍스트를 살려 해석하면, '이 모든 것'은 "우유적이지 않고 그 사물에 직접적으로 속하며, 사물이 그것을 통해 알려지는 것"이라는 앞서 언급된 성격들을 뜻하는 것으로 보인다.

10 "'이 어떤 것'(hoc aliquid)은 종종 제1실체를 가리키는 표현으로 사용된다. 그런데 베레츠에 따르면, 여기서 '이 어떤 것'은 우리가 일반적으로 이해하는 것과 같은 개체가 아니고 기술적인 관점에서 질료가 지닌 가능성의 현실태를 의미한다"(베레츠, 21쪽 참조).

Unde et quando talis forma acquiritur, non dicitur generari simpliciter, sed secundum quid.

[부여할] 뿐이다. 그러므로 이러한 형상이 획득되는 경우에는, 그것이 '단적으로 생성된다'가 아니라 '어떤 [특정한] 관점에서 생성된다'라고 말한다.

## [II, 3] = [II, 5]

370,38 Relinquitur ergo quod nomen essentiae in substantiis compositis significat id quod ex materia et forma compositum est. Et huic consonat verbum Boethii in commento Praedicamentorum, ubi dicit quod usia significat compositum•; usia enim apud Graecos idem est quod essentia apud nos, ut ipsemet dicit in libro De duabus naturis.•• Avicenna etiam dicit quod quiditas substantiarum compositarum est ipsa compositio formae et materiae.••• Commentator etiam dicit super VII Metaphysicae••••
371 《Natura quam habent species in rebus generabilibus est aliquod medium,

---

• 이 구절을 토마스 자신이 보에티우스의 『범주론 주해』에 연결한다. 이 구절을 보에티우스에게 귀속시킨 예들은 대(大)알베르투스(Albertus, I Sent d. 23, a. 4(Borgnet 25, 591a))와 보나벤투라(Bonaventura, I Sent d. 23, a. 4, dub. 1) 등에서도 발견된다. 그렇지만 보에티우스의 저작들에서 정확하게 이 구절은 발견되지 않는다. 토마스는 아마도 다음과 같은 구절에서 인용했을 가능성이 있다. Boetius, *Commentaria In Categorias Aristotelis* c. I De substantia, (PL 64, 184 A): "Cum autem tres substantiae sint, materia, species, et quae ex utrisque conficitur undique composita et compacta substantia, hic neque de sola specie, neque de sola materia, sed de utrisque mixtis compositisque proposuit." 토마스는 직접 이 텍스트에서가 아니라 종종 보에티우스의 작품에서 발견되지 않는 구절을 담고 있던, 중세 때 통용되던 축약본에서 인용했을 수도 있다. 레오니나 판과 마리에티 판 참조.

•• Boethius, *De persona et duabus naturis in Christo*, c. III. 키케로 이후부터, 특히 아리스토텔레스가 사용한 그리스적 표현인 우시아에 대한 번역과 해석의 역사에 대해서는 M.-D. Roland-Gosselin, p. 8, n. 1/n. 2 참조.

••• Avicenna, *Metaph*. V, 5, fol. 90 ra: "이 지향 관념(intentio, 말하자면 형상의 관념을 지시)이 복합체는 아니다. 왜냐하면 무엇임은 형상과 질료로부터 합성된 것(quiditas …… composita est ex forma et materia)이기 때문이다. 이것은 실상 복합체의 무엇임이다. 무엇임은 이 합성이다(haec enim est quiditas compositi, et quiditas est haec compositio)", "사물의 정의는 그로부터 그것의 본질이 구성되는 모든 것을 의미한다. 그러므로 어떤 식으로든지 질료를 포함하는 일이 벌어진다."

•••• Averroes, *In Metaph*. VII, comm. 27, fol. 83 va 41 참조.

### (3) 복합 실체의 본질은 복합체 자체를 의미한다

그러므로 복합 실체에서 본질이라는 명칭은 질료와 형상에서 합성된 370,38
것을 의미한다는 사실이 남게 된다.[11] 이러한 입장은 보에티우스가 『범주론 주해』에서 "우시아(οὐσία)는 합성된 것을 의미한다"라고 말한 것과 일치한다. 사실 그리스인들에게서 우시아는, 그 자신[보에티우스]이 『(그리스도 안에 있는 위격과) 두 본성』이라는 저서에서 인정한 바와 같이, 우리에게서 본질(essentia)과 같은 것이다.[12] 그런데 아비첸나도 복합 실체의 '무엇임'은 질료와 형상의 합성 자체라고 한다. 또한 주해자[아베로에스]도 『형이상학』 제7권을 주해하면서 "생성 가능한 사물들에서 종들이 갖는 본성은 중간적인 어떤 것, 즉 질료와 형상의 복합체이다"라고

11 Thomas Aquinas, In Phys II, 4, n. 2; In Met VII, 2 참조.

12 "대(大)알베르투스는 보에티우스의 권위를 인용하면서 "보에티우스는 『범주론 주해』에서 'ousia'는 제1질료와 제1형상의 복합체라고 말하므로, 'ousiosis'는 제1형상이며, 'hypostasis'는 제1질료이다"라고 말했다(I Sent 23, 4 참조). 토마스는 QDP IX, 1에서 보에티우스가 『(그리스도 안에 있는 위격과) 두 본성』에서 동일한 그리스 용어에 대해 전혀 다른 의미를 부여한다는 사실을 주목했다"(M.-D. Roland-Gosselin, p. 8, n. 1 참조).

id est compositum ex materia et forma》. Huic etiam ratio concordat, quia esse substantiae compositae non est tantum formae nec tantum materiae, sed ipsius compositi; essentia autem est secundum quam res esse dicitur: unde oportet ut essentia qua res denominatur ens non tantum sit forma neque tantum materia, sed utrumque, quamvis huiusmodi esse suo modo sola forma sit causa. Sic enim in aliis videmus quae ex pluribus principiis constituuntur, quod res non denominatur ex altero illorum principiorum tantum, sed ab eo quod utrumque complectitur: ut patet in saporibus, quia ex actione calidi digerentis humidum causatur dulcedo, et quamvis

말한다. 이러한 설명은 합리적인데, 복합 실체의 존재는 형상에만 또는 질료에만 속하는 것이 아니라 복합체 자체에 속하는 것이기 때문이다. 그런데 본질은 그것에 의해 사물이 존재한다고 말하게 되는 바로 그것이다.[13] 그러므로 사물이 그것으로 인해 존재자로 명명(命名)되는 본질은 형상만도 아니고 질료만도 아니며, 이 둘 모두여야 한다. 비록 오직 형상만이 자신의 방식으로 이러한 존재의 원인일지라도 [그 본질은 둘 모두여야 한다].[14] 사실 우리가 여러 원리로 구성된 다른 것들에서 보는 바와 같이, 사물은 그 [두] 원리 중의 어떤 하나로부터 명명되는 것이 아니라 그 두 [원리를] 모두 포괄하는 것에 의해 명명된다. 예를 들어 이것은 맛들에서 명백하다. 단맛은 습한 것을 소화하는 열의 작용으로부터 생겨난다.[15] 이러한 방식으로 열이 단맛의 원인(causa dulcedinis)[16]일지라도, 한

13 Thomas Aquinas, DEE I, 50-51 참조. "하나의 사물은 본질 안에서 그리고 본질에 의해 그 존재를 부여받기 때문에, 그 본질에 의거해 언급된다고 한다. 본질은 존재와 실존 행위를 규정하고 제한한다"(Joseph Owens, 1963a, pp. 147~48 참조).

14 형상 혼자서도 복합 실체라는 존재자의 원인이 된다는 의미에서 본질이라고 말해질 수도 있을 것 같다. 복합 실체는 형상이 받아들여지기까지는 시작되지 않기 때문이다. 한편으로 질료는 다른 것 안에 있지 않기 때문에 궁극적인 주체이다. 그러나 질료는 가능태이므로 '현실적으로' 궁극적 주체가 될 수는 없다. 다른 한편으로 형상은 다른 것 안에, 즉 질료 안에 있기 때문에 궁극적인 주체가 될 수 없지만 현실태이다. 형상이 질료 안으로 받아들여질 때, 질료와 형상이 더해진 복합적 존재자를 가져다준다는 것은 형상이 현실태이기 때문이며, 질료와 형상이 결합된 복합적 존재자가 현실적인 궁극적 주체이다. 현실적인 궁극적 주체는 질료-형상의 복합체이고, 그것의 특성 중에서 궁극적 주체는 질료로부터, 현실적인 것은 형상으로부터 이끌어 낸 것이다(Bobik, p. 74 참조).

15 "토마스 시대에 지배적이었던 생각들에서 비롯된 이 예를 다시 현대적으로 표현해 본다면 다음과 같이 말할 수 있을 것이다. 단맛은 물질의 특정한 화학적 합성을 통해 나타난다. 합성이 끝난 그 결과로서 맛 좋은 상태가 된다. 그렇지만 우리는 그 물체가 어떤 특정한 화학적 합성을 하기 때문에 맛있다고 말하는 것이 아니라 기술한 것처럼 맛의 느낌을 근거로 그것이 맛있다고 말하는 것이다"(Allers, p. 125, n. 10 참조).

16 'causa'는 여기서 "ex actione calidi digerentis humidum"에서 언급한 것처럼 능동인을 의미한다(베레츠, 24쪽 참조).

hoc modo calor sit causa dulcedinis, non tamen denominatur corpus dulce a calore sed sapore qui calidum et humidum complectitur.

물체는 열로부터가 아니라 뜨거움과 습함을 포괄하는 그것의 맛으로부터 '달다'라고 명명되기 때문이다.[17]

17 Thomas Aquinas, I Sent 23, 1, 1; Quodl. 2, 4 참조. 이것은 아리스토텔레스의 미각에 대한 이론이다. Aristoteles, *De Sensu* 4, 440b30-442a17; Thomas Aquinas, In De Sensu I, 10 참조.

[II, 4] = [II, 6]

371,67 Sed quia individuationis principium materia est, ex hoc forte videretur• sequi quod essentia, quae materiam in se complectitur simul et formam, sit tantum particularis et non universalis : ex quo sequeretur quod universalia definitionem non haberent, si essentia est id quod per definitionem significatur. Et ideo sciendum est quod materia non quolibet modo accepta est individuationis principium, sed solum materia signata. Et dico materiam signatam, quae sub determinatis dimensionibus consideratur. Haec autem materia in definitione hominis, in quantum est homo non ponitur, sed poneretur in definitione Sortis, si Sortes definitionem haberet. In definitione autem hominis ponitur materia non

• 마리에티 판에서는 'videtur'.

### (4) 복합체의 정의에 들어오는 질료는 개체화의 원리로서 존재하는 한에서의 지정된 질료가 아니다

그런데 개체화(個別化)의 원리는 질료[후주 3)]이기 때문에,[18] 혹시라도 자 371,67
체 안에 질료와 형상을 동시에 포괄하는 본질은 보편적이 아니고 특수한 것[19]일 뿐이라는 결론이 나오는 것처럼 보일 수도 있다. 따라서 본질이 정의가 지시하는 바로 그것이라면 보편적인 것들은 정의를 갖지 못한다는 결론이 나올 수도 있겠다.

[이러한 그릇된 결론에 도달하지 않기 위해서는] 어떤 종류의 질료이든지 다 **개체화의 원리**인 것이 아니라 오직 **'지정된 질료'**(materia signata)만이 개체화의 원리라는 사실을 알아야만 한다.[후주 4)] 그리고 나는 특정한 차원들 아래 고찰되는 '지정된 질료'를 말하는 것이다. 그런데 이러한 질료는 인간인 한에서의 인간의 정의에 주어지는 것이 아니다. 만일 [한 개체인] 소크라테스가 정의를 가질 수 있다고 가정하면, 소크라테스의 정의 안에는 [이러한 질료가] 주어질 수도 있을 법하다. 그러나 인간의 정의에는 **'지정되지 않은 질료'**(materia non signata)가 주어진다. 왜

18 Thomas Aquinas, In BDT, 1, 2, 2; STh I, 76, 6 참조.

19 "토마스는 아마도 여기서 숙고해 '특수한'(particularis)이라는 표현을 선택했을 것이다. 사람들은 이 단어 선택에서 이미 잘 알려진 바와 같이, 그의 스승이었던 대(大)알베르투스의 학설이 영향을 끼친 것으로 추정한다. 대알베르투스에게서는 '특수자'(particulare)가 종종 '개별자'(singulare), 즉 보편적인 것(universale)에 해당하는 개별적인 것을 의미하기도 하지만 그 특성을 명백하게 특정한 관점에서 표현하고 있다. '특수자'는 개별자가 어떤 더 보편적인 것에 참여하기 때문에, 그리고 참여하는 한에서 그 개별자를 의미한다. 이 표현에서 — 대알베르투스에게서는 부분적으로 명백하게 드러나듯이 — '플라톤적인', 특히 신플라톤주의적인 사고 작용이 계속 유지된다는 것이 드러난다고 추정할 수 있다. 이 표현에는 개별적인 것과 보편적인 것에 대한 이론이 숨겨져 있는데, 이 이론은 플라톤의 이데아론과 중세의 관념실재론과 그리 큰 차이가 없다. 그러나 때때로 특수자(particulare)와 개별자(singulare)가 완전히 동일한 의미로 사용되는 것과 같은 인상을 받기도 한다"(Allers, p. 126, n. 11 참조).

signata : non enim in definitione hominis ponitur hoc os et haec caro, sed os et caro absolute, quae sunt materia hominis non signata.

냐하면 인간의 정의에는 이 뼈, 이 살이 주어지는 것이 아니라 인간의 지정되지 않은 질료인 뼈와 살이 절대적으로(즉 제한 없이) 주어지기 때문이다.

[II, 5] = [III, 1a][•]

Sic ergo patet[••] quod essentia hominis et essentia socratis non differunt nisi secundum signatum et non signatum. Unde Commentator dicit super VII Metaphysicae: socrates nihil aliud est quam animalitas et rationalitas, quae sunt quiditas eius. Sic etiam essentia generis et speciei secundum signatum et non signatum differunt, quamvis alius modus designationis sit utrobique, quia designatio individui respectu speciei est per materiam determinatam dimensionibus, designatio autem speciei respectu generis est per differentiam constitutivam, quae ex forma rei sumitur. —

Haec autem determinatio vel designatio, quae est in specie respectu generis, non est per aliquid in essentia speciei exsistens, quod nullo modo

• 마리에티 판과 이를 따르는 정의채의 번역에서는 여기서부터 제3장이 시작된다.

•• 마리에티 판에는 제8권으로 되어 있지만 오류로 보인다.

## (5) 유와 종과 개체의 본질이 제일 먼저 개념화되어 부과되는 명칭으로서 [다루어질 만큼] 어떻게 그처럼 절대적으로 구별되는지를 설명한다

그러므로 이처럼 인간의 본질과 소크라테스의 본질은 오직 지정된 것 371,85
과 지정되지 않은 것이라는 측면에서만 다르다는 것이 명백하다. 따라서 주해자[아베로에스]는 『형이상학』 제7권[20]의 주해에서 소크라테스는 그의 '무엇임'인 동물성과 이성성 이외의 다른 것이 아니라고 말한다.[21] 또한 유의 본질과 종의 본질도 지정된 것과 지정되지 않은 것에 따라 다르다. 비록 이 두 경우[종과 개체, 유와 종 사이]에 지정의 양식이 서로 다를지라도 그렇다. 종의 관점에서 볼 때, 개체의 지정은 차원으로 규정된 질료를 통해 이루어지기 때문이다. 그러나 유의 관점에서 볼 때, 종의 규정은 사물의 형상으로부터 취해지는 구성적 차이(differentiam constitutivam)[22]를 통해 이루어진다. 그런데 유의 관점에서 볼 때, 종 안에 있는 이러한 규정이나 지정[23]은 유의 본질 안에는 전혀 없고 종의 본질 안에 이미 실존하는 어떤 것을 통해 [이루어지는] 것이 아니다. 오히

20 마리에티 판에는 제8권으로 되어 있지만 오류로 보인다.

21 Averroes, *In Metaph*. VII, comm. 20, 86 ra 23: "…… quiditates eius"(ed. Venetiis 1552); "quae sunt quiditas eius": ita mss XIII s. velut Vat. lat. 2081, fol. 74 vb et Ottob. lat. 2215, fol. 91 vb. "'소크라테스의 본질'은 비유적인 뜻만을 가진다. 왜냐하면 토마스처럼 본질을 일반적인 어떤 것으로 이해한다면, 소크라테스로서의 소크라테스는 전혀 본질을 가지지 못하기 때문이다. 그러므로 아베로에스가 소크라테스의 본질에 대해 '인간' 본질에 타당한 것처럼 말했다고 해서 놀랄 필요가 없다. 소크라테스는 하나의 개별적 본질을 통해 인간으로서의 인간과 구분되는 것이 아니라 토마스가 말하는 것처럼 그의 지정된 질료(materia signata) 또는 '인간' 본질과 결합되어 있는 그 지정된 질료로부터 구분되는 것이다"(베레츠, 25쪽 참조).

22 "구성적 차이(differentia constitutiva)는 유와 종의 본질을 결정하는 차이이다. 종적 차이(differentia specifica)를 통해 한 종은 유 안에서 확정되게 된다. 맹수류 안에는 고양이와 곰 같은 것들이 있는데, 규정하는 차이를 통해 확정된다"(베레츠, 26쪽; Allers, p. 127, n. 3 참조).

23 '~이나 지정'(vel designatio)은 롤랑-고슬랭 판에는 없다.

in essentia generis sit, immo quicquid est in specie, est etiam in genere ut non determinatum. Si enim animal non esset totum quod est homo, sed pars eius, non praedicaretur de eo, cum nulla pars integralis de suo toto praedicetur.

려 종 안에 있는 것은 무엇이든지 규정되지 않는 것으로서 유 안에도 있다.[24] 사실, 만일 동물이 인간이라는 것 전체가 아니고 그의 한 부분이라고 가정하면, 동물은 인간에 대해 서술될 수 없을 것이다. 왜냐하면 어떤 구성적 부분(pars integralis)[25]도 자신의 전체에 대해 서술되지 못하기 때문이다.

---

24 "유와 종, 즉 포괄적인 전체로서 이해되는 유와 정의의 부분들로 이해된 유가 정의된 사물들[종]과 맺고 있는 관계에 대한 설명은 아리스토텔레스와 (이미 기원전의) 그의 첫 주해자들 사이에서 철학과 논리학의 주요 주제였다. 토마스가 확실히 아비첸나를 받아들이면서도 그를 훨씬 뛰어넘는 명확성으로 기술하고 있는 문제와 그 해결점은 다음과 같이 묘사될 수 있다. 유 개념 안에는 한 개체나 종에서 만나게 되는 특성들의 일부만이 도입된다. 그러나 한 부분은 전체에 대해 서술될 수 없다. 토마스는 우선 (첫째,) 개체가 종에 대해 맺고 있는 관계와 종과 유 사이의 관계가 다르다는 것을 강조한다. 둘째, 종은 유에 대해 아무런 새로운 것이 아닌데, 왜냐하면 다양한 종들에 가능한 규정들은 유 개념 안에 그가 말하는 것처럼 비규정적으로 — 사람들이 그 유를 특수하게 규정함으로써 개별 종들을 만들어 내게 된다 — 포함되어 있기 때문이다. 토마스는 한 사물의 실재-구성적인 규정 요소인 '본질적인(완전한) 부분'과 그 '부분들'의 유에 대한 관계를 매우 날카롭게 구분한다. 아비첸나의 생각을 스콜라 학자들이 어떻게 발전 내지 변형했는가는 여기서 다루지 못한다. 그러나 바로 관련된 주제에 대한 토마스의 텍스트들은, 어떤 사람들이 주장하고 싶어 하는 바와 같이, 토마스가 아비첸나를 그의 종이 된 것 마냥 따르고 있는 것은 결코 아니라는 사실을 보여 준다"(Allers, p. 128, n. 5 참조).

25 "구성적 부분(pars integralis)은 그것이 만일 없어지면 그것이 속한 전체가 중단되어 버리게 되는 부분으로, 부수적인 부분적 계기와 반대로 존재하는 바 그것이기를 파기할 수 없게 하는 부분이다. 하얀 까마귀는 비록 까마귀들에 속하는 부분적인 요소들인 검정색이 결핍되어 있을지라도 까마귀이다. 한 부분은 전체에 대해 진술될 수 없다. 즉 'S는 P이다'라는 진술 형식에 따라 진술될 수 없다. '까마귀는 깃털들이다'라고 말하지는 않는다. 아마도 '까마귀는 깃털을 가진 동물이다'라고 말할 수 있는데, 그것은 그 전체이기 때문이다. 전체와 부분에 대한 이 설명에서 아직도 로스켈리누스(Roscellinus, 1050?~1124?)의 유명론(唯名論)에 대한 논쟁의 여운이 남아 있을 수 있다. 그의 학설에서 바로 이 점이 결정적인 중요성을 가지고 있었다"(Allers, p. 128, n. 6 참조).

[II, 6] = [III, 1b]

Hoc autem quomodo contingat videri poterit, si inspiciatur qualiter differt corpus secundum quod ponitur pars animalis et secundum quod ponitur genus[•]; non enim potest eo modo esse genus, quo est pars integralis. Hoc igitur nomen quod est corpus multipliciter accipi potest. Corpus enim, secundum quod est in genere substantiae, dicitur ex eo quod habet talem naturam, ut in eo possint designari tres dimensiones; ipsae enim tres dimensiones designatae sunt corpus, quod est in genere quantitatis.

Contingit autem in rebus, ut quod habet unam perfectionem adulteriorem etiam perfectionem pertingat; sicut patet in homine, qui et naturam sensitivam habet et ulterius intellectivam. Similiter etiam et super hanc perfectionem, quae est habere talem formam, ut in ea possint tres dimensiones designari, potest alia perfectio adiungi, ut vita vel aliquid huiusmodi.

• 105~50행까지는 아비첸나(Avicenna, *Metaph*. V, c. 3(fol. 88 ra A))를 인용하는 I Sent 25, 1, 1, ad 2 참조.

(6) 다양한 의미로 사용되는 '물체'라는 단어를 예로 들어 유와 종과 개체의 본질이 어떻게 구별되어야 하는지를 설명한다: 첫째, 물체는 동물의 구성적 부분을 의미한다

그런데 이러한 것이 어떻게 이루어지는지는, '물체(육체)'가 동물의 부분으로서 제시되는 경우와 유로서 제시되는 경우가 어떻게 다른지를 살펴보면 발견할 수 있다. 사실, 물체는 구성적 부분이 되는 것과 같은 방식으로 '유'일 수는 없다. 그러므로 '물체'라는 이 명칭은 다양하게 (multipliciter)[26] 받아들여질 수 있다.[4)] 371,105

즉 [한편으로] 어떤 것이 실체의 유[범주]에 속하는 한에서, 자체 안에 세 차원이 지정될 수 있는 그러한 본성을 갖는다는 이유로 물체라고 불린다. 그런데 [다른 한편으로] 지정된 세 차원 자체는 양의 유[범주]에 속하는 물체이다.[27] 하나의 완전성을 가진 것이 또 다른 완전성에 도달하는 일이 사물 안에서 일어난다. 이것은 감각적 본성뿐만 아니라 더 나아가 지성적 본성까지도 갖는 인간의 경우에서 명백하다. 또한 이와 비슷하게 세 차원이 그 안에서 지정될 수 있는 그러한 형상을 갖는 이러한 완전성 위에 또 다른 완전성이, 예를 들어 생명이나 이러한 종류의 어떤 것이 부가될 수 있다.

---

26 'multipliciter'는 '여러 방식으로'라는 의미뿐만 아니라 '상이한 방식으로'라는 의미도 갖는다. '물체'의 두 가지 의미에 대한 차이에 대해서는 이 장의 후주 4 참조.

27 라틴어 텍스트에서 사용된 'genus'는 여기서 '유'를 뜻하는 것이 아니라 범주의 열 가지 유, 진술의 열 가지 방법 중에 하나를 뜻한다. 물체는 '실체'라는 유에 속하는 하나의 하위 유이다. 물체는 하나의 합성 실체이며, 형상과 질료라는 본질적 부분으로 구성되어 있다. 물체는 그 속에 세 가지 차원으로 의미될 수 있는 본성을 가지고 있다. 즉 '물체'라는 본성 또는 본질은 세 가지 차원성을 가지고 있다. 그렇기 때문에 물체는 그 본질적 속성이라는 점에서 양(量)의 범주 아래에 있다(Allers, p. 129, n. 7; 베레츠, 27쪽 참조).

Potest ergo hoc nomen corpus significare rem quandam, quae habet talem formam, ex qua sequitur in ipsa designabilitas trium dimensionum cum praecisione: ut scilicet ex illa forma nulla ulterior perfectio sequatur, sed si quid aliud superadditur, sit praeter significationem corporis sic dicti. Et hoc modo corpus erit integralis et materialis pars animalis: quia sic anima erit praeter id quod significatum est nomine corporis et erit superveniens ipsi corpori, ita quod ex ipsis duobus, scilicet anima et corpore, sicut ex partibus constituetur animal.

그러므로 물체라는 이 명칭은 다음과 같은 형상을 갖는 어떤 사물을 의미할 수 있다. 즉 그 형상으로부터 단절[28]을 지닌 채 세 차원을 지정하는 것 자체가 이루어지는 형상을 갖는 [사물을 의미할 수 있다]. 다시 말해 단절을 지닌다는 것은 그 형상으로부터 어떠한 다른 완전성도 귀결되지 않는다는 것이다. 그래서 만일 어떤 다른 것이 부가된다면, 그것은 그렇게 언급된 물체의 의미를 벗어나는 셈이다. 그리고 이러한 방식으로 물체[육체]는 동물의 구성적이며 질료적인 부분인 셈이다. 왜냐하면 이렇게 영혼은 물체라는 명칭으로 의미되는 것에서 벗어나는 셈이며 또한 물체 자체에 수반되는 것이고, 따라서 동물은 마치 부분에서와 같이 이 두 가지에서, 즉 영혼과 물체로부터 형성되기 때문이다.

---

28 '단절'(praecisio)은 이 장과 연속되는 장에서 여러 번 등장하는 단어이다. 일반적으로 '추상'(abstractio)은 실제상 어떤 것에 결합되어 있는 특징들을 그 명칭으로부터 포함하거나 제외함 없이 특정한 관점에서 그 사물을 관찰하는 것이다. 그런데 추상에는 일차적으로 두 가지 방식이 있다. 하나는 단절하는 방식이고, 다른 하나는 그 안의 것을 포괄하는 비한정적인 방식이다. 단절은 명칭으로부터 어떤 것을 잘라내거나 배제하는 추상의 방법이다. 이와는 대조적으로 단절이 없는 추상은 그것이 추상되는 어떤 것을 배제함이 없이, 내포적으로나 비규정적이라고 할지라도 사물 전체를 포함한다. 예컨대, 단절하는 방식은 '빈 접시(안의 내용물은 배제하는)'로, 비한정적인 방식은 뷔페에서 두 접시나 먹었다고 말할 때의 그때의 '접시(그 접시는 그 안의 음식물까지 다 포괄한다)'로 비유적으로 이해할 수 있다.

[II, 7] = [III, 1c]

Potest etiam hoc nomen corpus hoc modo accipi, ut significet rem quandam, quae habet talem formam, ex qua tres dimensiones possunt in ea designari, quaecumque forma sit illa, sive ex ea possit provenire aliqua ulterior perfectio sive non. Et hoc modo corpus erit genus animalis, quia in animali nihil erit[•] accipere quod non implicite in corpore contineatur.[••] Non enim anima est alia forma ab illa, per quam in re illa poterant designari tres dimensiones; et ideo, cum dicebatur quod 'corpus est quod habet talem formam, ex qua possunt designari tres dimensiones in eo', intelligebatur quaecumque forma esset: sive anima[•••] sive lapideitas sive quaecumque alia. Et sic forma animalis implicite in forma corporis continetur, prout corpus est genus eius. Et talis est etiam habitudo animalis ad hominem. Si enim animal nominaret tantum rem quandam, quae habet talem perfectionem, ut possit sentire et moveri per principium in ipso existens cum praecisione alterius perfectionis, tunc quaecumque alia perfectio ulterior superveniret, haberet se ad animal per modum compartis[••••] et non sicut implicite contenta in ratione animalis,[•••••] et sic animal non esset genus. Sed est genus secundum quod

• 마리에티 판에서는 'est'.

•• 마리에티 판에서는 'continetur'.

••• 마리에티 판에서는 'animalitas'.

•••• 마리에티 판에서는 'partis'.

••••• 마리에티 판에 따라 'animalitas'의 경우에 '동물성이든' 정도로 번역이 가능하다.

## (7) '물체'라는 단어는 동물의 유를 가리키기 위해서도 사용된다

물체라는 이 명칭은 또한 다음과 같은 형상을 갖는 어떤 사물을 의미 372,135
하는 방식으로 받아들여질 수도 있다. 즉 그러한 형상이 어떠한 형상이든지 간에, 거기서 더 다른 완전성이 이루어질 수 있든 없든 상관없이 그 형상 안에 세 차원이 지정될 수 있는 그러한 [형상을 갖는 사물을 의미할 수 있다]. 이러한 방식으로 물체는 동물의 유인 셈이다. 동물 안에는 물체에 함축적으로 포함되지 않는 것이란 아무것도 받아들여지지 않기 때문이다. 사실, 영혼은 그것을 통해 저 사물 안에서 세 차원이 지정될 수 있었던 그 형상과 다른 형상이 아니다. 그러므로 물체란 그것으로부터 사물 안에 세 차원이 지정될 수 있는 그러한 형상을 갖는 것이라고 말했을 때, 그 형상이란 영혼이든[29] 돌의 성질이든 또는 어떤 다른 형상이든 관계없이 [세 차원이 지정될 수 있는 임의의 형상을 뜻하는 것으로] 이해되어야 한다. 이와 같이 동물의 형상은 물체의 형상 안에 함축적으로 포함되어 있으며, 이는 물체가 그것[동물]의 유인 것과 같다.

또한 인간에 대한 동물의 관계도 그렇다. 만일 동물이 '다른 완전성을 단절하고 자체 안에 있는 원리를 통해 감각하고 움직일 수 있는 정도의 어떤 완전성을 갖는 그러한 사물'만을 뜻한다면, 어떤 다른 완전성이 그 위에 부가될지라도 그것은 동물에 대해 부분의 양태를 갖게 되어 동물이란 의미에 함축적으로 포함되는 것이 아닐 것이며, 이때의 동물은 유가 아닐 것이다.[30] 그러나 [동물이] '그 형상으로부터 감각과 운동이 유

---

29 마리에티 판에 따라 'animalitas'의 경우에 '동물성이든' 정도로 번역이 가능하다.

30 이 부분에 대한 수사본의 전승은 통일적이지 못하고 여러 가지 방식으로 읽혀지고 있다. 레오니나 판에서는 'compartis'(직역하면 '공통 부분의')라는 단어를 사용하고 있다. 베레츠(29쪽)는 "여기서 'compars'는 'pars integralis'를 뜻한다"라고 말하지만, 'compars'는 구성적 부분에는 해당되지 못하는 형상의 부수적 부분으로 보는 것이

significat rem quandam, ex cuius forma potest provenire sensus et motus, quaecumque sit illa forma, sive sit anima sensibilis tantum sive sensibilis et rationalis simul.

래될 수 있는 어떤 사물'을 의미하는 한에서는 '동물'은 유이다. (그리고) 그 형상은 단지 감각적 영혼일 수도 있으며, 또한 감각적이고 동시에 이성적 영혼일 수도 있다.

더 적절해 보이기 때문에 이해와 해석의 가능성을 열어 놓기 위해 그냥 '부분의 양태'로 번역했다.

[II, 8] = [III, 2a]

372,164 Sic ergo genus significat indeterminate totum id quod est in specie, non enim significat tantum materiam. Similiter etiam differentia significat totum, et non significat tantum formam; et etiam definitio significat totum, vel[*] etiam species. Sed tamen diversimode: quia genus significat totum ut quaedam denominatio determinans id quod est materiale in re sine determinatione propriae formae, unde genus sumitur ex materia[**] — quamvis non sit materia –; ut patet quod corpus dicitur ex hoc quod habet talem perfectionem ut possint in eo designari tres dimensiones, quae quidem perfectio est materialiter se habens adulteriorem perfectionem. Differentia vero e converso est sicut quaedam denominatio a forma determinata[***] sumpta, praeter hoc quod de primo intellectu eius sit materia determinata;

* 마리에티 판에서는 'et'.

** 172~79행의 "genus …… differentia …… a forma": 토마스는 II Sent 3, 1, 5, arg. 4에서 아비첸나를 인용한다. Avicenna, *Metaph*. V, c. 5 (fol. 89 va D) 참조.

*** 마리에티 판에서는 'determinate'.

## (8) 어떤 이유로 유, 종, 차이(종차)의 정의가 다른지를 설명한다

따라서 이렇게 유는 질료만을 의미하는 것이 아니라 종 안에 있는 것 전체를 비규정적으로 의미한다. 이와 유사하게 차이도 종 안에 있는 것 전체를 의미하며 형상만을 의미하지 않는다. 또한 정의도 전체를 의미하며 종도 그렇다[전체를 의미한다]. — 372,164

그러나 [유, 차이, 정의, 종 각각은] 각기 **다른 양태**로서 [전체를 의미한다]. **유**는 고유한 형상이 [무엇인지를] 규정하지 않고 사물 안에 있는 질료적인 것이 무엇인지를 규정하는 특정한 명명 방식에 따라 전체를 의미하기 때문이다. 그러므로 유는 질료가 아닐지라도 질료로부터 취해진다.[31] 이러한 것은 '물체'가 그것 안에서 세 차원이 지정될 수 있는 그러한 완전성을 갖는다는 점으로부터 언급되며, 그 완전성은 더 상위의 완전성과의 관계에서는 질료적인 것이라는 사실에서 명백하다.

이와는 반대로 **차이**는 특정한 형상으로부터 얻어진 어떤 규정과 같은 것인데, 이 경우에 [그 단어의] 일차적 개념[32]으로부터 규정된 질료는 배

31 Thomas Aquinas, STh I, 85, 3, ad 4: "그런데 만일 우리가 유나 종의 본성 자체를 그러한 것이 개개의 것들 안에 존재하는 것으로 생각한다면, 그러한 것은 개개의 것들과의 관련에 있어 어떤 의미로는 형상적(形相的) 근원의 성격을 갖는다. 그것은 개별이 질료(質料) 때문에 존재하지만, 그 종의 특질은 형상에서 취해지기 때문이다. 그런데 유의 본성이 종과 비교되는 것은 더욱더 질료가 지닌 근원의 양태에 의한 것이다. 그것은 유의 본성이 사물 안에 있는 질료적인 것에서 취해지는 데 반해, 종의 특성은 형상적인 것에서 취해지기 때문이다. 예컨대, 그것은 동물의 특성은 감각적인 것에서 취해지고, 인간의 특성은 지성적인 것에서 취해지는 경우이다. 그러므로 자연의 궁극적 의도가 개체를 향하는 것도 유를 향하는 것도 아니라 종을 향한 것이라는 연유도 여기에 있는 것이다. 그것은 형상이 생성의 목적이고, 질료는 형상을 위해 존재하기 때문이다."

32 원어는 'intellectus'이지만, 여기서는 그 지성에 의한 이해 작용의 결과인 개념을 의미하므로 '개념'이라고 번역했다.

ut patet cum dicitur animatum, scilicet illud quod habet animam, non enim determinatur quid sit, utrum corpus vel aliquid aliud: unde dicit Avicenna[*] quod genus non intelligitur in differentia sicut pars essentiae eius, sed solum sicut ens extra essentiam, sicut etiam subiectum est de intellectu passionum. Et ideo etiam genus non praedicatur de differentia per se loquendo, ut dicit Philosophus in III Metaphysicae[**] et in IV Topicorum,[***] nisi forte sicut subiectum praedicatur de passione. Sed definitio vel species comprehendit utrumque, scilicet determinatam

---

[*] Avicenna, *Metaph.* V. c. 6: "유는 종에 대해 유가 종의 '무엇임'의 일부를 이루는 것처럼 진술되고, 종차에 대해서는 유가 그것을 동반하듯이 하며 본질의 일부를 이루지는 않는 것처럼 진술된다(Genus …… praedicatur de differentia ita quod est concomitans eam non pars quiditatis eius). 따라서 종차는 본질에 있어 유와 일치하지 않으며, 종차는 유와 그 자체로 구분된다고들 말한다"(fol. 90 va B).

[**] Aristoteles, Met III, 3, 998b24-26: "유에 속하는 종들이 고유한 차이들에 대해 술어가 되거나 유가 그 자신에 속하는 종들 없이 있는 것은 불가능한 일이다."; Thomas Aquinas, In Met III, 8, n. 433: "유에 차이들이 부가되는 것이 종을 구성하기 때문에 차이에 대해서는 유 없이 종이 서술될 수도, 종 없이 유가 서술될 수도 없다. 종이 차이에 대해 서술될 수 없다는 것은 두 가지 이유에서 명백하다. 첫째, 포르피리오스가 전해 주는 것처럼 차이는 한 종보다 더 많은 것들에 부가되기 때문이다. 둘째, 차이가 종의 정의에 들어가기 때문에 종은 차이에 대해 — 만일 차이가 종의 주체인 것처럼 이해되지 않는다면 — 그 자체로(per se) 서술될 수 없다. 마치 수가 그 정의에 수가 주어지는 짝수라는 것의 주체인 것처럼 말이다. 그렇지만 이 경우는 그렇지 않다. 오히려 차이는 [종을 구성하는 요소로서] 종의 형상이다. 그러므로 종은 차이에 대해 우유적으로(per accidens)가 아니라면 진술될 수 없다. 마찬가지로 유도 그 자체로 취해져서는 본질적인 서술 방식으로는 차이에 대해 서술될 수 없다. 왜냐하면 유는 차이의 개념 규정에 전혀 들어가지 않기 때문이다. 그 이유는 『토피카』 제4권(2, 122b20)에서 말하듯이, 차이는 유를 분유하지 않기 때문이다. 또한 차이는 유의 정의에도 들어가지 않는다. 그러므로 유는 그 자체로는 결코 차이에 대해 서술될 수 없다. 그럼에도 불구하고 유는 '그 차이를 가지고 있는 것', 즉 그 안에서 차이를 실제로 가지고 있는 종에 대해서는 서술될 수 있다. 따라서 그[아리스토텔레스]는 '유에 고유한 차이들에 대해 종은 서술될 수 없고, 종 없이 유도 서술될 수 없다'라고 말한다. 유는 차이들이 종 안에서 있는 한에서만 차이들에 대해 진술되기 때문이다."

제된 상태이다. 이것은 '영혼을-지닌-것'(animatum), 즉 '영혼을 가지고 있는 그것'이라고 말할 때 명백한데 이 경우에 그것이 무엇인지, 즉 물체인지 혹은 다른 어떤 것인지가 규정되지 않은 상태이다. 그러므로 아비첸나는 유가 차이 안에 그 본질의 부분으로서 있는 것이 아니라 단지 본질 밖에 있는 존재자인 것처럼 있다고 말한다. 또한 주체가 겪음이라는 개념과 맺고 있는 관계도 이와 같다.[33] 그러므로 철학자가 『형이상학』 제3권과 『토피카』 제4권에서 말한 바와 같이, 유도 그 자체로 말한다면 차이에 대해 서술되지 않는다.[34] 그러나 주체가 겪음에 대해 서술되는 것과 같은 방식은 예외일 것이다.

그러나 정의(定義) 혹은 종은 이 두 가지를 모두 포괄한다.[35] 즉 [종은]

---

33 라틴어 'passio'는 문맥에 따라 정념을 의미하기도 하지만, 여기서는 주체와 대(對)를 이루고 있기 때문에 보다 포괄적으로 '겪음'으로 번역했다. 알레르스는 아예 의역해 "마치 주체가 그 변화들에 대해 관계하는 것처럼"으로 번역한다: "그렇게 확실하지 못한 이 구절에 대해 카예타누스의 주석에서는 다음과 같이 설명한다. 유는 차이 안에 그 본질의 부분으로서, 즉 형상적인 의미의 부분으로서 포함되어 있는 것이 아니라 이것의 바깥에 놓여 있다. 주체들이 그 겪음들의 형상적인 의미(formale significatum passionum) 바깥에 놓여 있는 것과 마찬가지이다. '겪음'(passio)이란 여기서 '이러함'이나 '저러함' 안에 규정됨을 뜻한다. 유는 차이에 대해 그 관계점이나 관계 체계로 함께 도입되기는 하더라도 차이에 귀속되는 개념은 아니다. 유사하게 존재나 존재자에 속하는 것이 이것과 관련되지 않고는 진술될 수 없고, 그래서 주체는 겪음이라는 개념에 귀속되지는 않는다"(Allers, p. 129, n. 10 참조).

34 "유는 차이에 대해 마치 유가 그 자체 속에 차이를 포함하고 있는 것처럼 서술해서는 안 된다. 유는 차이가 귀속되어 있는 종을 그 자체 속에 포함한다. 그것은 동물이, 이성적 동물인 인간을 포함하지만 이성적인 것을 포함하지 않는 것과 비슷하다. 그러므로 이성적·영적 실체(천사들)를 제외한다면, '이성적인 것은 이성적 특성을 가지고 있는 동물'이라고 말할 수 있다"(베레츠, 30쪽 참조).

35 "정의는 종에 대한 정의이다. 그것은 가장 근접한 유 개념(genus proximum, 最近類)과 종적 차이(differentia specifica, 種差)를 제시한다"(베레츠, 31쪽 참조).

materiam, quam designat nomen generis, et determinatam formam, quam designat nomen differentiae.

••• Aristoteles, Top IV, 2, 122b20; VI, 6, 144a31-b1 참조.

유라는 명칭이 지정하는 특정한 질료와 차이라는 명칭이 지정하는 특정한 형상을 모두 포괄한다.[36]

---

36 Thomas Aquinas, In Met VII, 12, n. 1549; In PA I, 12 참조.

## [II, 9] = [III, 2b]

372 Ex hoc patet ratio quare genus, species et differentia se habent proportionaliter ad materiam et formam et compositum in natura, quamvis non sint idem quod illa: quia neque genus est materia, sed a materia sumptum ut significans totum; neque differentia forma, sed a forma sumpta ut significans totum. —

Unde dicimus hominem esse animal rationale et non ex animali et rationali sicut dicimus eum esse ex anima et corpore: ex anima enim et corpore dicitur esse homo sicut ex duabus rebus quaedam res tertia constituta quae neutra illarum est, homo enim neque est anima neque corpus. Sed si homo aliquo modo ex animali et rationali esse dicatur, non erit sicut res tertia ex duabus rebus, sed sicut intellectus tertius ex duobus intellectibus.

## (9) 유, 종, 종차가 자연계의 복합체와 맺고 있는 비례 관계를 다룬다

이것으로부터 왜 유와 종과 차이[종차]가 자연에 있는 질료와 형상과 [그것들의] 복합체에 비례하는가라는 이유가 명백하다. 비록 이것들[질료와 형상과 복합체]은 저것들[유와 차이와 종]과 동일한 것이 아닐지라도 [비례하는] 것이다. 왜냐하면 유는 질료는 아니지만 전체를 의미하는 것으로서 질료에서 취해지고, 차이는 형상은 아니지만 전체를 의미하는 것으로서 형상에서 취해지기 때문이다.[37] 그러므로 우리는 '인간이 이성적 동물이다'라고는 말하지만 '그것(인간)이 영혼과 육체로 되어 있다'라고 말하는 것과 같이, '인간이 동물적인 것과 이성적인 것으로 되어 있다'라고는 말하지 않는다. 즉 '인간은 영혼과 육체로 되어 있다'라고 말할 때, [그것은] 두 사물에서 이루어지면서도 그것들 중 어느 것도 아닌 어떤 제3의 사물이 구성되는 것과 같기 때문이다. 사실 인간은 영혼만도 아니고 육체만도 아니다. 그런데 만일 인간이 어떤 방식으로 동물적인 것과 이성적인 것에서 이루어진 것이라고 말하려 한다면, 그것은 두 사물에서 제3의 사물이 이루어지는 것과 같은 방식이 아니라 두 개념에서 제3의 개념이 이루어지는 방식과 같을 것이다. 즉 '동물'이라는 개 372,195

37 "여기서도 토마스는 아비체브론에 대해 반대한다. 스페인계 유대인인 아비체브론은 아리스토텔레스를 이용해 『생명의 샘』(*Fons vitae*)에서 신의 단일성과 단순성을 강조했다. 신과 피조물을 구별 짓는 것은 질료와 형상으로 합성되었는지의 여부이다. 또한 그에 따르면, 아리스토텔레스의 질료형상론은 영적인 존재에도 적용될 수 있는 것이다. 세계혼에서 개체의 형상들이 생겨나는 것처럼 영적 질료(materia spiritualis)와 물질적 질료가 생겨난다. 우리가 나중에 보게 될 것처럼 이 영적 질료란 말은 후에 많은 논쟁을 불러일으켰다. 아비체브론은 감각적 사물들이 물질적 질료와 형상으로 합성되어 있을 뿐만 아니라 천사와 인간 영혼도 영적 질료와 형상으로 합성되어 있다고 주장했다. 또한 아비체브론은 '유는 질료와, 차이는 형상과 동일시된다'라고 가르쳤다. 토마스는 여기와 이후 논의에서 아비체브론이 아니라 아비첸나의 견해를 주로 따른다"(Allers, p. 131, n. 12 참조).

Intellectus enim animalis est sine determinatione specialis formae, exprimens naturam rei ab eo quod est materiale respectu ultimae perfectionis; intellectus autem huius differentiae rationalis consistit in determinatione formae specialis: ex quibus duobus intellectibus constituitur intellectus speciei vel definitionis. Et ideo sicut res constituta ex aliquibus non recipit praedicationem earum rerum, ex quibus constituitur, ita nec intellectus recipit praedicationem eorum 373,221 intellectuum, ex quibus constituitur: non enim dicimus quod definitio sit genus aut differentia.[•]

• 195~222행은 Avicenna, *Metaph.* V, 5 (fol. 89 v D-E) 참조.

념은 종적인 형상의 규정에 의하지 않고 궁극적 완전성이라는 관점에서 질료적인 바로 그것에 의해 사물의 본성을 표현한다. 그런데 '이성적'이라는 차이의 개념은 종적인 형상의 규정에 의해 구성된다. 이러한 두 가지 개념에서 종 개념이나 정의(定義) 개념이 구성된다. 그러므로 어떤 것들로부터 구성된 사물은 그것을 구성하는 사물들의 서술을 받아들이지 않는 것처럼 개념도 그것을 구성하는 개념들의 서술을 받아들이지 않는다.[38] 왜냐하면 우리는 '정의가 유이다'라거나 '정의가 차이이다'라고 말하지 않기 때문이다.[39]

38 "어떤 것들로부터 구성된 사물은 그것을 구성하는 사물들의 서술을 받아들이지 않는 것"의 예로는 '물은 수소이다' 또는 '물은 산소이다', '인간은 손/머리/발이다'라고 말하지 않는 것을 들 수 있다. "개념도 그것을 구성하는 개념들의 서술을 받아들이지 않는다"의 예로는 "'인간이라는 개념'은 '동물이라는 개념'이다"라고 말할 수 없는 것을 들 수 있을 것이다.

39 "그러므로 본질이 그 요소들인 형상과 질료와 관계하는 것처럼 개념 규정은 그 요소들인 유와 차이에 관계한다. 또한 사람들은 본질이 질료나 형상이라고는 말하지 않는다"(Thomas Aquinas, DEE III, 38-66 참조).

## [II, 10] = [III, 2c]

Quamvis autem genus significet totam essentiam speciei, non tamen oportet ut diversarum specierum quarum est idem genus, sit una essentia, quia unitas generis ex ipsa indeterminatione vel indifferentia procedit. Non autem ita quod illud quod significatur per genus sit una natura numero in diversis speciebus, cui superveniat res alia quae sit differentia determinans ipsum, sicut forma determinat materiam quae est una numero; sed quia genus significat aliquam formam — non tamen determinate hanc vel illam —, quam determinate differentia exprimit, quae non est alia quam illa quae indeterminate significabatur per genus. Et ideo dicit Commentator in XI Metaphysicae• quod materia prima dicitur una per remotionem omnium formarum, sed genus dicitur unum per communitatem formae significatae.

• 236행에서 토마스는 제11권이라고 말하지만 실제로는 제12권에 등장한다. Averroes, *Metaph.* XI(=XII), comm. 14: "Intendebat ⟨Arist.⟩ dare differentiam inter naturam materiae in esse et naturam formae universalis, et maxime illius quod est genus …… Ista autem communitas, quae intelligitur in materia, est pura privatio cum non intelligitur nisi secundum ablationem formarum individualium ab ea"(fol. 141 va-vb).

### (10) 같은 유에 속하는 각기 다른 종들의 본질이 하나이어야 하는 것은 아니다

그런데 유가 종의 본질 전체를 의미한다 할지라도, 같은 유에 속하는 다양한 종이 하나의 본질을 가져야 하는 것은 아니다. 왜냐하면 유의 단일성은 비규정성과 비차이성 자체에서 나오기 때문이다.[40] 그런데 [이러한 단일성은] 유를 통해 의미되는 것이 다양한 종 안에 있는 수적으로 하나인 본성이라는, 그러한 방식으로 이루어지는 것이 아니다. 즉 마치 형상이 수적으로 하나인 질료를 규정하는 것과 같이, 그것을 규정하는 차이가 다른 어떤 것으로서 [그 하나의 본성에] 부가되어야 하는 그러한 [방식이] 아니다. 그러나 유는 차이가 규정적으로 표현하는 이 형상 혹은 저 형상을 규정적으로 의미하지는 않을지라도, 어떤 형상을 의미하는 것이다. 이러한 형상(차이가 표현하는 형상)은 유를 통해 비규정적으로 의미된 형상과 다른 것이 아니다. 그러므로 주해자[아베로에스]는 『형이상학』 제11권에서 "제1질료[41]는 모든 형상의 제거를 통해 하나라고 언급된다", 그리고 "유는 지정된 형상[42]의 공통성을 통해(per communitate 373,223

40 종의 비차이성은 구별하는 특징들이 명시적으로 강조되기 전까지는 남아 있다. 오직 이 특징들을 무시하고 특정한 주요 성질들 안에서 동일화되고 있는 종들을 구분함이 없이 보음으로써 유가 형성된다. 이 무시 때문에 유를 구성하는 공통적인 것은 진정한 본질이 아니고, 따라서 유 안에서 하나의 본질일 수 있는 것에 대해서도 말할 수 없고 숫자로도 셀 수 없다. 그러나 '플라톤주의자들', 즉 신플라톤-아우구스티누스적인 영향과 초기 아랍 철학자들의 영향 아래 서 있는 학자들은 이러한 유의 특성을 고려하지 않고 그 안에도 수적으로 하나인 본성이 있는 것처럼 주장함으로써 보편실재론으로 나아갔다.

41 "질료와 연결되어 있는 '제1의'(prima)이라는 개념은 '시간적인 것'이 아닌 '존재적인 것'으로 이해될 수 있다"(베레츠, 33쪽 참조).

42 여기서 '지정된 질료'(materia signata)와 병행으로 '지정된 형상'(forma signata)이라는 표현이 사용되는 것에 주의해야 한다. 지정된 질료가 순수 가능성으로 각인되는 형상에 대응하듯이, '종적인(종에 고유한)' 형상의 구별이 아직 없는 보편자는 하나의 지정된 형상으로 간주된다. 제1질료, 심지어 지정된 질료도 존재의 측면에서 '거

Unde patet quod per additionem differentiae remota illa indeterminatione quae erat causa unitatis generis, remanent species per essentiam diversae.

formae signatae) 하나라고 언급된다"라고 말한다. 그러므로 차이를 더함으로써 유의 단일성의 원인이었던 저 비규정성이 제거된다면, 본질적으로 상이한 종들이 남는다는 사실이 명백하다.

---

의 없는 것'인 것처럼 사람들은 이 가장 보편적인 형상, 심지어 지정된 형상조차도 '본질'의 측면에서는 거의 없는 것과 마찬가지라고 말할 수 있을 것이다. 본질적으로 개체와 종 사이의 관계에서 같은 것이 반복된다는 데에 어려움이 있다. 서로 특별한, 따라서 구별되는 개체들 사이의 차이들을 통해 다수성을 포함하는 종에는 왜 본래적인 의미에서 (유에는 인정되지 않았던) 본질이 인정될 수 있는지가 명확하지 않다. 명시적으로 개체에서 바라보면, '종의 본성은 비규정된 것이다'라는 것을 주장하는 것은 전적으로 (이 관점에서) '개체 : 종 = 종 : 유'라는 비례가 성립한다는 것이다. 토마스는 확실히 개체들 사이의 차이를 '본래적'이고 '종적인' 차이 곁에 있는 매우 '부차적이고' '비본질적'인 차이로 느꼈다. 그러나 이러한 표현들에서 이미 모든 문제점이 내포되어 있음을 느낄 수 있다. 그렇지만 여기에 대해 실제적인 예를 통해 토마스의 생각을 뒷받침할 수 있다. 하나의 불독은 하나의 그레이하운드보다 더 쉽게 하나의 다른 불독으로 대체될 수 있고(있지만), 고양이나 심지어 금붕어로 대체되는 것은 훨씬 더 어렵다.

## [II, 11] = [III, 3a]

373,243 Et quia, ut dictum est, natura speciei est indeterminata respectu individui sicut natura generis respectu speciei: inde est quod, sicut id quod est genus prout praedicabatur de specie implicabat in sua significatione, quamvis indistincte, totum quod determinate est in specie, ita etiam et id quod est species secundum quod praedicatur de individuo oportet quod significet totum id quod est essentialiter in individuo, licet indistincte. Et hoc modo essentia speciei significatur nomine hominis, unde homo de Sorte praedicatur. Si autem significetur natura speciei cum praecisione materiae designatae quae est principium individuationis, sic se habebit per modum partis; et hoc modo significatur nomine humanitatis, humanitas enim significat id unde homo est homo. Materia autem designata non est id unde homo est homo, et ita nullo modo continetur inter illa ex quibus homo habet quod sit homo. Cum ergo humanitas in suo intellectu includat tantum ea ex quibus homo habet quod est* homo, patet quod a significatione eius excluditur vel praeciditur materia designata**; et quia pars non praedicatur de toto, inde est quod humanitas nec de homine nec de Sorte praedicatur.

---

* 마리에티 판에서는 'sit'.

** 마리에티 판에서는 'determinata vel signata'.

## (11) 어떻게 종의 본질들이 결국 개체들과 비교되는지를 설명한다

이미 말한 바와 같이, 유의 본성이 종과 관련해 보면 비규정적인 것처럼 종의 본성도 개체와 관련해 보면 비규정적이다. 그렇기 때문에 유인 그것이 종에 대해 서술되는 한에서 구별되지는 않지만, 그 의미 안에 종 안에 규정적인 방식으로 있는 것 전체를 내포한다. 이와 같은 방식으로 종인 그것이 개체에 대해 서술되는 한 비록 구별되지는 않을지라도, 개체 안에 본질적으로 있는 것 전체를 의미해야 한다. 이러한 방식으로 '인간'이란 명칭이 종의 본질을 의미한다. 그래서 '인간'은 소크라테스에 대해 서술된다.[43] 372,243

그런데 종의 본성이 개체화의 원리인 지정된 질료가 단절된 상태로 의미된다면, 그것은 부분의 방식에 따라 그렇게 될 것이다. '인간성'이란 명칭이 이러한 방식으로 [이해된 종의 본성을] 의미한다. 즉 인간성은 '인간이 인간이게끔 하는 바로 그것'을 의미한다. 그런데 지정된 질료는 '인간이 인간이게끔 하는 바로 그것'이 아니다. 그래서 그것[지정된 질료]은 '인간이 인간이게끔 만들어 주는 바로 그것들'에는 결코 내포되지 않는다. 따라서 인간성은 그 개념 안에 '인간이 인간이게끔 만들어 주는 바로 그것들'만을 포함하기 때문에, 지정된 질료가 인간성의 의미에서 배제되거나 단절된다는 사실은 명백하다. 또한 부분은 전체에 대해 서술되지 않기 때문에, 인간성은 인간에 대해서도 소크라테스에 대해서도 서술되지 않는다.[44]

---

43 즉 '소크라테스는 인간이다'라는 명제는 성립된다.

44 즉 '인간은 인간성이다' 또는 '소크라테스는 인간성이다'라는 명제는 성립되지 않는다. 더 상세한 설명은 Thomas Aquinas, I Sent 23, 1, 1 참조.

Unde dicit Avicenna• quod quiditas compositi non est ipsum compositum cuius est quiditas, quamvis etiam ipsa quiditas sit composita; sicut humanitas, licet sit composita, non est homo: immo oportet quod sit recepta in aliquo quod est materia designata.

• Avicenna, *Metaph.* V, c. 5: "Quiditas est id quod est quicquid est forma existente coniuncta materiae …… compositio etiam non est haec intentio, quid composita est ex forma et materia: haec enim est quiditas compositi, et quiditas est haec compositio"(fol. 90 ra F). 여기서 언급된 문장은 장황한 아비첸나의 설명에 대한 산뜻한 요약이다.

그러므로 아비첸나가 말하는 것처럼 복합체의 '무엇임'은 비록 '무엇임' 그 자체가 복합된 것이라 할지라도, 그 '무엇임'이 속해 있는 복합체 자체는 아니다. 예를 들어 인간성이 비록 복합된 것일지라도[45] 인간성이 인간은 아니며, 오히려 그것[인간성]은 지정된 질료인 어떤 것 안에 수용되어야만 한다.

45 '인간성'은 또다시 동물성(animalitas)과 이성성(rationalitas)으로 복합되었다. 이러한 사실을 토대로 인간성은 생명력, 이성성, 인격성, 불멸의 영혼의 보유 등 다수의 특징들로 규정되어 있다.

## [II, 12] = [III, 3b]

373,274 Sed quia, ut dictum est, designatio speciei respectu generis est per formam, designatio autem individui respectu speciei est per materiam, ideo oportet ut nomen significans id unde natura generis sumitur, cum praecisione formae determinatae perficientis speciem, significet partem materialem totius, sicut corpus est pars materialis hominis; nomen autem significans id unde sumitur natura speciei, cum praecisione materiae designatae, significat partem formalem. Et ideo humanitas significatur ut forma quaedam, et dicitur• quod est forma totius; non quidem quasi superaddita partibus essentialibus, scilicet formae et materiae, sicut forma domus superadditur partibus integralibus eius: sed magis est forma quae est totum scilicet formam complectens et materiam, tamen cum praecisione eorum per quae nata est materia designari.

• "dicitur ……": Thomas Aquinas, I Sent 23, 1, 1, 1 (Parm. VI, 194a) 참조. 조금 다르게는 Albertus, *De IV coaequevis* tr. 4, q. 20, a. 1: "Dico autem forma totius formam illam quae est predicabilis de toto composito, sicut 'homo' est forma Socratis"(Borgnet 34, 460 a-b)도 참조.

(12) 유와의 관련에 있어 종의 지정은 형상을 통해 이루어지고, 종과 의 관련에 있어 개체의 지정은 질료를 통해 이루어진다

그런데 이미 말한 바와 같이, 유와 관련해 보면 종의 지정은 형상을 통해 이루어지고, 종과 관련해 보면 개체의 지정은 질료를 통해 이루어진다. 그렇기 때문에 종을 완성하는 규정된 형상을 단절하고 그것으로부터 유의 본성이 취해지는 것을 의미하는 명칭은 전체의 질료적 부분을 의미해야 한다. 예를 들어 [이러한 방식은] '육체'[물체]가 인간의 질료적 부분을 의미하는 것과 같다. 373,274

그러나 지정된 질료를 단절하고 그것으로부터 종의 본성이 취해지는 것을 의미하는 명칭은 형상적 부분을 의미한다. 그러므로 '인간성'은 일종의 형상을 의미하며, ['인간성' 같은 형상은] 전체의 형상이라고 불린다. 그러나 이러한 형상은, 집의 형상이 그것을 구성하는 부분들에 부가되는 것과 같이, 질료와 형상이라는 본질적인 부분들에 마치 [추가로] 부가되는 형상과 같은 것이 아니라 오히려 전체로서의 형상인 것이다. 즉 [전체로서의 형상은] 형상과 질료를 포괄하면서도 질료를 지정되게끔 해 주는 것들은 제거하고 있다.

[II, 13] = [III, 3c]

Sic igitur patet quod essentiam hominis significat hoc nomen homo et hoc nomen humanitas, sed diversimode, ut dictum est: quia hoc nomen homo significat eam ut totum, in quantum scilicet non praecidit designationem materiae sed implicite continet eam et indistincte, sicut dictum est quod genus continet differentiam; et ideo praedicatur hoc nomen homo de individuis. Sed hoc nomen humanitas significat eam ut partem, quia non continet in significatione sua nisi id quod est hominis in quantum est homo, et praecidit omnem designationem•; unde de individuis hominis non praedicatur. Et propter hoc etiam nomen essentiae quandoque invenitur praedicatum de re,•• dicimus enim Sortem esse essentiam quandam; et quandoque negatur, sicut dicimus quod essentia Sortis non est Sortes.

---

• 마리에티 판에서는 'omnem designationem materiae'.

•• 마리에티 판에서는 'in re'.

(13) 인간의 본질은 인간이라는 명칭과 인간성이라는 명칭을 통해 상이한 방식으로 의미된다

따라서 '인간'이라는 이 명칭과 '인간성'이라는 이 명칭이 인간의 본질을 의미하는 것은 명백하지만, 이미 앞에서 말한 바와 같이 서로 상이한 방식으로 [의미한다]. 왜냐하면 '인간'이라는 이 명칭은 그것[인간의 본질]을 전체로서 의미하기 때문이다. 즉 질료의 지정을 단절하지 않는 한에서, 그것을 함축적으로 그리고 구별되지 않는 방식으로 내포한다. 이것은 유가 차이를 포함한다고 말했던 것과도 [같은 방식이다]. 따라서 '인간'이란 이 명칭은 개체들에 대해서도 서술된다. 373,291

그러나 '인간성'이라는 이 명칭은 본질을 부분으로서 의미한다. 왜냐하면 그것은 오직 '인간인 한에서의 인간'에 속하는 것만을 포함하는 것이고 [질료의] 모든 지정을 단절했기 때문이다. 따라서 '인간성'이라는 명칭은 개체들에 대해서는 서술되지 않는다.[46] 이것 때문에 '본질'이라는 이 명칭이 때로는 '소크라테스는 일종의 본질이다'라고 말하는 경우처럼 한 사물에 대한 술어로 나타나기도 하고, 또 어떤 때에는 '소크라테스의 본질은 소크라테스가 아니다'라고 말하는 경우처럼 [개별 사물에 대해] 부정되기도 한다.[47]

---

46 우리는 '소크라테스는 인간이다'라는 명제는 사용하지만, '소크라테스는 인간성이다'라는 명제는 사용하지 않는다. 즉 개체에 대해 인간 본질을 전체로서 의미하는 '인간'은 사용할 수 있지만, 그것을 부분으로서 의미하는 '인간성'은 사용할 수 없다.

47 Thomas Aquinas, In Met VII, 11, n. 1535-36 참조.

# ■ 후주

**주 1) 형상과 질료: 질료형상론(質料形相論, Hylomorphism)**

형상(forma)과 질료(materia)는 아리스토텔레스 자연철학의 중심 개념으로서, 모든 자연의 변화와 물체의 특성을 물질이나 형상적 원리 중 하나로 환원하는 일원론적 이론에 반대해 이원론적으로 설명하기 위해 사용되었다. 아리스토텔레스 이전에 이오니아 철학자들은 물체를 이루는 기본적 구성물, 즉 다른 것에서 파생하지 않고 그 자체가 다른 것을 구성하는 원초적 요소들을 탐구했다. 아리스토텔레스는 이러한 탐구의 종합으로서 엠페도클레스(Empedocles)의 흙·물·공기·불의 4원소론을 수용했다. 그렇지만 그는 이에 만족하지 않고 한 물체가 어떻게 존재하고 무엇이 그 물체를 이해 가능한 것으로 만드는가라는 고유한 조건을 찾았다. 이러한 탐구의 결론으로서 아리스토텔레스는 물리적인 우주에서 발견되는 사물들의 실체와 활동은 궁극적으로 두 원리, 하나는 물질적인 그리고 다른 하나는 형상적 원리, 즉 일반적으로 제1질료와 실체적 형상으로 지칭되는 원리들을 통해 관계적으로 설명해야 한다고 주장했다. 이를 통해 그는 원자나 어떤 순수 물질적인 원리를 사용해 물체들을 설명하려는 시도인 원자론이나 비슷한 현상들을 순수 형상적 원리를 사용해 설명하려는 입장에 반대했다.

그런데 아리스토텔레스의 질료는 실험을 통해 확인될 수 있는 현대 물리학의 원소들과 혼동해서도 안 된다. 질료와 형상은 각각 독립적으로 존재하거나 운동할 수 있는 물체나 물리적 실체가 아니기 때문이다. 오히려 질료와 형상은 서로 결합해서만 존재하고 운동할 수 있는 존재자의 '원리들'로서, 그것들이 서로 상대방으로부터 분리될 때 그 실체는 더 이상 존재하지 않게 된다. 이러한 형이상학적 원리로서의 질료와 형상은 지적 분석을 통해 간접적으로만 파악되는 특징을 지니고 있다.

아리스토텔레스는 세계 속에서 발견하게 되는 생성과 변화를 설명하는 방법을 탐구하다가 질료와 형상 개념에 도달했다. 그는 운동(변화)을 일반적으로 가능태에서 현실태로 넘어가는 것으로 정의하고 이것을 계속해 대표적인 네 가지 종류, 즉 장소의 이동, 양의 변화, 질의 변화, 실체의 변화 등으로 구분했다. 그런데 그는 만일 어떤 존재가 다른 존재로 바뀐다면, 그 두 존재 사이에 변하지 않는 공통적인 어떤 것이 존재해야 한다고 생각했다. 그렇지 않다면 변화란 없고 오직 첫째 존재를 제거하고 둘째 존재를 창조하는 과정만 계속될 것이기 때문이다. 아리스토텔레스는 장소, 양, 질 등의 변화에서 변하지 않는 부분을 변화 밑에 있는 것으로서 실체(實體)라고 부르고, 변화에 의해 새롭게 등장한 성질들을 우유(偶有)라고 규정했다. 그러나 자연 속에서는 어떤 유기적 생명체의 죽음에서와 같이, 실체 자체가 변화하는 현상도 일어난다. 아리스토텔레스에 따르면, 이러한 실체적 변화에서 변하지 않고 남아 있는 부분이 곧 질료이다. 이 질료는 변화 전과 후의 두 실체에 동일하게 남아 있지만, 각각의 실체는 두 가지 전혀 다른 실체적 형상에 의해 규정된다.

아리스토텔레스는 계속해서 질료와 형상의 관계가 단계적으로 이루어져 있다는 사실에 주목했다. 예를 들어 책상이라는 형상을 지닌 물체에서 출발해 잘 가공된 나무판, 거친 원목, 생나무 등 다른 실체가 될 수 있는 가능태로서의 질료들로 계속 추적해 갈 수 있다. 이러한 단계를 끝까지 사고해 가면 어떤 실체적 형상이라도 받아들여 모든 실재적인 존재자로 변화할 수 있는 제1질료에 도달하게 된다. 아리스토텔레스에 따르면, "질료란 그 자체로 보아서는 어떤 종류의 것도 아니고 양적인 것도 아니며, 있는 것을 정의하는 수단이 되는 다른 어떤 것이라고도 부를 수 없는 것이다"(Met VII, 3, 1029a20-23)인 순수 가능태일 뿐이다. 제1질료(materia prima)는 전적으로 비규정적인 기체, 즉 물질적인 사물들의 본질 안에 현존하면서 완전히 새로운 규정성을 얻음으로써 변화를 가능하게 하는 존재 요소이다. 제1질료는 비규정성이요 변화 가능성이기 때문에 결코 자기 홀로 존속할 수 없다. 제1질료는 이른바 사물과 무(無) 사이에 존재하며, 유명한 아리스토텔레스의 표현을 사용하자면 제3의 어떤 것, 어떤 것과 무 사이에 위치시켜야 하는 독특한 존재성을 지닌다.[1] 질료에 그 자체로 속하는 가능성은 단지 '수동적인', 즉 자신으로부터는 전혀 규정하지 않고 형상화를 거부하지 않는 것으로만 이해되어야 한다. 아우구스티누스도 이 사태를 정확하게 이해해 제1질료를 '무에 가까운 무형'(prope nihil; 『고백록』 XII, 6, 6)이라고 불렀다.

이와 대조적으로 형상적 원리로서의 실체적 형상은 규정하고 활성화한다. 이것은 물체의 한 종류를 다른 종류로부터 구분하는 데 기여하는 종적인 특성과 특징들을 설명해 준다.

아리스토텔레스에 따르면, 자연계의 모든 변화는 질료가 형상을 목적으로 운동하는 과정이다. 높은 단계로 옮아갈수록 형상이 점점 순수해져 마침내 최고의 순수 형상으로서의 신에 도달한다. 그에 의하면 순수한 정신적 존재인 신은 질료를 가지지 않기 때문에 결코 다른 형상을 목적으로 움직일 수 없으며, 모든 사물의 제1원인이자 운동의 궁극적 목적이다.

이렇게 모든 자연적 또는 물질적 물체들이 가능적인 제1질료와 현실

---

1 제1질료에 대한 보다 상세한 설명은 레오 엘더스, 2003, 261쪽 참조.

적인 실체적 형상의 두 원리로 구성되어 있다는 아리스토텔레스의 이론과 이를 수용해 발전한 스콜라 철학의 이론을 후대 사람들은 '질료형상론'(Hylomorphism)이라고 불렀다. 이 용어는 그리스 단어 '휠레'(ὕλη, 질료)와 '모르페'(μορφή, 형상·형태)로부터 조합한 것이다. 스콜라 학자들은 이 질료형상론을 아리스토텔레스가 의도했던 철학적인 용도를 넘어 자신들의 신학을 좀 더 체계적이고 명확하게 설명하기 위해 광범위하게 사용했다.

고대와 중세를 거쳐 자연계에서 일어나는 현상들을 설명하는 데에 아리스토텔레스의 질료형상론은 오랫동안 유용한 도구로서 사용되었다. 그러나 근대에 들어와 기계론, 원자론, 결정론 등이 과학의 주된 유형으로 등장하면서 질료형상론에 대한 반대가 강하게 나타났다. 물체 내부에 형이상학적 원리들로 이루어진 고유한 구성이 있다는 점을 비판하면서 물체 내부에는 입자, 순수한 수학적 연장(延長), 힘, 에너지 등 물리적 원리들만이 있다고 주장했다. 또한 이들은 생성 현상을 단순한 위치의 이동이나 하나의 동일한 실재의 우연적인 변화로 환원했다. 그러나 20세기에 들어서 300년 동안 지배했던 기계적 물리학 이론들이 양자 이론과 불확정성의 원리에 근거한 다양한 철학적인 해석들과 함께, 또한 질량과 에너지의 상호 변화, 양성자, 중성자, 전자, 중간자 및 다른 소립자들이 발견됨에 따라 의문에 처해지게 되었다. 따라서 현대 물리학에서는 아리스토텔레스가 질료형상론을 통해 해결하려 한 문제를 다시 거론하고 있으며,[2] 과학철학과 그 문제들에 관심 있는 학자들은 질료형상론에 점점 더 큰 관심을 보이고 있다. 그렇지만 질료와 형상 개념을 올바르게 이해하기 위해서는 이 개념들이 단순히 물질적 실체들의 구성 요소들에 대한 설명만이 아니라 그 실체의 원인들을 더 깊은 차원에서 설명하는 형이상학적 개념이란 사실을 잊어서는 안 된다. 토마스는 『존재자

2 베르너 하이젠베르크, 2016 참조.

와 본질』에서 이 이론을 다양한 방식으로 변형해 사용하고 있다.[3]

주 2) 수학적 정의와 자연적 정의

수학의 대상은 항상 가시적 자연에 대한 관점들이다. 이러한 사실은 물론 수학적 정의들, 보다 정확하게 말해 수학의 대상에 대한 정의를 고려한 것이다. 토마스는 수학의 대상들에 대해 다음과 같이 밝히고 있다.

> 수학의 본질적 구조는 지성에 의해 개별적인 감각적 질료로부터 추상할 수 있을 뿐만 아니라 공통적인 질료로부터도 추상할 수 있다. 그렇다고 해서 공통적인 지성 질료로부터가 아니라 다만 개별적인 것으로 추상할 수 있을 뿐이다. 감각적 질료란 물질적 질료를 말하는 것으로 덥고, 차고, 단단하고, 무르고 등등 감각적인 성질을 갖는 것이다. 가지적(可知的) 질료란 양에 종속되는 것으로서의 실체를 말한다. 그런데 양은 감각적 질료보다도 먼저 실체에 속한 것은 명백하다. 그리하여 수, 부피, 모습과 같은 양의 규정은 감각적 질료로부터 추상되는 감각할 수 있는 길 없이도 연구할 수 있다(STh I, 85, 1, ad 2).

그런데 수학적 정의에는 가지적 질료는 있지만 감각적 질료는 없다. 이렇게 수학적 정의에 도달하는 추상 과정에 대해 토마스는 다음과 같이 논한다.

> 형상의 추상은 다음과 같다. 어떤 특정 유형의 질료로부터 (그 본질적 관념이 그러한 질료에 의존하고 있지 않은 경우에는) 그 형상이 추상될 수 있다. 하지만 형상은 (그 본질적 관념 때문에 질료에 의존하고 있는 경우에는) 그 질료로부터 지성적으로 추상될 수 없다. 그런데 모든 우유는

3 A. C. Pegis, 1940, pp. 546~48; J. Goheen, 1940; R. Pasnau, 2010, pp. 635~46 참조.

(형상이 질료에 대해 그러하듯이) 그 주체인 실체에 연관되어 있고, 어떠한 우유의 관념도 실체에 의존하고 있다. 결과적으로 이러한 유형의 형상이 그 실체로부터 분리된다는 것은 불가능하다. 그렇지만 우유들은 특정한 질서에 따라 실체에 부가된다. 실상 제일 먼저 실체에 부가되는 것은 양(量)이고, 다음에 질(質)이며, 그다음에 수동과 운동 등의 순서이다. 따라서 양은 (감각적 사물들이 그것에 따라 정의되게 되는) 감각적 성질들이 이해되기 전에 질료-주체 안에서 이해된다. 그리고 이러한 식으로 자기 고유의 실체 관념 때문에 양은 감각적 질료에 의존하는 것이 아니라 오직 가지적 질료에 의존한다. 실상 우유들이 제거되면, 실체는 지성에 근거해서가 아니라면 이해될 수 없는 채로 남아 있다. 그것은 감각 기관의 능력들이 실체 포착에 이를 만큼 압박을 가하지 못하기 때문이다. 수학은 바로 이러한 종류의 추상적 실재를 취급한다. 실상 그것은 양과 (모습이나 그와 유사한 것들처럼) 그것에 수반되는 것들을 고찰한다(In BDT 5, 3).

수학에서 취급하는 질료가 '가지적'이라고 불리는 이유는, 그것이 '감각적 질료'처럼 외부 감각들에 의해 지각되는 것이 아니라 중세인들에 의해 때로는 '지성'이라고 불리기도 했던 상상력에 의해 지각되기 때문이다(In Met VII, 10, n. 1494-96; In DA III, 10, n. 745 참조). 가지적 질료는 앞서 언급된 것처럼 '양에 종속되는 것으로서의 실체'라고 정의된다(STh I, 85, 1, ad 2; In Phys II, 3, n. 5 참조). 앞에서 인용된 내용들을 볼 때, 토마스는 수학의 대상이 물체의 감각적 성질들로부터의 추상에서 알려지는 실재적 양이라고 보는 듯한 인상을 준다. 따라서 어떤 이들은 토마스에게서 수학이란 '관념적 질서에 관한 연구가 아니라 실재 세계에 관한 학문'이라는 견해를 주장하게 만들었다.[4] 그렇지만 토마스는 때때로

4 Vincent Edward Smith, 1954, p. 65 참조.

수학의 주제가 단적으로 (모습과 면 등과 같은) 양과 그 속성들이라고 말하고 있다(In Met VII, 11, n. 1508 참조). 토마스에 따르면, 수학은 어떤 의미에서 형상적 규정과 양과의 관계들이라고 이해된, 질을 고찰하는 것이라는 사실을 염두에 두어야 한다(In Met V, 16, n. 989-92; In Met VIII, 5, n. 1760-61 참조). 마리탱이 지적하고 있듯이, 수학적 존재자는 수학자의 세계 속에서 실재 세계 속에서는 가지고 있지 못한 관념적 순수성을 취득한다.[5] 수학적 대상은 자연적 사물의 특성과는 다른 특성을 가지고 있다. 예컨대, "하나의 직선이 어떤 구(球)의 오직 한 지점만을 접촉한다는 것은 질료 속에 있는 직선의 경우가 아니라 추상적인 직선의 경우에 사실이다"(In BDT VI, 2). 토마스는 그의 『명제집 주해』(I Sent 2, 1, 3)에서 수학적 추상을 논리적 추상과 더불어 실재 안에 다만 먼 토대만을 지니고 있는 것으로 설정하고 있다. 그것들의 가까운 기초는 정신 자체의 활동이다.[6]

### 주 3) 개체화의 원리: 질료

토마스는 여기서와 모든 후기 작품에서 개체화의 원리, 즉 보편적인 것이 '분배'되는 근거 — 예를 들어 '개 자체'가 이러저러한 개별적 개들의 모양으로 나타나거나 '견성'(犬性)이 각각의 개들에서 가시화되는 것의 근거 — 를 질료에서 찾는다. 그에게서도 아리스토텔레스와 마찬가지로 각각의 개체는 질료와 형상과의 결합에서 성립한다. 그 경우에 형상은 다수의 개체에 공통된 보편적인 내용을 이루는 것이므로, 개체로 하여금 개별물이 되게 하는 것은 질료인 것이다. 즉 질료가 개체화의 원

---

5 J. Maritain, 1937, p. 35, n. 3; pp. 166~67 참조.

6 Armand Maurer, 1959, pp. 185~92 참조. 토마스의 『윤리학 주해』에 대한 레오니나 판에 따르면, 수학과 형이상학은 둘 다 자연철학 아래 포함된다. 그러나 이것은 그가 다른 곳에서는 채택하고 있지 않은, 스토아 철학에 기원을 두고 있는 학문들에 대한 현대적 구분의 맥락 속에서이다.

리인 것이다.[7]

그런데 『존재자와 본질』에서 토마스는 일반적으로 질료가 아니라 더 정확하게 '지정된 질료'(materia signata)가 개체화의 원리라고 밝히고 있다. 한 사물은 그것이 손가락을 통해 가리켜지거나 지시될 수 있을 때 '지정된'(designatum, signatum) 것이라고 말한다. 이것은 개별 사물에서는 사실이지만 추상적인 본성이나 본질에서는 그렇지 않다. 후자는 정의될 수 있지만, 전자는 정의될 수 없고 오직 지시될 수 있을 뿐이다. 이러한 의미에서 '지정된'은 지시대명사 '이'(this)와 등가이다.[8]

'지정된 질료'라는 용어는 일차적인 기원이 보에티우스의 텍스트에 있는 것으로 보인다.[9] '지정된 질료'라는 용어는 아비첸나의 작품을 번역했던 번역가에 의해 사용되었고, 그 번역가에 의해 이것이 스콜라 철학 용어 속에 편입되었던 것으로 여겨진다. 한편, 아베로에스의 번역자는 동일한 의미로 '지시된 질료'(materia demonstrata)라는 용어를 사용했다.[10]

비록 아리스토텔레스가 '지정된' 또는 '지시된'이란 용어는 사용하지 않았지만, 그는 이미 기본적인 통찰을 제시했다. 즉 질료와 형상의 결합에 기초해 개별성을 지닌 개별적인 사물은 정의되는 것이 아니라 단순히 '여기 이것'(τόδε τι)이라고 가리킬 수 있을 뿐이다. '지정된' 또는 '한정된'이란 표현은 명백히 이 가리키는 작용을 통해 붙여진 명칭이다. 스

7 "개체화에 대한 관념은, 본래는 형상에 대한 플라톤의 사고 방법이나 표현 방법인 것이다. 이를테면 아리스토텔레스는 '초월적'인 범형적 형상의 개념 대신에 내재적인 실체적 형상의 개념을 사용했으나 아리스토텔레스의 사상, 따라서 토마스의 사상 안에는 플라톤적인 유산이 남아 있는 것이다"(J. 힐쉬베르거, 1983, 571쪽 참조). 스콜라 철학에서의 개체화에 대한 상세한 논의는 방대한 저작인 조지 J. E. 그라시아, 2003 참조.

8 Armand Maurer, p. 37, n. 11 참조.

9 M.-D. Roland-Gosselin, p. 11, n. 1; pp. 58~60 참조.

10 Rudolph Allers, p. 126, n. 12 참조.

콜라 철학에서는 이 통찰을 받아들여 '개별자는 형언 불가능한 것이다'(individuum est ineffabile)라는 명제를 사용했다. 그렇지만 이 '지정된' 이란 개념은 스콜라 철학에서 대단히 큰 변화를 겪었다. 우리는 『존재자와 본질』의 텍스트에서 '지정된 질료'가 단순히 '여기-이것'이 아니라는 것을 알 수 있다. 그것은 오히려 원리로서 이것의 현존을 가능하게 만든다.[11]

이러한 사태를 좀 더 정확하게 이해하기 위해 우리는 '지정된 질료'를 '제1질료'(materia prima)로부터 구분해야 한다.[12] 제1질료가 순수 가능태인 반면에 지정된 질료는 개체에 대한 물질적 원인이다. 지정된 질료는 본질, 예를 들면 '인간'의 본질과 결합해 비로소 개체가 되며, 이것은 물론 제1질료보다 우리에게 더 가까이 있다. 지정된 질료는 "특정한 연장 관계와 크기 관계를 허용하고 있으며, 또한 그 때문에 분할될 수 있는 질료"이다. 질료는 이제 특정한 어떤 것, 즉 해당되는 형상과의 결합을 통해 이루어진 어떤 것에 관련되는 한에서 '지정된 질료'라고 한다. 이 지정은 토마스에 의하면, 무엇보다도 양을 통한 한정이다(materia signata quantitate). 사람들이 말하는 바와 같이, 그 첫 번째 규정성은 '차원화'이다. 이것은 계속 남아 있는 질적인 비규정성[이것은 모든 창조된 사물에 있어 하나이고 동일한 것이다(STh I, 66, 2)]에 의해 특정한 모양이 주어지는 것을 통해서이다. '지정된'이란 단어의 파생된 의미가 '규정된'(determinata) 또는 '한정된'(limita)이다. '지정되지 않은'(insignata)은 규정되지 않고 혼란스러우며, 세분화되지 못한 것이다.

토마스는 항상 질료와 그것의 양적인 차원들이야말로 동일한 종 안에서 다수의 개체들이 실존하는 근거라고 주장했다. 『존재자와 본질』에서 토마스는 아비첸나의 견해를 따르면서 그 차원들이 '규정된' 것이라고

---

11 Rudolph Allers, pp. 126~27, n. 13; Montague Brown, 1991 참조. 개별자의 인식에 대한 문제는 박우석, 2010, 137~56쪽 참조.

12 제1질료에 대한 보다 상세한 설명은 앞의 후주 1 참조.

말한다. 『존재자와 본질』보다 이후에 저술된 다른 책들에서는 개체화를 위한 근거로 '비규정된'(indeterminata) 차원들이라는 아베로에스의 용어를 사용한다.[13]

> 어떤 사람들은 자연적 사물의 종(種)은 형상뿐이고 질료는 종의 부분으로 생각하지 않았다.[14] 그런데 이러한 견해에 따르면, 자연적 사물들의 정의에 질료가 인정되지 않을 것이다. 그러므로 우리는 이와 다르게 말해야 한다. 즉 질료(인식)는 두 가지가 있는데, 그것은 공통적인 질료와 지정된 질료 혹은 개체적 질료이다.[15] 즉 살과 뼈 같은 공통적 질료와 이 살들과 이 뼈들 같은 개체적 질료이다. 그러므로 지성은 자연적 사물의 종(種)을 개체적인 감각적 질료에서 추상하는 것이지 공통적인 감각적 질료에서 추상하는 것이 아니다. 예컨대, 그것은 인간의 종을 이 살들과 이 뼈들에서 추상한다. 이 살들과 이 뼈들은 종의 특질에 속하는 것이 아니고 개체의 부분들인 것이다. 이것은 『형이상학』 제7권에서 말하는 바와 같다. 그러므로 종은 이러한 것들 없이도 (떠나) 생각될 수 있는 것이다. 그렇지만 인간의 종은 살들과 뼈들로부터 지성에 의해 추상될 수 없다(STh I, 85, 1, ad 2).

그렇지만 형상이 개체화 과정에서 아무런 역할을 하지 않는 것은 아니다. 토마스에 따르면 질료와 형상 사이에는 상호적인 인과성이 있으며, 이들 둘 각각이 감각적 실체의 개체화에서 역할을 한다. 질료는 많은 개체 안에서 형상의 다수화를 가능하게 만드는 수동적인 역할을 한다. 그러나 질료 자체는 오직 형상을 통해서만 실존하며, 이 둘 모두 실재 세계

---

13 Thomas Aquinas, II Sent 3, 1, 4; In BDT IV, 2, ad 3 참조. 이 주제에 대해서는 M.-D. Roland-Gosselin, pp. 106~17 참조.

14 Thomas Aquinas, STh I, 75, 4 참조.

15 *Ibid.*

안에 있는 실체로 만들어 주는 존재 현실력을 통해서만 실존할 수 있다.[16]

질료를 개체화의 원리로 보는 토마스의 이론은 스콜라 철학 안에서도 이미 많은 반대에 부딪쳤다. 둔스 스코투스는 종적 본질의 보편성은 고수하지만, 그 개체화를 위해 '이것임'(haecceitas)이라는 적극적 규정을 받아들였다.[17] 이 개념 자체도 의문의 여지가 많고 그것이 무엇이어야 할지는 여전히 불분명하다. 에머리히 코레트(Emerich Coreth)에 따르면, 프란시스코 수아레스(Francisco Suárez, 1548~1617)에 와서야 비로소 이 문제에서 벗어난다. 수아레스는 "개개의 모든 존재자는 자기 자신의 온전하고 구체적인 실재성(tota entitas)으로 인해 본질적으로 개별적"이라고 주장한다. 그의 학파뿐만 아니라 라이프니츠 같은 철학자도 이 점에서 그를 따른다. '신(新)토미즘' 철학에서는 바로 질료에 의한 개체화 이론이 토마스 사상의 핵심으로, 아니 거의 정통성의 척도로까지 승격되었다. 그러나 한스 마이어(Hans Meyer)는 "개체화의 원리 이론은 토마스의 체계에서 가장 취약한 부분 중의 하나이다. 후기의 토마스주의자들이 시도한 모든 구제책도 그것을 제거하는 데 도움을 주지 못했다"[18]라고 신랄하게 비판한다. 코레트도 이 이론이 형이상학적으로 그렇게 중심적인 의미를 가지는 것은 아니기 때문에 토마스의 개체화 이론을 강조하는 것을 이해하기 어렵다고 비판한다.[19] 질료에 의한 개체화 이론은 전통 철

16 Étienne Gilson, 1956, p. 470, n. 10; Armand Maurer, p. 37, n. 12 참조.

17 Ludger Honnefelder, 1992, pp. 137~61 참조.

18 Hans Meyer, 1961, pp. 92, 673 참조.

19 코레트는 질료를 개체화의 원리라고 보는 것에 대해 다음과 같은 문제점을 제기한다: "유한한 '지성 존재(천사)'의 경우, 질료에 의해 개체로 규정될 수 없기 때문에 그들은 (토마스에 따르면) 종(種, species)으로서가 아니라 오직 유(類, genus)로만 일치한다. 즉 모든 천사는 각자가 고유한 종이다. 종과 유가 추상적인 논리적 진술 방식일 뿐 존재론적 구성 요소가 아니라고 했는데, 그렇다면 도대체 이 말은 무슨 뜻인가? 또한 인간 인격의 개체성까지도 가장 낮은 존재 원리인 질료만으로(nec quid, nec quale, nec quantum ……) 구성되어야 한다는 것인데, 아니 정신적-인격적 존재와 가치의 유일무이성을 통해 긍정적으로 구성될 수는 없다는 것인가?" 그의 문제 제기는

학의 귀중한 학습 내용 가운데 하나이지만 새로운 사변적 해석을 통하지 않으면 내용적으로 유지되기 어려운 것인데, 이 문제에 대해 여기서 더 이상 자세히 다룰 수는 없다.[20]

**주 4) '물체'라는 명칭은 다양하게 받아들여질 수 있다**

토마스는 『존재자와 본질』에서 물체를 다음과 같이 구분했다.

> [한편으로] 어떤 것이 실체의 유[범주]에 속하는 한에서, 자체 안에 세 차원이 지정될 수 있는 그러한 본성을 갖는다는 이유로 물체라고 불린다. 그런데 [다른 한편으로] 지정된 세 차원 자체는 양의 유[범주]에 속하는 물체이다(DEE 2).

여기서 일차적으로 주목할 만한 것은 '실체'의 범주에 속하는 [물체 1]과 '양'의 범주에 속하는 [물체 2]를 구분한다는 점이다. 후자에 속하는 것은 수학이 주로 관심을 보이는 것으로, 세 차원이 지시될 수 있는 '양'만을 고찰하는 것이다. 토마스는 다른 곳에서도 이러한 구분을 즐겨 사용한다.

> 우리는 물체(corpus), 즉 완결된 의미의 크기(magnitudo completa)는 두 가지 모양으로 이해된다는 것을 알아야 한다. 그 하나는 수학적으로 이해되는 것으로, 그것에 의하면 물체에 있어 양(量)만이 고찰된다[물체 2]. 또 다른 하나는 자연학적으로 이해되는 것으로, 그것에 의하면

매우 흥미롭지만 토마스가 제1질료는 개체화의 원리라고 주장한 것처럼 그 역시 기술하고 있기 때문에, 제1질료와 '지정된 질료' 사이를 충분히 구별하지 못함으로써 토마스의 입장에 대한 비판으로서는 한계를 지닌다.

20 심도 있는 연구는 조지 J. E. 그라시아, 이재룡 옮김, 『스콜라철학에서의 개체화』, 가톨릭출판사, 2003 참조.

물체에 있어 질료와 형상이 고찰된다[물체 1](STh I, 7, 3).

토마스는 다른 곳(STh I, 18, 2)에서 [물체 1]이 더 근원적으로(principaliter) 물체를 의미하는 것이며, 그 특성 때문에 다른 것들이 물체라고 불리게 되는 [물체 2]는 덜 본래적인(minus proprie) 의미에서의 물체라고 불린다고 말한다.

> 우리는 어떤 사물을 인식하는 데 따라 그 사물에 이름을 붙이는 것이니, 많은 경우에 외부적 특성들에서 사물들의 본질을 의미 지시하기 위해 명칭들을 부여한다. 따라서 이러한 명칭들은 어떤 때는 사물들의 본질 자체를 위해 본래적인 의미로 부과되는 것인데, 이러한 본질을 의미 지시하기 위해 근원적으로(principaliter) 부과된다. 그러나 어떤 때는 그러한 명칭들이 그것들로 말미암아 부과되는 그러한 특성들을 위해 본래적 의미로 취해지는 것이다. 이러한 경우는 덜 본래적인(minus proprie)인 것이다. 예컨대, '물체'(corpus)라는 명칭은 실체들의 어떤 유(quoddam genus substantiarum)를 의미 지시하기 위해 주어지는 것[물체 1]이 명백하다. 이것은 이러한 실체들에 3차원(tres dimensiones)이 발견된다는 데서 그러한 것이다. 그러므로 '물체'(corpus)라는 명칭은 어떤 때에는 3차원을 의미 지시하기 위해 부과되는데, 이러한 의미로는 물체의 양(量)의 일종으로 분류되는 것[물체 2]이다(STh I, 18, 2).[21]

토마스가 이렇게 '물체'라는 단어를 사용하는 데에 다양한 의미와 서로 구별되는 차원이 혼용되고 있다는 사실을 명확히 밝히는 것은 이러한 의미나 사용 방식을 혼동할 때 여러 가지 오류나 혼란이 생겨날 수 있

---

21 그밖에도 Thomas Aquinas, In Met III, 13, n. 514; VII, 12, n. 1547; X, 4, n. 1993 참조.

기 때문이다.

그렇지만 이러한 구분 방식만으로는 자연학이나 형이상학에서 관심을 보이는 물체에 대한 충분한 고찰을 이룰 수 없기 때문에, 토마스는 '실체'의 범주에 속하는 물체를 바라보는 방식을 더 세분하게 된다. 그렇기 때문에 세 차원을 지시한다는 '물체'라는 단어가 의미 지시하는 완전성 이외에는 모두 단절해 아무런 다른 완전성을 내포하지 않은 [물체 1-1]과, 그 안에 어떠한 완전성이 포함되는지는 관계없이 모두 열어 놓은 상태의 [물체 1-2]를 장황한 설명을 통해 구분한 것이다. 바로 이 [물체 1-1]이 영혼과 대비되는 구성적 원리인 '육체'이고, [물체 1-2]는 곧 동물의 '유'로서 그 안에 동물, 식물, 무생물 등을 포함하는 넓은 의미로 사용되는 '물체'를 의미한다. 그러나 이러한 구분은 다양한 분야에서 활용될 가능성이 있다. 토마스가 『존재자와 본질』 II-6과 II-7에서 이렇게 복잡하게 물체를 구분하는 이유는, 이어지는 단락에서 분명히 드러나듯이, 아리스토텔레스의 10범주와 유, 종, 종차 등의 이른바 '빈술(賓述) 가능어'(praedicabilia)를 구분하기 위한 것이다.

토마스가 제시했던 [물체 1]과 [물체 2]의 구분은 다른 철학 전통에서도 즐겨 사용되었다. 앞서 언급한 바와 같이 '물체'라는 말은 두 가지의 의미를 지니는 것으로서, 자연적 및 물리적 물체이거나 또는 수학적 물체를 의미할 수 있다.

> (1) 자연적 및 물리적 물체는 일정한 능동과 수동의 특성을 지니는 것으로서 감관에 의해 지각되는 것이며,
>
> (2) 수학적 물체는 단순히 넓이, 길이, 높이의 3차원적 연장을 지니고 있는 것이다.[22]

22 수리철학이 [물체 2]라는 의미에서의 물체적 사물의 종류를 연구하는 것이라고 한다면, 수리철학이 고찰해야 할 첫 번째 문제는 수학의 근본 대상은 무엇으로 이루어지는가, 달리 말하면 수량과 연장과 수의 본성이란 무엇인가라는 것이다. 근대 수학의

자연철학은 [물체 1]의 의미에서 물체적 사물의 종류를 연구하므로 수학보다 더 많은 문제를 다룰 수밖에 없다. 자연철학이 다루는 가장 보편적이고 명백한 물리적 현상은 바로 변화이다. 온갖 변화를 용어상 '운동'이라고 말하는 철학자들은 운동이란 무엇인가를 탐구하지 않으면 안 될 것이다. 운동이 있다는 것은 어떤 무엇이, 즉 물체가 분명히 움직이고 있기 때문이다. 나아가 어떤 변화는 물체의 실체에까지 영향을 끼친다. 토마스는 어떠한 관점에서 바라보는가에 따라 '물체'가 완전히 다른 성격으로 설명될 수 있다는 사실을 자각하고 있었다.

> 따라서 지향 관념만을 관찰하는 논리학자의 경우에 '물체'라는 이 명칭은 모든 물체에 대해 일의적으로 서술된다. 그러나 그 본성의 존재는 사멸하는 물체들과 불멸하는 물체들 사이에서 동일한 의미를 지니지 않는다. 따라서 사물을 존재에 따라 관찰하는 형이상학자들과 자연학자들에게 '물체'라는 이 이름이나 어떤 다른 것들은 사멸하는 것들과 불멸하는 것들에 일의적으로 서술되지 않는다. 이것은 철학자와 주해자들이 『형이상학』 제10권(text 5)에서 밝히는 바이다(I Sent 19, 5, 2, ad 1).

그렇지만 일부 철학자들은 '물체'라는 단어가 지닌 다양성에 충분한 주의를 기울이지 않음으로써 철학 분야에서 많은 혼란을 야기한 것으로 보인다.

---

비상한 발전은 수학적 과학의 제1원리들에 대한 철학적 연구를 이전보다 더욱 필요하게 했다. 이 철학적 연구만이 수학적 추리 작용과 이것이 고찰하는 사유 대상의 참다운 본성, 또는 '연속체'와 '불연속체'의 특성과 그 상호 관계, 그리고 마지막으로는 물리적 실재성의 수학적 표현 및 예컨대 상대성 원리 같은 가설의 타당성에 대해 합리적으로 설명할 수 있다.

### [1] '기계론자'

인간의 영혼에 대해 기계론을 주장한 사람들로서는 유물론자(고대에는 데모크리토스, 에피쿠로스, 루크레티우스, 17세기에는 토마스 홉스 등)와 데카르트 같은 유심론자가 있다. 이들 기계론자는 이 물체 전부를 양 또는 기계학적 연장인 [물체 2]로 혼동하고 있다. 그러므로 그들은 "물체란 유일한 실체의 여러 가지 양태에 불과하다"라고 주장하면서 물체들 사이의 본질적 또는 종적인 차이[물체 1의 구분]를 인정하지 않는다. 더구나 공간과 장소적 운동만이 실재하므로 물질세계는 일체의 '성질'과 '에너지'를 갖지 않으며, 인간 같은 존재에 있어 물질과 정신의 결합이라는 것은 전혀 이해할 수 없게 되었다.

### [2] 역본설(力本說)

이와 반대로 다른 학파는 물체의 구성 요소로서의 물질을 배제하려고 하는 것이다. 마리탱에 따르면, 이 학파의 절정을 라이프니츠의 사상으로 보고 있다.

> 그[라이프니츠]는 물체적 실체를 영혼과 유사한 영성적 성질의 '단자'(monads)로 환원했다. 그리하여 라이프니츠에게서 연장 또는 일체의 감각적 실재는 일종의 현상이나 상징에 불과하며, 물체의 세계는 정신의 세계로 흡수되고 마는 것이다.[23]

마리탱은 물체적 실체를 '역점'(力點)으로 환원한 18세기의 역본설과 자연계의 모든 사물을 유일한 실재인 에너지(아직 이에 대한 철학적 정의를 내리지 못하고 있다)의 나타남이라고 설명하는 근대의 '에너지설'을 라이프니츠 학설의 타락과 물질화로 보고 있다.

---

23 J. 마리탱, 1985, 144쪽 참조.

### [3] 아리스토텔레스와 토마스 아퀴나스

아리스토텔레스는 물체가 '질료'와 '형상'으로 이루어졌다고 하는 '질료형상론'을 주장했다. 이 이론에 따르면 모든 물질적 실체는 상호보완하는 두 가지의 실체적 부분에서 합성된 것으로서, 하나는 수동적이며 그 자체가 온전히 무규정적인 것('질료')이며, 또 다른 하나는 능동적이며 규정 원리('형상')이다.[24] 물론 토마스는『존재자와 본질』전체에서 그의 사상을 따르고 있다. 두 사람 모두 물질세계, 즉 질료와 연장의 실재성을 인정하는 한편으로 종류가 서로 다른 물체들 사이의 본성 또는 본질의 차이가 있음을 인정하고 있다. 이들에게 양(量)의 연장은 기계론이 주장하는 것과 같은 물체의 실체가 아니라 물체의 제1우유에 해당된다. 이러한 이론을 바탕으로 인간 존재가 질료인 육체와 육체의 형상인 영혼과의 결합체임을 알 수 있게 된다. 그러나 인간의 영혼은 질료를 떠나서도 존재할 수 있다는 점에서 무생물이나 동·식물 등의 실체적 형상과는 다르다.

---

24 이에 대한 설명은 앞의 후주 1 참조.

제3장

&

# 본질의 유, 종, 종차에 대한 관계

## [III, 1] = [IV, 1a]

374,2 Viso igitur quid significetur nomine essentiae in substantiis compositis, videndum est quomodo se habeat ad rationem generis, speciei et differentiae. Quia autem id, cui convenit ratio generis vel speciei vel differentiae, praedicatur de hoc singulari signato, impossibile est quod ratio universalis, scilicet generis vel speciei, conveniat essentiae secundum quod per modum partis significatur, ut nomine humanitatis vel animalitatis; et ideo dicit Avicenna• quod rationalitas non est differentia, sed differentiae principium; et eadem ratione humanitas non est species nec animalitas genus.

• Avicenna, *Metaph.* V, 6: "Differentia non est talis qualis est rationalitas et sensibilitas …… Convenientius est ergo ut haec sint principia differentiarum non differentiae"(차이(종차)는 이성성이나 감각성 따위의 것이 아니다. …… 그러므로 차라리 이것들은 차이가 아니라 차이의 원리처럼 [생각하는 것이] 더 낫다)(fol. 90 rb A).

## (I) 어떻게 복합체의 본질이 유와 종과 종차인지를 설명한다

### (1) 유, 종, 종차가 되기 위한 전체로서 의미된 본질

따라서 본질이라는 명칭이 복합 실체에서 무엇을 의미하는지를 보았으므로, 우리는 이제 그것이 유나 종이나 차이라는 개념[1]과 어떤 관계를 갖는지를 고찰해야 한다. 그런데 유나 종이나 차이라는 개념이 그것에 적합한 것은 지정된 특정 개별체에 대해 서술되기 때문에[2] 보편적인 개념, 즉 유 개념이나 종 개념이 '인간성'이나 '동물성'이라는 명칭에서 [드러나는 바와] 같이 부분의 양태를 통해 의미되는 한에서의 본질에 적합하다는 것은 불가능하다. 그렇기 때문에 아비첸나는 이성성(理性性)은 차이가 아니고 차이의 원리라고 말한다.[3] 같은 이유로 인간성도 종이 아니며 동물성도 유가 아니다.[4] 또한 이와 비슷하게 유나 종이라는 개념은 374,2

1 잘 알려진 바와 같이, 라티오(ratio)는 이성, 근거, 이유 등 매우 다양한 의미를 지니고 있다. 그런데 이 장에서는 계속해서 'intentio'(지향) 관념과 동의어로 사용되고 있다. 토마스는 아비첸나의 라틴어 번역본으로부터 이러한 언어 사용 방식을 받아들인 것으로 보이는데, 이 경우에 라티오는 정신에 의해 포착된 것으로서의 사물이 지니는 가지적인 성격이다. 이것은 한 사물의 이름이 의미하는 것이고, 그 정의가 의미 지시하는 것이다. 토마스는 더 정확하게 표현할 필요가 있을 때는 '라티오 인텔렉타'(ratio intellecta, '이해된 것으로서의 라티오')라는 개념을 사용한다. Thomas Aquinas, I Sent 2, 1, 3; 33, 1, 1, ad 3 참조.

2 예를 들어 '소크라테스는 인간이다', '소크라테스는 동물이다', '소크라테스는 이성적이다'라는 식의 서술이 가능하다.

3 그렇다고 해서 '인간성', '동물성', '이성성'이 종, 유, 그리고 종차와 아무런 관계가 없다고 말할 수는 없는데, 왜냐하면 아비첸나가 말했듯이 이것들은(즉 인간성, 동물성, 이성성) 그것들 각각의(즉 인간, 동물, 이성적) 원리이기 때문이다. 예컨대, '이성성'은 종차 '이성적'의 원리로서 있다(Bobik, pp. 121~22 참조).

4 '인간성', '동물성', '이성성'은 소크라테스에 대해 (직접적으로) 서술될 수 없는데, 그 이유는 그것들 각각은 부분으로서 뜻하기 때문이다. 반면에 '인간', '동물', '이성적'은 소크라테스에 대해 서술될 수 있는데, 왜냐하면 그것들 각각은 전체로서 뜻하기 때문이다. 그러므로 '인간성', '동물성', '이성성'이 아니라 '인간', '동물', '이성적'이 각각 종, 유, 그리고 종차라는 것이 명백하다. 즉 논리적 개념인 유, 종, 그리고 종차는 (부분으로서가 아니라) 전체로서 뜻하는 본질에 속한다고 말할 수 있다(Bobik,

Similiter etiam non potest dici quod ratio generis vel speciei conveniat essentiae secundum quod est quaedam res exsistens extra singularia, ut Platonici ponebant, quia sic genus et species non praedicarentur de hoc individuo; non enim potest dici quod Sortes sit hoc quod ab eo separatum est, nec iterum illud separatum proficeret in cognitionem huius singularis.• Et ideo relinquitur quod ratio generis vel speciei conveniat essentiae secundum quod significatur per modum totius, ut nomine hominis vel animalis, prout implicite et indistincte continet totum hoc quod in individuo est.

• 마리에티 판에서는 'huius singularis signati'.

플라톤주의자들[5]이 주장했던 것과 같이, 개별체 밖에 실존하는 어떤 대상인 한에서의 본질에 적합한 것이라고 말할 수도 없다. 왜냐하면 그럴 경우에 유와 종이 [특정한] 이 개체에 대해 서술될 수 없을 것이기 때문이다. 즉 소크라테스가 그 자신[소크라테스]과 분리된 어떤 것이라고는 말할 수 없으며, 또한 분리된 저것이 이 개별체의 인식에 도움을 주는 것이라고 말할 수도 없다. 그러므로 유나 종이라는 개념은 전체의 양태로 의미되는 한에서의 본질에 적합한 것이라는 사실이 남게 된다. [전체의 양태로 의미되는 것이란,] **인간**이나 **동물**이라는 명칭의 경우와 같이, 개체 안에 있는 이것 전체를 함축적으로 그리고 구별되지 않게 포함하는 [경우를 뜻한다].

---

pp. 121~22 참조).

5 여기서 '플라톤주의자들'이란 우선 보편 개념의 실재(universale ante rem)를 주장했던 '실재론자'들을 의미하는 듯하다. 토마스의 시기에는 이 주장을 따르는 사람들의 수가 많이 줄어들었다. 그럼에도 이러한 주장은 종종 나타났고, 따라서 비판적으로 방어하는 것이 필요했을 것이다. 그들은 자신의 주장을 정당화하기 위해 보편자와 이데아가 그것들에 종속되어 있는 개체의 외부에 사존한다고 가르쳤던 플라톤을 증인으로 소환했기 때문에 '플라톤주의자'라고 불렸다. 그렇지만 그 이론은 플라톤으로부터 직접 유래한 것이 아니라 어느 정도 변형된 신플라톤주의, 특히 유대-아랍권의 추종자들에게 영향을 받은 것이다. 이러한 추종자들에는 아비체브론도 속한다. 이들의 입장인 '보편실재론'과 그에 반대되는 '유명론', 그리고 페트루스 아벨라르두스와 토마스의 중도적인 입장인 '온건실재론'에 대해서는 중세 철학사의 '보편 논쟁' 참조. Aristoteles, Met I, 9, 990b1-991a14; Thomas Aquinas, In Met I, 14; STh I, 85, 1 참조: Rudolph Allers, p. 133, n. 3; Wolfgang Stegmüller, 1956/1957; Robert John Henle, 1956, pp. 333~45; Martin Tweedale, 1976; F. C. 코플스톤, 1988, 192~206쪽; R. Pannier · Th. D. Sullivan, 1994, pp. 159~72; 이재경, 2005a, 221~41쪽; 박승찬, 2006, 94~99, 161~62, 182~84쪽; 강상진, 2010, 107~36쪽; C. Vargas Balcells, 2017, pp. 9~20 참조.

[III, 2] = [IV, 1b]

374,26 Natura autem vel essentia sic accepta potest dupliciter considerari. Uno modo, secundum rationem propriam,[•] et haec est absoluta consideratio ipsius: et hoc modo nihil est verum de ea[••] nisi quod convenit sibi secundum quod huiusmodi; unde quicquid aliorum attribuatur sibi, falsa erit[•••] attributio. Verbi gratia homini in eo quod homo est[••••] convenit rationale et animal et alia, quae in diffinitione eius cadunt; album vero aut nigrum, vel quicquid huiusmodi quod non est de ratione humanitatis, non convenit homini in eo quod homo. —

Unde si quaeratur utrum ista natura sic considerata possit dici una vel plures, neutrum concedendum est, quia utrumque est extra intellectum humanitatis et utrumque potest sibi accidere. Si enim pluralitas esset de intellectu eius,[•••••] nunquam posset esse una, cum tamen una sit secundum quod est in Socrate.

---

• 마리에티 판에서는 'secundum naturam rationem propriam'.

•• 마리에티 판에서는 'verum de ea dicere'.

••• 마리에티 판에서는 'est'.

•••• 마리에티 판에서는 'quod est homo'.

••••• 마리에티 판에서는 'de ratione eius'.

## (2-3) 본질의 다양한 양태

### (2) 본질의 첫 번째 방식(i)

그런데 이렇게 받아들여진 본성이나 본질은 두 가지 방식으로 고찰될 374,26
수 있다.[6] 첫 번째 방식은 그 고유한 의미에 따라 고찰되는 것이다. 이러한 방식은 그것[본성이나 본질]에 대한 절대적 고찰이다. 그리고 이러한 방식에 따르면, 오직 그것[본질]인 한에서 그것[본질]에 적합한 것을 말할 때에만 참인 것이다. [그 본질 이외에] 다른 것에 속하는 것이 무엇이든지 그것[본질]에 귀속된다면, 그러한 귀속은 잘못된 것이다. 예를 들어 인간인 한에서 인간에게는 이성적인 것과 동물, 그리고 그것의 정의에 들어오는 다른 것들이 적합하다. 이와는 달리, 흰 것이나 검은 것 혹은 인간성이라는 의미에 속하지 않는 이러한 종류의 것은 무엇이든지 간에 인간인 한에서의 인간에 적합하지 않다.[후주 1)] 그러므로 누가 그러한 본성이 하나 또는 다수라고 말할 수 있는가를 묻는다고 가정하면, 우리는 그 둘 모두 인정하지 않아야 한다. 왜냐하면 이 둘은 모두 인간성이라는 개념 밖에 있기 때문이며, 또한 이 둘은 모두 그것[인간이란 본성]에서 일어날 수 있기 때문이다. 그런데 다수성이 그 [인간성이라는] 개념에 속한다고 가정하면, 그것[인간이란 본성]은 결코 하나일 수 없을 것이다. 그렇지만 그것이 소크라테스 안에 있는 한 하나인 셈이다.[7] 이와

---

6 "토마스는 전체로서 표현되는 본질을 두 가지 방식, 즉 (1) 절대적으로 (2) 어떤 것 안에 그것이 가지는 존재와 관련해 고찰하고 있다. 그리고 그는 절대적으로 고찰된 본성에 속할 수 없는 것들을 제시하고 있다. 이러한 분류에서 토마스는 아비첸나를 따른다. 그러나 아비첸나와 달리, 토마스는 존재자를 절대적으로 관찰된 본질에 귀속시키지 않는다"(Avicenna, *Metaph*. V, 1-2, fol. 86 va-87 v; *Logica* I, fol. 2 b; *De Anima* II, 2, fol. 6 vb 참조). Joseph Owens, 1963, pp. 131~42; 1961, pp. 240~59 참조.

7 만약 절대적으로 고찰된 본질이 다수라면, 그것은 결코 하나가 될 수 없음을 내포한다. 그렇기에 이러한 식으로는 본성이 소크라테스 안에서 표현될 때 하나가 되는 것을 설명하지 못한다.

Similiter si unitas esset de ratione eius,[•] tunc esset una et eadem Sortis et Platonis, nec posset in pluribus plurificari. —

• 마리에티 판에서는 'de intellectu et ratione eius'.

비슷하게 단일성(單一性)이 그것[인간성]이라는 의미 개념에 속한다고 가정하면, 그럴 경우에 소크라테스의 본성과 플라톤의 본성은 하나이고 같을 것이며, 다수의 것들 안에서 다수화될 수 없을 것이다.[8]

8 만약 절대적으로 고찰된 본질이 하나라면, 결국 소크라테스와 플라톤의 본성은 같은 하나가 되어 버릴 것이고, 이것은 소크라테스와 플라톤 이외의 많은 다양한 개체 안에서도 결코 다수화될 수 없게 됨을 의미한다. 결국 절대적으로 고찰된 본질은 하나 또는 다수로 볼 수 없다. 왜냐하면 둘 다의 경우에서도 성립하면서 모순을 낳고 있기 때문이다. 토마스가 제시한 하나와 다수에 대한 논의는 J. Wippel, 1985, pp. 563~90 참조.

## [III, 3] = [IV, 1c]

374,46 Alio modo consideratur secundum esse quod habet in hoc vel in illo: et sic de ipsa aliquid praedicatur per accidens ratione eius in quo est, sicut dicitur quod homo est albus quia Sortes est albus, quamvis hoc non conveniat homini in eo quod homo.

## (3) 본질의 두 번째 방식(ii)

다른 방식으로 본질은 이것 안에 또는 저것 안에 존재를 갖는 한에서 고찰된다. 이러한 방식으로는 본질이 그 안에 존재하고 있는 것[주체] 때문에 어떤 것이 그것[본질]에 대해 우유적으로 서술된다.[9] 이것은 소크라테스가 희기 때문에, 비록 그것[희다는 것]은 인간으로서의 인간에게 적합한 것이 아닐지라도, '사람은 희다'라고 말하는 것과 같다. 374,46

9 예를 들어 우리는 개체인 '소크라테스가 하얗기에 인간도 하얗다'라고 말한다. 비록 하얗다는 것이 인간으로서의 인간에 속하지 않는데도 말이다. 소크라테스의 피부색이 '하얗다'는 것은, 앞에서도 설명했듯이 인간으로서의 인간의 정의에 속하지 않는 것으로서, 단지 소크라테스라는 인간에 대해 부가적으로 서술되는 것이다. 그렇지만 우리는 '하얗다'라는 우유적 성질을 가진 주체인 소크라테스를 통해 '(이) 인간이 하얗다'라고 서술할 수 있다. 또한 우리는 소크라테스가 존재하기에 인간도 존재한다고 말한다. 비록 외부 세계에 존재하는 것이 인간으로서의 인간에 속하지 않는데도 말이다(Bobik, p. 130 참조).

[III, 4] = [IV, 1d]

Haec autem natura habet duplex esse•: unum in singularibus et aliud in anima, et secundum utrumque consequntur dictam naturam accidentia; in singularibus•• etiam habet multiplex esse secundum singularium diversitatem. Et tamen ipsi naturae secundum suam primam considerationem,••• scilicet absolutam, nullum istorum esse debetur. Falsum enim est dicere quod essentia hominis in quantum huiusmodi habeat esse in hoc singulari, quia si esse in hoc singulari conveniret homini in quantum est homo, nunquam esset extra hoc singulare; similiter etiam si conveniret homini in quantum est homo non esse in hoc singulari, nunquam esset in eo:

• 마리에티 판에서는 'duplex habet esse'.

•• 마리에티 판에서는 'et in singularibus'.

••• 마리에티 판에서는 'secundum propriam considerationem'.

## (4) 두 번째 본질 양태가 갖는 이중의 존재

이러한 본성[본질의 두 번째 방식]은 이중의 존재를 갖는다.[10] 그 하나는 개별체들 안에, 다른 하나는 영혼[11] 안에 갖는다. 이러한 두 가지 [존재]에 따라 앞서 말한 본성에는 우유적(偶有的)인 것들이 뒤따른다. 이렇게 개별체들 안에서는 본성이 개별체의 다양성에 따라 많은 존재를 갖는다. 그렇지만 그 첫 번째, 즉 절대적인 고찰에 따라서는 [본성에] 그러한 존재들 중의 그 어떤 것도 있어서는 안 된다.[12] 인간인 한에서의 인간의 본성이 바로 이 개별체 안에 존재를 가진다고 말하는 것은 거짓이기 때문이다. 즉 만일 바로 이 개별체 안에 있는 존재가 인간인 한에서의 인간에 적합하다고 가정하면, [인간 본성이란] 바로 이 개별체 밖에서는 절대로 존재할 수 없을 것이다.[13] [그러나 이것은 사실이 아니다.] 이와 비슷하게, [바로 그] 개별체에 있지 않은 것이 인간인 한에서의 인간에 적합한 것이라고 가정하면, [인간 본성은] 결코 그 개별체 안에 존재할 374,52

10 토마스는 두 번째 구분을 한다. 즉 어떤 것 안에 그것이 가지는 존재에 관련되어 고찰되는 본질은 (2.1) 개체들 안에 그것이 가지는 존재에 따라, 그리고 (2.2) 영혼 안에 그것이 가지는 존재에 따라 구분된다. 그는 절대적으로 고찰될 때의 본질에 속하지 않는 것들을 추가적으로 더 지적하고 있다(Bobik, p. 127 참조).

11 '영혼'(anima)은 지성적 영혼(anima intellectiva), 즉 이성을 가진 영혼을 의미한다. Thomas Aquinas, DEE III, 92-103 참조.

12 Thomas Aquinas, DEE III, 26-51 참조.

13 Thomas Aquinas, STh I, 11, 3 참조: "어떤 개별체(aliquid singulare)가 '이 어떤 것'(hoc aliquid)인 것은 어떤 모양으로도 그것이 여럿에 공통되지 않기 때문이다. 이것은 명백한 사실이다. 사실, 소크라테스가 인간이라는 것은 많은 사람들에게 공통된 것이나 소크라테스가 '이 사람'(hic homo)이라는 것은 공통될 수가 없으며, 그것은 하나에게[소크라테스에게]만 적합한 것이다. 그러므로 소크라테스가, 그가 그것에 의해 이 인간이라고 할 수 있는 그것으로 말미암아 인간이라고 가정한다면 많은 소크라테스가 있을 수 없는 것과 같이, 많은 사람이 있을 수도 없을 것이다. 그런 것은 신에게만 적합하다."

sed verum est dicere quod homo, non in quantum est homo, habet quod sit in hoc singulari vel in illo aut in anima. Ergo patet quod natura hominis absolute considerata abstrahit a quolibet esse, ita tamen quod non fiat praecisio alicuius eorum. Et haec natura sic considerata est quae praedicatur de individuis omnibus.

수 없을 것이다.[14] [그러나 이것도 사실이 아니다.] 그래서 인간은 이 개별체나 저 개별체 안에 존재하는 것 또는 영혼 안에 있는 것을 인간인 한에서 가지는 것은 아니라고 말하는 것이 참이다.[15] 그러므로 절대적으로 고찰된 인간의 본성은 어떠한 존재로부터도 추상된 것이고, 또한 그것은 그러한 것들 중의 어떠한 것도 단절하지 않는다는 사실이 명백하다.[후주 2)] 바로 그렇게 고찰된 이 본성이야말로 모든 개체에 대해 서술되는 것이다.

14 절대적인 고찰에 따라 만약 개체 안에 있지 않은 것이 인간으로서의 인간에게 해당되는 것이라면, 그것은 개체 안에 있는 것이 인간의 본성에 속하지 않는다는 것인데, 우리는 개체 안에서도(예컨대, 소크라테스 안에서도) 인간의 본성을 찾을 수 있다. 토마스가 언급하는 인간 본성에 대한 일반적인 언급에 대해서는 R. Pasnau, 2002 참조.

15 "본질은 사물들이 존재하고 있다는 사실(the fact of the existence of things)과 그것들에 대해 인간이 인식한다는 사실(the fact of human knowledge about them)로부터 주어진다. 이것으로부터 우리는 다음과 같은 사실을 쉽게 알 수 있다. 즉 절대적으로 고찰된 본질에 속하는 것으로 볼 때 이러한 존재들은 밖에 있는 것도 아니고 인식 안에 있는 것도 아니며, 밖에 있지 않은 것도 아니고 인식 안에 있지 않은 것도 아니다. 차라리 이것들 모두는 본질과 관련되어 수반되는 우유들이다. 그러나 본질은 그것들 모두에 열려 있다"(Bobik, pp. 129~30 참조).

[III, 5] = [IV, 2a]

374,73 Non tamen potest dici quod ratio universalis conveniat naturae sic acceptae, quia de ratione universalis est unitas et communitas; naturae autem humanae neutrum horum convenit secundum absolutam suam considerationem. Si enim communitas esset de intellectu hominis, tunc in quocumque inveniretur humanitas inveniretur communitas; et hoc falsum est, quia in Sorte non invenitur communitas aliqua, sed quicquid est in eo est individuatum. —

## (II) 복합 실체에서 어디로부터 유와 종차의 개념과 보편적 개념이 얻어지는가

그렇지만 이렇게 받아들여진 본성에 보편적인 의미 개념[16]이 부합한 다고 말할 수는 없다. 왜냐하면 보편적 의미 개념에는 단일성과 공통성이 속하기 때문이다.[17] 그러나 절대적인 고찰 [방식]에 따르면, 인간 본성에는 이러한 것들 중 어느 것도 부합하지 않는다. 만일 공통성이 인간이라는 개념에 속한다고 가정하면, 그럴 경우에 인간성이 발견되는 어느 곳에서든지 공통성이 발견되어야 할 것이다.[18] 그러나 이것은 거짓인데, 소크라테스 안에서는 어떠한 공통성도 발견되지 않고[19] 그 안에서 발견 374,73

16 보편 논쟁에서 핵심 용어인 'ratio'는 이 단락에서 나오는 것처럼 'intellectus'와 같은 뜻으로, 개념을 의미하기도 하고 그 개념이 지니는 의미의 근거를 나타내기도 한다('ratio'에 대한 일반적인 설명은 이 장의 각주 1 참조). 이것을 개념과 근거로만 번역하는 경우에 통일성이 나타나지 않기 때문에 전자에 해당하는 'ratio universalis'는 보편적인 '의미 개념'으로, 후자에 해당하는 'ratio speciei'는 종의 '의미 근거'로 옮겼다. 보편적인 의미 개념에 대해서는 Thomas Aquinas, STh I, 85, 3, ad 1; In Met VII, 13, n. 1570-76; In PH I, 10; In PA I, 11; R. W. Schmidt, 1966, pp. 177~201 참조.

17 W. J. Hankey, 1980, pp. 133~72 참조.

18 "여기서 말하는 것은 다음과 같은 것이다. 어떤 보편 개념, 예를 들어 '인간'은 설명할 필요도 없이 단일성(공통성)을 지니고, 둘째로 그것이 자신 안에 포괄하는 모든 것에 고유하거나 공통적이다. 그러므로 보편 개념은 순수하게 개념으로 받아들여서는 어떤 면에서 개체를 통한 제한을 전혀 가지지 않지만, 이것은 '본질'에 대해서는 적합하지 않다고 토마스는 생각한다. 이것은 아마도 각각의 개체 안에 존재하지만 여기서는 단지 개별화되고, 바로 '개체화된' 것으로만 발견된다. 그러므로 한편으로 관념실재론을 방지했고, 다른 한편으로는 본질을 '단순한' 개념으로 희석되지 않도록 했다. 본질이 종이나 유 같은 보편 개념과 다르다는 생각은 다음 단락에서 계속 설명한다"(Allers, pp. 134~35, n. 8 참조).

19 Thomas Aquinas, SCG I, 26, n. 241: "더욱이 여러 사물에 공통적인 것은 오직 이성을 통해서가 아니라면 여러 사물과 다른 것이 아니다. 예컨대, '동물'은 모든 개별화하고 종별화하는 규정들로부터 추상된 동물 관념을 이해하는 지성을 통해서가 아니라면 소크라테스, 플라톤, 그리고 다른 동물들과 다르지 않다. 사실상 인간은 하나의 동물이다. 그렇지 않다면 소크라테스나 플라톤 안에 동물 일반 자체, 인간 일반 자체,

Similiter etiam non potest dici quod ratio generis vel speciei accidat naturae humanae secundum esse quod habet in individuis, quia non invenitur in individuis natura humana secundum unitatem, ut sit unum quid omnibus conveniens, quod ratio universalis exigit. Relinquitur ergo quod ratio speciei accidat naturae humanae secundum illud esse quod habet in intellectu.

되는 것은 무엇이든지 다 개체화되었기 때문이다. —

또한 이와 비슷하게 [인간 본성이] 개체들 안에 가지고 있는 존재에 따라 인간 본성에 유나 종의 의미 근거가 주어진다고 말할 수도 없다. 왜냐하면 개체들 안에서는 단일성에 따른 인간 본성이 발견되지 않는데, 마치 그러한 본성이란 어떠한 것[개체들]에도 부합하는 하나의 것일 테고, 보편적 의미 개념은 그러한 [하나임]을 요구하기 때문이다. 그러므로 인간 본성에 종의 의미 근거가 주어지는 것은 지성[20] 안에 갖게 되는 저 존재에 따른다는 사실이 남게 된다.[21]

---

그리고 플라톤 자신 같은 여러 동물이 있게 될 것이다. 더구나 오직 지성 안에 있지 않다면 존재 일반 자체가 존재하는 사물과 다른 것이 아닐 것이다. 따라서 신이 공통 존재(esse commune)였더라면, 오직 지성 속에만 존재하는 어떤 것이었을 것이다. 그러나 앞에서 증명한 것처럼(I, 13) 신은 지성 안에서 뿐만 아니라 실재 세계에도 존재한다. 그러므로 신은 만물의 공통 존재가 아니다."

20 초감성적 인식 능력이라는 의미로서의 이성 또는 지성(intellectus)을 말한다.

21 "앞 단락에서 말한 바와 같이, 절대적 고찰에 따른 본성이 모든 개체에 대해 서술할 수 있으니까 보편의 특성을 가진다고 말할 수 있을까? 토마스는 그렇지 않다고 대답한다. 왜냐하면 보편의 정의에는 중요한 두 특징으로 단일성(unitas)과 공통성(communitas)이 포함되는데, 이것들 중 어느 것도 인간의 본성에 속할 수 없기 때문이다. 그렇기 때문에 보편성이 인간의 본성에 대해 말해지려면, 그것은 절대적인 고찰에 따른 것이 아니라[첫 번째 양태(i)가 아니라] 우유적으로 언급되는 것[두 번째 양태(ii)]이어야 한다. 그렇다면 이것은 '어떤 것 안에'(in something) 가지고 있는 존재에 따를 것이고, 이제 본질이 개체들 안에 존재를 가지는가 또는 인식하는 지성(in the intellect in knowledge) 안에 존재를 가지는가에 따라 구별될 것이다. 예를 들어 소크라테스라는 개체 안에서 인간의 본성은 단일성을 지닌 것으로 볼 수 없다. 여기서의 단일성은 보편 개념이 요구하는 '단일성'으로서, 그것은 소크라테스 안에서 단일한 것을 말하는 것이 아니라 소크라테스 등을 포함한 모든 개체에 속하는 하나의 단일한 본질을 말하는 것이다. 따라서 개별적 인간 안에서는 보편 개념이 요구하는 (모든 개체를 포괄하는) '단일성'이 찾아질 수 없고, 따라서 인간의 본성이 개체들 안에 있는 존재를 통해 보편적 개념, 즉 유 또는 종의 특성을 가지게 되는 것이라고는 볼 수 없다. 그러므로 위의 것을 제외하면, 보편 개념(여기서는 종의 개념)은 인식하는 지성 안에서 가지는 존재에 따라 인간의 본성에 수반되는 사실이 남게 된다"(Bobik, p. 130 참조).

[III, 6] = [IV, 2b] {III, 19}

375,92 Ipsa enim natura humana in intellectu habet esse abstractum ab omnibus individuantibus; et ideo habet rationem uniformem ad omnia individua quae sunt extra animam, prout aequaliter est similitudo omnium et ducens in omnium cognitionem in quantum sunt homines. —

Et ex hoc quod talem relationem habet ad omnia individua, intellectus adinvenit rationem speciei et attribuit sibi;

즉 인간 본성 자체는 개체화하는 모든 것으로부터 추상된 존재를 지성 안에서 갖는다.[22] 따라서 그것은 영혼 밖에[23] 있는 모든 개체에 대해 한결같은 의미 [근거][24]를 가진다. 또한 그것은 같은 방식으로 모든 것과 유사(類似)함을 지니고,[25 후주 3)] 그들이 인간인 한에서 모든 인간의 인식에로 이끌어간다. [인간 본성은] 모든 개체와 이러한 관계를 갖기 때문에, 지성은 종의 의미 근거를 발견하고 그것을 [그 본성]에 귀속시킨다.[26] 375,92

22 Thomas Aquinas, STh I, 55, 3, ad 1: "어떤 것을 인식하는 지성이 사물들로부터 인식을 얻는 한, 개별적인 것들로부터 추상되기 위한 일은 보편적인 것에서 일어난다."

23 "영혼, 즉 초감성적 인식 능력으로서의 이성 또는 이성적 영혼의 외부, 즉 외부 세계를 의미한다"(베레츠, 40쪽 참조).

24 'uniformis'는 '하나이며 동일한 형상에 의해'라고 풀어 번역할 수도 있다.

25 직역하면 '모든 것의 유사이며'이지만 이해를 돕기 위해 의역했다.

26 Thomas Aquinas, II Sent 17, 1, 1; SCG I, 26; In Met VII, 5; In DA II, 12; In PA II, 20 참조.

unde dicit Commentator in principio De anima quod《intellectus est qui agit in rebus universalitatem》; hoc etiam Avicenna dicit in sua Metaphysica.

그러므로 주해자[아베로에스]는 『영혼론』의 시작 부분[27]에서 지성이 사물 안에서 보편성을 만드는 것이라고 말한다. 아비첸나도 그의 『형이상학』[28]에서 이것을 말한다.[29]

---

27 Averroes, *In De Anima* I, comm. 8, fol. 109 vb 23 참조. "아베로에스는 여기서 아리스토텔레스가 유와 종의 개념 규정이 보편적인, 영혼 밖에 존재하는 사물과 관계를 맺고 있다는 의견이 아니었다고 설명하고 있다. '오히려 그것들은 정신 바깥에 존재하는 개별 사물들의 개념 규정이다. 그러나 정신은 그것들 안에서 보편성을 형성하는 것이다.' '정신이 보편성을 만든다'(intellectus facit[내지 agit] universalitatem)라는 문장은 매우 중요한 의미를 지니게 된다"(Allers, p. 135, n. 11 참조).

28 Avicenna, *Metaph*. V, 1-2, fol. 87 rb; 87 v (Universaliter non habet esse nisi in anima) 참조: *De anima* I, 2, fol. 5 v; "고찰하는 지성 또는 그것의 고찰 능력[virtus contemplativa]에는 단순히 보편적이고 질료로부터 해방된 형상이 작용한다. 그러한 것이 존재하지 않는 곳에서는 지성 자체가 그것을 질료로부터 벗겨냄으로써 '적나라하게' 만든다"(Allers, p. 136, n. 12 참조). Thomas Aquinas, II Sent, 17, 2, 1, ad 3 참조.

29 "앞에서 살펴보았듯이, 보편의 정의에는 모든 개체를 포괄하는 의미의 단일성(unity)이 포함되는 바, 그 단일성은 각 개체 안에서(예컨대, 소크라테스 안에서) 찾아질 수는 없으므로 모든 개체화하는 요인들로부터 추상해 낸 존재를 지성 안에 갖는 것으로서 찾아질 수밖에 없다. 이러한 의미에서 그것은 영혼 밖의 개체들에 대해 지성 안에서 통일하는 그러한 특성을 갖는다. 그리고 모든 개체에 대해 통일하는 이러한 특성을 통해 마치 인간들끼리 인간으로서 인식하게 만드는 비슷한 것을 공유하고 있는 것처럼(예컨대, 소크라테스도 사람이고 이순신도 사람으로서, 그 둘 사이에서 어떤 유사성을 볼 수 있는 것처럼) 모든 것의 동일한 정도로 유사성이 되면서 인간으로서의 인간의 인식으로 이끌어간다. 지성은 여기에서 '인간'이라는 종의 개념을 발견하고 그것을 인간의 본성에 귀속시킨다. 결국 사물들 안에서 보편성을 만들어 내는 것은 각 개체 안에 있는 어떤 것이 아니라 지성인 것이다. (개체들과의) 이러한 관계에 근거해 지성은 종의 개념을 인간의 본성에 귀속시킨다. 이것이 토마스와 더불어 아비첸나와 아베로에스가 사물 안에서 보편성을 야기하는 것은 지성이라고 말한 이유이다"(Bobik, p. 131 참조).

[III, 7] = [IV, 2c] {III, 20}

375,102 Et quamvis haec natura intellecta habeat rationem universalis secundum quod comparatur ad res extra animam, quia est una similitudo omnium, tamen secundum quod habet esse in hoc intellectu vel in illo est quaedam species intellecta particularis. —

Et ideo patet defectus Commentatoris in III De anima, qui voluit ex

따라서 지성으로 이해된 이러한 본성은 [그 본성에 속하는] 모든 것들 375,102
이 지닌 하나의 유사함이기 때문에, 영혼 밖에 있는 사물들과 비교되는 한에서 보편적 의미 개념을 갖는다. 그렇지만 그것이 이 지성 혹은 저 지성 안에 존재를 갖는 한에서는 지성으로 이해된 특수한 어떤 상(像)인 것이다.[30]

그러므로 『영혼론』 제3권[31]에서 주해자[아베로에스]의 잘못은 분명하

30 "(인간으로서의 모든 개체적 인간에 대해 공통적 표상[common representation]을 야기하는 지성에 의해 파악되는 한에서, 이러한 지성 안에 가지는 존재에 따라) 보편성이 인간의 본성에 우유적으로 속하지만, 그렇기는 해도 인간의 본성이 이 지성 혹은 저 지성 안의 인식에 존재하는 한 그것은 개별적인 어떤 것이고, 하나의 개별적인 지성 안에서 인식의 개별적인 한 조각으로서 알려진다. 보편성은 (그것이 유적이거나 종적이거나 종차적인 것에서 어떤 것이든지 간에) 절대적으로 고찰된 본질에 속하지도 않고, 개체 안에서 찾아지는 것으로서의 본질에 속하지도 않는다. 보편성은 인식하는 지성에서 가지는 존재에 따라 본질에 수반되는 우유들 중의 하나이며, 이것은 공통적인 유사성(common likeness)으로 개체들에 관계되는 것으로서 취해지는 것으로 주어진다"(Bobik, p. 131 참조).

31 Averroes, *In De Anima* III, comm. 5, fol. 164 ra 21 이하 참조. 또한 Thomas Aquinas, II Sent 17, 2, 1; STh I, 76, 1-2; DUI; QDA 2, 3; QDSC 9도 참조. 일부 학자(샤를 부아예 등)는 토마스가 아베로에스를 거슬러 말하는 것을 현대의 관념론자들에게도 적용할 수 있다고 한다. "토마스가 '지성의 단일성'에 대한 논쟁에 개입하는 것은 이것이 처음이다. 본문에 도입된 아베로에스의 의견은 한때 파리의 인문학부에서 강하게 퍼져 있던 '라틴 아베로에스주의자들'과의 열정적인 논쟁의 중점을 이룬다. 아베로에스주의자들의 중심 인물은 브라방의 시제였다. 프란치스코 학파도 부분적으로 아베로에스적인 아리스토텔레스 해석에 매혹되어 있었다. 아베로에스가 어떻게 해서 아리스토텔레스는 직접 언급한 바 없는 인용된 의견에 도달하게 되었는지는 다른 질문이다. 어쨌든 아베로에스의 작품들이 번역되자마자 주도적인 철학자와 신학자들의 격렬한 반대에 부딪히게 되었다. 예를 들어 오베르뉴의 윌리엄은 자신이 거부하는 명제들을 아리스토텔레스의 것이라고 생각했고, 대(大)알베르투스는 자신의 저작들 중 여러 곳에서 언급된 명제들에 대한 반론을 제시할 뿐만 아니라 그것에 대해 독립적인 책, 즉 『아베로에스주의자들을 거슬러 지성의 단일성에 대해』(*De unitate*

universalitate formae intellectae unitatem intellectus in omnibus hominibus concludere; quia non est universalitas illius formae secundum hoc esse quod habet in intellectu, sed secundum quod refertur ad res ut similitudo rerum; sicut etiam, si esset una statua corporalis repraesentans multos homines, constat quod illa imago vel species statuae haberet esse singulare et proprium secundum quod esset in hac materia, sed haberet rationem communitatis secundum quod esset commune repraesentativum plurium.

다. 그는 지성으로 이해된 형상(形相)의 보편성으로부터 모든 인간 안에 있는 지성의 단일성을 결론짓기를 원했다.[32 후주 4)] 왜냐하면 이러한 형상의 보편성은 [그 형상이] 지성 안에서 가지고 있는 이러한 존재에 따라서가 아니라 [그 형상이] 사물들의 유사(類似)로서 사물들과 관련되는 한에서 존재하는 것이기 때문이다. 또한 이와 마찬가지로 만일 많은 사람을 재현하는 하나의 물체적 조각상이 있다고 가정해 보면, 이 조각상(像)의 모상 또는 상(像)은 아마도 이 [특정] 질료 안에 있는 한에서 개별적이며 고유한 존재를 갖는 셈일 것이다. 그러나 그것이 다수의 사람을 재현하는 공통적인 것인 한에서는 공통성이라는 의미를 지닌 셈일 것이다.[33]

---

*intellectus contra Averroistas*)도 저술했다. 더욱이 레시네스의 애지디우스(Aegidius von Lessines)의 질문에 대한 대답은 1270년경에 쓰였는데, '15가지 문제점들에 대해'(De quindecim problematibus)라는 제목으로 피에르 망도네의 책에서 소개되었다. 토마스도 강하게 반대했는데, 피사(Pisa)의 성 카타리나 성당 안의 오랜 그림은 그가 빛을 발하는 왕좌 내지 교수좌에 앉아 그림 아래쪽 귀퉁이에 웅크린 아베로에스를 바닥에 내치는 것을 묘사하고 있다. 토마스는 라틴 아베로에스주의자들을 거슬러 『신학대전』과 『대이교도대전』, 그리고 특별 책자인 『지성 단일성』의 여러 곳에서 이 문제를 다룬다. 또한 『세계의 영원성』과 『영혼론 수해』 등에서도 그렇다"(Allers, p. 136, n. 13 참조). Ronald J. Teske, 1994, pp. 77~93 참조.

32 "토마스는 위 단락에서 마지막 구분을 제시한다. 인식 안의 지성에 존재하는 본질은 (1) 공통적인 유사성으로 개체들과 관계하는 것과 (2) 인식 안에 존재하는 개별적인 지성과 관계하는 것으로 취해질 수 있다. 그는 이 구분을 아베로에스가 '그것은 모든 인간 안에 하나의 지성이 있다'라고 말하는 주장의 취약점을 지적하기 위해 사용한다"(Bobik, p. 127 참조). 토마스와 라틴 아베로에스주의와의 논쟁에 대해서는 이 장의 후주 1 참조.

33 "아마도 여기서 생각하고 있는 의미는 교과서들에 나오는 '도식적인 그림들', 예를 들어 '닭의 골격'과 같은 것을 생각해 보면 이 골격은 어떤 개별적인 닭을 그린 것이 아니더라도, 그 그림은 각각의 닭에도 적용될 수 있는 도식인 셈이다"(Allers, p. 137, n. 14 참조).

**[III, 8]** = [IV, 2d] {III, 20b}

375,120 Et quia naturae humanae secundum suam absolutam considerationem convenit quod praedicetur de Sorte, et ratio speciei non convenit sibi secundum suam absolutam considerationem sed est de accidentibus, quae consequuntur eam secundum esse quod habet in intellectu, ideo nomen speciei non praedicatur de Sorte ut dicatur Sortes est species: quod de necessitate accideret, si ratio speciei conveniret homini secundum esse quod habet in Sorte, vel secundum suam considerationem absolutam, scilicet in quantum est homo; quicquid enim convenit homini in quantum est homo praedicatur de Sorte.

그리고 소크라테스에 대해 서술되는 것은 인간 본성에 절대적인 고찰 [방식]에 따라 적합하다. 그러나 종 개념[34]은 인간 본성에 절대적인 고찰 [방식]에 따라 적합한 것이 아니라 그것[인간 본성]이 지성 안에 가지고 있는 존재에 따라 그것에 수반되는 우유(偶有)적인 것들[35]에 속하는 것이다. 따라서 종이라는 명칭은, '소크라테스는 종이다'라고 말하듯이, 소크라테스에 대해 서술될 수 없다.[36] 그러나 만일 종 개념이 소크라테스 안에 가지고 있는 존재에 따라 또는 절대적인 고찰 방식에 따라, 즉 인간인 한에서의 인간으로서 인간에게 적합하다고 가정한다면 필연적으로 그렇게 되어야만(소크라테스에게 서술되어야만) 할 것이다. 왜냐하면 인간인 한에서의 인간에게 적합한 것은 무엇이든지 다 소크라테스에 대해서도 서술되기 때문이다.[37] 375,120

34 'ratio speciei'는 위의 설명에 따라 엄격하게 번역하면 '종이라는 의미 개념'이 되겠지만, 이후에 계속 반복되기 때문에 지나친 번잡함을 피하기 위해 '종 개념'으로 번역했다.

35 "'accidentia'는 문자적으로 '넘어지는 어떤 것', 즉 한 존재자의 기본 구조에 본질적으로 속하지 않는 것을 뜻한다. 아리스토텔레스는 '토 카타 쉼베베코스'(τό κατὰ συμβηβεκός)라고 말하는데, 이 표현에도 마찬가지로 쓰러진나는 의미가 포함되어 있다. 인간의 본질에는 일련의 규정들[예를 들어 동물, 두 발로 걸음, 이성성]이 소속된다. 그러나 흰색 또는 황색 피부, 모국어, 국적 등과 같은 것은 부차적인 규정이다. 이것들은 본래적인 존재를 가지고 있는 것이 아니라 그것들이 쓰러지는 것을 받쳐주는 존재들이 있는 한에서 그러한 것으로서 내포되는 것이다"(Allers, p. 137, n. 15 참조).

36 "토마스는 이어서 왜 논리적 지향 개념에 속하는 명칭들이 실재하는 개체에 대해 서술될 수 없는지 설명한다. 예컨대, 왜 '소크라테스는 종이다'라고 말할 수 없는가?" (Bobik, p. 127 참조).

37 "이에 대해 캐서린 카펠(Catherine Capelle)은 각주 65에서 이렇게 적고 있다. '이 절은 초판에서 잘못 혼동되어 출판된 것일 수 있다. 그에 대한 설명은 이렇다. 우선 인간의 본성과 종의 개념을 따로 떼어 생각해야 한다. 인간의 본성은 소크라테스에 [대

Et tamen praedicari convenit generi per se, cum in eius diffinitione ponatur. Praedicatio enim est quiddam quod completur per actionem intellectus componentis et dividentis, habens fundamentum in re ipsa unitatem eorum quorum unum de altero dicitur. Unde ratio praedicabilitatis potest claudi in ratione huius intentionis quae est genus, quae similiter per actum intellectus completur. Nihilominus tamen id cui intellectus intentionem praedicabilitatis attribuit, componens illud cum altero, non est ipsa intentio generis, sed potius illud, cui intellectus intentionem generis attribuit, sicut quod significatur hoc nomine animal.

그렇지만 유의 정의 안에는 '서술됨'이라는 것이 포함되어 있기 때문에, '서술됨'이란 유에 그 자체로 적합하다. 사실, '서술'이란 결합하고 분리하는 지성의 작용을 통해 완결되는 어떤 것이고,[후주 5)] 그것의 기초로서 사물 자체 안에 하나가 다른 것에 대해 언급되는 것들의 단일성을 갖고 있기 때문이다. 그러므로 서술 가능성이라는 의미는 유라는 이러한 지향 개념의 의미 안에 포함될 수 있다. [지향은] 유사하게 지성의 작용에 의해 완결되기 [때문이다].[38] 그럼에도 불구하고 지성이 어떤 것을 다른 것에 결합함으로써 서술 가능성이라는 지향 개념을 그것에 귀속시키는 것이란 유라는 지향 개념 자체가 아니라[39] 오히려 지성이 유라는 지향 개념을 그것에 귀속시키는 바로 그것(그 사물), 예를 들어 '동물'이라는 이 명칭으로 의미되는 바로 그것이다.[후주 6)]

---

해] 진술될 수 있다. 그것은 스콜라적인 어법으로는 '형이상학적 보편자'라고 불리는 인간으로서의 인간이다. 종의 개념은 두 가지를 의미할 수 있다. (1) 절대적으로 이해된 종으로서의 종 개념, 다시 말해 논리적 단위이거나 또는 (2) 내용적으로 이해되어 종의 경우에 생각되는 개념, 즉 실제적인 표징이다. 그것은 종의 개체들에 [대해] 계속적으로 진술 가능한 것이거나 또는 스콜라적인 어법으로 '논리적 보편자'인 것이다. 저자는 여기에서 이렇게 말한다. 인간의 본성은 소크라테스에 [대해] 진술될 수 있다. 그것은 종의 개념도 마찬가지이다. 그러나 종의 개념은 그것이 내용적으로 생각되는 한에서이지, 종의 개념이 종인 한에서는 아니다. 그에 대한 증명으로서 종은 인간으로서의 인간인 본성 그 자체도 아니고 소크라테스에게 고유한 것을 의미하지도 않는다. 그 때문에 '소크라테스는 한 인간이다' 또는 '소크라테스는 소크라테스이다'라고 말할 수 있는 것과는 반대로 '소크라테스는 하나의 종(種)이다'라고는 말할 수 없다'"(베레츠, 42~43쪽 참조).

38 Thomas Aquinas, STh I, 28, 1; I, 85, 1; I, 85, 2, ad 2 참조.

39 즉 논리적 분류인 유로서의 유가 아니다. 이 장의 주 34 참조.

## [III, 9] = [IV, 2e] {III, 21}

375,146 Sic ergo patet qualiter essentia vel natura se habet ad rationem speciei, quia ratio speciei non est de his quae conveniunt ei secundum absolutam suam considerationem,[•] neque est de accidentibus quae consequuntur ipsam secundum esse, quod habet extra animam, ut albedo et nigredo; sed est de accidentibus, quae consequuntur eam secundum esse, quod habet in intellectu. Et per hunc modum convenit etiam sibi ratio generis vel differentiae.

• 마리에티 판에서는 'secundum suam absolutam considerationem'.

그러므로 이것으로부터 어떻게 본질 또는 본성이 종 개념에 대해 관계를 맺는지가 명백해진다. 종 개념은 그것[본질 또는 본성]에 절대적인 고찰 방식에 따라 적합한 것들에는 속하지 않는다. 또한 흑(黑)이나 백(白)과 같이, 영혼 밖에 있는 존재[40]에 따라 그것[본질 또는 본성]에 수반되는 우유(偶有)들에 속하지도 않는다. [종 개념은] 오히려 지성 안에 갖고 있는 존재에 따라 그것에 수반되는 우유들에 속한다. 그리고 이와 같은 방식으로 유 개념이나 차이 개념이 그것[본질 또는 본성]에 적합한 것이다. 375,146

40 개별적 사물들, 즉 개체들을 말한다.

## (별도) 제3장의 핵심 요약(Bobik, p.134 참조)

보빅이 매우 복잡하게 논의되고 있는 제3장의 핵심 내용을 도표로 잘 정리했기 때문에 이를 소개한다.

복합 실체의 본질

- 1. 부분으로서 의미된 본질: '인간성'
- **2. 전체로서 의미된 본질: '인간'**
  - 1. 절대적으로 고찰된
  - **2. 어떤 것 안에 가지고 있는 존재에 따라 고찰된**
    - 1. 지성적 영혼 밖에 있는 개체 안에 가지고 있는 존재에 따라
    - **2. 인식하는 지성 안에 가지고 있는 존재에 따라**
      - 1. 인식 작용 안에 실존하는 개별적 지성(intellect)과의 관계에서
      - **2. 공통적 유사성이 속하는 개체들과의 관계에서**

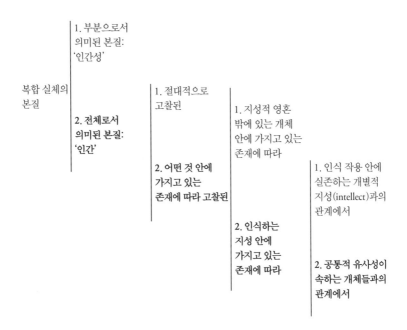

각각의 구분은 두 가지를 가진다. 만약 각각의 구분에서 두 번째 것을 취한다면, 그것은 복합 실체의 본질이 보편(유 또는 종, 또는 종차에서 어떤 것이든지)이 되기 위해 어떻게 취해져야만 하는가가 분명해진다. 즉 **그것은 전체로서 표현되는 것으로, 어떤 것(이른바 인식하는 지성에 있는 어떤 것) 안에 그것이 가지는 존재에 따라 고찰되는 것으로, 그리고 공통적 유사성으로 개체들에 관계하는 것으로 취해져야 한다.**

**주 1) 이러한 종류의 것은 무엇이든지 간에 인간인 한에서의 인간에 적합하지 않다**

'인간으로서의 인간'이라는, 그 정의 안에 속하는 의미에 따라 고찰하는 절대적인 고찰 방식에서는, 이러한 고유한 정의에 속하지 않는 것, 예를 들어 '(그 인간이) 하얗다' 혹은 '까맣다'라는 추가적인 술어들이 그에게 서술되면 그 주장은 거짓으로 드러나는 것이다. 우리는 인간의 피부색이 하얗거나 혹은 까맣다는 것을 통해 그 인간이 인간이라고 판단하지는 않는다. 이 생각에는 토마스 이후에 논쟁의 원인이 되었고 오늘날까지도 학파 간의 논쟁거리가 되고 있는 매우 중요한 문제가 연관되어 있다. 이것은 이른바 '실재적 구별'(distinctio realis)이 올바른가에 대한 문제이다. 이 설을 추종하는 사람들은 존재와 본질, 현존과 본질이 사태상으로/실재적으로(realiter) 서로 구분된다고 주장한다. 이와는 달리, 반대자들은 단지 개념적 구별(distinctio rationis)만을 인정하려고 한다. 여기서 우리는 형상적 구별(distinctio formalis)을 언급했던 둔스 스코투스의 '정교한' 주장을 다루지는 않겠다.[1] 토마스가 실재적 구별 이론을 정말로 주장했는지는 오늘날까지도 명확하게 밝혀지지 않은 문제이지만,

아마도 긍정적인 대답을 발견할 수 있는 가능성이 매우 높다. 그의 추종자들 중에서 적지 않은 사람들이 그 이론을 옹호했고(모든 이가 그런 것은 아니다), 아직까지도 토마스주의의 일부를 이루고 있다.[2] 우리가 다루고 있는 구절에서 토마스는 이 문제로 들어갈 아무런 이유가 없다. 비록 상반된 문제 해결의 방식들이 이미 알려져 있었고, 그에 의해 많이 인용된 아비첸나가 실재적 구별과 관련된 의견들을 주장한 것으로 알려져 있더라도 말이다. [그러한 용어는 토마스 이후의 시기에서야 비로소 등장한다.] '존재', 현존이 본질에 속하지 않는다는 것은 일반적으로 인정되었다. 이것이 사실이라면 현존재는 공존재의 필수적인 규정을 의미해야 하고 창조된 사물들의 '우연성', 즉 현존의 비필연성이 드러나야 할 텐데 오직 존재 자체(Ipsum esse), 가장 실재적인 존재자(ens realissimum), 순수현실태(actus purus)인 창조자에게만 그의 본질이 존재를 포함하고 있다는 것이 유효하고, 따라서 이것은 본질적으로 자기 스스로 존재하는 것이다(ens a se).[3]

**주 2) 절대적으로 고찰된 인간의 본성은 어떠한 존재로부터도 추상된 것이고 또한 그것은 그러한 것들 중의 어떠한 것도 단절하지 않는다**

우리는 [II, 6]에서 추상의 두 가지 방식, 즉 단절하는 방식과 그 안의 것을 포괄하는 비한정적인 방식을 구분한 바 있다. [III, 4] 단락의 논의에서는 비한정적인 방식으로서의 추상에 대해 논하고 있다. 다양한 존재방식의 관점에서 본질은 그 자체로, 그리고 그것이 가시화되는 개별적인 존재자들에게서 독립적으로 관찰될 수 있다. 그 본질 또는 '본성'에

1 Ludger Honnefelder, 1979/1992 참조.

2 이러한 경향의 이론은 Joseph Gredt, 1933에서 가장 명확하게 서술되었다.

3 존재와 본질의 실재적 구별에 대한 본격적인 논의는 J. F. Wippel, 1979; L. Dewan, 1984; W. Patt, 1988; K. J. Caster, 2004; F. Ocampo, 2018과 그곳에 제시된 참고문헌 참조.

아무런 존재가 포함되지 않는다고 하더라도 결코 그것이 배제되지는 않는다. 이 모든 논의는 명시적으로 12세기 초반에 샹포의 윌리엄(William of Champeaux) 같은 학자가 주장했던 극단적인 보편실재론을 향하고 있다. 토마스가 여기서 반박하고 있는 이론은 아벨라르두스의 보고를 근거로 샹포의 윌리엄이 주장했다고 알려졌다. 이 보고에 따르면, 샹포의 윌리엄은 "같은 종에 속하는 모든 개체에 동일한 본질이 있다. 따라서 같은 종에 속하는 개체들은 실체적으로 다른 것이 아니라 우유적으로만 다른 것이다"라는 동일성 이론을 주장했다. 이에 대해 아벨라르두스가 "위와 같은 차이라면 소크라테스와 플라톤은 같은 실체이어야 한다. 이때 소크라테스가 어떤 도시에 있고 플라톤은 다른 도시에 있다 해도 결국 소크라테스는 동시에 두 장소에 있지 않으면 안 된다는 것이다"라고 논박하면서 결국 이러한 견해는 일원론 내지 범신론이 된다고 비판했다. 이러한 비판을 수용해 샹포의 윌리엄은 한발 물러나 "같은 종에 속하는 개체는 본질적으로 같은 것은 아니지만 '무차별적으로' 혹은 '무차이적으로'(indiffernter) 같다. 사람들의 본질이 유사하고 또한 이 유사성이 베드로나 바울로나 그 밖의 어떤 인간에게도 '차별 없이' 적용되는 인간 개념의 바탕이다"라는 '무차별 이론'을 주장했다. 그러나 아벨라르두스는 이러한 주장을 말장난이라고 비판하면서 "샹포의 윌리엄의 주장은 소크라테스와 플라톤이 같지는 않으나 그러면서도 다른 것이 아니라고 하는 것과 같다"라고 재(再)비판했다. 아벨라르두스는 논쟁을 위해 차이를 부각했지만, 샹포의 윌리엄의 '무차별 이론'이 온건한 보편실재론과 어떤 차이가 있는지에 대해서는 보다 상세한 논의가 필요하다.

### 주 3) 유사함 또는 유사성

"'시밀리투도'(Similitudo)는 우선 유사성을 의미하고, 이에 따라 또한 모상도 의미한다. 이 표현은 중세 문헌에서 시기에 따라 변화해 다양한 의미로 사용되었다. 표징(signum)은 본래 유사(similitudo)보다 더 포괄적인 개념이다. 표징 개념에 대한 (토마스 이후의 시기에도 많이 논의된 바 있는) 다양한 설명에 따르면, (이것은 한편으로 성사(聖事)에 대한 탐구를 통해, 다른 한편으로는 언어에 대한 탐구를 통해 유래되었다) 유사는 표징의 일종이다. 그럼에도 불구하고 이 단어는 토마스 자신에 의해 그리스어 '쉼볼론'(σύμβολον)의 번역으로, 따라서 표징의 특별한 종류로 사용되었다.[4] 모든 구절에서 'similitudo'가 '표상'(Abbild)으로 번역되어서는 안 된다. 그러한 단어 선정은 아마도 '스콜라적인' 인식 이론이라고 알려진 '표상 이론'에 적합할 것이다. 이 이론에 따르면 인식은 완전히 고유하게 이해된 모방된 그림, 즉 한 그림이 영혼 안으로 들어오는 것에서 이루어진다는 것이다. 그러나 이러한 이론은 일반적으로 옳지도 않고, — 중세의 사고와 그 용어들에 정교함을 거의 모르고 있는 철학사에서 종종 그렇게 생각된 것처럼 — 그렇게 가벼운 수준에서 가르친 적도 없었다. 이 구절에서는 가장 일반적인 표현인 '표징'(Zeichen)이 적합한 것처럼 보였다. 토마스 이후의 교사들은 정확하게 'similitudo'를 광범위한 개념으로, 'imago'를 좁은 개념으로 사용했다.[5] 예를 들어 '토미스트들의 제후'(princeps thomistarum)라는 요아네스 카프레올루스(Joannes Capreolus)는 그의 『명제집 주해』에서 그렇게 구분한다."[6]

**주 4) 모든 인간 안에 있는 지성의 단일성 대(對) 개별적 인간 능력으로서의 지성**

인간이 지닌 지성적 영혼이 인간 각자의 존재를 규정하는 실체적 형상이라는 가르침에 대해 토마스와 동시대에 살던 여러 학자들이 반론을 제기했다. 토마스는 자신을 비판하는 학자들과의 대결을 통해 자신의 견

4 「창세기」 제1장 제26절의 '우리의 모습을 닮은'이라는 표현에서 'ad imaginem et similitudinem'이라는 표현이 사용되었다.

5 내용은 Allers, p. 135 참조.

6 Joannes Capreolus, *Sententiarum*, ed. Aquaris, Venet. 1587.

해를 더욱 명확히 밝힌다. 그 중에서 가장 영향력이 컸던 반론은, 사유의 원리인 지성 능력이란 개인의 다양성과 다수성을 넘어 자립하는 유일한 정신적 실체라는 주장에 기초하고 있다.

지성에 대한 이러한 견해는 누구보다도 아랍 철학자인 아베로에스가 주장했는데, 그에 의하면 인간 전체에는 하나의 능동 지성이 있을 뿐이다. 이 능동 지성이 관념을 받는 경향에 불과한 것으로 보이는 개별 인간의 수동 지성과 접촉함으로써 어떤 결합 상태, 즉 '질료적'(materialis) 지성을 이룬다. 단순히 능동 지성만이 분리되고 개별적이지 못한 것이 아니라 수동 지성도 인격적인 성격을 가지지 못하며 육체와 함께 소멸한다. 그는 이러한 견해를 주장하는 데 그치지 않고 그것이 아리스토텔레스의 생각이라고 주장했다. 그는 "이 지성(능동 지성)은 그 본질에 있어 활동으로서, 분리될 수 있고 영향 받지 않으며 섞이지 않는다"(DA III, 5, 430a17)라는 아리스토텔레스의 진술을 지성이 육체의 형상이 아니라 분리되어 실존하는 실체를 의미하는 것으로 받아들였던 것이다. 서구에서는 브라방의 시제를 비롯한 그의 제자들이 이러한 설을 받아들여 '라틴 아베로에스주의'라는 사상을 발전시켰다.[7] 이들의 주장에 따르면, 이렇게 모든 인간에게 공통적인 분리된 실체를 가정할 때에만 보편적이며, 모든 인간에게 유효한 인식 내용을 인식하는 행위에 대한 만족할 만한 설명이 제시될 수 있다.

토마스의 스승인 대(大)알베르투스는 초기에 아베로에스의 견해를 충분히 알지 못하던 상황에서 그와의 의견 일치를 강조했지만, 이후에 자신의 주장을 수정했고 아베로에스의 이론을 반박했다. 그 밖에 존 페컴(John Peckham, 1230?~92?)과 로버트 킬워드비(Robert Kilwardby, 1215?~79) 같은 신학자들도 이단적인 학자로 규정된 아베로에스에 대해 격렬

7 박승찬, 2010a, 72~76, 150~53쪽; Carlos Steel, 2001a, pp. 211~31; M. Perkams, 2007 참조.

한 반감을 드러냈다. 토마스는 1270년에 그의 저서 『지성 단일성: 아베로에스 학파에 대한 논박』(*De unitate intellectus contra Averroistas*)에서 이 이론을 단호하게 배격했다. 그는 아베로에스와 그의 추종자들이 옹호한 이론이 잘못된 것임을 논술하면서 아리스토텔레스가 지성의 유일성을 옹호했다는 주장 역시 강력하게 비판했다.

아리스토텔레스나 그를 따르던 그리스 주해자와 아랍 철학자들의 해석을 바탕으로 지성 분리성 주장이 올바른 해석이 아님을 제1～2장을 통해 보여 준 토마스는, 제3장에서 그 주장이 철학적으로도 설득력이 없음을 보여 주는 논변들을 개진한다. 이러한 논변들은 '이 개별적인 인간이 이해 작용을 한다'라는 자명한 사실에 기초한다. 요컨대, 인간으로 하여금 이해 작용을 할 수 있게 하는 원리이며, 인간을 본질적으로 이성적 존재로 자리매김할 수 있게 하는 원리인 지성이 인간에게 내재할 때만 인간은 진정한 이해 작용을 한다고 말할 수 있다는 것이다. 따라서 토마스는, 지성을 인간에 내재한 형상으로 보지 않는 사람은 어떤 식으로든 이해 작용이 이 개별적 인간에 속한 작용임을 적절하게 설명해야 함을 역설한다.

그러나 아베로에스의 주장에 따르면, 어떤 사람의 지성 활동과 다른 사람의 지성 활동의 구분은 한 사람의 의식 속에서 지성 활동과 함께 동반해 출현하는 지각의 결과물, 즉 인식상들이 다른 사람의 의식 안에 있는 인식상들과 다르다는 점에서 가능하다. 그렇기 때문에 단지 하나의 유일한 지성이 존재한다는 전제 아래에서도, 각기 다른 개인들의 지성 활동의 상이성은 충분히 설명된다는 것이다.

그러나 토마스는 세 가지 이유를 들어 아베로에스의 설명 역시 '이 개별적 인간이 이해 작용을 한다'라는 사실을 충분하게 설명하지 못한다고 비판한다. 첫째, 아베로에스의 설명 방식을 따른다면, 지성은 타고나는 것이 아니라 우연적으로 결합하는 것이다. 따라서 인간에게서 존재의 구성 요소인 지성을 제거하는 문제점을 야기한다는 것이다. 둘째, 외적 세계로부터 획득되어 지성에 전이된 감각 작용의 결과물인 감각상은 물질적이기 때문에 단지 가능적으로 사고될 수 있다. 그것들이 현실적으로 사고될 수 있기 위해서는 추상 작용을 거쳐 가능 지성 안에 존재해야 한다. 따라서 토마스는 개별자 인간이 저마다 감각상들에서 추상된 지성상을 소유하지 않는다면 이해 작용의 개체성을 설명할 길이 없다고 주장한다. 셋째, 설령 지성과 감각상의 결합이 가능하더라도 지성 분리성 주장은 이해 작용의 자발성이 개별자 인간 외부에서 오게 될 것이므로, 개별자 인간은 인식 주체가 아니라 인식 대상으로 전락하게 될 것이라는 점이 토마스의 비판이다. 이것은 아리스토텔레스가 『영혼론』 제III권 [제7장]에서 제시하는 비교, 즉 "지성이 감각상에 대해 맺는 관계는 시각이 색깔에 대해 맺는 관계와 같다"라는 주장을 고찰한다면 더욱 분명해진다. 그런데 벽에 있는 색깔의 상이 시각 안에 있다는 사실로 말미암아 벽은 보는 것이 아니라 오히려 보이는 것일 뿐이다. 마찬가지로 우리 안에 있는 감각상의 형상이 지성 안에 발생한다는 사실로부터 우리가 이해된다는 사실이 귀결될 뿐, 우리가 이해한다고 말할 수는 없다는 것이다. 이러한 비판을 토대로 토마스는 인간을 다른 동물들과 근본적으로 구별해 주는 이해 작용을 하는 지성을 '영혼의 능력'(potentia animae)이라고 부른다(DUI 50 참조).

토마스는 능동 지성을 물질로부터 분리된 실체로 보는 아랍 철학자들의 이론뿐만 아니라 아우구스티누스의 '조명설'(照明說)마저 배격한다. 그에게는 능동 지성도 '영혼의 능력', 즉 인간이 실재를 이해하는 데 각자에게 필요한 능동적인 조명 능력이었다.

또한 토마스는 도덕철학의 관점에서 지성 분리성 주장을 비판한다. 의지는 지성 안에 있기 때문에 지성이 이 개별적인 인간 안에 속하지 않는다면, 의지는 분리된 실체 안에 있게 될 뿐이라는 것이다. 따라서 이 개별적인 인간은 자신의 행위에 대해 책임질 필요가 없게 될 것이므로 도덕철학의 원리가 파괴될 것이다. 더 나아가 라틴 아베로에스주의자들의 이론은 인격의 불멸, 책임, 저승에서의 보상 및 처벌을 부인한다는 점에서 결코 그리스도교와 양립할 수 없는 것이었다. 따라서 토마스는 라틴 아베로에스주의자들에게 반대해 가능 지성은 존재적으로 우리로부터 분리되어 있는 것이 아니라 형상으로서 우리와 일치를 이루고 사람들의 다수에 따라 다수화되며(CT 85 참조), 마찬가지로 능동 지성도 우리와 형상적으로 일치하는 어떤 것이고 인간의 수에 따라 다수화된다(CT 85 참조)고 주장했다.

**주 5) 서술이란 결합하고 분리하는 지성의 작용을 통해 완결되는 어떤 것**

결합이나 분리라는 작용은 토마스에게서 긍정과 부정 판단의 작용을 의미한다.

> 이렇게 지성은 서로 다른 작용에 따라 다른 방식으로 하나를 다른 것으로부터 구분한다. 결합과 분리 작용에 따라 하나가 다른 것 안에 실재적으로 있지 않다고 포착함으로써 한 사물을 다른 사물로부터 분리한다. 그러나 각 사물의 '무엇임'을 인식하는 작용 속에서는 (합쳐져 있든 분리되어 있든 상관없이) 다른 것에 대해서는 아무것도 포착하지 않으면서 '이것'이 무엇인지를 포착하는 동안 하나의 실재를 다른 실재로부터 분리한다(In BDT V, 3).

> 판단은 지성에 의해 만들어진 종합이다. 그것이 참된 판단이라면, 그것은 사물들의 존재에 상응한다. 따라서 판단의 진리는 사물들의 존재에 기초하고 있다(In PH I, 3).[8]

8 Gerald B. Phelan, 1939, pp. 11~22; Ludger Oeing-Hanhoff, 1953; Joseph Owens, 1963a, pp. 248~58; R. W. Schmidt, 1966, pp. 202~41 참조.

사고는 한 존재자에게 속하는 규정적 특성을 분리해 사물과 그 속성을 어느 정도 분리된 것으로 보기도 하면서 둘을 판단 진술을 통해 결합한다. '그 장미는 빨갛다'라는 문장은 우선 '빨강'의 요소가 별도로 관찰된 것과 둘째로 '장미'와 다시 결합된 것을 전제하고 있다. '장미의 빨강임'이라는 사태의 일체성이 이 판단을 가능하게 만드는 존재적 기초이다. 유사하게 '장미의 꽃임'이 '장미는 하나의 꽃이다'라는 진술의 사태적 기초이다. 따라서 한 개별 사물의 진술 가능성에는 유 개념의 '특성'들이 속하고, 그것은 마찬가지로 개별 사물과 유 개념의 일체성 안에 사태적 기초를 가지고 있어야 한다. 진술 가능성이 본래적으로 속하는 것에 대한 다음과 같은 설명은 유명한, 이전에 잠시 다룬 보편 논쟁에 대한 토마스의 입장을 보여 주는 것으로 이해되어야 한다. 토마스가 유 개념 자체가 아니라 그 안에서 표현된 것이 진술 가능성의 담지자 또는 기초라는 사실을 강조할 때는 그것을 통해 사람들이 극단적인 유명론의 것이라고 부르는 명제에 대해 반대하는 것이다. 즉 그것은 보편자, 여기서는 유가 사고의 현상으로서의 단순한 개념에 지나지 않거나 더욱이 단어와 동일시되는 것을 피해야 한다는 것이다. 여기서도 또한 후대의 극단적인 유명론을 여러 면에서 선취하고 있던 라틴 아베로에스주의자들에 대한 대당(對當)되는 주장을 추정할 수 있다. 다른 한편으로 진술 가능성의 담지자가 사고는 그것에 '유'라는 의미를 부여하는 것이라고 표현한다면, 이로써 토마스는 다시 극단적 유명론과 대당되는 의견을 거부하기 위한 것이다. 보편자(universale) 자체가 실재하고 있다는 이러한 의견은 '실재론자'들의 가르침으로서, 그들은 당시에 여러 차례 플라톤-신플라톤주의 전통과 연결되었기 때문에 플라톤주의자들이라고 불리기도 했다.[9]

9 Allers, p. 137 참조.

**주 6) 지성이 유라는 지향 개념을 그것에 귀속시키는 바로 그것**

지성이 유라는 지향 개념을 그것에 귀속시키는 바로 그 사물, 예를 들어 '동물'이라는 명칭으로 의미되는 바로 그것은 형이상학적으로 보편적인 것을 말한다.[10]

토마스는 다음과 같이 말한다. 비록 서술 가능성이라는 논리적 지향 개념(the logical intention of predicability)이 유라는 논리적 개념의 정의 안에 포함될 수 있어도(우리가 '유는 서술될 수 있다'라고 말하듯이), 이것으로 '서술될 수 있는 것(what is predicable)은 유라는 논리적 개념이다'라고 말할 수는 없다. 그것보다는 서술될 수 있는 것은 지성이 유라는 논리적 개념을 그것에 부가한 바로 그것, 예를 들어 '동물'이라는 용어에 의해 의미되는 것이다. '유는 서술될 수 있는 것이다'라고 말하는 것은 '유는 서술될 수 있는 무엇이다'라고 말하는 것이다. 우리는 '소크라테스가 서술될 수 있다'라고 말하지 않고(우리가 '소크라테스는 유이다'라고 말하지 않듯이), 우리는 '소크라테스는 동물이다'라고 말한다. 이와 같은 것이 종이라는 논리적 개념, 즉 종인 것 그리고 비슷하게 종차에 대해서도 말해진다. 즉 우리는 '소크라테스는 종차이다'라고 말하지 않고 '소크라테스는 이성적 동물이다'라고 말한다.[11]

우리는 '소크라테스는 인간이다' 또는 '소크라테스는 동물이다' 같은 서술에서 볼 수 있듯이, 개체에 대해 서술되는 것은 절대적으로 고찰된 본성이라는 것을 알아야 한다. 예컨대, '소크라테스는 인간이다'라고 말할 때, 여기서의 인간은 인간으로서의 인간에 속한다. 그런데 이러한 것이 종의 특성을 가진다고 볼 수는 없는데, 그 이유는 '소크라테스는 종이다'라는 식으로 소크라테스에 대해 서술할 수 없기 때문이다. 따라서 종은 절대적으로 고찰된 본성에 따른 것이 아니라 우유적으로 따르는 것

10 이 장의 주 36 참조.

11 Bobik, p. 128 참조.

으로 볼 수 있다.

또한 우리는 다음에 나오는 주장이 적절하지 못하다는 것을 알 수 있다.

> (1) 소크라테스는 인간이다. 인간은 종이다. 그러므로 소크라테스는 종이다.
>
> (2) 인간은 동물이다. 동물은 유이다. 그러므로 인간은 유이다.

유의 정의 안에는 '서술될 수 있음'(praedicabilis)이 포함(우리는 '유는 서술될 수 있는 것이다'라고 말할 수 있다)되어 있음에도 불구하고, 우리는 '소크라테스는 유이다'라고 말하지도 않고 '소크라테스는 서술될 수 있음이다'라고 말하지도 않는다. 그것은 서술될 수 있음이 유 개념 자체(논리적 개념으로서의 유)가 아니기 때문이다. 그것은 차라리 지성이 서술될 수 있는 것을 (유 개념 자체에 속하게 하는 것이 아니라) 유 개념에 (부가적으로) 덧붙이는 것으로 일어난다. 예컨대, '소크라테스는 유이다'라고 말하지 않고 '소크라테스는 동물이다'라는 식으로 '동물'이라는 용어를 통해 의미되는 것을 유가 있는 자리에 부가하는 것으로 일어나는 것이다. 이러한 방식과 비슷하게 우리는 종과 종차에 대해서도 '소크라테스는 종이다' 혹은 '소크라테스는 종차이다'라고 말하지 않고, '소크라테스는 인간이다' 혹은 '소크라테스는 이성적 동물이다'라는 식으로 말한다.[12]

---

12 Bobik, pp. 131~32 참조.

# 제4장

&

# 단순 실체의 본질과 존재

## [IV, 1] = [V, 1a]

375,1 Nunc restat videre per quem modum sit essentia in substantiis separatis, scilicet in anima, intelligentia et causa prima. Quamvis autem simplicitatem causae primae omnes concedant, tamen compositionem formae et materiae quidam nituntur inducere in intelligentias et in animam; cuius positionis auctor videtur fuisse Avicebron, auctor libri Fontis vitae.• Hoc autem dictis philosophorum communiter repugnat, quia eas substantias separatas a materia nominant et absque omni materia esse probant.

• Avicebron, *Fons vitae* (III, n. 18), 특히 소논문 IV, 제2장: *De inquisitione scientie materie et forme in substantiis simplicibus*; 주제, 내용, 출처 및 전개에 대해서는 Rudolph Allers, p. 132, n. 1; M.-D. Roland-Gosselin, p. 30, n. 2; Armand Maurer, p. 51, n. 3 참조. 토마스는 II Sent 3, 1, 1에서 "많은 이가 그를 따른다"라고 말한다.

### (1) 단순 실체의 본질은 결코 질료와 형상으로 합성되어 있지 않고 형상으로만 되어 있다

이제 본질이 어떤 방식으로 분리된 실체들 안에, 즉 영혼과 지성 존재와 제1원인[1] 안에 존재하는지를 고찰하는 일이 남아 있다. 그런데 비록 제1원인의 단순성에 모든 사람이 동의한다 할지라도, 어떤 사람들은 지성 존재 안에 그리고 영혼 안에 질료와 형상의 합성을 도입[후주 1)] 하려고 노력한다. 이러한 입장의 창시자는 『생명의 샘』의 저자인 아비체브론[후주 2)]이었던 것 같다. 375,1

그러나 이것은 일반적으로 철학자들이 하는 말과 상반된다. [철학자들은] 그것들을 '질료로부터 분리된 실체들'이라고 부르며, 또한 그것들이 어떠한 질료도 없이 존재한다고 논증하기 때문이다.[2] 그것에 대한 가장 강력한 증명은 그것들 안에 있는 이해 능력에서 나온다.[3]

---

1 영혼은 인간의 영혼, 지성 존재(intelligentiis)는 천사, 그리고 제1원인은 신을 의미한다(베레츠, 45쪽 참조). 토마스의 『분리된 실체』 참조. 그에게 인간 영혼을 분리된 실체에 포함하는 것이 일상적인 것은 아니다. 천사의 본성에 대해서는 James Collins, 1947; Étienne Gilson, 1956, pp. 160~73 참조.

2 Aristoteles, DA III, 4, 429a10-25: "영혼이 그것으로써 인식도 하고 사려도 하는 영혼의 바로 그 부분과 관련해 그것이 분리될 수 있든 크기에서가 아니라 규정에서 분리될 수 있든 간에, 우리는 그것이 어떤 차별성을 갖는지, 그리고 그 사유함이 대체 어떻게 일어나는지를 검토해야 한다. 만일 사유함이 감각함 같은 것이라면, 사유함은 사유 대상에 의한 일종의 영향받음이거나 아니면 그러한 다른 무엇일 것이다. 그렇다면 그것은 영향받지 않지만 형상을 받아들일 수 있어야 하며, 가능태에서 이 형상 같은 것이지만 이 형상은 아니어야 하고, 감각 능력이 감각 대상들과 맺고 있는 것과 유사한 관계를 지성이 사유 대상들과 맺고 있어야 한다. 그렇다면 지성은 모든 것을 사유하므로 아낙사고라스가 말하듯이 모든 것을 지배하기 위해서는, 즉 모든 것을 알아보기 위해서는 필히 섞이지 않은 것이어야 한다. (섞인 것이라면 다른 것이 안에 함께 나타나 방해와 차단을 일으키기 때문이다). 따라서 필히 이 지성에는 이 본성, 즉 가능적이라는 것 외에는 그 어떤 본성도 없어야 한다. 그렇다면 영혼에서 이른바 지성은(지성으로 내가 뜻하는 것은 영혼이 그것으로써 사고하고 상정하는 바로 그것이다), 사유하기 이전에는 활성태에서 그 어떤 존재자도 아니다." St. Albert, *In II Sent*. d. 1, a. 4, ed.

Cuius demonstratio potissima est ex virtute intelligendi, quae in eis est. —

Videmus enim formas non esse intelligibiles in actu nisi secundum quod separantur a materia et a condicionibus eius, nec efficiuntur intelligibiles in actu nisi per virtutem substantiae intelligentis, secundum quod recipiuntur in ea et secundum quod aguntur per eam. Unde oportet
376,20 quod in qualibet substantia intelligente sit omnino immunitas a materia, ita quod neque habeat materiam partem sui neque etiam sit sicut forma impressa in materia, ut est de formis materialibus.

사실, 우리가 보기에 형상들은 질료와 그것(질료)의 조건들로부터 분리되는 한에서만 현실적으로 가지적(可知的)이 된다. 또한 오직 인식하는 실체의 능력을 통해서만 현실적으로 가지적이 되는데, [형상들이] 그 안에 받아들여지는 한에서만 또 그것을 통해 작용되는 한에서만 그렇다(현실적으로 가지적이 된다).[4] 그러므로 어떠한 인식하는 실체든지 간에 질료로부터 전적으로 자유로워야 한다.[5] 그래서 그런 실체는 질료를 자기 부분으로 가져서도 안 되고, 또한 질료적 형상들의 경우처럼 질료에 각인된 형상과 같은 것이어서도 안 된다.[6]

---

Borgnet, 27, p. 14b 참조.

3 Avicenna, *De Anima* V, 2, fol. 22 vb; 23 rb; St. Albert, *In II Sent*. d. 19, a. 1, sed contra 3, p. 329a 참조.

4 조감성적으로, 즉 이성으로서 인식하는 실체들인 인간 영혼과 정신은 예를 들면 '장미'의 형상에 개념적 존재 방식을 부여한다. 그것들은 장미의 질료와 결합해 있는 잠재적으로, 즉 가능성에 의해 인식할 수 있는 형상을 — 형상이 그 속에 있는 물질로부터 벗어나고 '장미'의 형상이 개념적으로 파악되면서 — 현실적으로, 다시 말해 실제로 인식할 수 있는 형상으로 만든다. Thomas Aquinas, DEE III, 92-101 참조. 지성적 존재는 형상에 자기 안에 있는 지향적 존재 방식을 부여한다. André Hayen, 1942, pp. 47~53; Joseph Owens, 1963a, pp. 31~32 참조.

5 직역하면 "어떠한 인식하는 실체에서든지 질료로부터의 무관함이 전적으로 존재해야 한다"이나 이해를 위해 의역했다.

6 토마스는 인간 영혼과 정신의 특수한 활동이나 그 성과로부터 인간 영혼과 정신 자체를 추론한다. 질료와 결합된 형상의 한 예는 동물의 영혼이다. Thomas Aquinas, DEE IV, 193-201 참조.

[IV, 2] = [V, 1b]

Nec potest aliquis dicere quod intelligibilitatem non impediat materia quaelibet, sed materia corporalis tantum. Si enim hoc esset ratione materiae corporalis tantum, cum materia non dicatur corporalis nisi secundum quod stat sub forma corporali, tunc oporteret quod hoc haberet materia, scilicet impedire intelligibilitatem, a forma corporali; et hoc non potest esse, quia ipsa etiam forma corporalis actu intelligibilis est, sicut et aliae formae, secundum quod a materia abstrahitur. Unde in anima[•] vel in intelligentia nullo modo est compositio ex materia et forma, ut hoc modo accipiatur essentia[••] in eis sicut in substantiis corporalibus. Sed est ibi compositio formae et esse. Unde in commento

---

• 마리에티 판에서는 'in anima intellectiva'.

•• 마리에티 판에서는 'materia'.

또한 어떤 이처럼 "어떤 질료든지 모두 가지성(可知性)을 방해하는 것이 아니고, 오직 물체적 질료만이 가지성을 방해한다"[7]라고 말할 수도 없다.[8] 사실, 질료는 물체적[9] 형상 아래 있는 한에서만 물체적 질료라고 한다. 그렇기 때문에 만일 물체적 질료라는 이유만으로 그렇다고 (가지성을 방해한다고) 가정한다면, 질료는 물체적 형상에 의해 이것, 즉 가지성을 방해한다는 것을 가지고 있어야만 할 것이다. 그런데 이것은 있을 수 없는 일이다. 왜냐하면 물체적 형상 자체도 다른 형상들처럼 질료로부터 추상되는 한에서 현실적으로 가지적이기 때문이다. 그러므로 영혼과 지성 존재 안에는 결코 질료와 형상의 합성이 없다. 물체적 실체들 안에서처럼 이러한 방식[질료와 형상의 합성]으로 본질이 그것들 안에 받아들여지는 것은 아니다.[10] 그러나 거기(영혼과 지성 존재 안)에는 형상과 376,23

7 "여기서 거부된 의견은 많은 옛 사상가들 중에서, 특히 위대한 프란치스코 수도회의 헤일즈의 알렉산더에 의해 주장되었다. 보나벤투라 또한 이 의견을 수용했다 [II Sent 3, 1, 1-3]. 토마스는 아마도 여기서 헤일즈의 알렉산더를 생각하고 있을 것이다"(Allers, p. 140, n. 2 참조).

8 앞 단락에서 정신적 실체의 본성에 대해 논한 후에 동일한 제1질료로부터 파생한 두 다른 본성의 질료, 즉 물체적 질료와 정신적 질료를 구분하고 있는 보편적 질료형상론을 염두에 두고 논의를 전개한다. 토마스는 모든 질료가 인식의 장애 요인이 아니며 오직 물체적 질료만 그렇다는 보편적 질료형상론자들의 주장이 앞에서 언급된 이유 때문에 자가당착에 빠진다고 말한다. J. F. Wippel, 2000, p. 137 참조.

9 "'물체적'이라는 표현은 형상이 어떤 물체적인 것이라는 것을 의미하는 것이 아니라 단지 그것이 물체에 속한 것이라는 뜻으로 사용된 것이다. 우리가 '신체적인 편안함'이라고 말할 때, 편안함이 신체가 아니라 이것이 신체와 관련되어 있다는 것만을 의미하는 것과 유사하다"(Allers, p. 140, n. 3 참조).

10 "증명: 〈물체적〉 질료뿐만 아니라 무규정성이라는 의미에서의 모든 유형의 질료가 인식을 가로막고 있다. 인간의 영혼과 정신은 형상을 그 질료들로부터 자유롭게 함으로써 질료와 결합되어 있는 형상들을 현실적으로 인식할 수 있게 한다. 그러나 사물의 특수한 활동이나 그 활동의 성과가 존재하는 것처럼 사물 자체도 역시 존재한다.

none propositionis libri De causis[•] dicitur quod intelligentia est habens formam et esse: et accipitur ibi forma pro ipsa quiditate vel natura simplici.

• *De causis* prop. 9 comm.: "Et intelligentia est habens Yliatim, quoniam est esse et forma" (ed. H.-D. Saffrey, p. 57b; ed. A. Pattin, §90).

존재의 합성이 있다.[후주 3)] 그러므로 『원인론』(*De causis*)[후주 4)] 제9명제의 주해에서는 "지성 존재가 형상과 존재를 갖고 있다"라고 말하며, 여기서는 형상이 무엇임 자체 혹은 단순한 본질로 받아들여진다.[11]

---

결국 인간의 영혼이나 정신은 형상들 이외의 다른 어떤 것이 아니다"(베레츠, 47쪽 참조).

11 Thomas Aquinas, DEE IV, 36-177까지는 지성 존재만을 다루고 있으나, 간접적으로 신과 제1원인도 다루고 있다(베레츠, 47쪽 참조).

## [IV, 3] = [V, 1c]

376,41 Et quomodo hoc sit planum est videre. Quaecumque enim ita se habent ad invicem quod unum est causa esse alterius, illud quod habet rationem causae potest habere esse sine altero, sed non convertitur. Talis autem invenitur habitudo materiae et formae quod[•] forma dat esse materiae, et ideo impossibile est esse materiam sine aliqua forma; tamen non est impossibile esse aliquam formam sine materia, forma enim in eo quod est forma non habet dependentiam ad materiam.[••] Sed si inveniantur aliquae formae quae non possunt esse nisi in materia, hoc accidit eis secundum quod sunt distantes a primo principio quod est actus primus et purus. Unde illae formae, quae sunt propinquissimae primo principio, sunt formae per se sine materia subsistentes, non enim forma secundum totum genus suum materia indiget, ut dictum est; et huiusmodi formae sunt intelligentiae, et ideo non oportet ut essentiae vel quiditates harum substantiarum sint aliud quam ipsa forma.

• 마리에티 판에서는 'quia'.

•• 마리에티 판에서는 'Forma enim non habet in eo quod est forma dependentiam ad materiam'.

또한 이것이 어떻게 되는지는 쉽게 알 수 있다. 사실, 하나가 다른 것의 원인으로 서로 관계를 맺고 있는 것은 무엇이든 간에, 원인이 되는 바로 그것은 다른 것 없이 존재를 가질 수 있지만 그 반대는 안 된다. 그러나 질료[12]와 형상 사이에서는 형상이 질료에 존재를 주기 때문에[13] 그러한 관계가 발견된다. 그러므로 질료가 어떤 형상 없이 존재하는 것은 불가능하다. 그렇지만 어떤 형상이 질료 없이 존재하는 것은 불가능하지 않다. 사실, 형상은 형상인 한에서는 질료에 종속되지 않는다. 그러나 오직 질료 안에서만 존재할 수 있는 어떤 형상들이 발견된다면, 제1이며 순수 현실태인 제1원리에서 떨어져 있는 한에서 그것들에 그런 일이 일어나는 것이다. 그러므로 제1원리에 가장 가까이 있는 형상들은 질료 없이 그 자체로 자립하는 형상들이다. 사실, 이미 말한 바와 같이, 모든 종류의 형상이 다 질료를 필요로 하는 것은 아니다. 그리고 [질료가 필요 없는] 이러한 종류의 형상이 바로 지성 존재이다. 그러므로 이러한 실체들의 본질 혹은 무엇임은 형상 자체 이외의 다른 어떤 것일 수 없다. 376,41

12 여기에서 질료는 다시 물체적 질료만을 의미한다(베레츠, 48쪽 참조).

13 그럼에도 불구하고 형상 역시 존재를 그 자신으로부터 갖지는 않는다. 그에 대한 상세한 설명은 Thomas Aquinas, DEE IV, 90-166에 있다(베레츠, 48쪽 참조).

## [IV, 4] = [V, 2a]

376,61 In hoc ergo differt essentia substantiae compositae et substantiae simplicis quod essentia substantiae compositae non est tantum forma, sed complectitur formam et materiam,[•] essentia autem substantiae simplicis est forma tantum. Et ex hoc causantur aliae duae differentiae.[••] Una est quod essentia substantiae compositae potest significari ut totum vel ut pars, quod accidit propter materiae designationem, ut dictum est. —

Et ideo non quolibet modo praedicatur essentia rei compositae de ipsa re composita: non enim potest dici quod homo sit quiditas sua. Sed essentia rei simplicis, quae est sua forma, non potest significari nisi ut totum, cum nihil sit ibi praeter formam quasi formam recipiens; et ideo quocumque modo sumatur essentia substantiae simplicis de ea praedicatur. Unde Avicenna dicit quod 《quiditas simplicis est ipsummet simplex》,[•••] quia non est aliquid aliud[••••] recipiens ipsam.

---

• 마리에티 판에서는 'non tantum formam nec tantum materiam, sed formam et materiam complectitur'.

•• 마리에티 판에서는 'duae aliae differentiae'.

••• Avicenna, *Metaph.* V, c. 5 (fol. 90 ra F): "Quiditas simplicis est ipsummet simplex. Nihil enim est receptibile suae quiditatis." 토마스는 거의 문자 그대로 이 표현을 인용한다. Thomas Aquinas, STh I, 50, 4; SCG II, 93 참조.

•••• 마리에티 판에서는 'aliquid'.

## (2) 단순 실체의 본질은 복합 실체들의 본질과 비교된다

그러므로 복합 실체의 본질과 단순 실체의 본질은 이러한 점에서 다르다. 즉 복합 실체의 본질은 형상만 포함하는 것이 아니라[14] 형상과 질료[15]를 모두 포함한다. 그러나 단순 실체의 본질은 오직 형상뿐이다. — 376,61

이 점에서 **두 가지** 다른 **차이**가 발생한다. —

(1) 그 **첫 번째** [**차이**는] '복합 실체의 본질이 전체로서 혹은 부분으로서 의미될 수 있다'라는 점이다. 이것은 이미 말한 바와 같이, 질료의 지정 때문에 일어난다. 그러므로 복합 실체의 본질은 어떤 방식으로든 모두 복합 사물 자체에 대해 서술되는 것이 아니다. 사실, '인간은 자기의 무엇임이다'라고 말할 수 없다.[16] 그러나 단순 실체의 본질은 바로 그 형상이며, 오직 전체로서만 의미될 수 있다. 거기에는 형상을 제외하고는 흡사 형상을 받아들이는 것이란 아무것도 없기 때문이다. 따라서 단순 실체의 본질이 어떤 방식으로 취해지든 간에, [그것은] 그것(단순 실체)에 대해 서술된다. 그러므로 아비첸나는 '단순한 것(단순 실체)의 무엇임은 단순한 것 그 자체'라고 한다. 단순 실체의 무엇임을 받아들이는 다른 어떤 것도 없기 때문이다.

14 이 부분은 마리에티 판에 따르면, '형상만도 아니고 질료만도 아니라'로 번역할 수 있다.

15 형상과 질료를 포괄하고 있는 복합 실체의 본질이 지니는 질료는 우리가 Thomas Aquinas, DEE II, 67-84에서 살펴본 것처럼 하나의 일반적인(감성적으로 지각할 수 있는) 질료이다(베레츠, 48~49쪽 참조).

16 '소크라테스는 인간이다'라고 말할 수는 있지만, '소크라테스는 인간성이다'라고 말할 수는 없다. 이에 대해서는 Thomas Aquinas, DEE II, 292-308 참조.

## [IV, 5] = [V, 2b]

376,79 Secunda differentia est quia[•] essentiae rerum compositarum ex eo quod recipiuntur in materia designata multiplicantur secundum divisionem eius, unde contingit quod aliqua sint idem specie et diversa numero. — Sed cum essentia simplicis non sit recepta in materia, non potest ibi esse talis multiplicatio; et ideo oportet ut non inveniantur in illis substantiis plura individua eiusdem speciei, sed quot sunt ibi individua tot sunt ibi species, ut Avicenna expresse dicit.[••]

• 마리에티 판에서는 'quod'.

•• Avicenna, *Metaph.* V, c. 2 (fol. 87 va A): "존재로 등장하고 그 안에 머무르기 위해 아무런 질료도 필요로 하지 않는 본성은 다수화할 수 없다. 그러므로 그런 것의 종에 속하는 것은 단 하나뿐이다."; IX, 4: "Nec hae intelligentiae sund convenientes in specie, ita ut individua suarum intentionum sint convenientia."

(2) **두 번째 차이**는 다음과 같다. 복합 사물들의 본질은 지정된 질료 안 376,79
에 받아들여짐으로 인해 그러한 질료의 분할에 따라 다수화된다. 그러므로 어떤 것들은 종(種)에서는 같고 수(數)에서는 다르게 된다.[17] 이와는 달리, 단순 [실체]의 본질은 질료 안에 받아들여지는 것이 아니기 때문에 거기서는 그러한 다수화가 있을 수 없다. 따라서 그러한 실체에서는 동일한 종의 많은 개체가 발견될 수 없다.[18] 오히려 아비첸나가 분명히 말하는 것처럼 [단순 실체 안에서는] 개체들이 있는 그만큼 종들도 있는 것이다.[19]

17 일상적인 용어로 풀어 쓰면 "하나의 동일한 종에 수많은 여러 개체가 있다"라는 뜻이다.

18 Thomas Aquinas, SCG II, 93, n. 1797: "게다가 종에 따라서는 동일하지만 수적으로는 다른 것은 무엇이든지 질료를 가진다. 즉 형상으로부터 발생하는 차이는 종의 다양성을 초래한다. 그러나 질료로부터 [발생하는 차이는] 수에 따른 다양성을 초래한다. 그러나 분리된 실체들은 전혀 질료를 가지지 않아 [질료가] 그것들의 부분인 것이 아닐 뿐만 아니라 형상으로서 그것과 합일되지도 않는다. 따라서 하나의 종 안에 다수의 [분리된 실체]들이 존재하는 것은 불가능하다."

19 여러 개체들이 동일한 종에 속할 수 없다는 것이 의미하는 것은 그것들이 하나의 종 개념 아래 포괄될 수 없다는 것이다. 즉 단순 실체에는 하나의 종에 하나의 개체만이 있게 된다. 따라서 지성 존재에서는 종의 개체화란 있을 수 없으며, 각각의 종은 그 자체로 개체들로 다수화되지 않고 존재한다는 것은 토마스의 천사론에서 커다란 역할을 한다. 이것은 개체화(일반적인 종이 개체로 되는 과정)에 대해 토마스가 주장한 이론과 상당히 밀접하게 연관되어 있다. 그에 따르면, 이것은 배타적으로 질료에 의해 이루어져야 한다. 그러나 우리가 본 바와 같이, 지성 존재는 어떤 의미에서도 질료를 가질 수 없기 때문에 개체화는 완전히 불가능하다. Rudolph Allers, p. 142, n. 7 참조.

## [IV, 6] = [V, 3]

Huiusmodi ergo substantiae, quamvis sint formae tantum sine materia, non tamen in eis est omnimoda simplicitas nec sunt actus purus, sed habent permixtionem potentiae; et hoc sic patet. Quicquid enim non est de intellectu essentiae vel quiditatis, hoc est adveniens extra et faciens compositionem cum essentia, quia nulla essentia sine his quae sunt partes essentiae intelligi potest. Omnis autem essentia vel quiditas potest intelligi sine hoc quod aliquid intelligatur de esse suo[•]: possum enim intelligere quid est homo vel Phoenix et tamen ignorare an esse habeat in rerum natura; ergo patet quod esse est aliud ab essentia vel quiditate, nisi forte sit aliqua res, cuius quiditas sit ipsum suum esse, et haec res non

• 마리에티 판에서는 'de esse suo facto'.

## (3) 단순 실체들은 본질과 존재에서 합성되어 있음을 제시한다

그러므로 이러한 방식의 실체들은 질료가 없는 오직 형상들이지만, 그러한 실체들 안에는 전폭적인 단순성이 있는 것도 아니다. 또한 [그러한 실체들은] 순수 현실태가 아니라 가능태의 혼합을 갖는다.[후주 5)] 이것은 아래와 같은 이유에서 명백하다. 사실 본질이나 무엇임이라는 개념에 속하지 않는 것은 무엇이든 다 밖에서 오는 것이며[20] 본질과 복합을 이룬다. 왜냐하면 어떠한 본질도 그 본질의 부분인 것[이 이해됨] 없이는 이해될 수 없기 때문이다. 그런데 모든 본질이나 무엇임은 그 존재에 대해[21] 어떤 것이 이해되지 않고서도 이해될 수 있다. 사실, 나는 사람이나 불사조가 무엇인지를 이해하면서도 그러한 것이 자연 사물계 안에서[22] 존재를 갖는지를 모를 수 있다.[23] 따라서 만일 어떤 것의 무엇임이 그 존재 자체인 그러한 것이 존재하는 경우가 아니라면, 존재는 본질이나 무 376,90

20 "'hoc est adveniens extra'라는 표현은 여기에서 실존하는 것이 우연적 속성에 작용하는 것처럼 본질에 대해 밖으로부터 부가되는 것을 의미하는 것이 아니고, 실존하는 것이 실재 원인에 의해 본질에 드러나는 것을 의미한다. 이 같은 실재 원인은 본질을 초월해 있으므로 본질 밖에 있다. 이 실재 원인은 신이다(DEE IV, 137-41 참조). 본질 속에서 신에 의해 유발된 존재(esse)는 그것이 밖으로부터 왔을지라도 본질을 내적으로 기초하고 있기 때문에 전적으로 본질에 일체화된다." Étienne Gilson, 1965, p. 180, n. 61 참조.

21 이 부분은 마리에티 판(de esse suo facto)에 따르면, '그 존재 사실에 대해' 정도로 번역할 수 있다.

22 직역하면 '사물들의 자연 안에'라고 번역될 수 있다.

23 본질과 존재에 대한 이 논증은 토마스의 다른 저작에서도 발견된다. Thomas Aquinas, I Sent 8, Expositio primae partis textus; I Sent 8, 4, 3; II Sent, 1, 1, 1; QDV 10, 12; 참조: L. Sweeney, 1963, pp. 97~131; 1965, pp. 70~71; Joseph Owens, 1963a, pp. 103~04, n. 10; Cornelio Fabro, 1963, pp. 218~19; Joseph Owens, 1981, pp. 99~123; 1986, pp. 159~72; S. MacDonald, 1984, pp. 157~72; 이경재, 2005, 113~40쪽; 장건익, 2005, 386~419쪽 참조.

potest esse nisi una et prima: quia impossibile est, ut fiat plurificatio alicuius nisi per additionem alicuius differentiae, sicut multiplicatur natura generis in species; vel per hoc quod forma recipitur in diversis materiis, ⟨sicut multiplicatur natura speciei in diversis individuis; vel
377,111 per hoc quod unum est absolutum et aliud in aliquo receptum, sicut si

엇임과는 다르다는 사실이 분명하다.[24] 이러한 것[무엇임과 존재 자체가 일치하는 것]은 하나이고 첫째일 수밖에 없다.[25] 왜냐하면 다음과 같은 경우들을 제외하고는 어떤 것의 다수화가 불가능하기 때문이다. (a) 유의 본성이 종 안에서 다수화되는 것과도 같이 어떤 차이가 부가되거나, (b) 또는 종의 본성이 다양한 개체들 안에서 다수화되는 것처럼 형상이 다양한 질료들[26] 안에 받아들여지거나, (c) 또는 하나는 절대적[27]이고 다른 하나는 어떤 것 안에 받아들여지는 경우이다.[28] [셋째 경우(c)의] 예

---

24 여기에서 다음과 같은 이의가 제기되어야 할 것이다. 예를 들면 나는 인간의 본질을 그것이 존재하는지의 여부를 알지 못한 채로 생각할 수 있다. 그러므로 내가 존재 없이 본질을 생각할 수 있다는 이 사실은 본질이 존재와 다른 어떤 것이라는 사실을 아직 증명하지 못한다. 예를 들어 내가 불사조가 존재하는지를 알지 못한 채 불사조를 생각할 수 있다는 사실은 이러한 본질이 현존으로부터 사고상으로 구별될 수 있다는 것을 증명하고 있을 뿐이지, 두 가지가 서로 다른 것'이다'라는 사실을 증명하지는 않는다. 사고상의 차이는 결코 의심받지 않았다. 그러나 많은 사람은 본질과 존재의 차이가 단지 이런 사고상의 차이(distinctio rationis)일 뿐이라고 주장한다. 토마스는 보다 적절한 증명을 DEE IV, 105-26에 나오는 그 다음 부분에서 제시한다. 그는 이것을 제1존재자와 그 밖의 존재자 사이의 대립으로부터 도출한다. 토마스에게서 본질과 존재의 상이성에 대한 문제는 M.-D. Roland-Gosselin, pp. 185~90; M. Feigl, 1942, pp. 277~99 참조.

25 Thomas Aquinas, DSS 8, n. 42 참조.

26 "여기서 언급되는 질료의 '다양함'(diversis materiis)이란 질료의 일차적 속성이라고 생각하기에는 어려움이 있다. '제1질료'로서의 질료는 완전히 비확정적이고 따라서 아무런 성질도 없다. 다름이란 한정된 질료의 다름으로 이해되거나 이미 어떤 특성을 지닌 형상을 받아들임으로써 형성된 질료적인 사물을 의미하는 것으로 이해되어야 한다"(Allers, p. 142, n. 10 참조).

27 "'Absolutum'은 '다른 존재자들로부터 분리되어'라는 뜻이다. 다른 경우에는 이 다른 존재자들과 이들에 대한 관계가 존재의 조건과 이것에 관련된 존재자들의 관계를 형성한다. 어떤 것이 그 자체로, 그리고 절대적으로 존재할 수 있다면 그것은 다른 존재자에 의해 받아들여진 것과는 다른 것이다. 그럴 경우에 저것은 이 존재에 속해 있는 것이고, 자체적으로 절대적인 존재라는 첫 번째 존재 방식에서 결정적인 규정을 잃어버리게 된다"(Allers, p. 143, n. 11 참조).

28 세 가지 구분과 이어지는 논증 구조가 복잡하기 때문에 이해를 돕기 위해 (a), (b), (c)를, 그리고 이에 대한 상응 부분을 표시하는 (a'), (b'), (c') 등의 기호를 옮긴이가 첨가했다.

esset quidam calor• separatus esset alius a calore non separato ex ipsa sua separatione. —

Si autem ponatur aliqua res quae sit esse tantum ita ut ipsum esse sit subsistens, hoc esse non recipiet additionem differentiae, quia iam non esset esse tantum sed esse et praeter hoc forma aliqua; et multo minus reciperet additionem materiae, quia iam esset esse non subsistens sed materiale. Unde relinquitur quod talis res quae sit suum esse non potest esse nisi una; unde oportet quod in qualibet alia re praeter eam aliud sit esse suum et aliud quiditas vel natura seu forma sua; unde oportet quod in intelligentiis sit esse praeter formam; et ideo dictum est quod intelligentia est forma et esse.

• 마리에티 판에서는 'color'.

를 들자면, 만일 분리된 열(熱, calor)[29]이 있다고 가정하면 그러한 열은 그 분리 자체로 말미암아 분리되지 않는 열과는 다른 것이다.[30] 그런데 어떤 것이 오직 존재여서 그것이 자립하는 존재 자체라면, (a') 그 존재는 차이(종차)의 부가를 받아들이지 않을 것이다. [만일 차이가 부가된다면] 그것은 이미 오직 존재만은 아닐 것이고 존재이면서 동시에[31] 어떤 형상일 것이기 때문이다. (b') 더욱이 이 존재는 질료의 부가를 받아들일 수 없을 것이다. [만일 질료의 부가를 받아들인다면] 이미 그 존재는 자립적인 존재가 아니라 질료적인 존재일 것이기 때문이다. 그러므로 자기 존재인 그러한 것은 오직 하나일 수밖에 없다는 사실이 귀결된다. 그러므로 이러한 것을 제외한 어떤 다른 사물에서도 그 존재는 자기의 무엇임이나 자기 본성 혹은 형상과는 다를 수밖에 없다.[32] 따라서 지성 존재에는 형상 외에 존재가 있어야만 한다. 그래서 지성 존재는 형상과 존재라고 말했던 것이다.[33]

29 마리에티 판에서는 'color'(색깔)라는 단어가 사용되었다.

30 이러한 종류의 분리된 열은 자존적인 형상(열 그 자체)으로서 모든 뜨거운 사물과 독립적으로 존재하며, 모든 사물이 그것에 참여함으로써 뜨거워지는 것이다. 여기서도 예를 들면 따뜻함의 다양화가 가능하다. 사물들 속에 있는 따뜻함 이외에 따뜻함 그 자체, 따뜻함의 이데아가 상정되기 때문이다. 이와 같은 유형의 다양화는 플라톤에 의해 제시되었던 것인데, 이미 플라톤이 생존하던 시대에 그의 이데아론을 비난받게 만들었다. 토마스는 분리된 형상의 플라톤 사상에 대해 언급함이 없이 가상적인 예로서 이를 사용하지만, 적극적으로 이 이론을 받아들이지는 않고 부정했다. 플라톤주의에 대한 그의 해석에 대해서는 R. J. Henle, 1956, pp. 351~61 참조.

31 직역하면 '존재 이외에'라고 번역된다.

32 "여기서 앞서(DEE IV, 103-04) 완벽하게 증명되지 못했던 본질과 존재의 차이점이 엄격하게 규정되었다. 여기에서 도입된 첫째이고 하나인 것을, 한편에 존재 자체 안에 있는 다른 존재자들을 다른 편에 놓는 대당 관계는 모든 생각됨과 독립적으로 근거를 지니기 때문이다"(Allers, p. 143, n. 12 참조).

33 Thomas Aquinas, DEE IV, 36-37 참조.

[IV, 7] = [V, 4]

377,127 Omne autem quod convenit alicui vel est causatum ex principiis naturae suae, sicut risibile in homine; vel advenit ab aliquo principio extrinseco, sicut lumen in aere ex influentia solis. Non autem potest esse quod ipsum esse sit causatum ab ipsa forma vel quiditate rei, dico sicut a causa efficiente, quia sic aliqua res esset sui ipsius causa et aliqua res se ipsam in esse produceret: quod est impossibile. Ergo oportet quod omnis talis res cuius esse est aliud quam natura sua habeat esse ab alio. —

## (4) 지성 존재는 실제적으로 신으로부터 존재하게 된다

그런데 어떤 것에 적합한 모든 것은 (1) 인간에게서 웃을 수 있음과 같이 그 본성의 원리들에서 야기되거나, (2) 태양의 영향 아래 공기 중에 빛을 [내는 것]과 같이 어떤 외부적 원리(principio extrinseco)[34]에서 온다. 그런데 존재 자체가 사물의 형상 자체나 무엇임에 의해 — 나는 지금 능동인에 의한 것을 말하고 있다 — 야기된다는 일은 있을 수 없다.[35] 왜냐하면 이렇게 [될 경우] 어떤 사물이 **자기 자체의 원인**(sui ipsius causa)[후주 6] 이 될 것이며, 어떤 사물이 자기 자신이 존재하도록 생산하게 될 것인데 이것은 불가능하기 때문이다.[후주 7] 그러므로 그 존재가 자기의 본성과 다른 그러한 사물은 모두 그 존재를 타자로부터 가져야만 한다. — 377,127

34 "'Principium'은 아리스토텔레스의 단어 '아르케'(ἀρχή [Met. V, 1])를 위해 선택된 단어이다. 모든 원리는 — 그 단어가 여러 가지 의미를 지닌다고 하더라도 — 공통적으로 그것으로부터 어떤 것이 존재하고 생성되고 인식되는 첫째의 것이다. '근원이 되는 첫째 것임'은 어떤 것을 바로 최초의 시작으로 만든다. 이 '원리'는 한 사물 안에 놓여 있거나 밖에 있을 수 있다고 아리스토텔레스는 말한다"(Allers, p. 143, n. 13 참조).

35 "아리스토텔레스와 반대로 토마스는 형상이 자기 자신의 힘으로 존재를 줄 수 있으리라고 생각하지 않는다"(레오 엘더스, 2003, 300쪽 참조). "존재는 그 자체로 피조물의 형상을 따르지만, 신의 작용을 전제하고 있다. 이것은 태양의 작용이 현존할 때, 빛이 공기의 투명성을 따르는 것과 비슷하다"(STh I, 104, 1, ad 1; SCG II, 54 참조). 피조물이 존재를 외부로부터 받는다는 주장의 또 다른 근거는 '우연성'이다. "존재는 현실화를 뜻하기 때문이다. …… 존재는 항상 현실화, …… 그 자체로 현실화이기 때문에" 만일 존재가 그 자신으로부터 나온다면 "왜 우연적인(사멸하는) 것이 존재를 잃어버릴 수 있는지, 또는 필연적으로 현존하지 않는가를 이해할 수 없다"(같은 책, 293쪽 참조). 즉 존재가 우리 안에서 발생하는 것이라면, 우리는 언제나 변함없이 사라지는 일 없이 존재할 것이다. 그러나 이는 사실이 아니다.

Et quia omne quod est per aliud reducitur ad id quod• est per se sicut ad causam primam, oportet quod sit aliqua res quae sit causa essendi omnibus rebus eo quod ipsa est esse tantum; alias iretur in infinitum in causis, cum omnis res quae non est esse tantum habeat causam sui esse, ut dictum est.

• 마리에티 판에서는 'ad illud quod'.

그리고 다른 것을 통해 존재하는 모든 것은 마치 제1원인에로 [환원되는 것과] 같이 그 자체로 존재하는 것에로 환원되어야 하기 때문에, 모든 사물에 존재의 원인인 어떤 것이 존재해야만 하는데, 그것 자체는 오직 존재일 뿐이기 때문에 [존재의 원인이 된다].[36] 그렇지 않으면 이미 말한 바와 같이, 오직 존재일 뿐이 아닌 모든 사물은 자기 존재의 원인을 가져

36 "신은 존재뿐임(esse tantum), 존재 자체(ipsum esse), 실존적 존재(esse susistens)이다. 그는 하나의 존재자, 즉 존재에 유한한 방식으로 참여하는 사물이 아니다. 신이 아닌 모든 것은 그것의 존재가 그것의 본질과 다르기 때문에, 신을 제외한 모든 것과 같은 지성적 실체들이 그들의 존재를 신으로부터 받는 게 명백하다"(Bobik, p. 183 참조). Thomas Aquinas, In De causis, 6; STh I, 44, 1; I, 13, 11; DSS 8; Étienne Gilson, 1956, pp. 84~95; 1960, pp. 124~33 참조. "토마스는 '오직 신만이 존재의 주된 원인'이라는 아비첸나의 구분을 받아들였다. 제1원인(Causa Prima)인 신은 자신의 작용에서 아무에게도 종속되지 않는다. 반면에 제2원인들은 비록 자신의 힘으로 작용할지라도, 그 존재와 작용에서 신에게 종속되는 채로 남아 있다"(레오 엘더스, 2003, 506~07쪽 참조). 물론 여기서 제1원인과 제2원인의 구분이 요점은 아니지만, 신이 제1원인으로서 신이 아닌 다른 것들에 존재를 부여하는 그러한 원인임을 알 수 있다. "존재가 피조물들의 본질 안에 필연적으로 속하는 것이 아니라는 사실을 인정했다. 그렇지 않다면 사물들은 신으로부터 독립적일 것이기 때문이다"(같은 책, 288쪽 참조). 토마스는 실체인 모든 사물이 자기 자신의 존재일 수는 없다고 말한다. "그렇지 않다면 그러한 사물은 자기 무엇임의 개념 내용 면에서 일치하고 있는 대상들과 존재라는 측면에서 구별될 수 없을 것이다. 만일 실체가 자신의 존재라고 가정한다면, 그 실체는 다른 사물들과 어떠한 관계도 가지지 않은 채 자기 자신의 우주가 될 것이다"(같은 책, 295쪽 참조). 신의 섭리와 제2원인과의 관계에 대해서는 서병창, 1997b, 87~144쪽 참조.

Patet ergo quod intelligentia est forma et esse, et quod esse habet a primo ente quod est esse tantum, et hoc est causa prima quae Deus est.

야 하기 때문에 원인에 대해 무한히 소급해 갈 것이다. 그런데 지성 존재는 형상과 존재라는 사실과 그것은 또한 오직 존재일 뿐인 제1존재(자)로부터 존재를 갖는다는 사실은 분명하다. 그리고 이것은 제1원인, 즉 신(神)이다.[37]

37 "여기서 제1원인의 필요성과 그것의 특성을 보여줌으로써 발전된 신 존재 증명은 본질적으로 토마스에게 모든 신 존재 증명의 기본 형태를 제시하는 것, 즉 '제1원동자'로서의 증명과 일치한다"(Allers, p. 144, n. 15 참조). Thomas Aquinas, In De hebd. c. 2: "그러므로 우선 다음과 같은 사실이 고찰되어야만 한다. 존재와 존재하는 것이 단순한 것들 안에서 의미 지향에 따라 다른 것처럼 그렇게 복합체에서는 실재적으로 다르다. 이것은 앞서 다루어진 것들에서 명백하다. 그런데 앞에서 존재 자체는 결코 그 의미 근거가 많은 것으로부터 구성되도록 그렇게 어떤 것에 분유되지 않을 뿐만 아니라 그 안에서 우유의 합성이 이루어지도록 혼합된 외부의 어떤 것을 가지지도 않는다. 따라서 존재 자체는 복합된 것이 아니다. 그러므로 복합체는 자신의 존재가 아니다. 따라서 모든 합성에서는 존재와 그 존재를 분유하고 있는 복합체 자체가 서로 다른 것이다. 이어서 그(보에티우스)는 모든 단순한 자기 존재와 존재하는 그것은 실재적으로 하나이며 동일한 것이라고 말한다. 만일 존재하는 것과 존재 자체가 실재적으로 다른 존재라고 가정하면, 그것은 이미 단순한 것이 아니라 복합된 것일 것이다." 이 텍스트로부터 토마스는 피조물의 존재와 본질 사이에 있는 실재적 구별을 언급하고 있다. Thomas Aquinas, I Sent 19, 5, 2; QDV 27, 1, ad 8; Gerald B. Phelan, 1957, pp. 118~25 참조.

**[IV, 8]** = [V, 5a] {IV, 28}

377,147 Omne autem quod recipit aliquid ab alio est in potentia respectu illius, et hoc quod receptum est in eo est actus eius; ergo oportet quod ipsa quiditas vel forma[•] quae est intelligentia sit in potentia respectu esse, quod a Deo recipit, et illud esse receptum est per modum actus.

• 마리에티 판에서는 'ipsa forma vel quidditas'.

## (5) 현실태와 실재적 가능태로부터 합성된 모든 것도 실제적으로 신으로부터 존재하게 된다

다른 것으로부터 어떤 것을 수용하는 모든 것은 그것[수용되는 것]의 관점에서 볼 때 가능 상태에 있고, 또 그것 안에 수용된 것은 그것(수용하는 것)의 현실태이다.[38] 따라서 지성 존재인 무엇임 자체나 형상은 신으로부터 수용하는 존재의 관점에서는 가능 상태에 있어야 하며, 그 존재는 현실태의 양태로 수용된다.[39] 이렇게 지성 존재 안에서는 현실태 377,147

38 알레르스는 여기에서 하나의 비판적 견해를 제시하고 있다(Allers, p. 144, n. 16 참조): "순수한 정신(또는 어떤 피조물)의 무엇임이나 본질은 그 개념 속에 (그 실재성이 아니라) 현존의 가능성을 함축하고 있다. 그렇지 않은 경우에 그것은 〈필연적으로〉 실존해야 할 텐데, 이것은 앞에서 말한 대로 오직 신만이 가지고 있는 규정이다. 순수 논리적으로 생각할 경우에, 이러한 귀결은 논란의 여지가 없다. 그러나 존재론적으로 관찰하면 여기에는 '실재적 차이'(Realdistinktion)에 대한 논쟁 가능성이 제기되는 어려움이 그 속에 숨어 있다. 만일 무엇임이나 형상이 현존재의 관점에서 가능성으로서 관계한다고 말해질 경우에 도대체 이 가능성은 '무엇에' 속해 있으며, 또한 가능성으로서 관계하는 그것은 '무엇'인가라는 물음을 피할 수 없게 된다. 이러한 생각들은 직접적으로 모든 사변에 적용되어 일반적인 것의 존재 방식에 관한 이른바 '보편 논쟁'에 관련된다." 토마스에게서 실재적 차이에 대한 문헌은 Rudolph Allers, p. 137, n. 16 참조. 아리스토텔레스에게서 토마스 및 그의 초기 제자들과 적대자들에 이르는 본질과 존재의 실재적 차이에 대한 역사는 M.-D. Roland-Gosselin, pp. 135~205 참조.

39 "어떤 것을 자기 자신으로부터 가지지 못하는 모든 것은 이 어떤 것에 관련해 가능적이기 때문에, 이러한 종류의 본질은 그 존재와 관련해 가능적이다. …… 그래서 이 본질 자체가 가능적이고, 그 존재가 그 본질의 현실태라는 측면에서 가능태와 현실태가 발견된다"(레오 엘더스, 2003, 294쪽 참조). 이렇게 모든 수용하는 것은 현실태를 향한 가능태로서의 수용된 것과 연관이 있기 때문에 지성 존재의 형상이나 본질이 신으로부터 받은 그것의 존재에 관해 가능태에 있음이 틀림없고, 그러므로 그것의 존재가 그것의 현실태이다. 이러한 방식으로 가능태와 현실태는 지성들 안에서 발견된다. 천사들은 실체적으로는 변화할 수 없지만 지성과 의지의 행위에 의해 변화할 수 있다. 그러므로 천사들에게는 어떤 가능태가 있다. 따라서 가능태와 현실태의 구별은 피조물 전체에 적용되는 반면에, 형상과 질료의 구별은 유형적인 피조물에서만 찾아볼 수 있다. 지성 존재는 순수 형상이지만 그 안에 가능태가 있기에 순수 현실태

Et ita invenitur potentia et actus in intelligentiis, non tamen forma et materia nisi aequivoce. Unde etiam pati, recipere, subiectum esse et omnia huiusmodi quae videntur rebus ratione materiae convenire, aequivoce conveniunt substantiis intellectualibus et corporalibus, ut in III De anima Commentator dicit.•

• Averroes, *In De anima* III, comm. 14, fol. 168 vb 9: "Et dicere etiam ipsum (intellectum) esse in potentia est alio modo ab eis secundum quos dicitur quod res materiales sunt in potentia, et hoc est quod dicimus prius quod intelligendum est hic quod haec nomina scilicet potentia et receptio et perfectio modo aequivoco dicuntur cum eis in rebus materialibus"(가능성, 받아들여지는 것, 완전성은 [지성 존재에 대해] 물체적인 사물들과 다의적으로 서술된다).

와 가능태가 발견되지만, 형상과 질료는 오직 다의적으로만[40] 발견된다.[41] 그러므로 주해자[아베로에스]가 『영혼론』 제3권[42]에서 말하는 것처럼 **받아들임, 수용함, 주체임**과 질료라는 이유로 사물들에 속하는 것

---

는 아니기 때문이다. 홀로 자립하는 존재는 순수 현실태인데, 그것은 홀로 자립하는 것으로서 수용된 것과 아무런 관계가 없다(레오 엘더스, 2003, 286쪽; Bobik, p. 183; F. C. 코플스톤, 1988, 425쪽 참조).

40 지성 존재의 형상은 존재가 현실태처럼 관계하는 것과는 반대로 '신으로부터 받아들이는 존재의 관점에서 가능태로서 존재한다'. 전적으로 수용하는 것으로서의 질료는 가능태의 총체 개념인 반면에, 형상들은 그 현실태를 서술하고 있다. 그러므로 지성 존재의 경우에 본질과 존재로 합성되어 있는데, 질료가 형상을 통해 규정되는 것처럼 본질은 존재를 통해 실체화되는 것이다. 본질은 존재와의 관련 속에서 가능태의 역할을 하기 때문에 다의적인 의미에서는 질료라고 불릴 수 있고, 존재는 현실태이므로 질료와의 관계에서 현실태 역할을 하는 형상이라고 불릴 수 있다. 그런데 일반적으로 형상은 존재를 '부여'하고 질료는 그것을 받아들인다. 형상은 질료를 현실화로 이끄는 반면에, 질료는 형상을 떠받치기 때문이다. 따라서 질료는 실체적 형상을 규정하지 못하지만, 본질은 존재의 종류를 규정한다. 이렇게 커다란 차이가 있기 때문에 본질과 존재는 다의적인 의미에서만 질료와 형상이라고 불리는 것이다. 그런데 여기서 주의할 것은 본질과 존재가 가능태와 현실태의 관계를 맺고 있다고 말할 때, 마치 두 구성 요소가 서로 분리되어 있는 원리로 생각되는 것을 피해야만 한다. 과거에는 존재가 부가적인 것처럼 단순히 첨가되는 것으로 잘못 생각되기도 했다. 실제로는 존재와 본질이 항상 함께 존재하기 때문에 이 둘을 갈라놓을 수 없다. 존재는 본질을 실현하는 반면에, 본질은 존재를 소유하면서 그것을 자기의 가장 심오한 본질적 행위로서 실행한다. 존재가 본질에서 합성되는 것은 양적인 부분들의 결합과는 완전히 다른 질서에 속하는 것이다. 따라서 존재와 본질을 그들이 함께 존재자를 구성하는 두 사물로 간주한다면, 이것은 완전히 잘못된 생각일 것이다. 왜냐하면 두 사물에서는 존재자가 이루는 것과 같은 단일성이 결코 발생할 수 없기 때문이다. 합성된 어떤 것의 완전한 단일성은 존재와 본질처럼 두 부분이 서로 현실태와 가능태와 같이 관계할 때에만 가능하다. 레오 엘더스, 2003, 298~300, 503쪽; 베레츠, 54쪽 참조.

41 Thomas Aquinas, DSS 8, n. 44; STh I, 50, 2, ad 3; QDSC 1; Étienne Gilson, 1956, pp. 162~68 참조.

42 Averroes, *In De anima* III, comm. 5: "Et nisi esset hoc genus entium quod scivimus in scientia animae, non possemus intelligere multitudinem in rebus abstractis, quemadmodum, nisi sciremus hic naturam intellectus, non possemus intelligere quod virtutes moventes abstracte debent esse intellectus."

Et quia, ut dictum est, intelligentiae quiditas est ipsamet intelligentia, ideo quiditas vel essentia eius est ipsum quod est ipsa, et esse suum receptum a Deo est id quo subsistit in rerum natura; et propter hoc a quibusdam[•] dicuntur huiusmodi substantiae componi ex quo est et quod est, vel ex quod est et esse, ut Boethius dicit.[••]

---

• Alexander de Hales, *Glossa in librum* II Sent. d. 3, n. 7 (ed. Quaracchi 1952, pp. 27~28); Albertus, *Super Sent.* II, d. 3, a. 2: "Quas partes nostri doctores vocant quod est et quo est, et Boetius videtur vocare quod est et esse"(Borgnet 27, 48a) 참조.

•• Boethius, *De hebdomadibus*: "Diversum est esse et id quod est …… Omni compositio aliud est esse, aliud ipsum est"(PL 64, 1311 B-C).

으로 생각되는 이러한 양태의 모든 것은 지성적 실체와 물체적 실체에 다의적으로만 부합한다. 그리고 이미 말한 바와 같이,[43] 지성 존재의 무엇임은 지성 존재 자체이기 때문에, 따라서 그것(지성 존재)의 무엇임이나 본질은 [지성 존재]인 것 바로 그 자체이다. 또한 신으로부터 수용한 그 존재는[44] 그것으로 말미암아 사물들의 본성 안에 자립하게 하는 그것이다.[45] [IV,9][V,5b] 이러한 이유 때문에 어떤 사람들은 "이러한 종류의 실체들은 **'그것에 의해 [무엇이] 존재하는 것'**(quo est)과 **'존재하는 그것'**(quod est)[46]으로 합성되어 있다"라고 말한다.[47] 또는 보에티우스가 말한 바와 같이, **'존재하는 그것'과 존재(quod est et esse)로 [합성되었다고 말한다.]**[후주 8)]

43 Thomas Aquinas, DEE IV, 61-78 참조.

44 'esse suum receptum a Deo'에서 'suum'은 'quiditas vel essentia'에 관련된다(베레츠, 55쪽 참조).

45 '자립하는'이란 그 자체로(per se) 존재하는 것을 의미하며, 주체라는 실체 안에 있는 것이 아니다. 즉 그것은 실체 안에서만 존재를 가지게 되는 우유의 방식이 아니라 바로 실체의 존재 양태이다. Thomas Aquinas, I Sent 23, 1, 1 참소.

46 'quo est'는 '그것을 통해 어떤 것이 있게 되는 그것'(das, wodurch das, was ist), 즉 존재이다. 'quod est'는 '존재를 통해 있는 무엇'(das, was durch das Sein ist), 즉 '그것이 무엇인가 하는 그것'으로서 무엇임(Washeit), 본질(Wesen), 혹은 형상(Form)이다. Thomas Aquinas, DEE IV, 160~63 참조.

47 오세르의 윌리엄(William of Auxerre)과 헤일즈의 알렉산더 같은 학자들에게는 'quod est'가 구체적인 주체(인간)이고, 'quo est'는 그것으로 말미암아 어떤 것이 있게 되는 본질이나 본성(인간성)을 의미한다. 파리의 대학 총장 필리푸스(Philipus Cancellarius)도 "천사도 '존재하는 것'과 '그것에 의해 [무엇이] 존재하는 것'의 이원적인 것이다" (Angelus etiam est binarius eius quod est et quo est)라는 표현을 사용했으며, 이는 널리 인용되었다. H. Principe, 1963, pp. 22~25, 39~40, 42; H. Pincipe, 1967, pp. 30 ~ 40, 46~49; M.-D. Roland-Gosselin, p. 167 참조.

## [IV, 9] = [V, 5b]

377,166 Et quia in intelligentiis ponitur potentia et actus, non erit difficile invenire multitudinem int-elligentiarum; quod esset impossibile, si nulla potentia in eis esset. Unde Commentator dicit in III De anima• quod si natura intellectus possibilis esset ignorata, non possemus invenire multitudinem in substantiis separatis. Est ergo distinctio earum ad invicem secundum gradum potentiae et actus, ita quod intelligentia

---

• Averroes, *In De anima* III, comm. 5: "Et nisi esset hoc genus entium quod scivimus in scientia animae, non possemus intelligere multitudinem in rebus abstractis, quemadmodum, nisi sciremus hic naturam intellectus, non possemus intelligere quod virtutes moventes abstracte debent esse intellectus."

그러므로 지성 존재들 안에는 가능태와 현실태가 있기 때문에 지성 존재의 다수를 발견하는 것은 어렵지 않을 것이다. 만일 그것(지성 존재)들 안에 어떠한 가능태도 없다고 가정한다면,[48] 이것(지성 존재가 다수임)은 불가능할 것이다.[후주 9)] 377,166

그러므로 주해자[아베로에스]는 『영혼론』 제3권[49]에서 "만일 **가능 지성**[후주 10)]의 본성이 알려질 수 없는 것이라면 우리는 분리된 지성들에서 다수를 발견할 수 없을 것이다"라고 말한다. **[IV,10]**[V,5c] 그러므로 이 것[지성 존재]들 상호 간의 구별은 가능태와 현실태의 정도에 따라 이루

---

48 Thomas Aquinas, CT I, 18: "[신이 무한하다고 고찰될 수 있는 것은] 부정적인 의미에서(negative)이다. 즉 어떤 방식으로도 제한되지 않는다는 사실이 무한한 것이라고 말해지는 [경우에 따른다]. 왜냐하면 어떠한 현실태도 그것을 받아들이는 능력인 가능태를 통해서가 아니라면 제한됨이 발견되지 않기 때문이다. 우리는 형상이 질료의 가능성에 따라 제한된다는 사실을 발견하기 때문이다. 그러므로 제1동자는 가능성이 혼합되지 않은 현실태이다."; Thomas Aquinas, SCG I, 43, n. 360: "다른 어떤 것에 속한 모든 현실성은 그 현실성을 지닌 것에 의해 한정된다. 다른 어떤 것 안에 있는 것은 수용하는 것의 방식에 따라 그 안에 있기 때문이다. [다른] 어떤 것에 내재하지 않는 현실성은 그 무엇에 의해서도 한정되지 않는다(Actus in nullo existens nullo terminatur)." 이 원리는 가장 확실하게 플라톤, 『향연』 29, 210-11; 아리스토텔레스의 순수 현실태 이론; 아우구스티누스, 『삼위일체론』 8, 3, n. 4-5; 『신국론』 제2권 제9~10장 등에 나온다.

49 Averroes, *In De anima* III, comm. 5, fol. 166 ra 16에 대한 자세한 설명은 이 장의 후주 10 참조.

superior quae magis propinqua est primo habet plus de actu et minus de potentia, et sic de aliis.

어진다.[50] 이렇게 제1자에 더 가까운 상위의 지성 존재는 현실태를 더 많이 그리고 가능태는 더 적게[후주 11)] 가지며, 다른 것들에 대해서도 이와 같다.

50 지성 존재 안에서 다수성이 발견되고 가능태와 현실태의 정도에 따라 구분이 발견된다는 사실에는, 다수성이 완전히 다른 것을 의미하는 것은 아니라는 점이 전제되어 있다. "이 다수성은 절대적인 다름이 아니다. …… 만일 사물들 각각이 각자 스스로 존재한다고 가정하면, 이 일치는 설명될 수 없을 것이다(달리 말해 일체의 관련성 없는 다수성이 존재해야만 한다는 것이다). 따라서 이것은 순수 다수성이요, 어떠한 공통성도 없이 차이를 드러내게 될 터이다. 그러나 이제 사물들은 사실상 우리가 경험에서 명백하게 추출해 낸 존재를 소유하고 있다"(레오 엘더스, 2003, 296쪽 참조).

## [IV, 10] = [V, 5c]

377,178 Et hoc completur in anima humana, quae tenet ultimum gradum in substantiis intellectualibus. Unde intellectus possibilis eius se habet ad formas intelligibiles sicut materia prima, quae tenet ultimum gradum in esse sensibili, ad formas sensibiles, ut Commentator in III De anima[•] dicit; et ideo Philosophus comparat eam[••] tabulae[•••] in qua nihil est scriptum.

• Aristoteles, DA III, 4, 429b31-430a2: "사유하기 이전이라면 지성은 현실태에서는 그 무엇도 아니지만, 가능태에서는 어떤 식으로 사유 대상들이다. 지성이 가능태에서 이렇다는 것은 마치 그 안에 현실태로 쓰인 것이 전혀 없는 서판(書板)에서와 같으니, 바로 이것이 지성의 경우에 해당한다."

•• 마리에티 판에서는 'eum'.

••• 마리에티 판에서는 'tabulae rasae'. Aristoteles, DA III, 3, 430a1.

## [인간의 영혼]

그리고 이러한 것은 지성적 실체들 안에서 가장 낮은 단계를 차지하 377,178
는 인간 영혼에서 완결된다.[51] 그러므로 주해자[아베로에스]가 『영혼론』 제3권[52]에서 말하는 것처럼 그(인간의) 가능 지성이 가지적 형상(formas intelligibiles)과 관계 맺는 것은 마치 감각적 존재 안에서 가장 낮은 단계를 차지하는 제1질료가 감각적 형상들과 관계 맺는 것과 같다.[53] 따라서

51 "비물질적 실체들에서도 다양한 실체들의 질서가 발견된다. 이 질서는 그들이 소유하지 않는 질료와 비교함에 근거를 둔 것이 아니라 최고로 완전해야 하는 제1작용자와 비교함에 따르는 것이다. 그렇기 때문에 그들 중에서 최초의 종류는 제1작용자와 더욱 유사하기 때문에 두 번째 종류보다 더 완전하다. 그리고 두 번째 종류는 첫 번째 종류보다 덜한 완전성을 가지며, 이렇게 마지막 종류까지 계속된다"(레오 엘더스, 2003, 402쪽 참조). 이 마지막 종류가 바로 인간의 지성적 영혼이다.

52 Averroes, *In De anima* III, comm. 5, fol. 160 vb 42 참조.

53 이 전체 구절은 토마스주의의 세계관을 잘 보여 주는데, 이 세계관은 존재 전체의 위계적인 구조를 항상 엄격하게 유지하고 있다. 어떤 형이상학에 의해 기획된 것보다도 가장 명확한 것일 이 구조는 각각의 존재와 그 가치에 따라 다양한 존재의 종류의 위계 질서도 증명해 준다. 단순한 질료는 아무런 고유한 존재도 지니지 못하는 완전한 순수 가능태이며 최고 존재, 즉 신의 존재는 순수 현실태이다. 이 위계적·건축학적 세계관의 가장 뚜렷한 설명은 아마도 Thomas Aquinas, SCG IV, 11에서 발견된다. 가능태의 다양한 단계는 그들의 현실태의 단계를 규정하고, 규정된 현실태의 단계들은 그들 서로를 구별한다. 그래서 가능태와 현실태의 정도의 다양화에 따라 다수성이 발생한다. 상위 지성은 더 많은 현실태와 더 적은 가능태를 지니고 있다. 하위 지성은 그 반대이다. 이제 왜 아베로에스가 제1질료가 감각적 형상들에 관계되는 방식으로 인간 영혼이 지성적 형상들과 관계되어 있다고 말할 수 있는지 명백하다. 각각은(제1질료와 인간 영혼) 그것의 가장 낮은 영역에 있다. 제1질료는 모든 감각적 형상을 위한 가능태이고, 인간 영혼은 모든 지성적 형상을 위한 가능태이다. 그러나 거기에는 이러한 차이점이 있다. 제1질료는 실체가 아니라 오직 실체의 부분이기 때문에 어떤 감각적 형상의 소유 안에 있지 않다고 할 만한 시간이 있을 수 없었던 반면에, 인간 영혼이 어떤 지성적 형상의 소유 안에도 있지 않다고 할 시간은 있었다. 그리고 이것이 아리스토텔레스가 인간 영혼은 그 위에 아무것도 쓰여 있지 않은 빈 서판에 비유할 수 있었던 이유이다. Bobik, p. 186; Allers, pp. 145~46 참조.

Et propter hoc quod inter alias substantias intellectuales plus habet de potentia, ideo efficitur in tantum propinqua rebus materialibus ut res materialis trahatur ad participandum esse suum: ita scilicet quod ex anima et corpore resultat unum esse in uno composito, quamvis illud esse prout est animae non sit dependens a corpore. —

철학자[아리스토텔레스]는 그것(가능 지성)을 그 안에 아무것도 쓰이지 않은 판(tabula)에 비교한다. 또 [인간 영혼은] 다른 가지적 실체들 사이에서도 가능태를 더 많이 가지기 때문에, 물질적 사물이 자신의 존재에 참여하도록 이끌려질 만큼 물질적 사물과 가까운 것이다.[54] 이처럼 그 존재는 영혼에 속하는 것으로서 육체에 종속되는 것이 아닐지라도, 영혼과 육체로부터 **한 복합체 안에 하나의 존재가 나온다.**[후주 12)]

---

54 "천사들은 신으로부터, 그리고 동시에 그것이 창조될 때 부여 받은 모든 종류의 생득적 이념을 가지고 있다. (특히 천사들은 생득적 이념을 같은 것으로 체험하지 않고, 하나의 이념에서 다른 이념으로 이행하면서 모든 종류의 이념을 소유하고 그것들을 순서대로 수행한다.) 천사들은 한 천사가 다른 천사보다 높고, 보다 단순하고 보편적인 이념을 가진다는 사실에서 서로 구분된다. 그러나 어떤 천사도 보편적이고 창조적인 신의 이념을 가지고 있지는 않다. 그러므로 이념과 관련된 것은 한편으로 신과 구분되는데, 즉 그것은 신의 이념과 관련해서는 가능태이다. 다른 한편으로 그것은 그 이념들의 등급에 의해, 또한 등급은 신의 현실태에 필적하는 가능태로부터 구분된다. 그러나 인간은 그 인식 기관을 바탕으로 신의 이념을 많든 적든 간에 잘 획득하고 포착해야 한다. 그 영혼 또는 가능 지성은 이념들의 관점에서는 '아무것도 쓰이지 않은 서판'(tabula rasa), 즉 완전한 가능태이며 그러므로 천사와 근본적으로 다르다"(베레츠, 57쪽 참조).

Et ideo post istam formam quae est anima inveniuntur aliae formae plus de potentia habentes et magis propinquae materiae, in tantum quod esse earum sine materia non est; in quibus esse[•] invenitur ordo et gradus usque ad primas formas elementorum, quae sunt propinquissimae materiae: unde nec aliquam operationem habent nisi secundum exigentiam qualitatum activarum et passivarum et aliarum, quibus materia ad formam disponitur.

• 마리에티 판에서는 'etiam'.

**[질료에 가까운 형상]**

따라서 영혼인 이러한 형상 다음에 가능태에 대해 더 많은 것을 가지면서 질료에 더 가까운 다른 형상들이 발견된다. 그러한 만큼 그것(그러한 형상)들의 존재는 질료 없이 존재할 수 없다. 이러한 것들 안에는 질료에 가장 가까운, 원소들의 첫 번째 형상에까지 이르는 순서와 단계가 발견된다.[55] 그러므로 (이러한 형상들은) 능동적 성질과 수동적 성질, 그리고 질료가 형상을 받아들이게 하는 다른 것[성질]들을 필요로 하지 않고서는 어떠한 작용도 하지 않는다.

55 이 문장에서 말하는 원소는 물질적인 사물이 그것으로 구성되어 있는 물질적인 질료를 의미하며, 토마스는 옛 원소론에 따라 네 가지 원소들, 즉 물, 불, 공기, 흙을 알고 있다. 이것들은 하나의 형상을 가지고 있는데, 성질들이 없고 단순한 가능성만을 표현하는 제1질료가 그들 안에서 이미 형태를 지닌 것으로 나타나기 때문이다. 불은 따뜻하고 건조하며, 공기는 따뜻하고 젖어 있으며, 물은 차갑고 젖어 있으며, 흙은 차갑고 건조하다. 따뜻하고 차갑다는 것은 능동적 성질들이고, 젖어 있고 건조하다는 것은 수동적 성질들이다. 불과 공기는 그 자체가 위를 향하므로 가벼우며, 물과 흙은 아래로 향하므로 무거운 것이다. 그리고 그것은 토마스가 본 요소들의 '다른 성질들'이다. 한 요소의 성질들은 그 형상이다. 이 기초적인 성질들은 밑에서부터 보면 제1질료에 그렇게 가깝게 위치하고 있기 때문에 제1형상들이고, 그것들이 사라지게 되면 형상 없는 제1질료만이 남게 된다. 제1질료 그 자체는 전적으로 형상이 없으며, 이러한 제1형상들과 그 밖의 형상과 관련한 가능태이다. 제1질료라고 불리는, 완전하게 형상이 없는 질료는 개념적으로 논리적 추상으로서만 존재할 수 있다. 모든 형상은 항상 형태를 가지고 출현하는 질료에서 떨쳐 낸 것이다. 기초적인 성질들은 계속적인 형상들을 위한 준비들이며, 이를 통해 질료가 형태를 가질 수 있다(베레츠, 58쪽; Allers, p. 146, n. 25 참조). 원소들의 결합에 대한 토마스의 이론은 V. Larkin, 1960, pp. 67~72 참조.

## 주 1) 지성 존재와 영혼 안에 질료와 형상의 합성을 도입

> 어떤 사람들은 지성 존재 안에, 그리고 영혼 안에 질료와 형상의 합성을 도입하려고 노력한다. 이러한 입장의 창시자는 『생명의 샘』(*Fons vitae*)의 저자인 아비체브론이었던 것 같다(DEE IV, 1).

이 구절에 따르면, 아비체브론은 여기서 정신적인 실체가 질료와 형상으로 구성되었다는 학설을 창시한 사람처럼 보인다. 토마스는 다른 책에서도 아비체브론에게 이러한 철학사적인 역할을 부여했다.[1]

그 다음 시기에 『생명의 샘』의 저자는 더 이상 적대자처럼 보이지 않는다. 미카엘 비트만(Michael Wittmann, 1900, pp. 33~34)은 토마스에 의해 비판된 학설의 추종자들이 나중에 아우구스티누스에 의존하곤 했다는 사실을 밝혔다. 토마스는 아우구스티누스에 대해 단지 비(非)명시적으로만 입장을 표명하지만, 이 문제에 관련해서는 그의 학설이 옳지 않

1 Thomas Aquinas, II Sent 3, 1, 1; DSS 5, 18 참조.

다고 보았던 것 같다.—

토마스와 동시대 사람으로서 이 명제와 관련해 히포의 주교(아우구스티누스)의 권위를 끌어들였던 사람은 보나벤투라였다. 토마스가 아비체브론을 관련 학설의 정신적 창시자로 생각했는지, 아니면 단지 원천으로 도입하려 했는지는 아직도 의혹이 남아 있다. 실제로 지성 존재의 물질성에 대한 학설은 아비체브론 이전에, 더 나아가 아우구스티누스 이전에 이미 주장되었나. 『생명의 샘』이 소개되기 이전인 초기 스콜라 철학에서도 이러한 주장을 만나게 된다. 빅토르의 위고(Hugh of Victor, 1096?~1141)[2]가 가능한 적대자일 수 있고, 『명제집』의 저자인 페트루스 롬바르두스(II Sent 2, 5)나 다른 이들도 같은 의견을 주장했다. 이 모든 사람들은 아우구스티누스에 의존하고 있다.

실제로 분리된 실체의 합성에 대한 이론은 프란치스코 수도회(루펠라의 요하네스는 제외), 또는 중세 아우구스티누스주의에서 주장했던 일반적인 학설에 속한다. 헤일즈의 알렉산더, 보나벤투라, 로저 베이컨 등이 그들이다. 이러한 주장은 몇몇 도미니코 수도회 학자들(Roland of Cremona, Pierre de Tarentaise, Robert Fishacre, Robert Kilwardby, Gerard of Abbeyville)에 의해서도 주장되었다.[3]

이미 대(大)알베르투스는 지성의 질료성에 대한 이론에 반대했고, 거기서 그는 아비첸나를 그 근원으로 보았다. 몇몇 도미니코 수도회 회원들[이들은 '플라톤화된' 프란치스코 학파와는 반대로 대부분 거절하는 태도를 취했다]은 그의 의견을 따랐다. 그러나 대알베르투스는 아비체브론이 그 이론을 주장했다는 것을 알고 있었지만 다른 한편으로 플라톤을 『생명의 샘』의 저자로 간주했으며, 모든 존재가 동일한 질료를 지니고 있다는 오류를 매우 날카롭게 반박했다.[4]

2 PL 175, de sacram. 1, 1, c. 5; 6, 5, c. 4-5 참조.

3 Armand Maurer, p. 51, n. 2 참조.

4 Albertus, II Sent 1, 4 참조.

이 논쟁의 역사는 여기서 부차적인 의미만을 지닌다. 토마스에게는 정신적인 실체가 모든 의미에서 비물질적이어야 한다는 것이 확실하다. STh I, 50, 2의 진술에 따르면, 아비체브론은 이렇게 주장했다. 지성이 포착하는 차이는 또한 사물 안에도 존재한다. 한편으로 비물질적 실체는 물질적 실체로부터 구분되고, 다른 한편으로는 일치점을 드러낸다. 차이는 형상에 의한 것이고, 일치는 질료에 의한 것이다.

> 어떤 이들은 천사들이 질료와 형상으로 복합되어 있다고 상정한다. 아비체브론은 『생명의 샘』에서 이러한 견해를 성립시키려고 애쓴다. 즉 지성에 의해 구분되는 것은 어떤 것이든지 실제로 사물 속에서도 구분된다고 전제한다. 그런데 비물질적 실체 안에서 지성은 물질적 실체로부터 구별된다는 것과 그 실체와 부합하는 것을 파악한다. 그러므로 아비체브론은 물체적인 것으로부터 비물질적 실체를 구별하는 것은 거의 형상과 같은 것이라는 결론을 내린다. 이렇게 구분하는 형상에 보편적으로 종속되는 것은 거의 그것의 질료이다. 그래서 마치 양적(量的) 형상이 물체적인 것들의 질료 안에 각인되어 있듯이, 비물질적 실체의 형상이 영적인 것들의 질료 안에 각인되어 있다고 이해하기 위해 영적인 것들과 물질적인 것들의 보편적인 질료가 동일하다고 상정하는 것은 이 때문이다(STh I, 50, 2).

비물체적 실체의 형상은 정신적인 존재의 질료에 각인되어 있고, 이것은 양의 형상이 물체적인 사물에 각인되는 것과 마찬가지이다. 토마스는 우선 두 존재 영역에 공통적인 질료라는 생각을 비판한 다음에, 질료가 분리된 실체 안에 받아들여진다는 생각 자체를 거부한다. 거기서 사용된 논증 과정은 다음과 같이 좀 더 자세하게 언급된다.

> 나아가 마치 '이 인간'이 없이는 '인간'이 존재하지 못하는 것처럼

'이 질료' 없이는 '질료'도 존재하지 않는다. 따라서 사물들 중에 질료와 형상으로 합성된 것으로서 자립하는 것은 무엇이든지 간에, 개별적인 형상과 질료로 합성된 것이다. 그런데 지성은 개별적인 질료와 형상으로 합성되어 있을 수 없다. 즉 이해된 사물들의 상들은 개별적인 질료로부터 추상됨으로써 현실적으로 가지적인 것들이 된다. 그런데 그것들은 현실적으로 가지적인 것들인 한에서 지성과 하나가 된다. 그러므로 지성 또한 개별적인 질료 없이 존재해야만 한다. 따라서 이해 작용하는 실체는 질료와 형상으로 합성된 것이 아니다(SCG II, 50).

게다가 모든 질료와 형상으로 합성된 것의 행위는 형상만도 아니고 질료만도 아니라 합성된 것에 속한다. 왜냐하면 존재가 속하는 바로 그것에 작용도 속하기 때문이다. 그런데 존재는 형상을 통해 합성된 것에 속한다. 그러므로 합성된 것 또한 형상을 통해 작용한다. 따라서 만일 이해 작용하는 실체가 질료와 형상으로 합성된 것이라고 가정하면, 이해함은 이 합성된 것 자체에 속할 것이다. 그러나 작용은 작용하는 것과 유사한 어떤 것에서 끝난다. 그러므로 또한 합성된 산출하는 것은 형상을 산출하지 않고 합성된 것을 산출한다. 따라서 만일 이해함이 합성된 것의 행위라고 가정하면, 형상도 아니고 질료도 아니라 오직 합성된 것만이 이해될 것이다. 그러나 이것이 거짓임은 명백하다. 따라서 이해 작용하는 실체는 질료와 형상으로 합성된 것이 아니다.

마찬가지로 감각적 사물들의 형상들은 감각적 사물들 안에서보다 지성 안에서 더 완전한 존재를 가진다. 왜냐하면 그것들은 더 단순하고 다수의 것들에 확장되기 때문이다. 즉 인간의 단 하나의 가지적 형상을 통해 지성은 모든 인간을 인식한다. 질료 안에 완전하게 실존하는 형상은 현실적으로 그러한 존재를, 예를 들어 불이나 색깔 있는 것들을 만든다. 그러나 어떤 것이 그러한 존재를 만들어 내지 못한다고 가정하면, 그것은 저것 안에 불완전하게 존재하는 셈이다. 마치 색깔의 형상이 전해 주는 [매체]로서의 공기 안에 있거나 제1작용자의 힘이 도구 안에 있듯이 말이다. 따라서 만일 지성이 질료와 형상으로 합성되어 있다고 가정하면, 이해된 사물들의 형상들은 지성이 인식되는 것과 같은 그러한 본성을 현실적으로 소유하도록 만들 것이다. 그래서 "영혼은 불을 불에 의해, 땅을 땅에 의해, 그리고 이렇게 다른 것들에 대해서도 인식한다"라고 말했던 엠페도클레스의 오류가 귀결되는 셈이다. 이것이 부적절함은 명백하다. 따라서 이해 작용하는 실체는 질료와 형상으로 합성된 것이 아니다(SCG II, 50, n. 1261-63).

아비체브론의 것이라고 주장되는 의견, 즉 "정신적 존재의 일반적인 질료와 물체적인 존재의 것이 같은 것이다"라는 명제를(『존재자와 본질』에서는 비명시적으로, 『신학대전』과 『대이교도대전』 II, Sent 3, 1, 1에서는 명시적으로) 아비체브론 자신은 전혀 주장하지 않았다. 즉 그는 물체적이고 정신적인 실체들이 하나이고 동일한 질료(materia universalis)를 소유하고 있는 것이 아니라 각각의 형상에 각각 다른 질료들이 귀속된다고 주장했다.[5] 그러나 그의 몇몇 표현들은 여기서 논박된 해석에 확실히 단서를 제공했다. 그 이유는 이 해석이 아비체브론의 인식론적인 기본 전제로부터 사실 논리적으로 귀결되기 때문이다.

토마스가 비판적으로 논박하는 아비체브론의 기본 전제는 바로 개념적인, 즉 단순히 생각된 관계와 사물적이고 대상적인 관계의 동일성이다. 이러한 혼합이나 혼동을 토마스는 바로 그 자체로 매우 중요한 방법론적 오류라고 생각했다. 이 동일화가 허락되지 않는다는 것을 증명하는 것을 바탕으로 그는 캔터베리의 안셀무스의 존재론적 신 존재 증명도 비판한다.[6] 토마스는 그에게 받아들일 수 없는 것으로 보이는 명제를 반

5 Micahel Wittmann, 1900, p. 45 참조.

6 토마스가 안셀무스의 존재론적 논증을 올바로 이해했는가라는 논쟁에 대해서는 박승찬, 2019a와 그곳에 제시된 참고문헌 참조.

박하기 위해 다음과 같은 논증을 사용한다. 정신은 물체적인 사물에서는 형상을 그와 결합되어 있는 질료 없이 포착한다. 그러므로 그 자체는 질료적일 수 없고, 또한 질료적인 것을 포함할 수도 없다.

이 기본 전제는 특정한 질문을 넘어가는 의미를 지니고 있고 실제로 전체 인식론과 존재의 이론에서 중요한 것이기 때문에, 이 전제가 이곳에서 사용된 논증을 통해 어느 정도나 확실하게 증명된 것으로 생각될 수 있는지는 여기서 다룰 수 없다. 왜냐하면 이것은 토마스주의[와 다른 사상가들]의 체계의 마지막 전제들에 대한 비판적인 평가에 이를 것이기 때문이다.

**주 2) 아비체브론(Avicebron/Salmon Ibn Gabirol, 1020?~70?)**

스페인계 유대인인 아비체브론은 말라가에서 태어나 사라고사에서 교육받은 철학자이자 시인이다. 그를 포함한 유대 사상가들은 대략 10세기에서 12세기까지 무슬림 통치 아래 아랍어로 저술 활동을 했고, 그리스 철학 텍스트들의 아랍어 번역본들뿐만 아니라 이슬람교의 신학과 철학 문헌들을 사용했다. 따라서 이 시기의 유대 철학은 아랍 철학과 밀접한 관련을 지니고 있었다.[7] 그는 아리스토텔레스를 이용해 『생명의 샘』에서 신의 단일성과 단순성을 강조했다. 9세기에 이삭 이스라엘리(Isaak Israeli)와 더불어 시작하는 유대 철학[8]의 전통에 따라 이 책 안에서도 아리스토텔레스는 신플라톤주의의 영향 아래 해석되었다. 그에 따르

7 전반적인 중세의 유대 철학 흐름에 대한 상세한 설명으로는 Colette Sirat, 1985; Idit Dobbs-Weinsten, 2003, pp. 121~46 참조. 이재경(2009, 154쪽)에 따르면, "유대 사상가들은 크게 네 가지 부류, 즉 유대교의 종교적 믿음을 설명하면서 이슬람의 사변 신학의 원자론적이고 우인론(偶因論)적인 구조를 채택한 신학자들(mutakalimūn), 신플라톤주의자들, 아리스토텔레스주의자들, 아리스토텔레스 전통의 비판가들로 분류될 수 있다". 유대 철학이 아랍 철학을 서구 세계에 전달해 준 중개 역할에 대해서는 Mauro Zonta, 2006, pp. 89~105 참조.

8 오트프리트 회페 엮음, 2001, 178쪽 참조.

면, 존재의 계층의 정상이자 모든 한정된 존재의 원천은 신이다. 만물은 신적 의지에 의해 이루어지는데, 신적 의지의 경로(via)를 통해 세계혼이 신으로부터 발출한다. 또한 아리스토텔레스의 질료형상론은 영적인 존재에도 적용될 수 있는 것으로서, 물질적 질료와 형상으로 합성된 감각적 사물들뿐만 아니라 천사와 인간 영혼도 정신적 질료와 형상으로 합성되어 있었다.

**주 3) 영혼과 지성 존재 안에는 형상과 존재의 합성이 있다**

지성 존재에서도 어떤 합성을 인정해야 하는 필요성은 그것의 피조성과 제1원인인 창조주와 피조된 세계 사이에 근본적으로 결코 연결될 수 없는 간격으로부터 유래한다.[9] 피조물과 창조자 사이의 이 관계는 유명하면서도 스콜라 형이상학에서 근본적으로 전제하고 있던 '존재의 유비' 이론을 표현한다.[10] 제4차 라테란 공의회는 "창조주와 피조물 사이에 유사함을 언급할 때는 반드시 그들 사이의 더 큰 '유사하지 않음'이 존재한다는 사실도 언급해야 한다"(quia inter creatorem et creaturam non potest tanta similitudo notari, quin inter eos maior sit dissimilitudo notanda [Denz. 432])라고 선포했다. 신은 이제 순수 현실태로서 표현되고, 그 안에는 비로소 언젠가 어떻게 현실화될 수 있는 아무런 가능태도 존재하지 않는다. 그러나 피조물은 항상 존재의 질서에 얼마나 높이 놓여 있는가에 따라 가능성을 자신 안에 지니고 있으며, 이것은 근본적으로 변화하는 것이다. 또한 본질이 자신의 현존을 필수적으로 포함한다는 것도

---

9 Thomas Aquinas, STh I, 50, 2, ad 3; SCG II, 52-54; QDSC 1; QDV 1, 27, ad 8 참조. 이른바 '실재 합성(real composition), 즉 천사와 모든 피조물에서의 본질과 존재의 실재적 합성에 대해서는 Étienne Gilson, 1965; Joseph Owens, 1963a, pp. 101~06; Cornelio Fabro, 1963, pp. 212~44 참조. 그리고 본질과 존재의 구별의 역사에 대해서는 M.-D. Roland-Gosselin, op. cit. pp. 137~205 참조.

10 '존재의 유비'에 대해서는 Joseph Owens, 1962, pp. 303~22; V. Salas, 2009, pp. 295~315 참조.

신에게만 해당된다. 다른 모든 존재자에게는 그의 현존과 실존이 필수적으로 그의 본질에 속하는 것은 아니라는 것이다. 따라서 그의 현존재는 그의 본질에 부가되는 것이다. 토마스에 따르면, 지성 존재에서는 이 본질이, 다음 단락에서 밝혀지듯이, 그 형상과 일치하기 때문에 그는 피조물이 '형상과 존재'로 합성되어 있다고 말할 수 있다.[11]

**주 4) 『원인론』(*Liber de Causis*)**

『순수한 선성의 설명에 대한 아리스토텔레스의 서(書)』(*Liber Aristotelis de expositione bonitatis purae*)라고도 불렸던 이 작품은 신플라톤주의에 속하는 철학자 프로클로스(Proklos, 410/412~85)의 『신학개요』(*Institutio theologica*)를 아랍어로 편찬한 발췌본의 라틴어 번역이다.[12] 증명 형태에 따라서는 유클리드의 정리와 유사한 31개의 명제로 이루어져 있다. 발췌본의 편집자는 미상(未詳)이지만 아마도 850년경에 유프라테스강 저편에 살고 있었던 이슬람 교도였을 것이다. 1167년과 1187년 사이에 톨레도에서 크레모나의 제라르두스 또는 요하네스 히스파누스가 이 책을 번역했다. 번역자는 『원인론』을 아리스토텔레스의 작품으로 간주했다.

대(大)알베르투스도 처음에는 이 책을 아리스토텔레스 형이상학의 완성이라고 생각했다. 그러나 토마스는 이 책이 신플라톤주의의 사고 경향에 속한다는 것을 처음으로 밝혀냈다. 토마스가 이 작품의 진정한 출처,

11 Rudolph Allers, pp. 140~41, n. 4 참조.

12 『원인론』에 대한 텍스트와 번역은 Dennis J. Brand (ed.), *The Book of Causes: Liber de Causis* (English translation): 1st ed., Marquette University Press, 1984 2nd ed., Niagara University Press, 2001; Andreas Schönfeld, *Liber de causis: Das Buch von den Ursachen*, repr. Felix Meiner Verlag, 2005; Adriaan Pattin, *Le Liber de Causis*, Edition établie a l'aide de 90 manuscrits avec introduction et notes, in *Tijdschrift voor Filosofie* 28, 1966, pp. 90~203에서 찾을 수 있다. 이 책에 대한 연구에 대해서는 Alain De Libera, 1990; D'Ancona Costa, 1995; Bächli-Hinz, 2002; Guldentops et al., 2007a, pp. 271~73; Dragos Calma, 2016과 그곳에 제시된 참고문헌 참조.

즉 이 책이 프로클로스의 책과 단어까지도 일치된다는 사실을 알아볼 수 있었던 것은 그의 『신학개요』가 모에르베케의 윌리엄에 의해 라틴어로 번역된 것을 입수했기 때문이었다. 이 사실을 알아챈 것은 1268년경이었다. 토마스는 1272년 『원인론』에 대한 주해서(*Super Liberum de Causis expositio*)를 집필하면서 이 책이 아리스토텔레스의 작품이 아니라는 사실을 증명할 수 있었다.[13]

따라서 토마스는 『존재자와 본질』을 쓸 당시에는 이 사실을 알지 못해 아리스토텔레스를 저자로 생각했던 것 같다. 왜냐하면 거의 같은 시기의 『자유토론 문제집』(QQ XI, 3, 5)에서 명시적으로 『원인론』의 한 구절을 아리스토텔레스의 것으로 인용하기 때문이다. 그렇지만 저자를 언급하지는 않았다. 대알베르투스는 나중에 토마스의 입장을 받아들여 이 책과 아리스토텔레스 철학과의 차이를 지적했으며, 이 책을 유대인 다비드(David Judaeus)의 것이라고 생각했다. 아마도 요하네스 히스파누스가 언급한 'Ibn Daud'라는 이름이 그를 이렇게 생각하도록 했을 것이다. 스콜라 학자 중에는 릴의 알랭(Alain de Lille)이 최초로 이 작품을 사용했다. 이후에 이 책은 13세기에서 15세기에 이르기까지 중세 라틴 세계에서 아리스토텔레스 형이상학의 해석에 막대한 영향을 끼쳤다. 사람들은 이 책을 토대로 아리스토텔레스가 창조론, 발출과 귀환의 신플라톤주의 학설, 부정 신학, 이데아론이 들어 있는 지성 이론 등을 주장했다고 생각했다. 1240년경에 로저 베이컨을 비롯한 여러 학자들이 이 책에 대한 주해서를 썼으며, 1255년 파리 대학 인문학부의 교육 과정에 받아들여진 후에는 그 영향력이 더욱 커졌다.[14] 대알베르투스는 1264년과 1267년 사이에 『제1원인으로부터 보편성이 야기되는 원인들과 과정』(*De causis et processu universitatis a prima causa*) 제2권에서 『원인론』을 의역하고 주해

13 토마스와 모에르베케의 윌리엄의 관계에 대해서는 Carlos Steel, 1989, pp. 57~82 참조.

14 Alexander Fidora · Matthias Lutz-Bachmann (eds.), 2001, pp. 205~47 참조.

했다. 그는 이 책에서 제1원인을 통한 능력과 힘들, 지성체들과 천체 운동의 관계, 제1원인을 통한 우주의 통치, 제1원리들의 불변성 등을 다루었다.

토마스는 자신의 주해서에서 관심의 측면에서도 스승인 대알베르투스와 차이를 보였다. 대알베르투스가 주로 우주론적 설명을 강조한 반면에 토마스는 그의 형이상학적 해석에서 분유를 강조했으며, 이것을 통해 야기된 것과 제1원인이 고유한 방식으로 결합한다고 보았다.[15]

토마스는 『원인론』에 나오는 견해가 자신을 지지하는 것으로 이해했는데, 이는 잘못되었다. 이 책에 나오는 형상과 존재의 합성은 토마스주의적인 의미에서의 본질과 존재 사이의 합성이 아니라 사물의 제1기체로서 이해된 존재와 그들의 본질적인 규정 또는 형상, 즉 생명과 지성 같은 것 사이의 합성이다.[16]

### 주 5) 단순 실체들은 순수 현실태가 아니라 가능태의 혼합을 갖는다

여기서 '가능태'(potentia)란 가능한 존재라는 뜻이며, 논리적으로 모순이 없는 것이라는 뜻이 아니라 존재의 양태란 뜻으로 이해되어야 한다. 가능태도 존재이다. 그러나 완성되지 못한 종류의 존재이다. 이 가능태는 아직도 그 목표를 달성하지 못한 것이다. 가능태는 아직도 형성될 수 있는 바의 것이며, 작용을 받을 필요가 있다. 그렇게 되었을 때에야 그것은 현실적인 것으로 되지만, 그렇기 전에는 가능성에 지나지 않는 것이다. 이 가능성은 절대적인 가능성(제1질료에 어울리는 수동적인 가능태)일 수도 있고, 또 이미 실현되어 있는 어떤 것이 현실화되었다는 뜻으로 상대적인 가능성(제2질료에 어울리는 능동적인 가능태)일 수도 있다. 이와 대조적으로 현실태(actus)는 현실이요, 현실로 된 것이다. 그래서 현

15 D'Ancona Cristina, 1995, pp. 229~58; K. Krenn, 1962 참조.

16 Thomas Aquinas, In de Causis 9; M.-D. Roland-Gosselin, p. 32, n. 2와 pp. 146~49 참조.

실태는 가능태의 완성이요, 그런 한에서는 가능태의 선(bonum)이다. 이렇게 완성된 존재는 제1현실태라 불리며, 이 존재자의 작용하는 존재(agere)는 제2현실태이다. 현실태는 항상 가능태에 앞서는 것인데, 특히 개념, 시간, 본성 및 목적에 따르자면 그렇다는 것이다. 이렇게 해서 근본적인 공리가 주어진다. 이 공리가 토마스의 형이상학 전체를 떠받치고 있으며, 존재가 신 안에 그 발단과 종말을 가지고 있다고 하는 것을 증명해 내는 최고의 업적을 낳게 한다. 즉 신은 절대적으로 현실적인 것이며, 순수 현실태(actus purus)이다. 다른 한편에는 절대적 가능태가 있다. 이 절대적 가능태는 그 자체로 전혀 현실적인 것이 아니거나 아무런 현실태도 지니지 못한 제1질료이다. 이 두 가지(순수 현실태와 절대적 가능태) 사이에는 모든 피조물이 그 안에서 현실태와 가능태가 결합된 존재를 가지고 있다. 이 가능적 존재와 현실적 존재의 혼합은 모든 피조물의 기초 특성을 형성한다. 이외에도 이 '혼합 관계' 안에서 존재의 위계질서가 성립한다. 전체적인 존재가 가능성과 현실성이 혼합된 것으로서, 또한 무라는 극한에서 무한히 완전한 것의 극한에 이르기까지의 것들이 계속해 현실화되어가는 과정으로써 끼여 있다. 이러한 존재는 창조된 존재이며, 신이 이러한 존재의 시작이다. 그리고 좌우간 존재가 있는 이상, 그것은 창조된 존재임에 틀림없다. 왜냐하면 현실태가 가능태를 앞서는 것이기 때문이다. 또한 신은 존재의 종말인데, 그 이유는 현실태가 가능태의 완성이며, 가능태는 현실태를 동경하고 그것으로 향해 서둘러 나아가기 때문이다(J. 힐쉬베르거, 1983, 573쪽; Allers, p. 142, n. 8 참조).

**주 6) 자기 자체의 원인(sui ipsius causa)**

존재 자체가 사물의 형상 자체나 무엇임에 의해 야기된다는 일은 있을 수 없다. 왜냐하면 이렇게 [될 경우에] 어떤 사물이 **자기 자체의 원인(sui ipsius causa)**이 될 것이며, 어떤 사물이 자기 자신이 존재하도록 생산하게 될 것인데 이것은 불가능하기 때문이다(DEE IV, 7).

이것으로 사실 불합리한 한 표현, 즉 "신은 causa sui, 즉 자기 자신의 원인이다"라는 정식이 거부되었다. 이 표현은 때때로 중세 사상에서도 나타나지만 결정적인 유명세를 떨치게 된 것은 스피노자에 의해서이다. 이 구절을 제대로 이해하기 위해서는 보다 포괄적인 설명으로부터 출발해야 한다.

존재하는 것(또는 생성되는 것), 그중에서도 존재하지 않을 수도 있는 방식으로 존재하는 것은 그것을 통해 이것이 존재하게 되는 원인을 가지고 있다. 여기서 우리는 마침내 토마스주의 형이상학의 기본 통찰에 도달한다. 존재를 그 자체로 갖지 않는 것은, 즉 자기 본질을 통해 존재하지 않는 것은 다른 것으로부터 존재를 갖게 된다.[17]

이로써 우리는 인과율이라는 원칙의 확실성에 대한 문제를 해결했다. 만일 인과율이 부정된다면, 생성되거나 우연적으로 현존하는 존재자의 무의미함을 주장하게 되고 모든 의미 있는 탐구를 배제하게 된다. 또한 이 원칙의 거부는 모순율의 부정을 내포하고 있다. 즉 어떤 것이 존재한다(그리고 의미를 가지고 있다)라고 주장하면서 동시에 이것을 부인하는 것이다. 많은 구절에서 토마스는 인과율이 모순율로 환원됨을 보여 준다. "모든 원칙은 이 최초의 원칙으로 환원된다. 긍정하면서 동시에 부정하는 것은 불가능하다."[18] 또한 토마스는 다른 원칙들과 모순율의 관계를 표현하기 위해 '…에 근거를 두고 있음'(fundatur supra) 또는 '함축

---

17 Joseph Owens, 1954~55, pp. 159~71, 257~70, 323~39 참조: "인과적 명제가 그 보편성과 필연성에서 궁극적으로 정당화되는 일은 사물들의 우연적 또는 제한된 또는 분유된 성격 안에서 이루어지거나 정확히 그 구성 안에서 이루어지는 것이 아니라 모든 사물이 — 단 하나의 예외를 가지고 — 그들의 존재를 [다른 원인으로부터] '가지고 있다'는 우유적인 질서 안에서 이루어진다"(p. 339).

18 Thomas Aquinas, STh II-II, 1, 7: "Omnia principia reducuntur ad hoc sicut ad primum: impossibile est simul affirmare et negare."

적으로 …에 내포되어 있음'(implicite contineantur)이란 문구들도 사용한다.[19]

앞에서 설명된 바를 근거로 형식적으로는 아무것도 자기 자신의 원인일 수 없고, '자체 원인'(causa sui)이란 개념은 모순을 포함하고 있다는 사실이 분명해졌다. 이미 플로티누스는 지성(nous)과 그 작용을 규정하기 위해 '헤아우투 에네르게마'(heautou energēma)라는 표현을 사용했다. 몇몇 교부들은 이 용어를 신에게 적용하기 위해 그로부터 물려받았다. 예를 들어 히에로니무스는 신은 자기 자신의 근원이요 원인이라고 말한 반면에, 아우구스티누스는 신이 자기 지혜의 원인이라고 말했다.

그렇지만 신이 자기 자신의 원인이라는 사실은 토마스를 비롯한 스콜라 철학과 다른 이들(예를 들어 Francisco Suárez, *Disputationes Metaphysicae* XXVIII, 1)에 의해 거부된 학설이다. 그럼에도 불구하고 'causa sui'라는 표현은 근대 이후의 형이상학에 부정적인 영향을 끼쳤다. 예를 들어 데카르트는 신의 '자체로부터의 존재'(esse a se)를 표현하기 위해 이 표현을 다시 사용했다.[20]

하지만 스피노자는 이 표현을 다르게 이해하려고 했다. "'자기 자신의 원인'을 통해 나는 '그것의 본질이 실존을 포함하고 있는 그것', 즉 '실존하지 않고서는 그것의 본성이 파악될 수 없는 것'을 [의미하는 것으로] 이해한다"(Per causam sui intelligo id, cuius essentia involvit existentiam; s. id cuius natura non potest concipi, nisi existens). 이렇게 스피노자는 '자기 자신의 원인'(causa sui)이라는 표현이 그 본질이 존재를 내포하고 있는 대상을 뜻하는 것으로 이해했다.[21] 그러므로 그는 스콜라 학자들이 'ens a se'라는 형식으로 표현했던 것과 전혀 다르지 않은 것을 생각한 것처럼 보인다.

---

19 Thomas Aquinas, STh I-II, 94, 2; II-II, 1, 7 참조.

20 René Descartes, *Meditatio de prima philosophia* III 참조.

21 Benedictus de Spinoza, *Ethica* prima definitio; K. Hedwig, 1984, pp. 504~09 참조.

'자기 자신의 원인'(causa sui)이라는 표현을 새롭게 확산시킨 것은 헤겔이었다(*Enzyklopädie*, n. 153). 원인 자체는 자신의 결과를 전개할 때에야 자신을 드러내거나 보여 주는데, 이것의 원인이 되는 것뿐만 아니라 원인으로서 자기 자신의 원인도 되는 것이다. "따라서 원인은 그 자체로 'causa sui'이다." 헤겔은 비록 비판적이기는 해도 프리드리히 H. 야코비(Friedrich H. Jacobi, 1743~1819)의 '스피노자에 대한 편지'에 대해 명시적으로 언급함으로써 자신의 스피노자에 대한 종속성을 암시한다.[22]

**주 7) 어떤 사물이 자기 자신의 존재를 생산하는 것은 불가능하다**

토마스는 여기서 간단히 언급하고 있는 내용을 『대이교도대전』 제1권에서 매우 상세하게 다루고 있다.

> 나아가 만약 신의 존재가 그 자신의 본질도 아니고 그 본질의 일부일 수도 없다면, 이미 드러난 대로(I, 18) 신의 본질은 단순하기 때문에 그러한 존재는 그 본질 이외의 것이어야 할 것이다. 그런데 어떤 것에 부합되지만 그것의 본질에 속하지 않는 모든 것은 어떤 원인을 통해 그것에 부합된다. 왜냐하면 그 자체로 하나가 아닌 사물들이 결합된다면 어떤 원인을 통해 결합되어야 할 것이기 때문이다. 그러므로 존재는 어떤 원인을 통해 그 무엇임에 부합된다. 그런데 그것은 자신의 본질에 속하는 것 또는 본질 자체를 통해 부합되거나, 아니면 다른 어떤 것을 통해 부합된다. 첫째 경우에는 본질이 그 존재를 통해 있게 되기에 어떤 것이 자기 자신을 존재하도록 하는 원인이 된다. 그러나 이것은 불가능하다. 왜냐하면 개념적으로 원인의 존재는 결과의 존재보다 선행하기 때문이다. 그렇기 때문에 어떤 것이 자신의 존재에 대한 원인이라면, 존재하기 이전에 존재하는 것으로 이해되어야 할 것이다. 이것은 불가능

22 레오 엘더스, 2003, 491쪽; Rudolph Allers, p. 144, n. 14 참조.

하다. — 즉 어떤 것이 우유적인 존재 방식에 따라 자기 자신의 존재에 대한 원인이고, 그래서 우유적인 방식으로 존재라고 이해되지 않는다면 불가능하다. 그런데 이것은 불가능하지 않다. 그 주체의 실체적 존재가 그러한 것으로 이해되기에 앞서 그 주체의 원리들에 의해 야기되는 우유적 존재자가 있을 수 있다. 그렇지만 여기서 우리는 우유적 존재가 아니라 실체적 존재에 대해 말하고 있다 — 그러나 존재가 어떤 다른 원인을 통해 그 본질에 부합된다면, 다른 원인을 통해 존재를 획득하는 모든 것은 어떤 원인을 가지고 있는 것이지 최초의 원인은 아닌 반면에, 앞에서 입증된 것처럼(I, 13) 신은 그 어떤 원인도 가지고 있지 않은 제1원인이다. 따라서 다른 것들로부터 존재를 획득하는 무엇임은 신의 무엇임이 아니다. 그러므로 신의 존재는 그 자신의 무엇임이어야 한다(SCG I, 22, n. 227).

토마스에게서 형상은 존재의 능동인이 아니라 형상인이다.[23] 이러한 의미에서 토마스는 "복합체의 존재가 합성으로부터 발생한다"(In Met IX, 11, n. 1903), "존재는 말하자면 본질의 원리들(즉 질료와 형상)을 통해 구성된다"(In Met IV, 2, n. 558), 사물의 존재는 "복합 실체 안에서 사물의 원리들이 결합됨으로써 유래한다"(In BDT V, 3)라고 말할 수 있다. 실로 복합 실체의 존재는 그 구성 요소들의 일치이다.

질료와 형상으로 구성된 사물의 존재는 형상이 질료와 결합됨으로써, 또는 우유가 그 주체와 결합됨으로써 이루어진다(I Sent 38, 1, 3).[24]

23 Joseph Owens, 1963a, pp. 76, 147~48 참조.

24 Joseph Owens, 1963a, pp. 49~50, 73~74 참조.

**주 8) 보에티우스의 주장: 지성 존재는 '존재하는 그것'과 존재(quod est et esse)로 합성되었다**

이러한 이유 때문에 어떤 사람들은 "이러한 종류의 실체들은 **'그것에 의해 [무엇이] 존재하는 것'**(quo est)과 **'존재하는 그것'**(quod est)으로 합성되어 있다"라고 말한다. 또는 보에티우스가 말한 바와 같이, **'존재하는 그것'과 존재(quod est est esse)로 [합성되었다고 말한다]**(De hebdomachibus c. 1).

보에티우스는 자신의 신학 소품(Quomodo substantiae in eo quod sint bonae sint cum non sint substantialia)과 『주간론』(*De hebdomadibus* c. 1, col. 1311)에서 '존재하는 그것'과 '존재'라는 표현을 사용하는데, 이 표현은 존재와 본질의 관계를 설명하는 데 중요한 역할을 했다. 그러나 이 표현들이 본질과 존재를 본래적인 의미에서 구분하고 있는 것은 아니다. 왜냐하면 보에티우스에게서 '존재하는 그것'은 박승찬처럼 피조된 실체이고, '존재'는 인간 그 자체가 실체 '박승찬'에게 분여된 것과 같은 형상이다. 그러므로 그것은 인간성에 해당하는 것이다. 토마스가 지정하고 있는 곳에서는 이렇게 씌어 있다. "모든 단순한 것[신과 같은 것을 뜻한다]은 그 존재와 '존재하는 바로 그것'을 하나로 가진다. 모든 복합체에서 존재와 존재하는 것 자체는 다른 것이다"(Omne simplex esse suum et id quod est unum habet. Omni composito aliud est esse, aliud ipsum est). 토마스는 이 구절을 해석하면서 보에티우스를 여러 가지 의미에서 잘못 해석하고 있다. 그는 보에티우스의 합성된 것에 대한 진술을 지성 존재로 좁히고 있고, '존재하는 그것'(quod est)을 본질이나 형상과 같은 것으로 생각한다. 그리고 보에티우스에게서 존재(esse)는 형상과 같다는 사실을 간과하고 'quod est'를 'esse'와 결합하고 있다. 토마스가 'quod est'를 존재로, 'esse'를 본질이나 형상으로 이해하고 있다고 가정할지라도 문제는 역시 해결되지 않는다.[25] 더 나아가 보에티우스의 작품을 주석하는 길베르투스 포레타누스(Gilbertus Porretanus)는 보에티우스의 'esse'를 위해

'quo est'라는 용어를 사용했다. 'esse'는 구체적인 실체, 즉 인간 같은 것이 그것으로 말미암아 자신이 되는 것으로 형상이나 본성, 즉 인간성 같은 것을 의미한다.[26] 이러한 용어 변화가 앞에서 언급한 오세르의 윌리엄, 헤일즈의 알렉산더, 대학 총장 필리푸스 등에 의해 수용된 것이다. 토마스도 이런 전통에 따라 '그것에 의해 무엇이 존재하는 것'(quo est)이란 표현을 받아들였을 것이다.[27]

**주 9) 지성 존재들 안에 가능태가 없다면 다수화는 불가능하다**

사물들의 다양성을 설명하기 위해 우리는 현실태와 가능태의 관계를 받아들여야만 한다. 자기 자신으로부터 나온 현실태는 단지 자기 자신일 뿐인 실재의 집약이 될 것이고, 결과적으로 다수화란 가능하지 않을 것이다. 즉 지성 존재들 안에서 가능성의 '혼합'이 전혀 없다면, 그것의 다수화는 불가능할 것이다. 왜냐하면 이미 우리가 본 바와 같이 질료를 통한 다수화란 생각할 수 없고, 모든 본질이 현실적으로 존재하고 있다는 것을 가정한다면, 이것은 실제로 단지 수적인 일체성 안에서만 이루어질 수 있을 것이기 때문이다. 하지만 여기서 하나의 중요한 문제가 제기될 수 있다. 가능태와 현실태의 관계에서의 차이에 따라 [구분되는] 지성 존재를 물체적인 사물들의 경우와는 다른 의미에서라고 하더라도 어느 정도까지 '개체'라고 부를 수 있겠는가? 실제로 천사들은 인격체이고 고유한 이름을 지니며 따라서 어느 정도 '개체'들이기 때문이다. 존재하는 것이 무엇이든 간에, 그 안에 가능성이 절대적으로 없다면 그것은 순수 현실태로서 존재한다. 그리고 자존하는 존재는 순수 현실태이다. 자존하

---

25 보에티우스에게서의 'quod est'와 'esse'에 대한 보다 상세한 설명은 M.-D. Roland-Gosselin, pp. 142~45; H. Brosch, 1931; Étienne Gilson, 1955, p. 104 이하 참조.

26 Nicholas Haering (ed.), *The Commentaries on Boethius by Gilbert of Poitiers*, Toronto, 1966, pp. 194~202 참조.

27 Thomas Aquinas, I Sent 8, 5, 2 참조.

는 존재가 받을 수 있거나 획득할 수 있는 것은 아무것도 없으며 추가될 수 있는 것도 없다. 왜냐하면 자존하는 존재에는 가능태가 없기 때문이다. 자존하는 존재는 절대적 상태이자 획득할 게 없는 성취 상태의 완전성이다. 즉 만약 지성 존재에 가능태가 없다면 그것은 순수 현실태일 것이고, 그래서 자존하는 존재이다. 그러나 우리는 자존하는 존재가 오직 하나일 수밖에 없음을 확인했다. 그러므로 만약 지성 존재들 안에 가능태가 없다면 그들 중 하나만이 자존하는 존재이고, 아니면 아마 더 정확하게 그들 중 하나일 수 없다. 왜냐하면 그것은 신일 테니까 말이다. 이것이 토마스가 만약 지성 존재들 안에 가능태가 없다면 다수의 지성 존재를 발견하는 게 불가능할 것이라고 말한 의미이다.[28]

**주 10) 가능 지성(intellectus potentialis/possibilis)**

가능 지성이란 개념은 스콜라 학자들에 의해 형성된 지성 작용에 대한 이론 이후에 매우 중요해진 개념이다. 여기서 '가능성'은 여러 가지로 변하는 의미를 지니고 있는데, 즉 어떤 것[예를 들어 비가 내리는 것]이 가능하다고 말하는 경우와 같은 '가능한' 것과 오늘날 잘 사용하지 않는 '유력한' 내지 '능력 있는'의 의미 사이에서 오가는 것이다. 그 외에 '지성'(intellectus)도 두 가지 의미로 사용된다. 첫째로 영혼의 특정한 측면이나 지성 작용이 그것이고 둘째로 개념, 즉 지성에 의해 포착된 것을 뜻한다. 또한 이 두 가지 의미는 가능 지성 안에서도 발견되는 것처럼 보인다. 한편으로 이것은 지성적으로 행동하는 것이 영혼에 자기 고유의 것으로 될 수 있는 가능성과, 다른 한편으로는 단순한 가능성으로서 지성에 의해 포착된 것을 뜻하기 때문이다. 현실성은 지성이 파악할 수 있는 것이 이것에 제시될 때만 이루어진다.

가능 지성의 역할을 올바로 이해하기 위해서는 토마스가 인식 작용을

---

28 레오 엘더스, 2003, 271쪽; Allers, p. 145, n. 19; Bobik, pp. 187~88 참조.

설명하는 다음과 같은 네 가지 단계를 주목해야 한다.

(1) **감각상**(species sensibilis)/**표상상**(phantasma): 인식 작용의 출발점은 감각적인 지각이다. 이 지각이 감각 기관에 작용하는 외부 사물(res extra)의 인식 과정이고 그렇게 개별 사물들의 상이 의식에 생겨난다. 감각 기관은 본성적으로 특수한 것들을 지각하는 데에 한정되어 있어 보편적인 것을 이해하지 못한다. 짐승들도 감각을 가지고 있지만 일반적인 개념들을 파악하지는 못한다. 상상 속에서 일어나거나 감각 기관으로써 지각한 특수한 물질적 대상에서 얻은 감각상은 그 자체로 특수한 것이다. 인간이 인식하는 것은 — 항상 설사 그것이 그 자체의 감각적인 표상을 가지고 있지 못한 비감각적인 것이라 하더라도 — 오직 감각을 통해 인식한다. 토마스는 "영혼은 표상상(phantasma) 없이는 아무것도 인식하지 못한다"라는 아리스토텔레스의 명제를 그대로 받아들인다. 그는 구체적인 예를 들어가면서 어떻게 인식 작용이 항상 표상상으로부터 출발하는가 하는 문제 또는 어떻게 해서 생각을 할 때에도 감각적으로 눈에 보이는 것의 도움을 받으며, 더욱이 신이나 순수한 정신 같은 최고의 대상에 대해 생각할 때조차도 그렇게 해야 하는가라는 문제를 제시하고 있다(STh I, 84, 6 & 7). 그러나 표상상은 부차적인 현상에 지나지 않고 사고의 본래적인 본질 자체를 이룩할 수는 없다.

(2) **가지상**(species intelligibilis): 감각적인 직관에서 생긴 결과인 감각상은 제2단계에서 능동 지성(intellectus agens)에 의해 조명된다. 토마스가 말하는 조명은 아우구스티누스의 신적 조명설을 의미하는 것은 아니다. 그가 뜻하는 것은 능동 지성이 그 본성적 능력에 따라 신으로부터의 어떤 특별한 조명 없이 감각상 속에 함축적으로 포함되어 있는 형상적이고 보편적인 요소를 알려 준다는 의미이다. 이렇게 조명됨으로써 감각상(내지 그것에 상응하는 변화된 산물)은 능동 지성을 통해 가능 지성 안에 받

아들여지는 것이 적합하도록 만들어진다. 이 과정에서 동일한 종류에 속하는 여러 가지의 개별적인 표상들의 보편적인 내용, 즉 보편자 내지는 보편적인 개념 또는 본질이 생겨난다. 이러한 가지상은 '정신적인' 본성을 가진 것, 즉 비감각적인 성질의 것이다.[29]

(3) **인상상**(species impressae): 인식 과정에서 그 다음의 단계는 가지상이 정신에 의해 받아들여진다고 하는 것이다. 능동 지성과 실제적으로 구별되는 가능 지성은 수동적으로 작용하며, 마치 비어 있는 칠판에 글씨가 기록되는 것처럼 써 넣어지지 않으면 안 된다. 이러한 의미에서 정신의 상들은 일차적으로 인상상이다. 그러나 이것으로써 인식 과정이 완결된 것은 아직 아니다.

(4) **표현상**(species expressa): 가능 지성도 일종의 능동성(활동)을 발휘한다. 즉 이 가능 지성은 새겨진 인상상을 그 실재적인 대상들에 지향적으로 관계시킴으로써 능동성을 발휘하는 것이다. 가능 지성은 이 상들을 이른바 세계를 묘사하는 수단과 언어라고 파악하며, 그러한 의미에서 가지상은 '내면의 말'(verbum mentis)이라거나(SCG IV, 11 & 13) 표현상이라고 일컬어진다.[30]

이러한 인식 과정에서 볼 때, 가능 지성은 바로 지성적 인식 작용의 발생과 소유를 위한 단순한 가능성이기 때문에 그것의 존재는 가능성과 이성적 정신의 혼합을 뜻한다. 가능 지성은 이성적 정신 안에 가능성이 존재할 수 있는 방식이라고 말할 수 있을 것이다. 이것으로 이 맥락에서 주해자 아베로에스의 의견이 지닌 의미도 설명된다.

29 가지상의 형이상학적인 위상에 대해서는 이상섭, 2003b, 187~212쪽; 2003c, 252~81쪽; 2007, 187~215쪽 참조.

30 보다 상세한 토마스의 인식론에 대해서는 E. 질송, 1994; 쥬세뻬 잠보니, 1996; 정현석, 1999, 95~151쪽; Andreas Speer, 2006, pp. 135~52 참조.

만일 우리가 영혼의 인식 안에서 알았던 존재들의 이러한 유가 존재하지 않는다고 가정하면, 우리는 추상적 사물들 안에서 다수성을 인식하지 못할 것이다. 여기서 우리가 지성의 본성을 알지 못한다고 가정하는 그만큼 우리는 추상적인 것을 움직이는 능력들이 지성이어야만 한다는 사실도 알 수 없을 것이다.[31]

**주 11) 제1자에 더 가까운 상위의 지성 존재는 현실태를 더 많이 그리고 가능태는 더 작게 가진다**

상위 지성이 하위 지성보다 더 많은 현실태와 더 적은 가능태를 지녔다는 것은 무엇을 의미하는가, 즉 바꿔 말해 인간 영혼이 상위 지성보다 더 많은 가능태를 지녔다는 것은 무슨 의미인가?

① 우선 상위 지성이 자존하는 존재에 더 가까운, 더 많은 현실태를 갖고 더 적은 가능태를 가지고 있음은 무엇을 의미하는가? 만약 자존하는 존재인 순수 현실태가 수용되는 것에 대한 수용자로서 어떤 것과도 관계되지 않았다면, 상위 지성이 더 많은 현실태와 더 적은 가능태를 가졌다고 말하는 것은 수용되는 것에 대한 수용자로서(as recipient to received) 상위 지성이 관계된 더 적은 사물들이 있다고 말하는 것이다. 지성적 사물들 중 인간 영혼은 감각적 사물로부터 어떤 것을 수용한 수용자로서 인간 영혼이 소유한 다수의 지성적 형상들에 관계되어 있다(Bobik, p. 189 참조).

② 보빅의 말대로 가능 지성이 '인식하거나 이해하는 힘, 절대적 형상들을 포착하는 힘'(Bobik, p. 191 참조)이라면 상위 지성일수록 더 많은 것을 인식하고 이해하며, 하위 지성일수록 그 능력이 부족함을 의미할 것

31 Averroes, *In De anima* III, comm. 5, fol. 166 ra 16: "Et nisi esset hoc genus entium quod scivimus in scientia animae, non possemus intelligere multitudinem in rebus abstractis, quemadmodum nisi sciremus hic naturam intellectus non possemus intelligere quod virtutes moventes abstractae debent esse intellectus."

이다. "한 천사의 지성은 인간 지성을 훨씬 초월한다"(레오 엘더스, 2003, 402쪽 참조). "존재는 그 자체로 인식 가능하다. 존재가 존재의 위계에서 상위에 위치하면 할수록 그만큼 더 그 인식 가능성은 커진다. 그러나 인간 지성은 정신적으로 침투하는 능력이 제한되어 있고, 이 능력은 우리의 신체성을 통해 물질적 사물들의 진리라는 사고 지평(형상적)으로 축소되어 있다"(같은 책, 172쪽 참조).

**주 12) 한 복합체 안에 하나의 존재가 나온다**

> 그 존재[인간의 존재]는 영혼에 속하는 것으로서 육체에 종속되는 것이 아닐지라도, 영혼과 육체로부터 한 복합체 안에 하나의 존재가 나온다(DEE IV, 10).

인간은 일체인데 그 이유는 인간이 온전한 의미로 영혼에 속하는 영적인 존재이며, 그 영혼이 육체와 관련되는 한 존재를 가지고 있기 때문이다.[32] 알레르스는 이러한 주제를 인간 형상의 단일성과 다수성 문제와 연결한다.

> 여기서는 유명한 형상의 단일성과 다수성(unitas et pluralitas formarum)이 관련되어 있고, 이것은 철학사적으로나 체계적인 면에서 매우 중요하다. 토마스와 그를 따르는 모든 철학자는 형상의 단일성에 대해 다음과 같은 이론을 주장한다. 인간 안에서 지성적 영혼이 유일한 실체적 형상(forma substantialis)이다. 그 곁에는 아무런 다른, 예를 들어 식물적인

32 인간의 "전적인 실재성은 영적인 실재를 수행하는 영적인 원리 안에서 유지된다"라는 토마스의 주장에 대한 다른 방식의 설명들은 Thomas Aquinas, QDA 1, 1, ad 1; Étienne Gilson, 1956, pp. 196~97; A. C. Pegis, 1963, p. 37; 박승찬, 2010c, 61~102쪽 참조.

혼과 같은 것이 존재하지 않는다. 토마스의 견해는 처음에 강한 반발을 받았고, 플라톤과 아우구스티누스를 따르는 이들에게는 받아들여질 수 없는 것으로 생각되었다. 오늘날에도 몇몇 사람들에 의해서는 형상의 다수성이 옹호되고 있다.[33]

토마스는 『대이교도대전』 제2권에서 영혼이 육체와 어떠한 형식으로 결합되어 한 존재를 이루게 되는가에 대해 매우 상세히 논의하고 있다. 지성적 영혼과 육체의 합일 가능성을 증명한 후에 토마스는 계속해서 인간이 본질적으로 구분되는 여러 개의 영혼을 지니고 있다는 주장, 그리고 그 주장에 따라 지성적 영혼은 인간의 존재를 부여하는 유일한 형상이 아니라는 견해와 대결한다. 인간 안에는 생장적 · 감각적 · 지성적 혼이 있으며, 그것들은 각각 특정한 기관 안에 자리 잡고 있다는 생각은 플라톤으로 거슬러 올라간다.[34] 플라톤주의자들은 육체로부터 인간 영혼의 독립성을 좀 더 충분하게 강조하기 위해 질료와 인간 영혼 사이에 하나 또는 그 이상의 실체적 형상들을 끼워 넣었다. 그들은 인간 영혼이 육체와 결합되기 이전에 적어도 물질적 형상이 질료에 부여된 것으로 이해했다. 이에 따라 인간에게 지성적 혼의 준비 단계로서 별개의 생장적인 혼과 감각적인 혼이 주어진다고 주장하는 것이다. 그래서 그들은 인간을 질료와 다수의 실체적 형상들의 복합이라고 생각했다.

그렇지만 아리스토텔레스가 지적했듯이, 지성적 혼이 생장적이고 감각적인 생명의 원리들과 어떤 관계에 있는지는 해결되지 않은 채로 있었다. 토마스에 따르면, 이러한 입장의 약점은 그것이 인간의 실체적 단

33 Rudolph Allers, p. 150, n. 12 참조.

34 플라톤, 『국가』 436a-b, 439d, 441e, 580d-581b 참조. "플라톤은 우리 안에 있는 지성적 · 생장적 내지 감각적 혼이 동일한 것이 아니라고 주장한다. 그러므로 비록 감각적 혼이 육체의 형상일지라도 바로 이 때문에 어떤 지성적 실체가 육체의 형상일 수 있다고 말할 필요는 없다는 것이다"(SCG II, 58, n. 1342 참조).

일성을 설명하는 데에 실패한다는 것이다. 토마스는 이 문제점을 심각하게 받아들여 여러 곳에서 매우 상세하게 이를 논박하지만, 여기서는 가장 대표적인 몇 가지 근거들만을 살펴보도록 하자.

그의 강력한 논박은, 우선 각각의 실체들이 지니고 있는 존재의 통일성은 각자 자신의 형상으로 소급된다는 사실에서부터 나온다.

> 어떤 것은 동일한 것으로부터 존재와 단일성을 가진다. '하나'는 '존재자'에 따라오기 때문이다. 따라서 어떠한 사물이든지 간에 형상으로부터 존재를 가지기 때문에, 그것은 또한 형상으로부터 단일성도 가지게 될 것이다. 따라서 만일 인간 안에 다수의 영혼이 각기 다른 형상으로 존재한다고 추정된다면, 인간은 하나의 존재자가 아니라 다수의 존재자인 셈이 될 것이다(SCG II, 58, n. 1346).

다수의 실체적 형상을 가정한다면 토마스가 논박했던 다른 부적절한 주장, 즉 "지성적 영혼과 육체로부터 단적으로 하나인 것이 아니라 단지 우유적으로 하나인 것이 생겨난다"라는 주장이 되돌아오고 말 것이다.

> 어떠한 실체적 형상이든지 실체의 유에 속하는 완결된 존재를 만들어낸다. 그것은 현실적 존재자이며 '이 어떤 것'을 만든다. 따라서 최초의 실체적 형상 다음에 그 사물에 부가되는 것은 무엇이든지 우유적으로 부가된다. 따라서 '생물'이 실체적으로 인간과 동물에 대해 서술되므로 생장적 혼은 실체적 형상이다. 그렇기 때문에 감각적 혼은 우유적으로 부가된다는 사실이 귀결되며, 이와 유사하게 지성적 혼도 [우유적으로 부가된다]. 그래서 '동물'이나 '인간'은 단적으로 하나인 것을 의미하지 못할 뿐만 아니라 실체의 범주에 속하는 어떤 유나 종도 의미하지 못한다(SCG II, 58, n. 1347).

우리가 동물이든 인간이든 간에 어떤 감각하는 실체 자체가 통일성을 지닌다고 말할 때는, 이러한 종류의 우유적 통일성이 문제되는 것이 아니다. 만일 인간이 생장적 혼을 통해 생물로서 존재하고, 감각적 혼을 통해 동물로서 존재하고, 마지막으로 세 번째 형상, 즉 지성적 혼을 통해 인간으로서 존재하는 것이라면, 그 인간은 여러 실체적 존재를 갖게 될 것이고 더 이상 하나의 실체는 아닐 것이다.

또한 토마스는 "만일 인간 안에 영혼의 부분으로부터 존재하는 것이 다수의 것들로 결합된 것이라면, 마치 결합체 전체가 육체 전체에 대해 관계를 맺듯이 개별적인 것들도 육체의 개별적 부분과 관계를 맺어야만 한다"(SCG II, 58, n. 1350 참조)라고 주장한다. 그래서 플라톤은 하나의 육체 안에 기관에 따라 각기 구별되는 가지가지의 혼들이 존재한다고 생각해 삶의 각기 다른 작용을 이러한 혼들에 귀속시켰다. 즉 그는 이성적 혼을 뇌 안에, 생장적 혼을 간장 안에, 욕망적 혼을 심장 안에 위치시켰다(CT 90 참조). 그러나 토마스에 따르면, 이러한 주장도 거짓임이 명백하다. 영혼의 어떤 부분, 즉 지성적 영혼은 육체의 어떤 부분에 귀속될 수 없기 때문이고(SCG II, 51 & 56 참조), 잘라진 채로 살아 있는 동물이나 식물에서도 나타나듯이 육체의 동일한 부분 안에서 영혼의 다양한 부분의 작용들이 나타난다는 것이 명백하기 때문에 그렇다.[35]

토마스가 이렇게 실체적 형상의 유일성을 상세하게 논증한 것은, 만일

35 토마스의 마지막 철학적 논증은 어떤 특정한 영혼에 속하는 행위들이 상이한 형상으로서 존재한다고 가정된 다른 영혼들의 행위들을 서로 방해한다는 관찰로부터 나온다. 예를 들어 분노나 공포 같은 감각혼의 행위가 강렬해질 때, 다른 것들은 무기력해진다. 즉 이는 이성의 활동을 방해하며, 또한 식물적 과정들[자율신경계 등을 포함하는 생장적 과정들]에도 좋지 않은 영향을 끼칠 수 있다. 하나의 원리 안에 뿌리를 두지 않은 다양한 힘들은 만일 우연히 그들의 행위들이 상반되는 경우가 아니라면 서로 방해하지 않기 때문에, 이러한 종류의 상호 의존성이 가장 잘 파악될 수 있는 것은 활동들이 상이한 원천들로부터 발원하지 않고 단지 하나의 유일한 원리에서 발원한다고 가정할 때이다. "따라서 우리 안에 있는 영혼의 모든 행위는 하나의 영혼으로부터 발생한다"(SCG II, 58, n. 1351 참조).

우리가 인간의 실체적 형상이 복수라고 가정하게 된다면 인간의 통일성은 훼손되고 말 것이기 때문이다.[36] 인간에게 다수의 실체적 영혼이 있다는 이론을 논박하는 과정을 통해 인간 각자는 생장과 같은 가장 단순한 식물적 활동으로부터 다양한 감각적 활동들, 그리고 인식과 원함에 이르기까지 모든 생명의 표현들이 소급되는 유일한 영혼을 지니고 있다는 결론에 도달했다.

---

36 토마스를 비롯한 영혼의 단순 실체적 형상론자와 단테의 영혼론의 차이에 대해서는 정현석, 2019, 271~79쪽 참조.

제5장

&

# 신과 지성 존재들과 영혼의 본질과 특성

### [V, 1] = [VI, 1a] {5, 30}

378,1 His igitur visis, patet quomodo essentia in diversis invenitur. Invenitur enim triplex modus habendi essentiam in substantiis. Aliquid enim est sicut Deus cuius essentia est ipsummet suum esse; et ideo inveniuntur aliqui philosophi dicentes quod Deus non habet quiditatem vel essentiam, quia essentia sua non est aliud quam esse eius. Et ex hoc sequitur quod ipse non sit in genere; quia omne quod est in genere oportet quod habeat quiditatem praeter esse suum, cum quiditas vel natura generis aut speciei non distinguatur secundum rationem naturae in illis quorum est genus vel species, sed esse est diversum in diversis.

## (1) 본질은 서로 다른 사물들 안에서 어떻게 발견되는가

이러한 것들을 살펴본 바에 따라 본질이 다양한 사물 안에서 어떤 방식으로 발견되는지가 분명해진다. 사실, 실체들에서는 본질을 가지는 세 가지 방식이 발견된다.[1] 378,1

**[(1) 신의 본질]**

사실, 어떤 것은 신과 같이 그의 본질이 자신의 존재 자체인 것이다.[2] (a) 따라서 신은 무엇임 또는 본질을 갖지 않는다고 말하는 어떤 철학자들[후주 1)]이 발견된다.[3] 그(신)의 본질은 그의 존재와 다른 것이 아니기 때문이다. 이로부터 신은 하나의 유(類)에 속하지 않는다[후주 2)]는 사실이 귀결된다. 유에 속하는 모든 것은 자기의 존재 이외에 무엇임을 가져야만 하기 때문이다.[4] 그런데 무엇임 또는 유나 종의 본성은 유나 종에 속해 있는 것들에서는 본성이라는 이유로 구별되지 않으나, 존재는 서로 다른 것들 안에서 각각 다르게 존재[후주 3)]하기 때문이다.[5]

---

1 "실체는 스스로 자립적으로 존재하는 것인데, 예를 들어 그것에서 변화가 이루어질 수 있고, 또는 그것이 부가되는 특징들을 받아들이고 보유하며, 또한 다시 상실할 수 있는 것이다"(Allers, p. 146, n. 1).

2 Thomas Aquinas, DEE IV, 7 참조. 특히 DEE IV, 137-46.

3 이러한 주장을 펴는 학자들에 대해서는 이 장의 후주 1 참조.

4 이에 대한 보다 상세한 근거에 대해서는 이 장의 후주 2 참조.

5 종이나 유의 본성이 본성상 공통되고 존재상 차이 나는 것에 대해서는 이 장의 후주 3 참조.

## [V, 2] = [VI, 1b]

378,15 Nec oportet, si dicimus quod Deus est esse tantum, ut in illorum errorem[•] incidamus qui Deum dixerunt esse illud esse universale quo quaelibet res formaliter est. Hoc enim esse quod Deus est huiusmodi[••] condicionis est ut nulla sibi additio fieri possit, unde per ipsam suam puritatem est esse distinctum ab omni esse; propter quod in commento nonae propositionis libri De causis[•••] dicitur quod individuatio primae causae, quae est esse tantum, est per puram bonitatem eius. Esse autem commune sicut in intellectu suo non includit aliquam additionem, ita

---

• 'illorum errorem'에 대해서는 Thomas Aquinas, STh I, 3, 8 참조: "Haec dicitur fuisse opinio Almaricianorum"; 이 파리학자들의 오류는 1210년에 단죄되었다 (Chartularium Univers. Paris. I, p. 71).

•• 마리에티 판에서는 'huius'.

••• Liber de Causis, §8. 이 작품에 대해서는 제4장 후주 4 참조. 토마스는 자신의 주해서 (*Super Librum de Causis expositio*, lect. 9)에서 제1원인이 자신의 순수성 또는 절대적인 가치를 통해 '개체화 내지 개별화'가 벌어진다고 말하지 않고, 제1원인이라는 개별성이 순수한 선성이라고만 말한다("individuum suum est bonitas sua", 또는 다른 읽는 방식에 따라 "et individuum suum est bonitas pura"). 토마스는 그의 SCG I, 26에서 "제1원인은 그 좋음의 순수성에 의해 다른 사물들로부터 구분되면 어느 정도까지 개체화된다"라고 쓰면서 『원인론』에 나오는 전거를 적절하게 인용하거나 대비하고 있다(베레츠, 60~61쪽 참조).

## 순수 존재와 공통 존재

(b) 또한 우리가 신을 오직 존재뿐(순수 존재)이라고 말한다면, "신은 그것에 의해 어떤 사물이든 모두 형상적으로 존재하게 되는 보편 존재이다"라고 말했던 이들의 오류[후주 4)]에 떨어지지 말아야 한다.[6] 사실, 신이라는 이 존재는 자기에게 어떠한 부가도 이루어질 수 없는 그러한 조건에 있다. 그러므로 이 존재는 자기의 순수성 자체를 통해 모든 존재와 구별되는 존재이다. 이러한 이유로 『원인론』 제9명제의 주해에서 오직 존재뿐인 제1원인은 자신의 순수한 선성(善性)을 통해 개체화된다고 말한다. 그러나 **공통 존재**(esse commune)[후주 5)]는 그 개념 안에 어떠한 부가를 포함하지 않는 것과 같이, 그 개념 안에 [어떠한] 부가의 단절도 포함 378,15

6 "'신은 존재뿐'이라는 말, 그리고 단지 '신의 존재만이 진정으로 충만한 존재(Ipsum esse)이다'라는 말이 '신적인 존재 밖에는 아무런 존재도 없다'라고 말하는 쪽으로 이끌어서는 안 된다. 그렇게 되면 모든 존재자를 신 안에서 사라지도록 하려는 오류에 빠지거나(theopanismus), 신이 존재의 총체요 이 총체가 그와 동일하다는 범신론(pantheismus)에 빠진다"(Allers, p. 147, n. 5 참조). 신이 범신론과 만물의 형상적 근원이라는 주장에 대해서는 이 장의 후주 4 참조.

non includit in intellectu suo praecisionem additionis; quia si hoc esset, nihil posset intelligi esse in quo super esse aliquid adderetur.

하지 않는다. 만일 그렇다고 가정한다면,[7] 존재를 넘어 어떤 것이 거기에 부가되는[8] 그 어떤 존재도 전혀 생각될 수 없겠기 때문이다.

7 즉 공통적 또는 일반적 존재의 개념이 부가되거나 부가의 단절을 포함하는 경우이다(베레츠, 61쪽 참조).

8 Thomas Aquinas, SCG I, 26, n. 247: "그들을 이 오류에 이르게 하는 둘째 요인은 이성의 결함이다. a) 실상 공통적인 것이 부가를 통해 종별화되고 개별화되기 때문에, 그들은 그 어떠한 부가도 배제되는 신의 존재가 어떤 고유의 존재가 아니라 만물의 공통 존재라고 생각했다. 그들은 공통적이고 보편적인 것이 어떤 부가 없이는 존재할 수 없지만, 부가 없이 고찰된다는 점을 검토하지는 못했다. 왜냐하면 '동물'은 '이성적'이라는 차이 없이도 고찰되지만, 그 차이 없이 존재할 수는 없기 때문이다. 더욱이 비록 어떤 보편자가 아무런 부가 없이 고찰될 수는 있다고 하더라도, 부가의 수용 가능성 없이 존재하는 것은 아니다. '동물'에 아무것도 부가될 수 없다면, 그것은 하나의 유가 아니었을 것이기 때문이다. 다른 모든 명칭에 대해서도 마찬가지이다. b) 그러나 신적 존재는 사고 내에서 뿐만 아니라 사물들 속에서도 아무런 부가 없이 존재한다. 그리고 그것은 부가 없이 존재할 뿐만 아니라 부가의 수용 가능성조차 없이 존재한다. 그렇다면 신이 부가를 수용하지도 않고, 또한 수용할 수도 없다는 사실로부터 우리는 오히려 신이 공통 존재가 아니라 고유 존재라는 결론에 이를 수 있다. 그분의 존재에 아무것도 부가될 수 없다는 사실로 인해 그분의 존재가 나머지 모든 것으로부터 구별되기 때문이다."

## [V, 3] = [VI, 1c]

Similiter etiam, quamvis sit esse tantum, non oportet quod deficiant ei reliquae perfectiones et nobilitates. Immo habet omnes perfectiones quae sunt in omnibus generibus, propter quod perfectum simpliciter dicitur, ut Philosophus et Commentator in V Metaphysicae[*] dicunt; sed habet eas modo excellentiori omnibus rebus, quia in eo unum sunt, sed in aliis diversitatem habent. Et hoc est, quia omnes illae perfectiones conveniunt sibi secundum esse suum simplex;

---

[*] Aristoteles, Met V, 18, 1021b30-33: "dicuntur perfecta …… quaedam modo universali"(in arabo-latina). 이것에 대해 아베로에스는 *In Metaph.* V, comm. 21에서 다음과 같이 설명한다. "Et ista est dispositio primi principii, scilicet Dei"(그리고 이것은 제1원리, 즉 신의 소질이다)(fol. 62 ra 12).

**순수 존재의 완전성에 대해**

또한 이와 비슷하게 [신(神)이] 오직 존재일 뿐이라고 하여도, 그것에 378,30
는 그 밖의 완전성이나 고귀성이 결여되어 있다고 [말해서는] 안 된다. 오히려 [이 존재는] 모든 유 안에 있는 모든 완전성을 가진다.[후주 6)] 이 때문에 『형이상학』 제5권에서 철학자와 주해자가 말하는 바와 같이, [이 존재는] 단적으로 완전한 것이라고 불린다. 그러나 이 존재는 모든 사물보다 더 탁월한 방식으로 그것(완전성)들을 갖는다. 그 존재 안에서는 [그 완전성들이] 하나이고, 다른 것들 안에서는 다양성을 가지기 때문이다. 이것은 그 모든 완전성이 그(신)의 단순한 존재에 의해 그에게 부합하기 때문이다.[9]

---

9 Thomas Aquinas, STh I, 4, 2: "신 안에는 모든 사물의 완전성이 있다. 따라서 신은 보편적으로 완전한 자(universaliter perfectus)라고도 불린다. 그 이유는 …… 어떤 유에 있어 발견되는 어떠한 우수성(nobilitas)도 신 안에 결여될 수 없기 때문이다. 그리고 이것은 두 측면에서 고찰될 수 있다. 첫째, 결과에 있어 어떤 완전성이 있든 간에, 그것은 모두 그 결과를 내는 원인 안에서 발견되어야 한다는 데 기인한다. …… 태양 안에는 이미 태양의 능력에 의해 산출될 것들의 유사(similitudo)가 있는 것과 같이, 다의적(aequivocum)이면 능동자 안에는 완전성이 더 탁월한 모양으로 있는 것이다. 결과가 작용인(causa agente) 안에 능력적으로(virtute) 선재해 있는 것은 명백하다. …… 신은 사물을 산출하는 제1원인이므로 신 안에는 만물의 모든 완전성이 우월한 양태(secundum eminentionem modum)로 있어야 한다." 둘째 측면은 다음 각주 참조. Thomas Aquinas, SCG I, 28. 창조되지 않은 존재와 창조된 존재의 관계에 대한 상세한 논의는 양혜정, 2009a; 2009b 참조.

sicut si aliquis per unam qualitatem posset efficere operationes omnium qualitatum, in illa una qualitate omnes qualitates haberet, ita Deus in ipso esse suo omnes perfectiones habet.

마치 어떤 사람이 하나의 성질을 통해 모든 성질의 작용을 할 수 있다고 가정하면, 그 하나의 성질 안에 모든 성질을 가진 셈이라고 말할 수 있는 것과 같다.[10] 그렇게 신은 자기의 존재 자체 안에 모든 완전성을 가진다.

---

10 "성질은 사물이 작용하는 직접적 근원으로서의 힘을 의미한다. 예를 들면 불은 그것이 가진 열의 성질을 통해 따뜻하게 한다. [만일 불이 차가울 수도 있고 다른 모든 일을 할 수 있다면, 그것은 이 하나의 성질을 가지고 할 수 있는 것이며,] 이 힘은 모든 힘을 포함하는 것이 된다. 이러한 유비에서처럼 신은 그 존재(esse)를 통해 무제약적인 존재의 힘(virtus essendi)을 가진다"(Maurer, p. 62, n. 9 참조). 마우러는 토마스의 SCG I, 28도 제시한다. "둘째로 신이 자립(자존)하는 존재 자체(ipsum esse per se subsistens)인 것은 이미 앞에서 제시된 바인데(I, 3, 4), 이러한 점에서도 신은 존재의 모든 완전성을 자체 안에 내포해야 한다. 어떤 더운 것(aliquod calidum)이 열의 모든 완전성을 갖지 않는 것이라면, 그것은 열이 완전한 의미(secundum perfectam rationem)로 분유되고 있지 않기 때문인 것이 분명하다. 만일 열이 그 자체로 자존하는 것이라고 가정한다면, 그러한 열에는 열에 관한 것으로서는 아무것도 결핍되어 있지 않을 것이 분명하기 때문이다. 따라서 신은 자존하는 존재 자체이기 때문에 존재의 완전성에 관해 어떠한 결함도 있을 수 없다. 모든 사물의 완전성은 존재의 완전성에 속한다. 어느 정도 완전하다는 것은 그것이 어느 정도 존재를 갖고 있기 때문이다. 따라서 어떤 사물의 완전성도 신에게 결여되지 않는다는 귀결이 나온다"(STh I, 4, 2 참조).

## [V, 4] = [VI, 2a] {V, 31}

378,44 Secundo modo invenitur essentia in substantiis creatis intellectualibus, in quibus est aliud esse quam essentia earum, quamvis essentia sit sine materia. Unde esse earum non est absolutum, sed receptum, et ideo limitatum et finitum ad capacitatem naturae recipientis; sed natura vel quiditas earum est absoluta, non recepta in aliqua materia. Et ideo dicitur in libro De causis• quod intelligentiae sunt infinitae inferius et finitae

• *De causis* prop. 16 comm: "Et virtus quidem eius ⟨intelligentiae⟩ non est facta infinita nisi inferius, non superius"(그들[지성, 순수한 정신]의 힘은 하위적으로는 무한하지만 상위적으로는 그렇지 못하다)(H.-D. Saffrey (ed.), p. 92; ed. Pattin §131).

## (2) 창조된 지성적 실체들의 본질

두 번째 방식으로 본질은 창조된 지성적 실체들 안에서 발견되는데, 비록 그것들 안에 본질이 질료 없이 있을지라도 그 존재는 그것들의 본질과 다르다. 즉 그것들의 존재는 절대적인 것이 아니라 수용된 것이다. 따라서 그러한 존재는 수용자의 본성이 지닌 수용 능력에 의해 제한되며 유한한 것[11]이다. 그러나 그것들(창조된 지성적 실체들)의 본성이나 무엇임은 절대적인 것이고 어떤 질료에 수용된 것이 아니다. 따라서 『원인론』[12]에서 말하는 바에 따르면, 지성 존재들은 더 낮은 것[과 관련해서 378,44

11 "'limitatum et finitum ad capacitatem'(수용 능력에 의해 제한되며 유한한 것)이라는 라틴어 표현에서 'ad'는 수용 능력이 존재 수용의 가능성이 다다를 수 있는 한계를 뜻한다는 사실과 수용자의 본성이 이 존재자가 얼마나 많은 존재를 지닐 수 있는지(혹은 어떤 종류의 존재인지 내지 어떤 존재의 단계에 속하는지)를 결정한다는 사실을 지칭한다"(Allers, p. 149, n. 9 참조). 본질이 존재의 종류를 규정하기 때문에 존재의 구체적인 실현에 있어 존재자가 '고양이임' 혹은 '개임'이 되는 것이다. 한 본질 안에 수용되지 않은 존재는 아직 어떠한 제한도 받지 않은 상태이다. 그런데 존재가 어떤 수용자 안에 포함되면 이처럼 그 수용자가 지닌 본질에 의해 존재가 한정되는 것이다.

12 "'infinitum'은 '비제약적인' 또는 '무한한'이라고 번역될 수 있다. …… 지성은 '하위적으로', 즉 존재적으로 더 낮은 존재 계층의 방향으로는 비제약적인데, 그 이유는 아무런 질료도 그것을 어떤 제한으로 강요하지 않기 때문이다. 각인되는, 질료와 관련된 형상(forma substantialis corporis)의 현실화는 질료의 수용 능력을 통해 제한을 받는다. 그래서 영혼의 정신성은 영혼과 육체를 지닌 인격 안에서 남김없이 표현될 수는 없는데, 그 이유는 질료적인 조건을 통해 본질적인 제한을 받기 때문이다. 상위적으로 지성 존재들은 유한하고 제한되어 있는데, 그 이유는 그들 위에 더 높은 위계의 존재가 있고, 그것에 대해 뚜렷이 드러나고, 그것과 비교해 부족하고 한 '단면'처럼 보이기 때문이다. 여기서 어디에서도 명시적으로 표현되지 않았지만 영원의 철학에는 아주 기본적인 생각이 암시되어 있다. 무한자(infinitum)는 그것의 부정하는 단어 형태(in-)를 통해 드러나듯이 본질적으로 최초의 것이고, 이것으로부터 모든 유한한 것이 비로소 존재하며, 이로 인해 바로 한 '단면'으로 드러나게 된다. 우리의 경험을 위해서는 인식이 유한한 것으로부터 출발한다. 유한자가 '우리에게는'(πρὸς ἡμᾶς) 최

superius; sunt enim finitae quantum ad esse suum quod a superiori recipiunt, non tamen finiuntur inferius quia earum formae non limitantur ad capacitatem alicuius materiae recipientis eas.

는] 무한하고, 더 높은 것[과 관련해서는] 유한하다.[13] 사실, 그것들은 더 상위의 것으로부터 받는 자기 존재에 관한 한 유한하다.[14] 그럼에도 더 하위의 것[과 관련해서는] 제한되지 않는다. 왜냐하면 그것들의 형상은 그것들을 수용하는 어떤 질료의 수용 능력에 따라서는 제한되지 않기 때문이다.[15]

초의 것이다. 그러나 사물의 본성에 따라서는(τῇ φύσει) 최초의 것이 무한자, 단순히 무조건적으로 존재하는 자이다"(Allers, p. 149, n. 10 참조). Liber de causis, § 4: "et causae quidem primae non est ylchaim, quoniam ipsa est tantum esse". 이 책에 대한 토마스의 주석서인 In BDT l. 4-5와 DSS 8; STh I, 50, 2, ad 4 참조.

13 여기서 실체들 사이에 위계가 지어져 있다는 사실을 확인할 수 있는데, 그것은 실체의 형상이 지니는 완전성의 정도에 따라 나뉜다. 다시 말해 한 종류가, 다른 종류가 소유하지 못하는 것을 가지고 있거나 적은 정도로 실현하고 있는 것을 실현한다면 그것은 형상적 차이에 있어 더 상위에 속하는 존재인 것이다. 예를 들면 움직일 수 있는 동물은 움직이지 못하는 식물에 비해 더 완전하다고 할 수 있다(SCG II, 95, n. 1807 참조). 더 구체적으로는 실체의 형상이 지니는 완전성의 정도는 신에 얼마나 가까운가, 그리고 질료로부터 얼마나 멀리 떨어져 있는가에 따라 정해진다(레오 엘더스, 2003, 402쪽 참조).

14 여기서 우리는 신과 피조물 사이의 가장 심오한 차이에 도달한다. 왜냐하면 신은 존재의 끝없는 대양이며, 이 대양은 모든 존재를 최고의 강도와 한계 없는 분량으로 지니기 때문이다. 이와는 반대로 피조물들은 그들 각자의 다른 본성을 통해 이루어지는 존재의 제한, 경계 설정, 억제이다(레오 엘더스, 2003, 299쪽 참조).

15 지성적 실체들인 지성 존재와 인간 영혼은 그것들의 본질이 질료 없는 것, 즉 순수 형상이라고 하더라도 모두 존재와 다른 본질을 갖는다. 지성적 실체들의 존재는 본질과 다르다는 의미에서 유한하다. 그리고 그 존재는 절대적인 존재가 아니라 본질에 의해 결정된 어떤 종류의 존재이다. 그런데 지성적 실체들의 본질은 그것이 어떠한 질료도 받아들이지 않는다는 의미에서 절대적이다. 즉 지성적 실체들의 본질은 제한하는 질료의 능력에 종속되지 않음으로써 제한되지 않는다는 의미에서 무한하다 (Bobik, pp. 225~26 참조).

## [V, 5] = [VI, 2b]

378,57 Et ideo in talibus substantiis non invenitur multitudo individuorum in una specie, ut dictum est,[•] nisi in anima humana propter corpus, cui unitur. Et licet individuatio eius ex corpore occasionaliter dependeat quantum ad sui inchoationem, quia non acquiritur sibi esse individuatum nisi in corpore cuius est actus: non tamen oportet ut subtracto corpore individuatio pereat, quia cum habeat esse absolutum ex quo acquisitum est sibi esse individuatum ex hoc quod facta est forma huius corporis, 379,69 illud esse semper remanet individuatum. Et ideo dicit Avicenna[••] quod individuatio animarum vel multiplicatio dependet ex corpore quantum ad sui principium, sed non quantum ad sui finem.

---

• 'dictum est'에 대해서는 Thomas Aquinas, DEE IV, 83-89 참조.

•• Avicenna, *De anima* V, 3, fol. 14 rb: "Singularitas ergo animarum …… incipit esse cum corpore tantum …… postea animae sunt separatae sine dubio a corporibus" (Georges Van Riet (ed.), p. 107 lin. 75; p. 109 lin 96); 또한 V, 4: "Quod anima non desinit esse"(pp. 113~26) 참조. 텍스트에 포함된 단어들은 아비첸나의 것이 아니라 상당히 장황하게 설명한 그 저자의 것을 간결하고 명확하게 요약한 것이다. 이 설명은 여기서 다시 인용될 필요가 없는데, 토마스의 표현이 모든 필요한 것을 함유하고 있기 때문이다(Allers, p. 150, n. 13 참조).

또한 이러한 실체들 안에서는 앞서 말한 바와 같이, 한 종(種) 안에서 개체들의 다수가 발견되지 않는다. 다만 인간적 영혼은 그것과 합일하는 육체 때문에 예외이다.[16] 또한 영혼은 오직 자신이 현실태로 작용하는 육체 안에서[17] 개체화된 존재를 얻기 때문에, 그 발생에 있어 기회적(機會的)으로 육체에 의존한다.[18] 그렇다고 해서 육체가 소멸된 후에 개체성도 소실되어야만 하는 것은 아니다. 왜냐하면 [영혼이] 육체의 형상이 됨으로써 자신에게 개체적 존재를 얻어 절대적 존재를 갖게 되었을 때, 그 존재는 항상 개체적 존재로 머무르기 때문[후주 7)]이다. 그러므로 아비첸나는 영혼들의 개체화와 다수화는, 그 시초에 대해서는 육체에 종속되지만 그 마지막에 대해서는 그렇지 않다고 말한다. 378,57

16 Thomas Aquinas, DEE IV, 187-92 참조.

17 'in corpore cujus est actus'(영혼 자신이 현실태로 작용하는 육체 안에서)는 영혼이 '육체의 현실성이 종속되는 것', 즉 그것을 통해 육체가 비로소 존재하는 것임을 말한다. 왜냐하면 질료로서의 육체는 우선 단지 가능태일 뿐이고, 아무런 현실태도 자신 안에 포함하고 있지 않기 때문이다(Allers, p. 149, n. 11 참조).

18 지성적 실체들의 경우에 같은 종 안에서 많은 수의 개체들이 발견되지 않는데, 인간 영혼은 예외이다. 인간 영혼이 육체의 형상이며, 지성적 활동의 원천이기 때문이다. 인간 영혼의 개체화는 육체에 의존해 있는데, 영혼이 육체 안에서 처음으로 존재하기를 시작하는 의미에서이다. 또한 인간 영혼은 절대적 존재이지만, 신이 절대적 존재라는 것과 동일한 의미에서는 아니다. 인간 영혼이 절대적 존재라는 것은 단순히 질료로부터 완전히 독립적인 존재라는 의미이다. 그렇기 때문에 본질과 존재가 동일한 신이 논리적 지향들과 관계를 가지지 않는 것과는 달리, 본질과 존재가 동일하지 않은 인간 영혼은 논리적 지향들과 관계할 수 있다(Bobik, p. 226 참조).

[V, 6] = [VI, 2c]

379,72 Et quia in istis substantiis quiditas non est idem quod esse, ideo sunt ordinabiles in praedicamento; et propter hoc invenitur in eis genus et species et differentia, quamvis earum differentiae propriae nobis occultae sint. In rebus enim sensibilibus etiam ipsae differentiae essentiales ignotae

이러한 실체들에 있어 무엇임은 존재와 같은 것이 아니기 때문에 그것 379,72
들은 범주 안에 배열 가능하다.[19] 그렇기 때문에 이러한 것들의 고유한 차이(종차)가 우리에게 숨겨져 있다고 할지라도, 이러한 것들 안에서 유와 종과 차이(종차)가 발견된다.[20] 사실, 감각적 사물에서도 본질적인 차이 자체는 우리에게 알려지지 않는다.[21] 따라서 그것들(본질적 차이들)은,

---

19 지성 존재가 (문법적인) 주어로 10'범주'가 빈술되는 진술이 가능하다는 뜻이다. 서술적 진술은 본질과 존재가 실재상으로 동일하지 않다는 것을 전제하고 있다. 왜냐하면 한 존재자에 대해서만 '실체이다', '관계를 가지고 있다'와 같은 것이 진술될 수 있기 때문이다. 마찬가지로 단지 그럴 때에만 하나의 유에 속하고, 따라서 그렇게 속해 있는 존재자 사이의 차이를 말하는 것도 가능하다. 이것을 가지고 명시적으로 강조하는 바와 같이, 이 차이가 우리에게 주어져 있고 언표 가능해야만 한다고 주장하는 것은 아니다. 그러나 우리가 그 차이를 규정할 수 없고 그것을 도대체 어디서 찾아야 하는지 알지 못한다 하더라도, 그 사실이 그것이 존재하지 않거나 존재하는 것을 알 수 있는 가능성을 배제하는 것은 아니다. 이제 차이의 방식이 지성 존재의 존재 영역에서는 파악 불가능한 상태로 남아 있기 때문에 그 존재자에 대한 우리의 진술들은 단지 '유비적인' 성격을 지닌다. 이것이 신에게는 더욱 그러하며, 그에게는 서술적인 진술이 매우 비본래적인 의미로 만들어질 수밖에 없다는 것은 명백하다. 여기로부터 사람들은 하나의 존재 계층에 적합한 규정들을 생각 없이 똑같은 의미로 다른 더 높은 계층에 투사하는 것이 어떻게 허용되지 않는가를 알 수 있다. 이러한 예로는 생물의 특징을 살아 있지 않는 질료에 적합한 범주들의 도움으로 표현하려 하거나, 영혼의 본성을 단지 생물적인 범주 내지 무생물의 범주로 표현하는 것 등을 들 수 있다(Allers, p. 150, n. 14 참조). 이 사실은 Thomas Aquinas, DEE V, 6-14에서 일반적으로 말한 것과 정반대를 이룬다. 그 때문에 베레츠(66쪽)는 'praedicamentum'을 '유'라고 번역했다. 범주들이나 '범주'라는 의미에서의 '(서술적) 진술'은 너무 일반적이거나 높게 파악되었다. 그 밖에 '(서술적) 진술'이나 범주로부터 텍스트 속에서 나오는 생각으로의 이행은 비록 그렇게 되어 있을지라도 너무나 거리가 멀다.

20 Thomas Aquinas, II Sent 3, 1, 4 참조.

21 Thomas Aquinas, SCG I, 3, n. 18: "이 점은 우리가 사물에 대한 인식에서 날마다 경험하는 결함에서도 매우 분명하게 드러난다. 우리는 감각적 사물이 지닌 대다수의 고유성을 알지 못할 뿐만 아니라 대부분의 경우에 우리가 감각으로 파악하는 고유성

sunt; unde significantur per differentias accidentales quae ex essentialibus oriuntur, sicut causa significatur per suum effectum: sicut bipes ponitur differentia hominis. Accidentia autem propria substantiarum immaterialium nobis ignota sunt; unde differentiae earum nec per se nec per accidentales differentias a nobis significari possunt.

마치 원인이 결과를 통해 지시되듯이, 본질적인 [차이들에서] 발생하는 우유적 차이들에 의해 지시된다. 예를 들어 두 발 가진 것[22]이 인간의 차이로 제시되듯이 말이다. 그러나 비물질적 실체들의 고유한 우유성들은 우리에게 알려지지 않는다. 그러므로 그것들의 차이(종차)들은 그 자체로도, 또한 우유적 종차들로도 우리에게 의미될 수 없다.[후주 8)]

---

들의 근거를 완전하게 밝혀낼 수 없다. 그러므로 인간 이성은 가장 탁월한 그 실체가 가진 가지적인 모든 것을 탐구하기에 더더욱 불충분하다."; Thomas Aquinas, II Sent 3, 1, 6; QDV 4, 1, ad 8; 10, 1, ad 6; In Met I, 12, n. 1552 참조.

22 두 발 가진 것, 즉 그것이 뜻하는 표현으로서 바로 서서 걷는 것은 이성을 나타낸다. 인간의 고유한 정의는 이성적 동물, 즉 이성을 가진 동물(animal rationale)이다(베레츠, 66쪽 참조).

[V, 7] = [VI, 2c] {V, 32}

379,85 Hoc tamen sciendum est quod non eodem modo sumitur genus et differentia in illis substantiis et in substantiis sensibilibus, quia in substantiis sensibilibus[•] genus sumitur ab eo quod est materiale in re, differentia vero ab eo quod est formale in ipsa; unde dicit Avicenna in principio libri sui De anima[••] quod forma in rebus compositis ex materia et forma 《est differentia simplex eius, quod constituitur ex illa》: non autem ita quod ipsa forma sit differentia, sed quia est principium differentiae, ut idem dicit in sua Metaphysica.[•••] Et dicitur talis differentia esse differentia simplex quia sumitur ab eo quod est pars quiditatis rei, scilicet a forma.

---

• 마리에티 판에서는 'in sensibilibus'.

•• Aristoteles, DA I, c. 1 (p. 19, lin. 25-26).

••• Avicenna, *Metaph.* V, 6 (fol. 90 rb A).

그런데 종과 차이가 저 실체들(지성적 실체들)과 감각적 실체들에 있어 똑같은 방식으로 취해지지 않는다는 사실을 알아야만 한다.[23] 379,85

**a) 감각적 실체의 차이**

왜냐하면 감각적 실체들에서는 유(有)가 사물에 있는 물질적인 것에서 취해지고, 차이(종차)는 그 사물 안에 있는 형상적인 것에서 취해지기 때문이다. 그러므로 아비첸나는 그의 저서 첫 부분에서 질료와 형상으로 합성된 사물들에서 형상은 "그것[형상]으로부터 성립되는 것의 단순 차이"라고 한다. 왜냐하면 형상 자체가 차이는 아니지만, 아비첸나가 자신의 『형이상학』[24]에서 말하는 것처럼 차이의 원리이기 때문이다. 이러한 차이는 사물의 무엇임을 이루는 [한] 부분으로부터, 즉 형상[25]으로부터 취해지기 때문에 '단순 차이'라고 불린다.

---

23 Thomas Aquinas, II Sent 3, 1, 5-6 참조.

24 하나의 물질적인 사물이 다른 것으로부터 자신을 구별하도록 만드는 저 특징들은 형상의 출현에 의존하고 있다. 왜냐하면 질료는 그 자체로 특성을 지니지 못하고 단순한 가능성일 뿐이기 때문이다. 그래서 하나의 물질적인 사물에 특징들이 존재하는 한에서 그것들은 형상에 의해 존재를 지니게 되고, 이 형상은 저 질료의 기초이다(Allers, p. 152, n. 17 참조). Thomas Aquinas, DEE III, 11 참조.

25 아마도 형상이 '본질의 한 부분'에 속한다는 주장에 대해서는 설명이 필요할 듯하다. 형상이 물체적인 사물들을 구별해 주는 특성임을 언급하는 여기에서 그것은 확실히 개별적으로 각인하는 형상(forma substantialis)이라는 가장 좁은 의미로 이해되어야만 한다. 그런 한에서 이 형상은 무엇임 또는 본질의 한 부분으로 지칭될 수 있다. 그 이유는 이것이 개별적인 사물에만 축소되거나 제한되는 것이 아니라 동일한 종의 모든 사물에 같은 방식으로 해당되고, 또한 질료와 형상을 포괄하기 때문이다(Allers, p. 152, n. 18 참조).

Cum autem substantiae immateriales sint simplices quiditates, non potest in eis differentia sumi ab eo quod est pars quiditatis, sed a tota quiditate; et ideo in principio De anima[•] dicit Avicenna quod 《differentiam simplicem non habent nisi species quarum essentiae sunt compositae ex materia et forma》.

• Avicenna, *De anima* I, 1, fol. 1 rb. (p. 19, lin. 22–24).

### b) 비물질적 실체의 차이

그런데 비물질적 실체는 단순한 무엇임이므로, 이것들 사이의 차이는 무엇임의 부분인 것으로부터가 아니라 전체적인 무엇임으로부터 얻어질 수가 있다. 따라서 아비첸나는 『영혼론』 첫 부분[26]에서 "오직 그 본질들이 질료와 형상으로 합성된 종들만이 단순 차이를 가진다"라고 말한다.

26 그렇기 때문에 지성 존재들은 또한 물질적인 사물들 내지 사람에게 해당되는 것과 같은 의미에서 개체일 수는 없다. 그러므로 그들 사이에 존재하는 차이들은 필연적인 것인데, 그 이유는 그것들이 우리에게는 그 본성적으로 파악 불가능하고 개별화된 사물들 사이의 차이와도 다른 종류이기 때문이다. 다음 단락에서는 여기서 생각한 것을 명확하게 설명한다(Allers, p. 152, n. 19 참조).

[V, 8] & [V, 9] = [VI, 2d]

Similiter etiam in eis ex tota essentia sumitur genus, modo tamen differenti. Una enim substantia separata convenit cum alia in immaterialitate, et differunt ab invicem in gradu perfectionis secundum recessum a potentialitate et accessum ad actum purum. Et ideo ab eo quod consequitur illas in quantum sunt immateriales sumitur in eis genus, sicut est intellectualitas vel aliquid huiusmodi; ab eo autem quod consequitur in eis gradum perfectionis sumitur in eis differentia, nobis tamen ignota. —

[V, 9] Nec oportet has differentias esse accidentales, quia sunt secundum maiorem et minorem perfectionem, quae non diversificat[•]

• 마리에티 판에서는 'diversificant'.

### b′) 비물질적 실체들의 유

또한 이와 비슷하게 비물질적 실체들에서도 전체적인 본질로부터 유가 취해지지만 다른 양태로 취해진다. 사실, 하나의 분리된 실체는 비물질성 안에서 다른 실체와 일치하기 때문이다. 그러나 그러한 실체들은 가능태로부터 멀리 떨어져 있고 순수 현실태에 가까이 있다는 사실에 따라 완전성의 정도에서 서로 구분된다. 따라서 지성성(知性性, intellectualitas)이나 다른 이와 비슷한 것처럼 비물질적인 한에서 그러한 실체들에 따라오는 것에서 유가 취해진다. 379,105

### b″) 차이

그런데 그러한 실체들에 완전성의 정도를 따라오는 것에서 그런 실체들 안에 차이(종차)가 취해지는데, 그것은 우리에게 알려지지 않은 것이다.[27]

[V, 9]

ba) 그러나 이러한 차이들은 우유적인 것이어서는 안 된다. 왜냐하면 그것([우유적] 차이)들은 더하거나 덜한 완전성을 따라 이루어지는데, 그러한 완전성은 종을 다양화하지 않기 때문이다. 사실, 동일한 형상[28]

---

27 Thomas Aquinas, II Sent 3, 1, 5: "그러나 단순한 본성들의 경우에 유와 차이는 어떤 부분들에 의해 얻어지지 않는다. 왜냐하면 여기에 있어 그 완전성과 가능태는 [하성]의 상이한 부분들에 근거한 것이 아니고, 자체적으로 존재를 가지지 않는 한에서 가능태를 가진 단순한 것에 근거하기 때문이다. 그리고 그것이 다소간에 신적 존재에의 참여에 관계되는 한에서, 또한 신적 존재와 어떤 유사성이 있는 한에서 완전성을 가지기 때문이다. 그러므로 (단순한 본성에서는) 완전성의 정도가 (그 속에) 있는 것처럼 수많은 종적 차이들이 있다."

28 여기서 '형상'은 다시 넓은 의미에서 이해되어야 한다. 왜냐하면 실체적으로 각인하는 형상은 그 자체로 개별적이기 때문에(한정된 형상 'forma signata'에 대해서는 Allers, p. 131, n. 7 참조), 한 종의 존재들에 다양한 단계로 수용될 수 없기 때문이다. 따라서 다소간에 더 포괄적인 설명, 또는 텍스트에서 여기서 올바르게(Allers, p. 132,

speciem; gradus enim perfectionis in recipiendo eandem formam non diversificat speciem, sicut albius et minus album in participando eiusdem rationis albedinem: sed diversus gradus perfectionis in ipsis formis vel naturis participatis speciem diversificat, sicut natura procedit per gradus de plantis ad animalia per quaedam quae sunt media inter animalia et plantas, secundum Philosophum in VII De animalibus.[•] Nec iterum est necessarium, ut divisio intellectualium substantiarum sit semper per duas differentias veras, quia hoc impossibile est[••] in omnibus rebus accidere,[•••] ut Philosophus dicit in XI De animalibus.[••••]

---

• Aristoteles, *Historia animalium* VIII, 1, 588b4-12; 미카엘 스코투스는 De animal VII에서 다음과 같이 해석한다: "Natura graditur paulatim a non animato ad animalia"(ms. Vat. Chigi E. VIII. 251, fol. 28 ra).

•• 마리에티 판에서는 'hoc est impossibile'.

••• 마리에티 판에서는 'accipere'.

•••• Aristoteles, *De partibus animalium* I, 2, 642b5-7; 미카엘 스코투스의 해석 De animal XI 참조. Aristoteles, *De partibus animalium* I, 2, 642b5-7이나 또는 그에 해당되는 제4장 마지막까지의 설명(644b21) 참조. 우리는 식물들이나 동물들과 더불어 살고 있기 때문에 그것들에 대한 충분한 인식 자료를 가지고 있으나, 존귀한 그리고 신적인 존재들은 감각적으로 나타나지 않기 때문에 그것들에 대해 거의 알지 못한다. 이러한 사실에 대해서는 아리스토텔레스가 언급하고 있는 I, 5, 644b22-29도 참조.

을 수용함에 있어 완전성의 정도가 종을 다르게 하지는 않는다. 예를 들어 동일한 의미를 지닌 백색성(白色性)을 분유하면서 생기는 더 흰 것과 덜 흰 것은 [다른 종에 속하지 않는다.][29] 그러나 형상 자체들에서나 분유된 본성들에서는 완전성의 다양한 정도가 종을 다양화한다. 『동물론』 제7권에서 철학자[아리스토텔레스]가 말한 것처럼 이것은 자연이 식물에서 동물로 그 사이의 중간 단계에 있는 어떤 것을 거쳐 단계적으로 발달하는 것과 같다.[후주 9)] 또한 지성적 실체들의 구분이 필연적으로 항상 참된 차이들을 통해 있어야 하는 것도 아니다. 왜냐하면 철학자가 『동물론』 제11권[30]에서 말한 것처럼 이러한 것이 모든 사물에서 일어나는 것은 불가능하기 때문이다.

---

n. 19 참조) 형상이라고 불리는 본질의 수용이 관건일 수 있다. 이러한 차이가 개체화를 이루는 요소를 제공할 수 없다는 것은 이미 가능태로부터 현실태로의 전이 안에서 이루어지는 발전과 완성이 관련되는 본질을 더욱 명확하게 표현하고 묘사하는 것을 의미한다. 그러한 정도의 차이가 개체화시키는 요소들을 도울 수 있다면, 그것은 모든 다른 그것(개체화)에 대해 발전된 이론들과 모순을 불러일으킬 것이다(Allers, p. 147, n. 3과 비교).

29 'differentia accidentalis'는 여기에서 '부차적인' 또는 '우연적인' 차이라는 의미에서 '비본질적 차이'를 뜻한다. 이 표현의 다른 의미에 대해서는 이 장의 후주 8 참조. 'speciem diversificare'는 '종을 다르게 만든다', 즉 하나의 다른 종으로 만든다는 뜻이다(베레츠, 67쪽 참조).

30 아리스토텔레스는 제2~4장에서 실재성을 분할하는 도식으로서의 이분법을 비판하고 있다. 여기에 제시된 토마스의 명제도 역시 초감성적으로 인식하는 실체들의 경우에서의 이분법에 대한 비판으로 이해될 수 있다. 이에 대해 F. 마이스터(F. Meister)는 그의 책 각주 120에서 이렇게 기술하고 있다. "두 가지 참된 차이들은 하나가 다른 것을 배제할 경우에 나타나게 된다. 얼마나 많은 사물이 그 유에 속하는가를 알지 못한다면, 유는 단지 두 가지 참된 차이들에 의해 구분할 수 있는 것이 아니다. 그러나 단순한 [무엇임]의 경우에 우리는 그것을 알지 못한다. 우리는 다만 하나의 단순한 본질성, 즉 영혼을 안다. 그러므로 단순한 본질성은 다만 두 가지 유형, 즉 영혼과 영혼이 아닌 것 또는 영혼 그 이상의 것으로 구분될 수 있다. 그러나 이로 인해 아무것도 실질적인 인식으로서 주어지지 않는다." 그러나 여기에서 다른 분할 방식도 역시 초감성적으로 인식하는 실체들이라는 점에서 우리들의 인식이 미치지 못하는 한, 더 이상 도움을 주지 못한다(베레츠, 70~71쪽 참조).

[V, 10] = [VI, 3] {5, 33}

379,131 Tertio modo invenitur essentia in substantiis compositis ex materia et forma, in quibus et esse est receptum et finitum propter hoc quod ab alio esse habent, et iterum natura vel quiditas earum est recepta in materia signata. Et ideo sunt finitae et superius et inferius, et in eis iam propter divisionem signatae materiae[•] possibilis est multiplicatio individuorum in una specie. Et in his qualiter se habeat[••] essentia ad intentiones logicas dictum est supra.[•••]

• 마리에티 판에서는 'materiae signatae'.

•• 마리에티 판에서는 'se habet'.

••• 마리에티 판에서는 'supra dictum est': 제3장 참조.

### (3) 질료와 형상으로 합성된 실체

세 번째 방식으로 본질은 질료와 형상으로 합성된 실체들 안에서 발견 379,131
된다. 이러한 실체들에서 존재는 수용되고 유한하다. 그렇기 때문에 [복합 실체들은] 타자로부터 존재를 갖게 된다. 더 나아가 그러한 실체들의 본성 혹은 무엇임은 지정된 질료 안으로 받아들여진다. 따라서 복합 실체들은 더 높은 것이나 더 낮은 것과 관련해 모두 유한하다. 또한 그러한 실체들에서는 지정된 질료의 구분 때문에 한 종 안에서의 개체들의 다수화가 가능하다.[31] 이러한 실체들에서 본질이 논리적 지향 개념들과 어떻게 관계를 갖는지는 앞에서 언급했다.[32]

31 Thomas Aquinas, DEE V, 39-40; DEE II, 40-43 참조.

32 제4장 참조.

**주 1) 신은 무엇임 또는 본질을 가지지 않는다고 말하는 어떤 철학자들**

알레르스는 "토마스가 여기서 어떤 사상가를 생각하고 있는지는 쉽게 말할 수 없다. 아비체브론을 말하는 것 같지는 않다"[1]라는 견해를 밝혔다. 이와는 달리, 마우러는 "아비첸나와 오베르뉴의 윌리엄(기욤 도베르뉴)이 그 철학자들에 해당하는 것으로 보인다"라고 주장한다. 실제로 롤랑-고슬랭이 증명했듯이, 이 논박된 견해는 아비첸나에게서 나타난다.

> 야기된 무엇임을 가지고 있는 모든 것은, 그리고 필연적인 존재만 빼놓고 그 이외의 다른 것들은 무엇임을 가지며 그것들에는 오직 외부로부터만 존재가 생겨난다. 따라서 제1자는 무엇임을 가지지 않는다.[2]

---

1 Rudolph Allers, pp. 146~47, n. 2 참조.

2 Avicenna, *Metaph*. VIII, 4 (fol. 99 rb B): "omne habens quidditatem causatum est, et cetera alia excepto necesse esse habent quidditates …… quibus non accidit [ei] esse nisi extrinsecus; primus igitur non habet quidditatem"; IX, 1, fol. 99 vb; William of Auvergne, *De trinitate*, 제4장.

토마스는 결코 그에 의해 일반적으로 존경받던 사상가를(그는 여기와 다른 곳에서 여러 차례에 걸쳐 아비첸나의 권위에 의존한다) 단순히 무비판적으로 받아들이려 하지 않는다.[3]

그런데 토마스가 여기서 도입하는 의견(그러나 그는 확실히 상세하게 다루려 하지 않고 반박할 만한 가치도 없다고 생각한다)이 대단히 중요한 것은 아니다. 왜냐하면 신의 존재와 본질의 실제적인 동일성은 일반적으로 인정을 받았다. 토마스 자신은 신이 본질을 가지지 않는 것이 아니라 그의 존재가 본질이라고 말했다. 즉 토마스는 질료와 형상으로 이루어진 복합 실체의 경우에 지정된 질료가 본질에 포함되지 않기 때문에 본질과 자립체가 서로 다르지만, 질료 없이 형상 자체가 개체화되는 신은 그 두 개가 동일하다고 주장한다.[4] 이처럼 토마스는 신의 본질이 그의 존재라는 것은 동의했으나, 그러한 철학자들과 달리 그럼에도 신은 무엇임 혹은 본질을 갖는다고 말한 점에서 차이를 보인다.[5] 사실, 신이 아무런 본질을 가지고 있지 않다고 말하든지 또는 그것이 존재와 동일하다고 주장하든지 간에 근본적으로는 하나로 일치되기 때문이다.[6] 비록 두 번째 의견이 의심의 여지없이 논리적인 귀결이고 철학적으로 반박의 여지가 없더라도 말이다.

---

3 Rudolph Allers, pp. 146~47, n. 2 참조.

4 Thomas Aquinas, STh I, 3, 3; I Sent 8, 1, 1; I Sent 4, 2; SCG I, 21-22 참조. 이 이론의 중요성에 대해서는 J. Maritain, "Sur la doctrine de l'aséité divine", in: *Mediaeval Studies*, 4, 1943, pp. 43~44; Étienne Gilson, 1952, pp. 80~81 참조.

5 신의 본질을 알지 못함에 대한 논의는 Jan A. Aertsen, 2001 참조.

6 F. Meister, n. 105 참조: "모든 인간적 표현 능력과 언어의 힘은 신에 대해 무력하다. 왜냐하면 신은 그 무엇임이 그 존재이므로 존재를 가지지 않는다고 말할 수도 있기 때문이다. 그러므로 인간의 언어가 가지고 있는 이 같은 부정은, 언어가 다만 그 표현을 논리적 범주들로서 할 수 있는 데서 비롯된다. 이러한 논리적 범주들은 합성된 무엇임이 약하게, 그리고 부동적(浮動的)으로 참여한 존재의 모상이나 서술에서 얻게 되는 이른바 유와 종 개념이다. 그러나 신적인 것처럼 존재에 부분을 갖지 않고 존재 그 자체인 존재에서는 논리적 범주가 부정된다"(베레츠, 59쪽에서 재인용).

주 2) 신은 하나의 유(類)에 속하지 않는다

토마스는 이미 『존재자와 본질』 제1장에서 유와 종에 속하는 것과 본질 사이의 밀접한 관계에 대해 언급한 바 있다.

> 또한 그것에 의해 한 사물이 고유한 유와 종에 속하게 되는 것은 그 사물이 무엇인지를 가리키는 정의(定義)를 통해 의미되는 바로 그것이다. 그렇기 때문에 철학자들은 본질이라는 명칭을 '무엇임'(quidditas)이라는 말로 대체했다. 이것은 또한 철학자가 종종 '어떤 것이 어떤 것이게끔 하는 것'(quod quid erat esse)이라고 하는 것이다. [이 단어는] 어떤 것이 그것에 의해 '그 무엇인지'(esse quid)가 되도록 해 주는 것을 [뜻한다](DEE I, 27-34).

보빅은 자신의 책에서 "유에 속하는 모든 것은 자기의 존재 이외에 무엇임을 가져야만 하기 때문이다"라고 간략하게 토마스가 밝힌 것을 더욱 상세하게 분석한다.[7] 신이 유에 속하지 않는 세 가지 근거는 다음과 같다.

> (1) 신의 본질이 곧 존재라는 사실로부터 신이 유 안에 포함될 수 없다는 점이 드러난다. 본질이 곧 존재인 것은 하나일 수밖에 없는데, 이는 곧 자립하는 존재에는 다수성이 있을 수 없다는 것을 뜻한다. 그런데 유 안에는 하나 이상의 것들이 있어야만 하고, 그 각각의 본질은 공통적으로 어떤 것을 가져야만 동일한 유로 묶일 수 있다. 그러나 본질과 존재가 동일한 것은 다수가 아니므로 단 하나의 것, 즉 신만이 유에 포함될 수는 없을 것이다.
>
> (2) 만일 신이 유에 포함된다고 해보자. 신이 포함된 유는 존재자일

7 아래 내용은 Joseph Bobik, pp. 215~17에 나오는 핵심 내용을 요약한 것이다.

것인데, 존재자라는 유는 있을 수 없다. 동일한 유 안에 포함되는 것은, 그 유 안에 있는 다른 것들과 공통적으로 가지는 본질 때문에 동일한 유 안에 포함된다. 그런데 신이 유에 포함된다면, 그 유 안에 포함되는 모든 것은 신의 본질과 공통되는 본질을 가져야 한다. 신의 본질은 단순 존재이기 때문에 이와 공통적으로 존재를 소유하는 모든 것은 존재라는 유 안에 속할 것이다. 그러나 신은 본질과 동일한 것으로서 존재를 가지지만 다른 존재자들은 그렇지 않기 때문에, 이것들은 동일한 유 안에 묶일 수 없다. 그러므로 신은 유에 포함되지 않는다.

(3) 누군가는 신이 포함되는 유가 존재자가 아닌 실체 혹은 우유라는 유라고 주장할 수도 있다. 먼저 신이 우유라는 유 안에 속할 수 없다는 것은 명백한데, 우유는 제1존재자(First Being)와 제1원인(First Cause)일 수 없기 때문이다. 다음으로 신은 실체라는 유에도 속할 수 없는데, 만일 신이 실체라는 유에 속한다면 실체의 유는 존재일 것이다. 그런데 앞에서 설명했듯이 존재자는 유일 수 없다. 만일 신이 실체의 유에 포함된다면, 실체의 유 안에 있는 모든 것의 본질은 신과 동일하게 존재라는 점이 뒤따를 것이고, 결과적으로 이것들은 다른 것에 의해 야기되지 않을 것이다. 이렇게 되면 모든 실체는 하나이자 동일한 실체, 즉 신일 수밖에 없게 되므로 신은 유 안에 포함될 수 없다.

보빅에 따르면, '신이 하나의 유에 속하지 않는다'라는 사실로부터 다음과 같은 사실들도 분명해진다. 즉 (1) 신은 종차 또한 가질 수 없다는 점이 분명하다. 종차는 같은 유에 속하는 종의 구별을 의미하기 때문이다. 그렇다면 (2) 신은 종차를 가지지 않기 때문에 유와 종차의 관점에서 형성되는 신에 대한 정의는 불가능하다. 또한 (3) (내재적이든 외재적이든 간에) 원인의 관점에서 형성되는 신에 대한 정의 역시 불가능하다. 신은 자신 이외의 원인을 가지지 않기 때문이다. 또한 (4) 신에 대해서는 '한 학문의 주제'(the subject of a science)에 대해 논증하는 것과 같은 엄격한 논증, 즉 증명이 있을 수도 없다. 증명에는 정의가 필요한데, 신에 대해서는 그러한 정의가 불가능하기 때문이다. 신에 대해 가능한 모든 논증은 그 결과에 대해 우리가 아는 것의 측면에서 형성된 논증들뿐이다. 즉 신에 대한 모든 논증은 결과로부터 원인으로 거슬러 올라가는 것으로만 가능하다. 따라서 신은 모든 유 안에 있는 모든 존재자의 원리이므로 유에 포함되지 않는다.

### 주 3) 무엇임 또는 유나 종의 본성은 본성이라는 이유로 구별되지 않으나, 존재는 서로 다른 것들 안에서 각각 다르게 존재한다

> 그런데 무엇임 또는 유나 종의 본성은 유나 종에 속해 있는 것들에서는 본성이라는 이유로 구별되지 않으나, 존재는 서로 다른 것들 안에서 각각 다르게 존재하기 때문이다(DEE V, 10-12).

토마스는 『신학대전』에서 이 사실에 대해 더욱 명확하게 밝힌 후에, '신은 종과 같은 것이 아니다'라는 결론을 내린다.

> 한 유에 속하는 모든 것은 그것들에 대해 그것이 무엇인지 서술되는 유의 '무엇임'(quidditas) 혹은 본질(essentia)에 있어서 공통되기(communicant) 때문이다. 그러나 이러한 것들은 존재에 관해서는(secundum esse) 다르다. 예컨대, 인간의 존재와 말의 존재는 같은 것이 아니며, 이 사람의 존재와 저 사람의 존재도 같은 것이 아니다. 이렇게 유에 속해 있는 것은 어떤 것이든 모두 '존재와 그것이 무엇인지, 즉 본질'(esse et quod quid est, idest essentia)이 달라야 한다. '신에게서는' 앞에서 이미 제시된 바와 같이, 그런 것들이 서로 다른 것이 아니다. 그러므로 신은 유에 속하는 종과 같은 것이 아님이 명백하다(STh I, 3, 5).

그는 『대이교도대전』에서 한 발 더 나아가 '동일한 유에 속하는 사물들이 존재와 관련해 다르다'라는 사실을 토대로 '신은 유에 속하지 않는다'라고 주장한다.

> 어떤 유에 속하는 모든 것은 그 동일한 유에 속하는 것들과는 존재에 있어 다르다. 그렇지 않으면 그 유는 여러 사물에 대해 서술할 수 없을 것이다. 다른 한편 동일한 유에 속하는 모든 것은 그 유의 무엇임에서 일치되어야 한다. 왜냐하면 모든 것에 대해 유는 그것이 '무엇인지를' 표현하는 술어이기 때문이다. 따라서 유에 속하는 각 사물의 존재는 유의 무엇임의 바깥에 있다. 그러나 이것은 신의 경우에는 불가능하다. 그러므로 신은 어떤 유에도 속하지 않는다(SCG I, 25, n. 230).

여기서 토마스가 종들과 그 유에 대해 말한 것은 개체들과 그 종에 대해서도 똑같이 적용된다.[8]

그런데 (a) 유 또는 종의 본성 내지 무엇임은 개체화되거나 자신을 개별적인 종이나 개체 안으로 분배한다. 그러나 이러한 분리 내지 분배의 조건은 해당되는 유 내지 종의 본질에 관련된 것이 아니다. 이 본질에는 자신을 그러한 방식으로 '특수화시키거나' '개체화시킬' 가능성이 적합할지라도, 그것을 위한 충분조건이 이 본질 자체에 있는 것은 아니다. 이러한 본질을 지닌 한 존재자가 실제로 존재한다는 사실이나 그것이 특정한 수의 개체 안에 존재한다는 사실은 이 본질 자체 안에서는 증명되지 않는다. 그러므로 본질 곁에는 바로 존재라는 다른 요소를 상정해야만 하고(따라서 그것은 본질 또는 무엇임과 동일하게 내지 필수적으로 결합되어 있을 수는 없다), 이 후자의 힘으로 종과 개체가 존재하게 된다.[9]

---

8 Thomas Aquinas, CT I, 14; I Sent 8, 4, 2; I Sent 19, 4, 2; QDV 27, 1, ad 8; Joseph Owens, 1960, pp. 257~302; L. Sweeney, 1963, pp. 109~12 참조.

9 Rudolph Allers, p. 147, n. 3 참조.

(b) 존재가 다양한 방식으로 진술된다는 것은 아리스토텔레스에 의해 반복적으로 강조된 문장이다. 또한 이 문장은 중세, 특히 토마스의 세계관에서 핵심적인 사상으로 인정받았던 존재의 유비(analogia entis) 학설 안에서도 중심축이 되었다.[10] 알레르스에 따르면, "유비에 의해 존재의 개별적인 질서들이나 계층들은 서로 관련을 맺고 있는 동시에 서로로부터 구별된다."[11] 그러나 최근 연구에 따르면, 토마스의 유비 이론에서 중요한 형이상학적 전제가 되는 분유(participatio) 이론과 신의 진술에 직접적으로 관련되는 유비(analogia) 이론은 구별되어야 한다.[12]

**주 4) "신은 그것에 의해 어떤 사물이든 모두 형상적으로 존재하게 되는 보편 존재이다"라고 말했던 이들의 오류**

범신론적인 경향은 토마스 이전의 세기에서도 여러 번 등장했다. "각 존재자는 형상적으로(formaliter) 신에게서 자신의 존재를 가진다"라는, 여기서 거부된 의견은 범신론에 매우 근접해 있다. 알레르스에 따르면, "아마도 여기서 토마스는 샤르트르의 티에리(Thierry of Chartres, ?~1150?) 내지 그와 비슷하게 결국 요하네스 스코투스 에리우게나(Johannes Scotus Eriugena, 800?~77?)[13]에 종속되는 사람들의 학설을 언급하는 것 같다. 신플라톤주의에 강하게 물들어 있던 에리우게나는 '그[신]는 모든 것의 본질이다'(*De div. nat.* 1, 13, PL 122, 455b)라는 주장을 편 것으로 생각된다."[14] 베레츠(60쪽)는 더 명시적으로 토마스가 파리 종교회의(1210년, Chartularium univers. Paris. I, p. 71)와 제4차 라테란 공의

10 Armand Maurer, 1955, pp. 127~44; Joseph Owens, 1962, pp. 303~22 참조.

11 Rudolph Allers, p. 147, n. 4 참조.

12 이에 대해서는 박승찬, 1998; 박승찬, 1999; 박승찬, 2009; 박승찬, 2011; Klaus Müller, 1983과 그곳에 제시된 참고문헌 참조.

13 요하네스 스코투스 에리우게나에 대해서는 박승찬, 2006, 78~79쪽; F. C. 코플스톤, 1988, 158~78쪽; 움베르토 에코, 2015a, 418~26쪽 참조.

14 Rudolph Allers, p. 147, n. 5 참조.

회(1215년)에서 범신론이라고 단죄된 벤의 아말리쿠스(Amalricus de Bene, ?~1206/07)와 그 추종자들의 이론을 생각하는 듯하다고 밝힌다. 아말리쿠스는 파리 대학에서 논리학과 신학을 가르쳤으며, '신은 모든 사물의 본질과 존재이다'처럼 신플라톤주의 범신론에 가까운 주장을 펼쳤던 것 같다.[15] 그러나 아말리쿠스는 나중에 강요에 의해 자신의 이론을 취소했다.

토마스 자신은 『신학대전』(STh I, 3, 8)에서 '신은 다른 것들과 합성을 이루는가'라는 질문을 다루면서 이 이론을 언급하는데, 그 주창자로 아말리쿠스파를 지적했다.

> 이 점에 대해서는 세 가지 오류가 있었다. (1) 어떤 사람들은 아우구스티누스의 『신국론』 제7권에서 나타나는 바와 같이, 신이 세계의 혼(animus mundi)이라고 보았다. 그리고 어떤 사람들이 신은 첫째 하늘(第一天)의 혼(anima primi caeli)이라고 한 것도 이러한 설에 환원되는 것이다. (2) 또한 어떤 사람들은 신이 만물의 형상적 근원(形相的 根源, principium formale)이라고 했다. 이러한 것은 '아말리쿠스 학파'의 견해였다고 한다("Haec dicitur fuisse opinio Almaricianorum"). (3) 세 번째 오류는 디낭의 다비드(David de Dinando)의 설이었다. 그는 아주 어리석게도 신이 제1질료라고 생각했다. 사실, 이러한 설들은 명백한 허위를 내포한다. 신이 어떤 모양으로 어떤 것과 합성을 이루는 것은 그것이 형상적 근원으로서든 질료적 근원으로서든 간에 불가능하기 때문이다(STh I, 3, 8).

야코프 부르크하르트가 이러한 입장에 속한 것으로 언급한 오베르뉴의 윌리엄은 프랑스의 스콜라 철학자이며 신학자이다. 그는 주로 아리스토텔레스의 저서를 참고해 아비체브론과 아비첸나의 저서를 주해했으

15 야콥 부르크하르트, 2008, 181쪽 참조.

며, 처음으로 본질(essence)과 존재(existence)를 구별하기도 했다. 마우러의 견해에 따르면 오베르뉴의 윌리엄은 신과 피조물 사이를 명백히 구분함으로써 범신론을 피하려고 했지만, 그럼에도 모든 사물은 신의 존재에 의해 존재한다고 가르쳤다.[16] 그에 따르면, 육체 안에 영혼이 있듯이 세계 안에 신이 존재한다.[17] 토마스에 의하면, 이것은 신의 존재가 모든 사물의 형상적 원리라는 것을 의미한다(STh I-II, 17, 8, ad 2; 110, 1, ad 2 참조).[18]

**주 5) 순수 존재와 공통 존재의 구별**

토마스는 본성적으로 순수 존재(esse tantum)인 신적 존재와 존재의 모든 차이로부터 추상된 개념인 공통 존재(esse commune)를 구별한다. 예를 들어 "본질과 존재가 같다면 신적 존재에 대해서는 아무것도 '부가될'[19] 것이 없을 것이다. 그런데 아무런 부가도 할 수 없는 존재는 모든 것에 대해 서술될 수 있는 공통 존재(esse commune)이다"(STh I, 3, 4, obj. 1 참조)라는 견해를 반박하면서 그는 부가할 수 없는 어떤 것을 다음과 같이 구분한다.

> 부가될 수 없는 어떤 것은 두 가지 모양으로 이해할 수 있다. (1) 그 한 경우는 어떤 것에 부가되지 않는 것이 '그것의 의미 내용(ratio)에 의한 경우이다'. 예컨대, 비이성적 동물(animal irrationale)의 개념에는 이성이 없다(sine ratione)는 개념이 내포된다. (2) 다른 경우는 부가되지 않는 어떤 것이라고 하지만, 부가되지 않는다는 것이 이 사물의 '의미 내용' 안에 내포되어 있는 것이 아닌 경우이다. 예컨대, 동물 일반

16 William of Auvergne, *De Trinitate* 6, fol. 7b 참조.

17 *Ibid.*, 7, fol. 8b-9a 참조.

18 Armand Maurer, p. 61, n. 4 참조.

19 용어 통일을 위해 이하 인용된 번역에서 첨가를 부가로 대체하였음.

(animal commune)이 이성이 없다는 것은 동물 일반의 개념에는 이성을 갖는다는 것이 내포되어 있지 않다는 데 불과한 것이며, 이성이 결여되어 있다는 것이 그 개념에 내포되어 있다는 것은 아니다. (1') 그러므로 첫째 양태로서의 부가가 없는 존재(primo modo esse sine additione)는 신적 존재(esse divinum)이고, (2') 둘째 양태로서의 부가가 없는 존재는 공통 존재(esse commune)이다(STh I, 3, 4, ad 1).

즉 신적 존재는 무제한적이고 절대 완전이기 때문에 어떤 부가도 그에게 행해질 수 없다.[20] '공통[적]'(commune)이란 용어는 여러 사물들에 나타나는 '어떤 것(quid)'을 뜻하는 것으로, 그 개념은 다른 첨가(또는 규정)를 요구하지 않는다. 그렇다고 이러한 첨가를 배제하는 것은 아니고 오히려 허용하는 쪽이다. 따라서 공통 존재는 유와 종 개념의 부가를 허용한다.[21] 이렇게 존재는 두 가지로 말해질 수 있기 때문에, 이 둘의 구별 없이 신이 순수 존재라는 것을 이해하게 되면 범신론에 빠질 위험이 있다.

공통 존재는 지성에 의해서는 어떠한 추가 없이도 표현될 수 있지만 지성 외적으로, 즉 실재에서는 어떤 추가가 필요하다. 예를 들어 동물이라는 개념이 이성적임 혹은 비이성적임 없이도 지성에 의해 포착된다고 하더라도, 동물은 정신 외적으로는 이성적임 혹은 비이성적임이라는 차이들 없이는 갖아질 수 없는 것과 같다. 동물은 차이의 추가를 통해서만 유가 될 수 있다. 즉 동물은 지성에 의해서는 추가 없이 단순히 이해 가능하지만, 실재에서는 차이가 추가되지 않으면 안 된다.

이처럼 존재 역시도 지성에 의해서는 추가가 필요하지 않지만, 실재에서는 추가가 있어야만 파악 가능한 것이 있다. 이것이 공통 존재이다. 공통 존재는 존재에 어떤 것이 추가된 것, 예를 들면 물질적 존재 혹은 비

20 G. W. Volke, 1964 참조.

21 Thomas Aquinas, I Sent 8, 4, 1, ad 1; Joseph Owens, 1960, pp. 257~301; Joseph Owens, 1963a, p. 81, n. 3 참조.

물질적 존재 등을 통해 포착할 수 있다.[22] 반면에 순수 존재는 지성에 의해서든 실재에서든 간에 어떠한 추가도 필요하지 않다. 다시 말해, 공통 존재는 한 측면에서(실재에 있어) 추가를 허용하지만, 순수 존재는 어떠한 측면에서도 추가를 허용하지 않는다. 만일에 신이 순수 존재라는 말을 이러한 두 존재를 구별하지 않고 이해한다면, 즉 신을 공통적인 존재라고 이해한다면 이는 범신론을 의미할 수 있다. 따라서 신이 존재뿐이라는 말은 순수 존재와 공통 존재의 구별을 통해 이해되어야만 한다. 이렇게 신과 피조물이 다른 방식으로 존재한다는 점을 이해하는 것은 신과 피조물이 존재에 있어 양립 가능하다는 점을 위해 중요하다.[23]

토마스는 본문에서 보편 존재(esse universale)와 공통 존재(esse commune)를 혼용해서 쓰고 있지만, 일반적으로 '공통적'(commune)과 '보편적'(universale)은 구별될 수 있다.

> '보편적 개념'(allgemeiner Begriff)은 동일한 유(類) 또는 동일한 종에 속하는 모든 사물에 일의적으로 속하는 본질을 뜻한다. 이와 반대로 ('공통 존재자'라는 개념에서의) '공통적'이란 용어는 존재자가 자신의 내용을 가능태와 현실태, 실체와 우유에 해당되는 데에 따라 다르게 현실화하는 것을 허용한다. 따라서 '공통 존재자'라는 개념은 유비적인 개념이다.[24]

토마스에게서 '존재자'(ens)가 형이상학의 대상 영역이라면, 그는 이로써 형이상학이 인간과 독립적인 실재를 탐구한다는 사실을 강조하고 있다. 그러므로 '공통 존재'라는 용어를 통해 이 연구는 모든 (창조된) 존재자들에게 '공통적인' 존재의 종류를 대상으로 삼아야 한다고 말해야

---

22 O. J. González, 1994, pp. 475~500 참조.

23 Joseph Bobik, pp. 218~21 참조.

24 레오 엘더스, 2003, 44쪽.

한다. '공통 존재'라는 유비적 개념이 신에게까지 확장될 수 있고, 토마스가 '공통 존재'를 형이상학의 대상 영역으로 만듦으로써 신까지 거기에 속하게 만든다라고 생각할 수도 있다. 더욱이 토마스는 항상 신과 피조물에 대해 '존재'라는 단어가 유비적으로 진술된다고 기록한다.[25] 명시적으로 수아레스 학파에 속하는 철학자들은 이 주장을 옹호했다.[26] 그러나 실제 토마스는 이 책『존재자와 본질』에서처럼 신의 초월성을 보존하기 위해 이를 강하게 부인했다.[27]

**주 6) [순수 존재는] 모든 유 안에 있는 모든 완전성을 가진다**

토마스가 인용하는『형이상학』 제5권(V, 18, 1021b30-33)에서 아리스토텔레스는 신이나 제1원인에 대해 언급하지 않는다.

> 그 자체의 본성에 따라 완전하다고 불리는 것들은 잘함의 측면에서 볼 때, 아무것도 모자라지 않고 어떤 점에서도 그것을 능가하는 것이 없으며 그것밖에서 어떤 것도 취할 수 없는 것들이다(Met V, 18,

25 Thomas Aquinas, I Sent 19, 5, 2, ad 1 참조.

26 Ad. M. Heimler, 1962, pp. 32~39; J. De Vries, 1964, pp. 163~77; H. P. Kainz, 1970, pp. 289~305 참조. Francisco Suárez, *Disputationes Metaphysicae* disp. I, sectio 1, 26: "…… ostensum est enim obiectum adequatum huius scientiae debere comprehendere Deum."

27 Thomas Aquinas, In DDN V, 2, n. 660: "Omnia existentia continentur sub esse ipso communi, non autem Deus, sed magis esse commune continetur sub eius virtute quia virtus divina plus extenditur quam ipsum esse creatum"; QDP VII, 2, ad 4: "…… esse divinum non est esse Deus differt a quolibet alio ente." 또한 Thomas Aquinas, SCG I, 26과『형이상학 주해』 서문도 참조. 끝으로 우리는 아비첸나가 명시적으로 '신이 형이상학의 주제이다'라는 명제를 비판했다는 사실을 주목해야 한다. 형이상학에서는 신의 존재가 증명되는 반면에, 어떤 학문도 자기 주제가 직접적으로 주어진 실재로서 실존한다는 점을 증명할 수 없다는 것이다. 신이 어떤 의미에서 형이상학이라는 학문의 대상이 될 수 있는가에 대해서는 박승찬, 2010b와 그곳에 제시된 참고문헌 참조.

1021b32-1022a1).

또한 토마스가 사용한 라틴어 번역본에도 신에 대한 언급은 없다. 그렇지만 아베로에스는 자신의 주해서(*In Metaph.* V, n. 31, fol. 162v-163r)에서 이 구절을 명시적으로 신과 연관시킨다. "완전함이란 그 안에서 부족한 완전성의 근거가 될 수 있는 것이라고는 자기 안에서든 밖에서든 아무것도 발견되지 않는 그러한 존재를 뜻한다. 그리고 이러한 것은 제1원인, 즉 신의 소질이다." 여기서 아베로에스는 제1원인에 직접 결부되는 아리스토텔레스의 다른 진술 내용을 전용한다. 그것은 『형이상학』 제5권(V, 18, 1021b32-1022a1)에 나온다.

> 어떤 것들은 일반적으로 각각의 유 안에서 자신을 능가하는 것을 갖지 않으며, 그것에 속하는 어떤 부분도 자기 자신밖에 갖지 않는 것들이다(Met V, 18, 1022a1-3).

그러므로 그 자체로서 완전하다고 일컬어지는 사물들에 대해 이와 같은 의미로도 말할 수 있다. 토마스는 아리스토텔레스의 『형이상학』에 대한 그의 주해에서 강조점은 차이가 난다고 하더라도 아베로에스처럼 『형이상학』 제5권을 신에 대한 아리스토텔레스의 진술과 연결한다.

> 몇몇은 그 자체로 완전한데, 이것은 두 가지 방식으로 그렇다. 한편으로 어떤 것은 보편적인 측면에서 완전한데, 왜냐하면 그것들에는 절대적으로 아무것도 부족하지 않고 아무런 '과도함'(hyperbolem)도 가지지 않기 때문이다. 즉 그것은 어떤 것에 의해서도 선함에서 능가되지 않기 때문에 그것을 넘어서는 것은 아무것도 없다. 또한 외부로부터 선함을 필요로 하지도 않기 때문에 어떤 것을 수용하지도 않는다. 그래서 이것은 제1원리, 즉 신의 조건이다. 이 안에서는 가장 완전한 선함이 있고,

이 선함에는 개별적인 유에서 발견되는 모든 완전성 중에 아무것도 결여되지 않는다(In Met V, 18, n. 1040).

보빅은 이러한 완전성을 절대적인 현실성으로부터 설명한다. (1) 신은 자립하는 존재이기 때문에 절대적으로 현실태이다. 순수 현실태는 가능성이 전혀 없기 때문에 이 자립하는 존재에 더해질 수 있는 것은 아무것도 없다. 이를 더 적절하게 말하자면, 자립하는 존재는 절대적이고 획득되지 않는 충만함의 상태에서 현실태이거나 완전성이라고 말할 수 있다. 즉 신이 소유하지 않는 완전성이란 없다.[28] (2) 또한 신은 모든 존재자의 원리이기 때문에 이 모든 유의 완전성을 포함한다. 원인은 그것의 결과만큼 완전하기 때문이다. (3) 신이라는 존재는 지성에 의해서도, 실재에 의해서도 추가가 필요하지 않을 뿐만 아니라 추가의 가능성조차 열려 있지 않다. 신이라는 존재는 자립하는 존재이기 때문이다. 그런데 누군가는 없는 것(not to be)보다 있는 것(to be)이 더 낫고, 단순히 있는 것(simply to be)보다는 살아 있는 것(to be alive)이 더 낫고, 살아 있는 것보다는 현명한 것(to be wise)이 더 낫다고 생각할 수 있다. 그러나 이렇게 말하는 것은 지성에 의해서는 추가가 필요하지 않지만 실재에 있어서는 추가가 필요한, 적어도 추가의 가능성이 열려 있는 존재에만 해당한다. 즉 이는 신에 대해서가 아닌 공통 존재에 대해 말할 수 있는 바의 것이다.[29]

이렇게 우리는 피조물에서 발견되는 완전성이 훨씬 더 높고 넓은 방식으로 순수 존재인 신에게 속한다는 것을 주목해야만 한다. 토마스는 종종 이것을 일의적 원인과 다의적 내지 유비적 원인들 사이에 존재하고 있는 차이를 통해 설명하고 있다.[30] 우선 어떤 결과가 지니는 완전성은 그것이 무엇이든지 간에 그 결과를 내는 원인 안에서 발견되어야 한

28 존재의 실현으로서의 완전성과 선에 대해서는 서병창, 1998, 69~94쪽 참조.

29 Joseph Bobik, pp. 221~22 참조.

30 Thomas Aquinas, QDP 7, 5, c & ad 8 참조.

다.[31] 다시 말해 결과를 만들어 내는 원인, 즉 능동자 안에 결과가 선재(先在)해야 한다. 그런데 능동자가 결과와 상이한 본질을 가진 '다의적 원인'(causa aequivoca)이라면 능동자 안에는 완전성이 더 탁월하게 있게 된다. 사람이 사람을 낳는 경우와 같이, 결과와 동일한 본질을 가지는 능동자인 '일의적 원인'(causa univoca)은 어떤 종적인 본질을 가진 결과, 즉 자신과는 본질적으로 다른 어떤 결과를 야기할 수 없다. 그것은 "형상적으로 자기 자신을 야기할 수 없기 때문에, 이 원인은 종적인 본질이 아니라 개별적인 존재를 야기할 수 있을 뿐이다".[32] 다시 말해 일의적 원인은 자신에 대해서는 스스로 형상적인 원인이 될 수 없고 결과일 뿐이며, 따라서 자신 안에는 그 결과 혹은 종적인 본질을 야기하는 능력이 선재해 있지 않은 것이다. 그렇기에 일의적 원인은 같은 본질을 가진 개체만을 야기할 수 있다. 그리고 그것의 원인은 그보다 더 완전한 다른 원인, 즉 다의적 원인에서 찾아볼 수 있다. 다의적 원인, 예를 들어 신은 어떤 종적인 본질의 원인으로서 자신의 결과들을 전적으로 초월한다. 그렇기에 신은 다의적 원인으로서 완전성을 더 탁월하게 지니는 것이다. 게다가 결과를 내는 원인이 질료인이 아닌 능동인인 경우에 그것은 질료인보다 더 탁월하게 완전성을 지닌다. 질료인은 가능태로서만 그 결과를 지닐 뿐이지만, 능동인은 그러한 불완전한 양태가 아니라 완전한 양태로 결과를 자기 안에 내포하는 것이다.

그런데 존재는 신의 작용 [결과]이다. 모든 창조된 능동인은 그 자신의 존재와 작용이 신 안에서 신을 통해 존재하기 때문에 자신의 고유한 존재와 힘의 작용 안에서 항상 신에게 종속된다. 신이 존재를 부여하지만 그 존재가 사물들 안에서 최고로 내밀한 것이라면, 신의 이 원인성은

31 Thomas Aquinas, STh I, 4, 2; 채이병, 2004, 33~71쪽 참조.

32 레오 엘더스, 2003, 507쪽. 그리고 이에 대해서는 능동인의 경우에 결과가 불완전하게 선재하는 가능태로서의 질료인과는 달리, 그것이 선재하는 양태가 완전하다는 점을 고려해 볼 수 있다.

피조물들의 작용 옆에 존재하는 어떤 것으로 생각될 것이 아니라 내부로부터 나오는 존재의 영향이라고 생각해야 한다. 신이 존재와 작용을 모든 사물에 주는 것과 같이, 그는 모든 것 안에서 작용한다.[33] 그러므로 다의적 원인이자 능동인으로서의 신은 자신의 순수한 존재를 통해 모든 종류의 사물이 갖는 모든 완전성을 소유하게 되며, 뿐만 아니라 그 완전성을 더 탁월하게 지니는 것이다. 따라서 "신은 단적이며 보편적 의미의 완전자로서 피조물들의 모든 완전성을 자체 안에 미리 갖고 있는 것이다"(Deus in se praehabet omnes perfectiones creaturarum, quasi simpliciter et universaliter perfectus).[34] 이러한 탁월성은 단순히 그 완전성의 정도가 점차적으로 상승하는 것이나 어떤 다른 요소들이 신에게 추가되는 것으로 이해될 것이 아니라 질적인 비약으로서 이해되어야만 한다. 신은 이렇게 이해될 때에만 오해를 피할 수 있으며, 절대적으로 완전하면서 본질적으로 무한할 수 있다.[35]

에머리히 코레트(Emerich Coreth) 같은 학자는 신이 이러한 완전성의 근원이자 무한한 충만성이라는 사실로부터 인격적인 완전성으로까지 나아간다고 말한다. 신에게는 "존재와 작용과 생명만이 아니라 정신적 지식과 원의, 자유와 사랑 같은 인격적 존재 내용들, 타자에 대한 사랑과 주고받는 나눔, 공동체성 등 상호 인격적 가치들까지 모두가 순수한 충만성을 누리며 실현되어 있다. 사랑의 선물일 수 있는 것은 오직 신의 존재 자체(ipsum esse)이다. 신은 뻣뻣하게 굳어 있는 '일자'(一者, 신플라톤주의의 일자)가 아니라 작용 속에 있는 자, 정신적-인격적으로 살아가며 사랑하는 자이다".[36]

---

33 레오 엘더스, 2003, 508~09쪽 참조.

34 Thomas Aquinas, STh I, 13, 2, c & ad 2; 13, 3, c & ad 2; 13, 4, c & ad 3; 13, 5; I Sent 4, 1, 1; DN 1, 3; 5, 1; 9, 2; QDV 23, 3; STh I, 12, 12 참조. 조금 변형된 형태로는 Thomas Aquinas, STh I, 13, 3, ad 1; 13, 4, ad 2; 13, 5, ad 3 참조.

35 Thomas Aquinas, QDP 7, 5 참조.

**주 7) [영혼이] 육체의 형상이 됨으로써 자신에게 개체적 존재를 얻어 절대적 존재를 갖게 되었을 때, 그 존재는 항상 개체적 존재로 머무른다**

베레츠(65쪽)는 마이스터를 인용해 인간 영혼의 개별화를 다음과 같이 설명한다.

> 한 영혼이 현존재 안으로 출현하게 되면, 그것은 신에 의해 인간의 영혼으로서 창조된 것이다. 그러나 인간의 영혼은 '어떤 육체에 대해서나 부합되는 것'이 아니고 '이 육체에 대해서만 부합되는 것'이다. …… 영혼이 개별화되는 것은 이 육체에 부합됨을 위한 것이다. 왜냐하면 영혼은 바로 '이 육체에 부합됨'을 통해 다른 영혼과 구분되기 때문이다. 그리고 다른 어떤 것이 아닌 바로 그 육체는 특정한 부모에 의한 생산력을 통해 생성되는 한정된 육체로서 부모가 생산하려는 동기를 이룬다(F. Meister, n. 113).[37]

토마스는 인간 영혼이 개체화되었을 때 절대적 존재를 지니며, 계속해서 개체적 존재로 머무른다는 사실에서 영혼의 불멸성(incorruptibilitas)을 이끌어낸다. 영혼이 육체에 내적으로 의존하고 있는 것이 아니고 육체로부터 독립적인 어떤 것이라면, 육체가 분해될 때 영혼이 존재를 중단할 수도 없다. 육체의 파멸은, 육체가 지닌 우유적 형상들이나 동물의 영혼처럼 자립적이지 못한 실체적 형상들에서 일어나듯이, 그 자체 필연적으로 영혼의 파멸을 가져오지 않는다. 그 자체가 하나의 형상인 것은 형상을 잃을 수 없으며, 따라서 자립적인 형상은 실존을 중단할 수도 없다. 인간의 지성적 영혼은 자립적인 형상이기 때문에, 본질적으로 그것에 의존하지 않는 그 육체의 파괴에 의한 영향을 받지 않는다.[38]

---

36 E. 코레트, 2000, 297쪽.

37 Thomas Aquinas, QDP III, 10; M.-D. Roland-Gosselin, pp. 117~20 참조.

38 Thomas Aquinas, STh I, 75, 6; SCG II, 79-81; QDA q. 14; CT 84; II Sent 19, 1; IV

이렇게 영혼의 불멸에 대한 토마스의 주장은 영혼이 자립적인 원리라는 사실과 밀접하게 연관되어 있는데, 이는 그에 의해 다음과 같이 입증된다. 인간 존재자가 자기의 지성을 통해 모든 물체적 사물의 본성을 안다는 것은 분명하다. 그러나 만일 지성적 원리가 그 자체 안에 어떤 물체적 사물의 본성을 지니고 있었더라면, 모든 물체적 사물을 인식할 수는 없었을 것이다.[39] 또한 육체를 통하지 않고서는 어떠한 작용도 수행할 수 없는 식물의 생장혼이나 동물의 감각혼과는 달리, 인간 영혼의 능력인 지성은 육체가 자신과 관계를 맺지 않는 방식으로 작용한다. 이로부터 지성은 스스로 작용하고 있다는 사실이 분명하다. 그런데 각각의 것은 존재를 가지고 있는 것에 따라 그렇게 작용하기 때문에, 지성은 '자신의 존재 안에 자립하는 실체'(substantia subsistens in suo esse)[40]이다.

토마스는 영혼의 불멸성을 증명하기 위해 자립성 논증 이외에도 다른 중요한 증거들을 제시한다. 예를 들어 한 근거는 인간이 지니고 있는 불멸에 대한 자연적인 갈망으로부터 나온다. 이러한 자연적인 갈망은 신으로부터 주어진 것으로서, 자연적 갈망이 헛되다는 것은 불가능하다.[41] 토마스는 이러한 사실을 인간이 지니고 있는 독특한 지성적 파악 능력과 연결한다. 다른 모든 사물도 존재의 존속을 갈망하고 있지만 인간은 다만 짐승들이 가지는 바와 같은, 여기 그리고 지금 있는 현존에 관한 파악뿐만 아니라 존재(esse) 자체에 관한 지성적 이해력도 가지고 있다. 이 이해력을 바탕으로 인간은 현세의 시간적인 제한 없이 존재 자체를 이해하고 파악하며, 더 나아가 현재의 순간으로부터 분리되어 영속적인 존재

---

Sent 50, 1, 1; Quodl X, 3, 2; Joseph Novak, 1985, pp. 405~21 참조. 일부 학자들은 이 맥락에서 불멸성과 불사성을 구별한다. 이에 대해서는 이재경, 2011과 그곳에 제시된 참고문헌 참조.

39 Thomas Aquinas, STh I, 75, 2 참조.

40 Thomas Aquinas, CT 84 참조.

41 Thomas Aquinas, SCG II, 79, n. 1602 참조.

를 이해할 수 있다.[42] 이러한 이해에 대해 대응하는 것이 바로 인간이 지니고 있는 자기 영혼의 불멸에 대한 자연적 갈망이다. 이렇게 본성에 따르는 '영원성의 갈망'은 불멸성의 표지(標識)이다.

또한 인간은 가능 지성을 통해 상반된 모든 것을 인식하거나 수용할 수 있기 때문에, 인간 영혼 안에는 상반된 어떤 것이 존재하지 않는다. 소멸은 상반됨이 없이는 있을 수 없기 때문에 인간 영혼은 소멸되지 않는다.[43] 더 나아가 인간 영혼의 고유한 작용인 이해함은 그 자체로 보편적인 것들과 불멸하는 것들에 대한 것이다. 완전성은 완성될 수 있는 것들과 비례되어야 하므로 이러한 것들을 이해하는 인간 영혼도 불멸해야 한다.[44]

토마스는 이 밖에도 많은 이성적인 근거들을 제시해 영혼의 불멸성을 논증한 후에, 『대이교도대전』에서는 이를 아리스토텔레스의 권위를 이용해 다시 한 번 확인한다.[45] 그에 따르면, 아리스토텔레스는 "지성적 영혼이 육체 다음에도 남아 있으며 일종의 실체라고 말함으로써, 다른 영혼들의 일반성으로부터 그것을 배제하기 때문"[46]에 지성적 영혼을 자립하지 못하거나 결과적으로 소멸할 수 있는 것으로 여기지는 않음이 분명하다. 더욱이 토마스는 가톨릭 신앙의 가르침이 앞서 언급된 것들과 조화를 이룬다는 점을 강조하기 위해 다양한 성서 구절과 교부들의 권위를 인용한 후에 "영혼의 불사 불멸성을 증언하는 성경의 확실한 출처들은 무한하다"라며 논증을 끝낸다.[47]

---

42 Thomas Aquinas, STh I, 75, 6 참조.

43 Thomas Aquinas, SCG II, 79, n. 1606; CT 84. 이 주장의 역사적 배경에 대해서는 『신학요강』의 번역본 각주 179 참조.

44 Thomas Aquinas, SCG II, 79, n. 1601 참조.

45 Thomas Aquinas, SCG II, 79, nn. 1608-09 참조.

46 Thomas Aquinas, SCG II, 79, n. 1610 참조.

47 Thomas Aquinas, SCG II, 79, nn. 1611-12 참조. 이 논증들에 대한 보다 상세한 분석은 Johannes Mundhenk, 1980, pp. 118~22; Joseph Novak, 1987; Joseph Owens,

그렇다고 토마스의 이러한 주장이 영혼의 파괴가 아예 불가능해 인간 영혼이 절대적으로 영원히 존속하는 것을 의미하는 것은 아니며, 그것은 영혼의 존속이 창조되어 나온 것을 다시 허무로 돌릴 수 있는 신의 능력에 좌우된다고 믿었다. 따라서 영혼의 불멸성은 신이 이를 파괴하지 않는 한 아무런 기적도 필요로 하지 않고 존재를 계속한다는 의미에서 본성적으로 불멸적이다.[48] 비록 토마스가 명시적으로 아리스토텔레스와의 견해차를 강조하지는 않았더라도, 이것은 분명히 아리스토텔레스의 입장은 아니었다.

토마스는 영혼이 불멸하다고 믿었지만 플라톤주의자들처럼 이러한 상태를 더 완전한 상태나 영혼의 본성에 일치하는 것이라고는 생각하지 않았다. 토마스에 따르면 — 영혼은 본성적으로 육체의 형상이기 때문에 — 육체로부터 분리된 상태에 있는 영혼은 '본성을 거스르는 것'이며, 엄밀한 뜻으로 '완결된 전체'인 인격이라고도 할 수 없다. 또한 영혼과 분리된 육체, 즉 시체는 오직 다의적인 의미에서만 인간의 육체일 뿐이지 진정한 의미에서 인간이라고 불릴 수 없다.[49] 그에게서 영혼은 엄격하게 육체와 연관되어 있기에, 육체 없는 영혼은 종적 본성을 완전히 갖추지 못한 불완전한 상태로 몸에서 떨어진 손과 같다.[50]

따라서 토마스에 의하면, 인간 영혼은 육체와 분리되어 있는 것보다는 합쳐져 있는 것이 더 좋다. 이렇게 육체로부터 분리된 영혼의 불완전성을 강조하는 사고방식은 마지막 날에 '육체의 부활'이 필요하다는 점을 입증하는 데에까지 나아간다.[51] 그때 모든 영혼은 다시 자기 몸과 합쳐

1987 참조.

48 Thomas Aquinas, STh I, 75, 6, c & ad 2; R. Swinburne, 1998, pp. 44~48 참조.

49 Gerald Kreyche, 1972, pp. 468~84 참조. 제럴드 크레이케(Gerald Kreyche)는 『영적 피조물론』을 중심으로 이 사실을 상세히 언급한다.

50 앞에서 인용된 Thomas Aquinas, STh I, 75, 2, ad 1 참조. 그러나 손과의 차이점도 무시되어서는 안 된다. Norman Kretzmann, 1993, p. 135 참조.

51 Peter Van Inwagen, 1978, pp. 114~21; 1998, pp. 294~96; Montague Brown, 1992;

지게 되고 '결합체'(compositum)로서 구원 또는 영벌(永罰)을 받게 될 것이다.

> 따라서 육체 없이 존재함은 영혼의 본성에 반대되며, 본성에 반대되는 어떤 것도 항구적일 수 없다. 그러므로 영혼이 항구적으로 육체 없이 존재하는 일은 없을 것이다. 그런데 영혼은 항구적으로 존속하는 것이므로 그것은 다시 육체와 합쳐져야 하며, 이것이 [죽은 자로부터의] 부활함이다. 이와 같이 영혼의 불멸성은 육체가 미래에 부활하는 것을 요구하는 것처럼 보인다(SCG IV, 79, n. 10).

토마스는 이렇게 인간의 영혼이 불멸적이기에 육체의 죽음 이후에도 존속할 수 있으며, 마지막 부활의 날에 다시 육체와 결합할 것이라고 믿었다. 앞에서 살펴본 바와 같이, 그는 인간 영혼을 그 실체적 형상과 동일시하지만, 인간 영혼은 다른 물질적 대상의 형상과는 달리 그 대상이 존재하기를 그쳤을 때에도 계속해 실존할 수 있다고 믿고 있다. 물론 그는 한 인간이 한 특정 유형의 물체라는 자신의 관점에 일관되게, 육체를 떠난 영혼이 한 인간 존재라는 것을 부인한다. 더 나아가 토마스는 인간이 '영혼'만으로 자신의 완성에 이르는 것이 아니라 그의 육체성 역시 신의 구원을 통해 인간의 완성 과정에서 지속적인 중요성을 지니고 있다고 주장한다. 그리스도교가 단순히 영혼의 불멸성이 아니라 영혼과 육체가 결합된 인간 전체의 부활을 가르치고 토마스가 이를 위한 이론적인 설명을 찾고 있다는 사실[52]은 그의 의도를 이해하기 위해 중요하다. 그러나 이러한 그의 설명은 아리스토텔레스의 일반적인 질료형상론, 질

---

Eleonore Stump, 2006, pp. 151~72; Patrick Toner, 2009, pp. 121~38; 2010, pp. 587~99 참조.

52 Gerald Kreyche, 1972, pp. 483~84 참조.

료에 기반을 둔 개체화[53] 등의 명제들과 일관성을 유지하기 어려워 보인다.[54]

### 주 8) 정신적 실체들의 차이(종차)들은 그 자체로도, 또한 우유적 종차들로도 우리에게 의미 지시될 수 없다

> 비물질적 실체들의 고유한 우유성들은 우리에게 알려지지 않는다. 그러므로 그것들의 차이(종차)들은 그 자체로도, 또한 우유적 종차들로도 우리에게 의미될 수 없다(DEE V, 81-83).

토마스는 종적 차이(differentiae [specificae])로 작용할 수 있는 본질적(고유한/실체적) 차이(differentiae essentiales/propriae/substantiales)와 종의 고유한 우유성(accidentia propria)인 비본질적 또는 우유적 차이(differentiae accidentales)를 구분한다. 가장 가깝게 있는 보다 상위의 유(最近類, genus proximum)와 함께 종적 차이가 알려지는 한에서만 우리는 이 두 가지를 사용해 사물의 본질에 상응하는 정의를 내릴 수 있다(정의=genus proximum+differentia specifica). 그런데 정확하게 정의를 내리는 일은 결코 쉬운 일이 아니다. '인간은 이성적 동물이다'와 같은 방식으로 우리에게 가장 친숙한 동물인 고양이와 개는, 정의한다면 어떻게 정의해야 할까? 이렇게 우리가 세상에서 감각하고 다룰 수 있는 물질적 사물들 또한 우리에게 존재의 차이를 감추고 있다. 돌의 존재가 그 자체로 식

53 아리스토텔레스의 질료형상론과 토마스의 영혼과 육체 관계의 설명에서 나타나는 어려움은 이재경, 2002와 Gerald Kreyche, 1972, pp. 482~84 참조. 토마스는 자신의 고유한 이론에 따라 형상을 개별화하는 것이 질료라는 사실에도 불구하고, 인간 영혼을 개별화하는 질료는 없지만 그것이 개별화된다고 강조했다.

54 영혼의 불멸성과 육체의 부활이 지니고 있는 연관성과의 차이점에 대해서는 박승찬, 2012a와 그곳에 나오는 참고문헌 참조.

물이나 사람의 존재로부터 얼마나 구별될 수 있는지는 우리 자신에게도 명확하지 않고, 따라서 진술할 수도 없다. 또한 소크라테스의 존재가 플라톤의 존재와 왜 다른지도 항상 명확한 것은 아니다.

우리는 어쩔 수 없이 존재 자체라고 하는 근원을 파악할 수 없으므로 그 표면에 머물러야 한다. 그런데 토마스에 따르면, 때로는 "그 자체로 우리에게 알려지지 않는 실체적 형상들이 우리에게 우유를 통해 알려진다"(STh I, 77, 1, ad 7).[55] 그는 확실히 존재와 본질의 핵심에 부가되는 규정들이 이 표층에 어떤 방식으로든 — 종종 우리가 통찰할 수 있는 방식이 아닐지라도 — 종속되어야만 하기 때문에, 이것과 그것의 차이를 존재의 차이들을 의미 지시하기 위해 사용하고 있다. 알레르스는 이를 설명하기 위해 다음과 같은 비유를 사용한다.

> 어떤 사람이 그에게 알려지지 않은 어떤 대상들을 길이와 폭에 따라 구분하고 명명한다고 가정해 보자. 길이는 수에 따라, 폭은 알파벳을 통해 표현해 보자. [작은 순으로 정리해 본다면] 그는 a1이라는 사물이 b7보다 앞서고, b11이 d5보다 폭에서는 앞서고, 길이에서는 다음이라는 것을 알 수 있다. 그는 더욱이 차이의 크기를 d-b, 11-5라고 명시할 수도 있을 것이다. 비록 사물들의 실제적인 특성들(예를 들어 네모난 종이, 신발 등일 수 있다)에 대해 어떤 것도 모른다고 할지라도 말이다.[56]

토마스에 따르면, 이렇게 우리가 종적 차이를 알 수 없기 때문에 우유적 차이를 사용해야 하는 경우가 있다.

> 실체적 차이들(substantiales differentiae)이 우리에게 알려지지 않고

---

55 Thomas Aquinas, STh I-II, 49, 2, ad 3 참조.

56 Rudolph Allers, p. 151, n. 15 참조.

또한 명칭이 부과된 것들이 아니기 때문에, 때로는 실체적 차이들 대신에 우유적 차이들을 사용해야 한다. 예컨대, 누가 '불은 뜨겁고 건조한 단순 물체이다'라고 하는 경우이다. 사실, 우유들(accidentia)은 실체적 형상들의 결과(effectus formarum substantialium)이며 그것들을 나타내기 때문이다(STh I, 29, 1, ad 3).

그런데 인간이 사물의 본질에 대해 최소한이라도 접근하여 정의하기 위해 종적 차이 대신에 고유한 우유성을 이용하려 한다면, 그는 참된 차이에 대한 자신의 무지로 인해 전적으로 보충적인 정의를 얻게 된다. 우리가 감각적으로 포착 가능한 사물들에서조차 본질적 차이를 파악할 수 없다는 생각, 그럼에도 불구하고 이러한 파악과 이것에 기초를 둔 정의가 학문의 과제이며 사물의 본질이 우리 지성의 본래적인 대상이라는 생각은 토마스가 여기뿐만 아니라 여러 곳에서 주장한 바 있다.

그러나 우리는 비물질적 실체인 지성 존재에 대해서는, 실체적 차이는 물론 (우리에게 계시를 통해 전달된 특정한 성격들을 제외한다면) 고유한 우유성도 서술할 수 없다. 이렇게 지성 존재에 대해서는 아직 우리에게 알려져 있지 않으므로, 우리는 그것을 일반적으로 정의할 수 없다. 그것은 인간 영혼과 보다 더 긴밀하게 관련되어 있기 때문에, 그것에 대한 유비를 통해 우선 고유한 우유성(accidens proprium)을 추정할 수는 있을 것이다(더 상세한 진술은 Thomas Aquinas, II Sent 3, 1, 4-6 참조. 고유한 우유에 대해서는 다음 장을 참조).

**주 9) 『동물론』 제7권에서 철학자가 말한 것처럼 이것은 자연이 식물에서 동물로, 즉 식물과 동물 사이의 중간 단계에 있는 어떤 것을 거쳐 단계적으로 발달하는 것과 같다**

토마스는 여기서 미카엘 스코투스[57]가 라틴어로 번역한 아리스토텔레스의 『동물론』을 사용하고 있다. 이 책은 아랍에서 쓰인 것으로 아리스토텔레스의 저술들, 즉 *Historia animalium*(1-10), *De partibus animalium*(11-14), *De generatione animalium*을 *'De animalibus'*라는 이름으로 편집한 것이다. 이 책에서 아리스토텔레스는 무기물에서 유기물로의 점진적 이행을 인정하고 있다.

> 왜냐하면 그렇게 본성은 점차적으로 무생물에서 넘어간다. …… 또한 식물에서 동물로 넘어가는 것도 지속적인 것이다. …… 왜냐하면 바다 속에서 움직이고 있는 어떤 것들은 그것이 동물인지 식물인지도 의심스럽기 때문이다(Aristoteles, *Historia animalium* VII, 1, 588b4-11).

무기물과 유기물, 그리고 식물에서 실재적인 동물에까지 이르는 발달 단계의 기준들은 생명에 참여하는가의 여부, 즉 보다 더 강력하게 생명과 감각적 지각, 그리고 운동(공간 속에서 스스로 움직일 수 있는 것)에 참여하는가에 달려 있다. 개체적 식물들이 참여하는 형상들의 완전성에 있어 상이한 등급은, 이 식물들이 속하게 되는 종을 만들어 다른 식물들이 속하는 다른 종과 다르게 한다. 그러므로 다소간에 차이는 있지만 기준은 감각 지각과 운동이다. 동물은 식물보다 더 완전한 형태로 생명을 지닌다. 그러므로 형상의 완전성은 개별체들 안에서 나타나는 경우는 아닐지라도, 그 자체로 생각해 볼 때 등급화의 조건이 된다.[58]

토마스는 다른 곳에서도 사물의 다양한 종들은 완전성이라는 관점 아

---

57 미카엘 스코투스(1175~1232?)는 호엔슈타우펜 왕조의 신성로마제국 황제 프리드리히 2세의 궁정 천문학자였다. 이미 동시대 사람들은 그가 이단과 금지된 마술을 부린다고 믿었다. 단테는 『신곡』(Inf. XX, 115)에서 그를 살아생전에 미래를 예언하려고 했던 이들이 있는 지옥에 있는 것으로 묘사했다. 그가 마술적인 사기의 기술을 잘 알고 있다고 생각했기 때문이다. 스코투스에 대한 상세한 내용은 Ch. H. Haskins, 1925/1929; Fernand Van Steenberghen, 1977a, pp. 112~13; Aafke M. I. Van Oppenraay, 1990, pp. 121~29; 박승찬, 2010c, 103~04쪽 참조.

58 F. L. 베레츠, 65쪽; Rudolph Allers, pp. 152~53, n. 21, 22 참조.

래 질서 있게 배열될 수 있다는 아리스토텔레스 사상을 원용한 고찰을 자주 활용한다. 토마스는 여기서 "완전성에 따른 종들의 단계 구분을 자연수의 영역에 존재하는 질서에 비유"했던 아리스토텔레스를 따른다. 토마스는 1보다 큰 모든 자연수는 자체 안에 자기보다 작은 수들을 포함한다는 비유를 통해, 종적인 존재를 규정하는 형상들 사이에 존재하는 질서에 대해 설명한다.

> 수(數)에서 종들이 종 하나를 다른 종들에 덧붙임을 통해 서로 구분되는 것과 같이, 물질적 사물들 안에서도 하나의 종은 다른 종을 그 완전성에서 능가한다. 식물들은 생명을 지니지 않은 물체들 안에 있는 완전성은 무엇이든지 다 가지고 있을 뿐만 아니라 더 보충해 지니고 있다. 또 다시 동물들은 식물들이 가지고 있는 것을 가지고 있을 뿐만 아니라 그 이상의 어떤 것도 가지고 있다. 이렇게 해서 인간에게까지 도달하게 되는데, 인간은 물질적 피조물들 중에서 가장 완전한 것이다. 그런데 불완전한 모든 것은 더 완전한 것과의 관계에서 질료처럼 관계를 맺게 된다(CT 92).

인간이 물질적 피조물들 중에서 가장 완전한 것이라면, 인간의 실체적 형상인 지성적 영혼은 동물과 식물의 형상들보다 더 완전하다. 토마스는 같은 곳에서 이 사실을 명시적으로 밝힌다.

> 자연 사물들 중에서 완전성의 더 높은 수준에 도달하는 것은 자기의 형상을 통해 더 낮은 본성에 속하는 완전성을 무엇이든지 소유하고 있고, 또한 동일한 형상을 통해 완전성 중에서 그것에 더 부가되는 것도 가지게 된다. …… 만일 어떤 사물 안에서 더 낮은 수준의 완전성에 속하는 것이 고찰된다면, 그것은 더 높은 수준의 완전성에 속하는 것에 관련해 질료적일 것이다(CT 92).

따라서 다른 물질적 영혼보다 완전한 지성적 영혼은 이해 작용뿐만 아니라 동물적-식물적 생명을 특징짓는 모든 작용 능력까지도 소유한다. 토마스는 인간에게 다수의 실체적 영혼이 있다는 이론을 논박하는 과정을 통해 인간 각자는 영양 섭취와 같은 가장 단순한 식물적 활동으로부터 다양한 감각적 활동들, 그리고 인식과 원함에 이르기까지 모든 생명의 표현들이 소급되는 유일한 영혼을 지니고 있다는 결론에 도달했다. 따라서 개별적 인간은 지성적 영혼이라는 유일한 실체적 형상을 통해 인간과 관련된 모든 작용을 행할 수 있다(STh I, 76, 4 참조). 토마스가 이렇게 실체적 형상의 유일성을 상세하게 논증한 것은, 만일 우리가 인간의 실체적 형상이 복수라고 가정하게 된다면 인간의 통일성은 훼손되고 말 것이기 때문이다.

# 제6장 & 우유

[VI, 1] = [VII, 1a]

379,1 Nunc restat videre quomodo sit essentia in accidentibus; qualiter enim sit in omnibus substantiis dictum est. Et quia, ut dictum est, essentia est id quod per diffinitionem significatur, oportet ut eo modo habeant essentiam quo habent diffinitionem. Diffinitionem autem habent incompletam, quia non possunt diffiniri nisi ponatur subiectum in eorum diffinitione; —

## (1) 우유들은 불완전한 본질을 갖는다

이제 어떤 방식으로 본질이 우유들 안에 존재하는지를 살펴보는 일 379,1
이 남아 있다. 본질이 모든 실체 안에 어떻게 존재하는지는 이미 밝힌 바 있다.[1] 왜냐하면 이미 말한 바와 같이,[2] 본질은 정의를 통해 의미되므로 [우유들도] 정의를 갖는 그러한 방식으로 본질을 가져야 한다. 그러나 [우유들은] 불완전한 정의를 가진다.[3] 그것들(우유들)의 정의 안에 주체(subiectum)[후주 1)]가 주어져야만 [우유들이] 정의될 수 있기 때문이다.[4] 그

1 이제까지 실체, 즉 자립적이고 자기 스스로 머무르는 존재에 대해 다루었다. 이제부터 토마스는 우유, 즉 비자립적이고 주체를 필요로 하며 그 존재에 부가되는 것으로서의 실체와 한 무리에 종합될 수 없는 것을 취급한다(Allers, p. 153, n. 1 참조). Joseph Owens, 1958, pp. 1~40 참조.

2 Thomas Aquinas, DEE I, 27-30 참조.

3 Thomas Aquinas, I Sent 8, 4, 3; IV Sent 12, 1, 1, sol. 1 참조. 토마스가 말하듯이, 본질은 정의를 통해 의미 지시되는 것이다. 그렇다면 우유의 정의가 불완전하다는 말은 우유의 본질이 불완전하다는 의미로 읽을 수 있을 것이다. 즉 이러한 물음은 '왜 우유의 본질이 불완전한가'라는 질문으로 연결될 것이다. 보빅은 다음과 같이 설명한다. "토마스는 우유의 본질의 불완전함은 질료, 그리고 형상의 본질의 불완전함과 비슷하다고 지적한다. 존재하는 것은 질료 혼자서만도 아니고 형상 혼자서만도 아니며 차라리 질료와 형상의 결합으로 인한 복합체가 (존재하는 것인 것처럼) 역시 똑같이 존재하는 것은 우유 혼자서만도 아니고 실체 혼자서만도 아니며 우유와 결합된 실체가 (존재하는 것이다). 물론 이것은 차이가 있다. 질료와 형상의 복합체가 — 비한정된 방식에서 — 실체적 존재를 가지고 존재하는 반면, — 우유와 결합된 실체는 — 한정된 방식에서 — 우유적 존재를 가지고 존재한다. 예컨대, 누군가 '소크라테스는 있다'(Socrates is)라고 말할 때, 그는 비한정적 존재인 소크라테스를 가리키고 있다. 그리고 누군가 '소크라테스는 하얗다'(Socrates is white)라고 말할 때, 그는 소크라테스의 많은 한정적 존재들 가운데 하나를 가리키고 있다. 우유가 지닌 본질의 불완전함은, '흼이라는 것이 존재함'(whiteness to be)을 '소크라테스가 백인임'(Socrates to be white)이라는 사실을 고려함으로써 또한 지적될 수 있다. 그러므로 우유의 정의가 우유 그 자체 이외의 어떤 것을 포함하듯이, 역시 똑같이 질료 그리고 형상의 정의들도 그것들 자체 이외의 어떤 것을 포함한다. 그리고 이것이 자연철학자가 영혼의 정의 안에 자연적으로 구성된 육체를 포함하는 이유이다"(Bobik, p. 243 참조).

380,10 et hoc ideo est, quia non habent esse per se[•] absolutum a subiecto, sed sicut ex forma et materia relinquitur esse substantiale, quando

• 마리에티 판에서는 'per se esse'.

이유는 [우유들이] 주체(主體)로부터 독립된 존재를 그 자체로 가질 수 없기 때문이다.[5] 오히려 형상과 질료가 합성되었을 때 그것들로부터 실

---

4 우유는 그 본성이 주체로서의 실체 안에서만 존재하는 본질이다. Thomas Aquinas, STh III, 77, 1, ad 2; In Met VII, 1, n. 1248; VII, 4, n. 1335-38; Étienne Gilson, 1956, pp. 30~31, 177, 445, n. 5; Joseph Owens, 1963, pp. 143~46, 155~57, 165~78; J. A. Albertson, 1953, pp. 265~78 참조. 실체는 완전한 개념 규정, 즉 논리학의 요구들에 완전히 부합하는 개념 규정이 가능하다. 그 이유는 이것 안에는 규정되어야 하는 대상을 넘어가는 것이 아무것도 수용될 필요가 없기 때문이다. 개념 규정에 도입되는 모든 특성은 스스로에 근거를 두고 자립적인 존재인 실체에 고유한 것이다. 그러나 우유들은 그것들이 발견되는 실체를 동시에 언급할 때에만 규정될 수 있다. 예를 들어 [빨강 털]이라는 것은 단지 그것이 여우와 말, 또는 인간의 것으로서 규정될 수 있고, 이 하나의 실존하는 여우, 말, 인간의 것으로서 구체적인 현상을 다룰 때만 규정된다. 이와 관련해서는 현대 과학에서 통용되는 의견도 동일한 입장을 취한다. 왜냐하면 '빨강'이란 한 대상에 있는 빨강, 즉 온전히 우유의 의미에서 말하든지, '빨간 불'과 같은 경우에 각각 '고유한' 물리적 과정에 빛의 인정된 이론에 따라 혹은 이 과정이 일어나는 실체에 따라 속하거나 사물, 수단, 감각 기관이 행하는 감각 작용의 총체에 속하는 것이기 때문이다.

5 즉 우유, 부가되는 특성들은 주체로부터 분리되어서는 결코 존재를 갖지 못한다. "실체는 단순히 근본적인 실재성을 소유하고 전체를 구성하며, 완성된 현존하는 사물이다. 우유들은 이 전체를 훼손하지 않고 놓아둔다. 그들은 부가되는 규정들이고, 실체들과 함께 새로운 그 자체로 현존하는 전체를 만드는 것이 아니라 우유적인 통일성을 구성하기 때문이다. 모든 존재론적인 결합처럼 이 우유적인 통일성도 현실태와 가능태의 관계에 근거하고 있다. 실체의 우유들에 대한 관계는 상호 간의 영향 또는 규정, 디시 말해 원인성의 다양한 종류에 부합하는 인과 관계라고 불린다. 실체는 우유들을 통해 규정되고 그러한 측면에서 질료인이고, 그 안에서 우유들이 존재하게 된다. 그러나 실체는 그것에서 우유들이 생겨나는 질료는 아니다. 실체들이 우유들 자체가 되는 것이 아니라 우유들을 통해 오직 우유적으로 규정되기 때문이다. 우유들은 실체에 대해 특정한 형상적 원인성을 실행하는 반면에, 실체는 우유들을 '떠받치고' 존재하게 한다는 측면에서 능동인성을 소유한다. 우유들은 실체 때문에 현존하고 그것을 완성하며, 그 풍부함과 가치를 우유적인 차원에서 전개한다. 그래서 실체는 한편으로 우유들의 목적인이다. 반면에 다른 한편으로 실체가 [활동이 존재의 완전성이기 때문에] 그 자신의 우유적 활동(그 결과들)을 향해 정해졌다고도 말할 수 있다. …… 그러므로 실체의 우유에 대한 관계는 '원인들은 항상 서로의 원인들이다'라는 기본 원칙을 보여 준다. 우유들의 실체에 대한 종속성은 우리가 우유를 '다른 것 안에 있음이란 성질이 속하는 사물'로서 정의해야만 한다는 사실을 분명하게 해 준다"(레오 엘더스, 438~39쪽 참조).

componuntur, ita ex accidente et subiecto relinquitur esse accidentale, quando accidens subiecto advenit. Et ideo etiam nec forma substantialis completam essentiam habet nec materia, quia etiam in diffinitione formae substantialis oportet quod ponatur illud, cuius est forma; et ita diffinitio eius est per additionem alicuius, quod est extra genus eius, sicut et diffinitio formae accidentalis. Unde et in diffinitione animae ponitur corpus a naturali, qui considerat animam solum in quantum est forma physici corporis.•

• Aristoteles, DA II, 1, 412b5 참조.

체적 존재가 남아 있게 되는 것처럼 그렇게 우유가 주체에 더해질 때에 우유와 주체로부터 우유적 존재가 남게 된다. 따라서 실체적 형상도 완전한 본질을 갖지 않으며, 또한 질료도 [완전한 본질을] 갖지 않는다. 왜냐하면 실체적 형상의 정의 안에는 '[형상이 바로] 그것의 형상인 것'(형상이 그것에 속하는 것, 질료)이 제시되어야 하기 때문이다. 이렇게 그것(실체적 형상)의 정의는 자기의 유 밖에 있는 어떤 것의 부가를 통해 이루어진다. 그리고 우유적 형상의 정의도 이와 마찬가지이다. 그러므로 영혼을 자연적인 육체의 형상인 한에서만 고찰하는 자연학자는 육체를 영혼의 정의 안에 포함한다.[6] [후주 2)]

6 실체적 형상과 우유적 형상의 차이는 같은 주제를 다루고 있는 『신학요강』의 다음과 같은 구절에서 더욱 분명히 드러난다. "다수의 실체적 형상은 동일한 사물에 속할 수 없다. 실체적 형상은 다음과 같은 측면에서 우유적 형상과 다르기 때문이다. 실체적 형상은 단순하게 '이 어떤 것'(hoc aliquid)이 존재하게 만들지만, 우유적 형상은 이미 '이 어떤 것'인 그것에 부가되고 그것이 어떻고 얼마나 크고 어떤 관계를 맺고 있는지를 결정한다. 그러므로 다수의 실체적 형상이 똑같은 사물에 속하게 된다면, 그들 중에 첫째 것은 '이 어떤 것'을 만들거나 그렇지 않다. 그것이 이 어떤 것을 만들지 않는다면 그것은 실체적 형상이 아닌 것이다. 그러나 '이 어떤 것'을 만든다면, 따라서 따라오는 [다른] 모든 형상은 이미 '이 어떤 것'인 것에 부가된 것이다. 그러므로 따라오는 형상들 중의 그 어떤 것도 실체적 형상이 아니라 우유적 형상일 것이다"(CT, 제90장 참조).

## [VI, 2] = [VII, 1b] 실체적 형상과 우유적 형상의 차이

Sed tamen inter formas substantiales et accidentales tantum interest quia, sicut forma substantialis non habet per se esse absolutum sine eo cui advenit, ita nec illud cui advenit, scilicet materia; —

et ideo ex coniunctione utriusque relinquitur illud esse in quo res per se subsistit, et ex eis efficitur unum per se: propter quod ex coniunctione eorum relinquitur essentia quaedam. Unde forma, quamvis in se considerata non habeat completam rationem essentiae, tamen est pars essentiae completae. Sed illud cui advenit accidens est ens in se completum subsistens in suo esse, quod quidem esse naturaliter praecedit accidens quod supervenit. Et ideo accidens superveniens ex coniunctione sui cum eo cui advenit non causat illud esse in quo res subsistit, per quod res est ens per se; sed causat quoddam esse secundum sine quo res subsistens intelligi potest esse, sicut primum potest intelligi sine secundo. Unde ex accidente et subiecto non efficitur unum per se sed

그러나 실체적 형상과 우유적 형상 사이에는 [뚜렷한 차이가] 있다.후주 3) 380,23
실체적 형상이, 그것이 더해지는 그러한 것 없이는 그 자체로 절대적인(독립적인) 존재를 가지지 못하는 것과 마찬가지로 그것(형상)에 더해지는 것, 즉 질료도 그 자체로 절대적인(독립적인) 존재를 가지지 못하기 때문이다. 따라서 그 둘의 결합으로부터 그 안에서 사물이 그 자체로 자립하는 그러한 존재가 남게 되고, 그것들로부터 그 자체로 하나가 이루어진다. 이로 인해 그것들(형상과 질료)의 결합으로부터 어떤 본질이 남게 된다. 그러므로 비록 그 자체로 고찰된 형상이 본질의 완전한 개념을 가지지 못할지라도 형상은 완전한 본질의 부분이다. —

그러나 그것에 우유가 더해진 것은 자기 존재 안에 자립하는 그 자체로 완전한 존재자이다. 그리고 이러한 존재는 더해지는 우유에 본성적으로 선행한다. 따라서 더해지는 우유는 그것에 더해진 것과 자신의 결합으로부터 그 안에 사물이 자립하는 그러한 존재, 그것을 통해 사물이 그 자체 존재자가 되는 그러한 존재의 원인이 되지 못한다. 그러나 1차적인 것이 2차적인 것 없이 인식될 수 있는 것처럼 (우유는) 그것 없이도 자립하는 사물이 존재한다는 것이 인식될 수 있는, 어떤 2차적인 존재(esse secundum)[7]를 야기한다.[8] 그러므로 우유와 주체로부터 '그 자체로 하나'

7 "[우유는] 실체에 본래적이고 그 자체로 속하는 일차적인 [것이] 덧붙여진 특징에 의해 보다 더 명확한 규정을 갖게 된다는 점에서 '이차적 존재'이다. 나무 책상은 그것에 색깔이 칠해짐으로써 계속적인, 그러나 부차적 규정이 부가되면서 자체적으로 완성된 존재를 갖게 된다. 이와 같은 부차적 특성은 똑같은 책상을 한 번은 붉은 색으로, 또 한 번은 초록색으로 칠할 수 있다는 사실에서 찾아지는 표현이다"(Allers, pp. 154~55, n. 5 참조). 예를 들어 독일 프라이부르크에는 작은 말 모양의 조각상이 있었는데, 몇 달 또는 몇 주마다 다른 색깔로 칠해졌다. 그렇지만 그 말 조각상의 형태와 개체는 그대로 유지되었다. 이러한 변화는 우유적 변화인 셈이다.

unum per accidens. Et ideo ex eorum coniunctione non resultat essentia quaedam sicut ex coniunctione formae ad materiam; propter quod accidens neque rationem completae essentiae habet neque pars essentiae completae est, sed sicut est ens secundum quid, ita et essentiam secundum quid habet.

가 이루어지는 것이 아니라 '우유적으로 하나'가 [이루어진다.] 그러므로 그것들[우유와 주체]의 결합으로부터 마치 형상의 질료와의 결합에서와 같이 어떤 본질이 유래되지는 않는다.[9] 이러한 이유로 우유는 완전한 본질의 개념을 가지지도 않고 완전한 본질의 부분도 아니다. 그러나 그것(우유)은 어떤 관점에서의 존재자인 것과 같이, 그렇게 어떤 관점에서의 본질을 가진다.[10]

---

8 일부 판본에는 "술어가 주어 없이 인식될 수 있는 것과 같은 것이다"(vel praedicamentum vel subiecto)라는 표현이 부가되어 있지만, 이 부분은 오해에 의해 나중에 첨가된 것으로 보인다. Thomas Aquinas, STh III, 17, 2; III, 77, 1, ad 4; SCG IV, 14, n. 19; IV Sent 12, 1, 1, ad 5 참조.

9 이 장의 각주 7에서 들었던 예를 살펴볼 경우에 [붉은 색 혹은 초록색 책상이라는 본질은] 존재하지 않는다. 색을 칠하는 것은 '사물 자체'에는 아무것도 변화시키지 못한다(Allers, p. 155, n. 6 참조).

10 우유들이 존재하기 위해서는 항상 그 기체가 되는 실체를 지정해야 한다. 우유들은 토마스가 In Met XII, 1, n. 2419에서 말한 것처럼 존재자(ens)가 아니라 존재자의 존재자(entis entia)이다. 예를 들어 색깔은 어떤 것의 색깔이다. 한 우유는 존재하지 않지만 그것은 어떤 것 안에 존재한다. 예를 들어 백색은 존재하지 않지만 사물들은 백색을 띠고 있다. Thomas Aquinas, In Met VII, 1, n. 1253; QQ IX, 5, ad 1 참조. '어떤 관점에서'의 이차적 속성(secundum quid)의 의미에 대해서는 Thomas Aquinas, DEE I, 53-57 참조.

## [VI, 3] = [VII, 2a]

Sed quia illud, quod dicitur maxime et verissime in quolibet genere, est causa eorum quae sunt post in illo genere, sicut ignis qui est in fine caliditatis est causa caloris in rebus calidis, ut in II Metaphysicae• dicitur: ideo substantia quae est primum in genere entis, verissime et maxime essentiam habens, oportet quod sit causa accidentium, quae secundario et quasi secundum quid rationem entis participant.

• Aristoteles, Met II, 2, 993b24.

## (2) 우유들은 여러 가지로 구별된다

그런데 어떤 유(類) 안에서든지 최고이자 가장 참된 것이라고 불리는 380,50
것은 그 유 안에서 다음에 있는 것들의 원인이다. 예를 들어 『형이상학』 제2권[11]에서 말하는 바와 같이, 열(熱)의 끝에 있는(가장 뜨거운) 불은 뜨거운 사물들에서 열의 원인이다. 따라서 존재자의 유 안에서 첫째인 실체는 가장 참되게 그리고 최고로 본질을 가지며, 또한 2차적으로 이른바 어떤 관점에서만[12] 존재자의 개념을 분유하는 우유들의 원인이어야 한다.[13]

11 Aristoteles, Met II, 1, 993b23-28에서 아리스토텔레스는 진리 개념을 다룬다. "그런데 원인을 모르고서는 우리는 진리를 알지 못한다. 하지만 어떤 것이 있어서 그것에 따라 다른 것들에 같은 이름이 속한다면, 그러한 이름의 근거가 되는 것은 다른 것들에 비해 가장 높은 수준으로 그러한 이름을 갖는다(예컨대, 불이 가장 뜨거운데, 그것은 다른 것들에 속하는 열기의 원인이기 때문이다). 따라서 뒤에 오는 것들이 진리가 되게 하는 원인은 가장 높은 수준의 진리이다." Averroes, *Metaphysica* II, 4, fol. 49 v 참조.

12 "모든 자립적 존재, 즉 실체는 비록 다양한 정도에 따라서라도 직접적으로, 그 자체로 존재에 참여한다. 신의 절대적 존재의 현실성은 다양한 존재 영역(지성 존재, 인간, 동물, 식물, 무생물)을 통하면서 감소되고 결국 단순 질료, 즉 제1질료에서 단지 가능성만 존재하게 된다. 이러한 위계는 가능태로부터 현실태에 이르는 다양한 혼합에 그 근거를 두고 있다. 그러나 우유는 전적으로 주체, 즉 실체의 존재에 의해 받쳐지는 한에서만 존재를 가진다. 우유는 그 자체로 존재를 가지는 것이 아니라 다른 존재자에게서 존재를 가진다. 그의 존재는 단지 '어떤 (한정된) 의미에서'만, 즉 각각의 주체의 관점에서만 '존재한다'"(Allers, p. 155, n. 8 참조).

13 Thomas Aquinas, STh I, 77, 6; I, 77, 1, ad 5: In Met VII, 1, n. 1252-1256 참조.

## [VI, 4] = [VII, 2b]

380,58 Quod tamen diversimode contingit. Quia enim partes substantiae sunt materia et forma, ideo quaedam accidentia principaliter consequuntur formam et quaedam materiam. Forma autem invenitur aliqua cuius esse non dependet ad materiam, ut anima intellectualis; materia vero non habet esse nisi per formam. Unde in accidentibus, quae consequuntur formam, est aliquid quod non habet communicationem cum materia, sicut est intelligere, quod non est per organum corporale, sicut probat Philosophus in III De anima.•

---

• Aristoteles, DA III, 4, 429a18-b5: "그렇다면 지성은 모든 것을 사유하므로, 아낙사고라스가 말하듯이 모든 것을 지배하기 위해서는, 즉 모든 것들을 알아보기 위해서는 필히 섞이지 않은 것이어야 한다. (섞인 것이라면 다른 것이 안에 함께 나타나 방해와 차단을 일으키기 때문이다). 따라서 필히 지성에는 이 본성, 즉 가능적이라는 것 외에는 그 어떤 본성도 없어야 한다. 그렇다면 영혼에서 이른바 지성은(지성으로 내가 뜻하는 것은 영혼이 그것으로써 사고하고 상정하는 바로 그것이다), 사유하기 이전에는 활성태에서 그 어떤 존재자도 아니다. 지성이 몸과 섞여 있다는 말이 합당하지 않은 이유 또한 여기에 있다. 만일 그렇다면 지성이 어떤 질적인 것이 되어 차갑거나 뜨겁거나 할 테고, 감각 능력에서처럼 지성에 어떤 기관이 있을 테니까 말이다. 하지만 실제로는 지성에 아무런 기관도 없다. 그리고 영혼이 형상들의 장소라고 하는 사람들은 이 영혼이 전체로서의 영혼이 아니라 사유혼이라는 것, 그리고 이 형상들이 현실태에서의 형상들이 아니라 가능태에서의 형상들이라는 것을 제외하면 제대로 말하고 있는 것이다.
그런가 하면 감각 능력이 영향받지 않는다는 것과 사유 능력이 영향받지 않는다는 것은 유사하지 않음이 감각 기관들과 감각의 경우에서 분명히 드러난다. 격렬한 감각 대상으로부터는 감각이 감각할 수 없으니, 예컨대 거대한 소리로부터는 소리를 감각할 수 없고, 강렬한 색이나 냄새로부터는 보거나 냄새를 맡을 수 없다. 하지만 지성은 격렬한 어떤 대상을 사유했을 때, 그보다 덜한 대상들을 덜 사유하는 게 아니라 오히려 더 쉽게 사유한다. 왜냐하면 감각 능력은 몸 없이는 존재하지 않지만, 지성은 분리될 수 있기 때문이다." 아리스토텔레스에게서는 이해 작용(지성)이 육체와 혼합되지 않는다는 것이 증명된 것처럼 보인다. 토마스의 주석 lect. VII 참조.

그런데 이러한 것(우유가 존재자 개념을 분유하는 것)은 다양한 방식으로 이루어진다. 즉 실체의 부분들은 질료와 형상이기 때문에 어떤 우유는 주로(principaliter)[14] 형상을 따르고, 또한 어떤 우유는 [주로] 질료를 [따른다]. 그런데 지성적 영혼과 같이, 질료에 그것의 존재를 의존하지 않는 어떤 형상이 발견된다. 그러나 질료는 오직 형상을 통해서만 존재를 가진다.[15] 그러므로 형상을 따르는 우유들 중에서 **질료와 교류를 가지지 않는 어떤 것**이 있다. 예를 들어 철학자가 『영혼론』 제3권에서 증명한 바와 같이, 육체적 기관을 통해 이루어지지 않는 [초감성적인] 이해 작용이 그러하다. 380,58

14 "토마스가 여기서 사용하는 표현 'principaliter'는 두 가지 해석을 허용한다. 이 단어를 '주로'라고 번역할 수 있다. 그러면 이 구절은 우유들이 항상 물질적인 사물의 경우에 질료와 형상의 결합으로 이루어진 전체적인 실체에 의해 받쳐질지라도 그들 중에 어떤 것은 질료와, 다른 것들은 형상과 더욱 밀접하게 관련되어 있다는 것을 의미한다. 예를 들면 토마스는 영혼의 능력과 가능성들을 그들의 우유라고 부른다(STh I, 77, 1 & 5; I-II, 83, 2 & 3 참조). 그러나 그것이 본질적으로 다른 의미를 뜻하는 것은 아닐지라도, 'principaliter'를 'principium'(arche)과 연결해 '형상(또는 질료)을 근원으로 하여 나오며'라고 해석할 수도 있다. 그렇게 되면 질료와 형상이 각각 해당되는 우유들의 '첫째 원리'를 나타내게 된다. 하지만 이 해석은 허용되지 못할 듯한데, 질료가 그 자체로는 단순한 가능성이고 전혀 원리(principium)로 작용할 수 없기 때문이다(Allers, pp. 155~56, n. 9 참조)." 이 장 각주 20의 Allers, p. 157, n. 13 참조.

15 그럼에도 불구하고 실체적 형상은 존재를 그 자체로부터가 아닌 신으로부터 가진다(V, 3-V, 5 참조).

70 Aliqua vero ex consequentibus formam sunt, quae habent communicationem cum materia, sicut sentire. Sed nullum accidens consequitur materiam sine communicatione formae.

또한 형상을 따르는 것 중에는 감각 작용과 같이 **질료와 교류를 가지는 것**도 있다. 그러나 어떤 우유도 형상과의 교류 없이는 질료를 따르지 못한다.

## [VI, 5] = [VII, 2c] 질료를 따르는 우유

In his tamen accidentibus, quae materiam consequuntur, invenitur quaedam diversitas. Quaedam enim accidentia consequuntur materiam secundum ordinem quem habet ad formam specialem, sicut masculinum et femininum in animalibus, quorum diversitas ad materiam reducitur, ut dicitur in X Metaphysicae•; —

unde remota forma animalis dicta accidentia non remanent nisi aequivoce.

• Aristiteles, Met X, 11, 1058b21-23, in transl. 'Media': "수와 암은 동물에 고유한 속성들이기는 하지만 실체에 따르는 속성들은 아니고 질료와 육체 안에 있는 것들이니 (Musculum vero et femina animalis proprie sunt passiones et secundum substantiam, verum in materia et corpore) 그 까닭은 동일한 질료, 즉 육체의 측면에서 관련된다. 따라서 동일한 씨가 어떤 자극을 받느냐에 따라 수컷도 되고 암컷도 된다." Thomas Aquinas, In Met X, 9, n. 2128-2134 참조.

그런데 질료를 따르는 이러한 우유들에서 어떤 다양성이 발견된다. 왜냐하면 어떤 우유는 **특정한 형상과 관련되는 질서**에 따라 질료를 따르기 때문이다. 예를 들어 『형이상학』 제10권[16]에서 말하는 바와 같이, 동물에서의 암컷과 수컷이 그러한데, 그것들의 다양성은 질료로 환원된다. 380,73

16 아리스토텔레스는 이 의견에 왜 다양성이 한 번은 종적인 차이를 초래하고(두 발로 걸음과 날아다님), 다른 경우에는 그렇지 않은지(흰색과 검은색을 지님)에 대해 생각하던 중에 도달했다. 남성과 여성은 모두 한 종인 '인간'에 소속되는 것이기 때문에 종 사이의 구별을 초래하지 않는 대당성이다. 하지만 아리스토텔레스의 의견은 다음의 진술로 보충되어야 할 것 같다. 성의 차이는 피부색과 같은 차원에 놓여서는 안 된다. 그것은 좀 더 깊이 뿌리를 두고 있다. 그러나 그것들은 형상이 인간 자체를 규정하지 남성과 여성임을 규정하지 않기 때문에, 형상에 귀속될 수 없고 질료적인 것에 귀속되어야 한다. Thomas Aquinas, In Met X, 11 참조. 이 주장이 오늘날 의문시된다고 해도 아리스토텔레스의 예리함과 토마스의 논증의 논리 정연함에 누(累)가 되지는 않는다. 의문시되는 이유는 다음과 같다. 첫째, '동일한 씨'라는 표현은 옳지 못하다. 우리는 성(性)이 이미 그 수정 세포의 각각의 특성에 의해 규정되어 있다는 사실을 알고 있다. 둘째, 성이 질료에 속한다는 것과 영혼은 육체의 실체적 형상(forma substantialis corporis)이라는 이론 사이에는 모순이 있는 것처럼 보인다. [질료적인 부분에 대한 관계는 토마스가 나중에 STh I, 115, 3, ad 4에서 확정한다.] 그러나 영혼이 각인하는 형상이라면 그 안에서 하나의 또는 다른 성이 생겨나는 것의 본래적인 이유가 놓여 있어야만 하는 것처럼 보인다. 그 이유는 특별히 형상의 단일성 이론을 고수하려 한다면 질료가 어떻게든 변화된 소질을 지닌다는 사실을 생각하기 어렵기 때문이다. '원소들의 합성'과 관련된 다른 생각들도 문제점이 없지 않은데, 이것이 형상과 관련해 고찰되지 않는다고 하더라도 그것에 대한 이유를 질료 안에서는 발견하기 어렵기 때문이다. 피부의 검은 색과 성의 생리학적 특징들 사이에 이 두 가지 현상이 우유들의 다양한 종류로서만 생각될 수 있는 그러한 차이를 인정하는 것은 아마도 허용되지 않을 것이다. 형상의 단일성에 대해서는 D. A. Callus, 1961 참조.

Quaedam vero consequuntur materiam secundum ordinem, quem habet ad formam generalem; et ideo remota forma speciali adhuc in ea remanent, sicut nigredo cutis est in Aethiope ex mixtione elementorum et non ex ratione animae,• et ideo post mortem in eo manet.••

• 이 예는 Avicenna, *Sufficientia* I, c. 6(fol. 17 rb)에서 취해졌다: "그러나 이 속성들 가운데서 어떤 것은 외부로부터 부가되고, 어떤 것은 사물의 본질에 근거해 수반된다. 즉 흑인의 검은 피부나 상처의 흉터처럼 본성의 연장으로서 질료에 수반되는 어떤 우유들이 있다. 그리고 인간의 경우에 희망과 기쁨, 그리고 웃을 수 있는 능력이나 다른 것처럼 형상에 수반되는 것이 있다. 그러나 그 존재와 관계된 처음의 것은 필연적으로 질료가 존재를 갖는 것을 요구한다. 그럼에도 불구하고 그 유래와 출처는 형상으로부터 온다. 그리고 역시 형상에 수반되고 형상으로부터 기인하는 속성들이 발견되기 때문에, 그 속성들은 형상에 다른 방식으로 부가되고 또한 질료에 대한 참여를 필요로 하지 않는다. 그리고 이것은 영혼에 대해 알고 있는 바를 설명하는 경우에 이해된다. 그밖에 질료와 형상을 필요로 하는 속성들이 있으며, 그것은 잠자는 것과 깨어나는 것처럼 이 두 가지로부터 기인한다." 『충족』(*Sufficientia*)이라는 작품과 아비첸나에 대해서는 이 책의 서론 후주 1 참조.

•• 마리에티 판에서는 'in eis remanet'.

그러므로 동물의 형상이 제거될 때 언급된 우유들은 오직 다의적(多義的)으로만 남게 된다.[17] 그러나 어떤 우유는 **일반적 형상과 관련되는 질서**에 의해 질료를 따른다. 따라서 어떤 우유는 특수한 형상이 제거된 후에도 여전히 그 안에 남는다. 예를 들어 마치 에티오피아인에게는 피부의 검은색이 원소들의 혼합으로부터 오는 것이지 영혼이라는 이유에서 오는 것이 아니므로, 죽음 이후에도 [피부의 검은색이] 그들 안에 남아 있는 것과 같다.[18]

---

17 "이것들은 질료의 질서에서 덜 일반적인 형상이거나 심지어 어떤 종들의 형상으로 유래하는 우유들이다. 예를 들어 동물들에서 수컷과 암컷은 동물의 형상에 대해 가지는 관계에 따른 질료에 의해 생겨나며, 그래서 동물의 죽음에서 동물은 수컷 또는 암컷으로 적절히 불리지 못한다(동물이 동물로 적절히 불리지 못하고 그보다는 시체라고 불리는 것처럼)"(Bobik, p. 253 참조).

18 그러나 질료는 형상 없이 존재하지 못한다. 그러므로 질료에 근거하는 우유들이라면 무엇이든 간에, 그것의 존재를 형상에 의존하는 것으로 질료에 근거한다. 이러한 일반적 우유들(common accidents)에 관련한 질료의 능동인은 형상에 의존해 움직이는 능동인이다. 예를 들어 흑인 피부의 색깔은 그것이 형상에 대해, 그러나 일반적 형상(a general form)에 대해 가진 관계에 따른 질료에 의해 야기되는데, (그 형상은) 사람의 형상보다 더 보편적인 것이다. 이러한 색깔은 질료가 가진 어떤 종류의 입자들의 특정 조합들에 의해 야기되고 심지어 살아 있지 않은 것들에서도 발견된다. 따라서 흑인의 신체는 흑인이 죽은 다음에도 검은 빛이다. 왜냐하면 흑인이 가지고 있는 신체의 검은 빛은 '동물'(다섯 가지의 감관을 가진 영혼체, sensibile animatum)이라는 종의 형상에 관계된 것이 아니라 흑인의 신체가 신체인 다른 것들과 함께 검은 피부를 갖기 때문이다. 이 부분에 대한 설명은 문제의 여지가 많아 보인다.

## [VI, 6] = [VII, 2d]

Et quia unaquaeque res individuatur ex materia et collocatur in genere vel specie per suam formam, ideo accidentia, quae consequuntur materiam, sunt accidentia individui, secundum quae individua etiam• eiusdem speciei ad invicem differunt; accidentia vero, quae consequuntur formam, sunt propriae passiones vel generis vel speciei, unde inveniuntur

• 마리에티 판에서는 'etiam individua'.

각각의 사물이 질료에 의해 개체화되고[19] 또한 자기 형상을 통해 유 안에 혹은 종 안에 배정되기 때문에 질료를 따르는 우유는 개체의 우유이며, 이러한 것(질료를 따르는 개체의 우유)에 의해 같은 종에 속하는 개체들도 서로 다른 것이 된다.[20] 그러나 형상을 따르는 우유들은 유 혹은 종의 고유한 특성들(propriae passiones)[21]이다. 그러므로 형상을 따르는 우유 380,87

---

19 우리는 질료가 우리가 말하고 있는 일반적 우유들(common accidents)의 유일한 근원이 아님에 주목해야 한다. 또한 질료는 한 개별자를 모든 다른 개별자와 구별하는 독특한 우유들의 집합의 근원이기도 하다. 이것은 개별화하는 원리로서 고려되는 질료이자, 주어진 개별자의 실체적 형상에 대해 가지는 관계에 따른 질료이다. 여기서 개별화하는 원리로서 질료를 말하는 것은 같은 종 내에서의 수적인 다수의 가능성 또는 사실을 설명하는 것으로서의 질료를 말하는 것이 아님을 주목해야 한다. 이것은 같은 종의 개별자들 안에서 우리, (즉) 인식하는 인간들이 그것들을 구별할 수 있음을 말하는 것이며, 이는 그것들의 수적인 다수의 가능성과 사실을 전제한다.
그러므로 질료는 유적·종적 형상에 대해, 그리고 개별적 형상에 대해 관계를 가지는 것으로서 고려될 수 있다. 이러한 다양한 관계들에 따르면 질료는 어떤 유적 우유들, 종적 우유들, 그리고 개별적 우유들의 능동인이다. 만약 질료가 질서를 가지는 형상과 별개로 그 자체로 취해진다면, 그렇게 취해진 것은 어떤 우유의 능동인도 될 수 없음은 분명하다. 질료는 형상 덕분에 현실력을 가지기 때문이며, 그것이 실재적인 정도만큼 능동인으로서 작용할 수 있다.

20 Thomas Aquinas, STh I, 29, 1: "실체는 그 자체로 말미암아(per se ipsam) 개체화되는 데 반해, 우유들(accidentia)은 실체인 주체로 말미암아 개체화된다. 예컨대, 이 백색성(haec albedo)은 그것이 이 주체 안에(in hoc subiecto) 있는 한에 (그러한 것으로) 말해진다." 개별적으로 구분되는 우유적인 특성들[실체 자체에 속하는 것들은 우리에게 인식될 수 없다]은 질료가 개별화의 이유로 제시되기 때문에 질료적인 부분에 더 가까운 관계를 지닌 것으로 분류하는 것은 전적으로 바른 결론이다. 그러나 그렇게 질료와 밀접한 관계를 맺고 부가되는 특성들을 이러한 특별함을 지닌 것으로 인식하고 다른 것들로부터 구별할 수 있을지는 의심스럽다. 마찬가지로 왜 피부색이 이러한 부류에 속해서는 안 되는가는 쉽게 이해할 수 없다. Allers, p. 157, n. 12, 13 참조.

in omnibus participantibus naturam generis vel speciei, sicut risibile consequitur in homine formam, quia risus contingit ex aliqua apprehensione animae hominis.

들은 유 혹은 종의 본성을 분유(分有)하는 모든 것에서 발견된다.[22] 예를 들어 웃을 수 있음은 인간에게서 형상을 따르는 것이다. 왜냐하면 웃음은 인간 영혼의 어떤 파악에서 일어나기 때문이다.

---

21 "라틴어 텍스트에서 'passio'는 그 자체로 수난과 겪음을 뜻한다. 그것은 철학에서 한 존재자가 '수동적'으로, 즉 다른 것의 작용을 통해 경험하게 되는 모든 변화를 의미 지시한다. 따라서 외부의 사물들을 통해 겪게 되는 감정의 움직임을 'passiones animae'(영혼의 정념)라고 하고 독일어에서는 아직도 'Leiden-schaften', 프랑스어에서는 'passiones'라고 한다. 하지만 스콜라 철학에서는 'passiones animae'가 더 넓은 사용 영역을 지니는 데, 한 감각 대상을 통해 규정된 인상도 거기에 속하기 때문이다"(Allers, p. 158, n. 20 참조). 여기서는 인상을 불러일으키는 감각 대상들이 지닌 속성들을 가리키기 때문에 '고유한 특성'이라고 번역했다.

22 "형상을 따르는 우유들과 관련해 그것들이 유 또는 종의 고유한 속성임을 주목해야 한다. 그리고 이것은 유 또는 종의 본성을 가진 모든 것들에서 그것들이 발견되는 이유이다. 예를 들어 촉각은 모든 동물에서 발견된다. 그러나 모든 동물이 수컷인 것은 아니며, 어떤 것이 수컷이 됨은 형상을 따른다기보다는 질료를 따른다고 말해지는 이유이다. 암컷과 관련해서도 마찬가지이다"(Bobik, p. 254 참조).

[VI, 7] = [VII, 3a] {6, 38}

381,98 Sciendum etiam est quod accidentia aliquando ex principiis essentialibus causantur secundum actum perfectum, sicut calor in igne qui semper est actu calidus; aliquando vero secundum aptitudinem tantum, sed complementum accidit ex agente exteriori, sicut diaphaneitas in aere quae completur per corpus lucidum exterius; et in talibus aptitudo est accidens inseparabile, sed complementum quod advenit ex aliquo principio quod est extra essentiam rei, vel quod non intrat constitutionem rei, est separabile, sicut moveri et huiusmodi.

또한 다음과 같은 것도 알아두어야 한다. 즉 때때로 우유는 항상 현실적으로 뜨거운 불 안에 있는 열(熱)의 경우처럼 본질적 원리로부터 완전한 현실태를 따라 야기된다는 것이다.[23] 그러나 때때로 [본질적 원리의] 적성에 따라서만 [야기되며, 우유의] 외부적 작용자로부터 보충을 받게 된다. 예를 들어 공기의 투명성[24]이 외부의 빛나는 물체를 통해 보충되는 경우이다. — 이러한 경우들에서의 적성은 [그 적성의 주체와] 분리될 수 없는 우유이다.[25] 그러나 움직여짐과 이러한 종류의 것들처럼 사물의 본질 밖에 있거나 혹은 사물의 구성에 들어가지 않는 어떤 원리로부터 생기는 보충은 분리될 수 있는 것이다.[26] 381,98

23 토마스의 현실태 해석과 응용에 대해서는 양혜정, 2010, 67~96쪽 참조.

24 '투명성'(diaphaneitas)은, 아리스토텔레스에 의하면 어느 정도 모든 물체에 확산되어 있는 본성이지만, 특히 공기와 물에 존재하며 빛을 수용하는 것을 가능하게 해 준다. Aristoteles, *De Sensu* 5; DA II, 14 참조.

25 "투명해지기에 적합함, '해당되는 경우에 투명함 자체'가 우유로 취급될 것이 아니라 공기라는 실체의 본질적 특성에 속해야 한다고 생각할 수도 있을 것이다. 왜냐하면 그것은 실제로 공기의 물리적인 성질과 관련되어 있기 때문이다. 그럼에도 텍스트에서 주장된 의견은 어떤 물리적인 특성들이 1차적이고 본질적인 특성들로부터 도출된 것으로, 즉 2차적인 것으로 간주될 수 있다는 점에서 정당화될 수 있다"(Allers, p. 157, n. 14 참조).

26 "마지막으로 때때로 실체의 본질적 원리들이 완전히 현실적인 우유들을 야기함을 주목해야 한다. 그리고 때로는 단지 부분적으로만 현실적인 우유들을 야기하기도 하는데, 이 경우 현실태의 완성에는 외부적 요인이 필요하거나 아마도 더 좋게는 어떤 면에서 현실성을 가지지만 다른 면에서는 가능성을 가지는 우유들이 필요하다. 예를 들어 태어날 때 유아는 현실적으로 양을 차지하지만 동시에 성인의 양과 관련해 가능성의 상태에 있기도 하며, 적어도 부분적으로는 외부적인 원천에 의존하고 있는 것이다. 따라서 양을 차지하는 것은 분리될 수 없는 우유이지만, 그러나 이 주어진(한정된) 경계는 그렇지 않다. 그리고 현실적으로 눈은 보는 능력을 가지지만, 봄이라는 작용은 적어도 부분적으로는 외부적인 요인들에 의존한다. 그러므로 시력은 분리할 수 없는 우유이지만, 봄이라는 작용은 그렇지 않다"(Bobik, p. 254 참조).

## [VI, 8] = [VII, 3b]

381,109 Sciendum est etiam quod in accidentibus modo alio[•] sumitur genus, differentia et species quam in substantiis.

Quia enim in substantiis ex forma substantiali et materia efficitur per se unum, una quadam natura ex earum coniunctione resultante quae proprie in praedicamento substantiae collocatur, ideo in substantiis nomina concreta quae compositum significant proprie in genere esse dicuntur sicut species vel genera, ut homo vel animal. Non autem forma vel materia est hoc modo in praedicamento nisi per reductionem, sicut principia in genere esse dicuntur.

• 마리에티 판에서는 'alio modo'.

## (3) 유와 차이(종차)의 개념이 우유들에서 어떻게 취해지는지가 설명된다

또한 우유들에서는 유와 차이, 그리고 종이 실체들에서와는 다른 양태로 취해진다는 것을 알아야 한다. 사실, 실체들에서는 형상과 질료로부터 '그 자체로 하나'가 이루어지며, 이것은 그러한 것들의 결합에서 실체의 범주 안에 고유하게 배정됨으로써 어떤 하나의 본성이 나옴으로써 이루어진다. 따라서 실체들에서는 — 예를 들어 인간이나 동물과 같은 것이 종 혹은 유인 것처럼 — 합성을 의미하는 구체적 명칭들[27]이 고유하게 유 안에 있는 것으로 언급된다. 그러나 형상과 질료는 이러한 방식이 아니라 오직 환원을 통해서만 범주 안에 있다.[28] 이는 마치 [어떤 유의] 원리[29]가 그 유 안에 존재한다고 언급되는 것과 같다. 381,109

27 구체적 명칭은 복합 실체를 명명하는 것이다. Thomas Aquinas, STh I, 13, 2, ad 2: "완결되고 자립적인 어떤 것을 의미하기 위해 우리한테서 부여되는 명칭들도 복합적인 것에 적합한 구체적인 방법으로 [구체적 명칭으로서] 그 대상들을 의미하는 것이다."

28 구성 요소들로서 이루어진 것이 범주에 속한다면, 구성 요소들 자체도 간접적으로 이 범주에 속한다. 따라서 형상과 질료는 범주에 직접적 내지 그 자체로 속하는 것이 아니라 그들이 원리가 되어 이루는 실체들을 통해 속한다. 역시 맹목과 같은 결여도 그것이 결여되는 대상인 시각의 긍정적인 힘을 통해서만 범주에 속할 수 있다. Thomas Aquinas, STh I, 3, 5: "그리고 또한 신이 [유를 있게 하는] 원리로서(ut principium) 환원에 의해 유 안에 있는 것이 아니라는 사실은, 어떤 유로 환원되는 근원은 그 유를 넘어서 자기를 연장해 가지 않는 데서 명백하다. 이것은 마치 점이 연속량(quantitas continua)에 대해 근원인 것과 같으며, 하나(一性)가 비연속량(quantitas discreta) [즉 수數]의 근원인 것과 같다. 그런데 신은 모든 존재의 근원이다. 이것은 후에 제시될 것이다. 그러므로 신은 어떤 유에 근원과 같은 것으로 포함되지 않는다."; Thomas Aquinas, QDV 27, 1, ad 8 참조.

29 아리스토텔레스는 '원리들'(principia)로 본성, 요소, 사고, 자유 의지, 실체, 원인 등을 나열한다(Met V, 1, 1013a 참조). "왜냐하면 많은 것에 선과 미가 인식의 원칙이며 운동의 원칙이기 때문이다. 즉 선은 본성의 의미와 윤리적인 행위의 목적에 대해 물을 때 목표로서 인식의 원리이다"(Thomas Aquinas, In Met V, 1 참조). 예를 들어 '실체'가 실체와 우유를 대당시킬 때처럼 우리 텍스트 안에서도 자주 유의 이름으로 사용되곤 한다.

Sed ex accidente et subiecto non fit unum per se; unde non resultat ex eorum coniunctione aliqua natura, cui intentio generis vel speciei possit attribui. Unde nomina accidentalia concretive dicta non ponuntur in praedicamento sicut species vel genera, ut album vel musicum, nisi per reductionem, sed solum secundum quod in abstracto significantur, ut albedo et musica.

그러나 우유와 주체로부터는 '그 자체로 하나'가 생기지 않는다. 그러므로 그러한 것들의 결합에서는 유 혹은 종이라는 개념이 귀속될 수 있는 어떤 본성이 나오지 않는다.[30] 따라서 구체적으로 언급되는[31] 우유의 명칭들, 즉 '흰-것'(album) 혹은 '음악적인-것'(musicum)과 같은 명칭들은 오직 환원에 의해서만 종이나 유와 같은 범주 안에 놓인다.[32] 그러한 명칭들(우유들의 명칭들)이 범주 안에 놓이는 것은 '하양'(albedo)이나 '음악성'(musica)과 같이 오직 추상적인 것들로 의미되는 한에서이다.

---

30 우유들은 바뀌고 등장하고 사라질 수 있다. 따라서 그것의 현존은 새롭고 특별한 '본성'의 생성에 규제받지 않는다.

31 "'dicere abstractive […]'와 'dicere concretive […]'는 추상적인 것으로서의 어떤 것과 구체적인 의미에서의 어떤 것, 또는 일반화된 상태에서의 어떤 것과 특수한 상태에서의 어떤 것을 말하는 것으로 생각된다"(L. Schütz, 1895, 'dicere', c 3 참조).

32 F. Meister, n. 135: "여기에서 …… 하나의 허구가 도입되고 있다. 우유적 본질이 실체적 본질처럼 자립적으로 있다는 사실이 가정된다. 이러한 가정 아래에서 특히 유와 종이 묘사되고 있다. 추상적으로 지정된 우유적 본질은 그 다음에 나온다."
[여기서 말하는] '허구'로의 환원은 구체적인 의미에서 우유의 규정들, 즉 범주의 종과 유에 대해 서술하는 것을 뜻하지 않는다. 왜냐하면 구체적인 것, 즉 특수한 것과 개별적인 것 자체는 그에 상응하는 추상적인 것으로의 소급을 통해 간접적으로 한 범주의 유나 종으로 되지 않는다는 사실이 일반적으로 타당하기 때문이다. 그러나 추상적인 것이 범주에 속한다면 간접적으로 그 추상적인 것(das Abstrakte) 속에서 하나의 추상적인 것(ein Abstraktes)인 그 구체적인 것(das Konkrete)도 역시 이 범주에 속한다고 말하는 것은 옳다. 그러므로 이 문장에 나오는 환원(per reductionem)은 이해할 수 있다. 그러나 'per reductionem'에 대해 다음과 같이 말한 마이스터의 의견에는 동의할 수 없다. "…… 자연적·현실적으로 존재하는 우유성들은 그것에 부대하는 실체인 한에서만 유나 혹은 종이다." 왜냐하면 자연적 속성들의 실체는 항상 개별적 실체로서 머물기 때문이다(베레츠, 80~81쪽에서 재인용하며 일부 수정).

## [VI, 9] = [VII, 3c]

Et quia accidentia non componuntur ex materia et forma, ideo non potest in eis sumi genus a materia et differentia a forma sicut in substantiis compositis; sed oportet ut genus primum sumatur ex ipso modo essendi, secundum quod ens diversimode secundum prius et posterius de decem generibus praedicamentorum[•]; sicut dicitur quantitas ex eo quod est mensura substantiae, et qualitas secundum quod est dispositio substantiae, et sic de aliis, secundum Philosophum IX Metaphysicae.[••]

Differentiae vero in eis sumuntur ex diversitate principiorum ex quibus causantur. Et quia propriae passiones ex propriis principiis subiecti causantur, ideo subiectum ponitur in diffinitione eorum loco differentiae si in abstracto diffiniuntur, secundum quod sunt proprie in genere, sicut dicitur quod simitas est curvitas nasi.[•••]

---

• 마리에티 판에서는 'praedicatur'.

•• Aristoteles, Met IX, 1, 1045b27-32에서 아리스토텔레스는 다음과 같이 말한다. "ut diximus in primis sermonibus", scil. IV, 1, 1003a33-b10; IV, 2, 1003b5-7(a30-b10); Thomas Aquinas, In Met IV, 1. (제9권이 아니라 제4권 또는 제11권이라고 나온 판본도 있음)

••• 마리에티 판에서는 'nasi curvitas'.

또한 우유들은 질료와 형상에서 합성되지 않기 때문에, 우유들에서는 복합 실체들에서와 같이 유가 질료에서, 차이(종차)가 형상에서 취해질 수 없다. 그런데 존재자가 열 가지 유(범주)에 대해 선차적이나 후차적임에 따라 다양한 방식으로[33] 서술됨에 따라[34] 첫째 유는 존재의 양태 자체로부터 취해져야 한다. 예를 들어 양(量)은 실체의 측정이라는 점에서 언급되고 질(質)은 실체의 소질이라는 점에서 언급되며, 또 다른 것들에 대해서도 그렇게 언급된다. 이것은 철학자가 『형이상학』 제9권에서 말한 것을 따른 것이다. 381,128

그런데 우유들에서의 차이는 우유의 원인이 되는 원리의 다양성에서 취해진다. 고유한 특성은 주체의 고유한 원리로부터 야기되기 때문이다. 따라서 만일 [우유들이] 고유하게 유 안에 있음에 따라 추상적으로 정의된다면, 그것들의 정의에서 주체가 차이의 자리에 놓이게 된다. 예를 들어 '들창코성(性)'(simitas)[35]을 보고 코의 비틀어짐(nasi curvitas)이라고

33 알레르스(Allers, p. 158, n. 18)는 "이 표현들은 당연히 시간적인 의미로 이해되어야 할 것이 아니라 '본래적이고 부자석으로'라는 뜻으로 이해되어야 한다"라고 주장한다. 그러나 이러한 설명은 토마스가 유비적인 언어 사용을 가리키기 위해 관행적으로 사용하고 있는 '선차적 내지 후차적으로'라는 것이 무엇을 표현하는 것인지 모르고서 하는 말이다. 여기서는 가장 근원적인 제1유비자(예를 들어 동물의 건강)와 이것과의 관련 아래에서만 언급될 수 있는 제2유비자(건강한 음료나 식품, 혈색이나 오줌 등)와의 관계를 뜻하는 표현으로 이해해야 한다. 이에 대해서는 이 장의 후주 4 참조.

34 실체의 범주는 그것이 지시하는 이른바 속성의 상이한 계열(가장 높은 유들)로서 표현되는 다른 아홉 가지 범주보다 더 근원적이다. …… 그러므로 속성의 존재 방식은 자존적인 것이 아니다. 존재의 유비에 대해서는 Thomas Aquinas, In Met IV, 1, n. 535-543 참조.

35 'simitas'는 들창코를 가지고 있는 사람의 성질을 추상명사화한 것이다.

Sed e converso esset, si eorum diffinitio sumeretur secundum quod concretive dicuntur; —

sic enim subiectum in eorum diffinitione poneretur sicut genus, quia tunc diffinirentur per modum substantiarum compositarum in quibus ratio generis sumitur a materia, sicut dicimus quod simum est nasus curvus. —

Similiter etiam est si unum accidens alterius accidentis principium sit, sicut principium relationis est actio et passio et quantitas; et ideo secundum haec dividit Philosophus relationem in V Metaphysicae.[•] —

Sed quia propria principia accidentium non semper sunt manifesta, ideo quandoque sumimus differentias accidentium ex eorum effectibus,

---

• Aristoteles, Met V, 17, 1020b26 이하. 아리스토텔레스는 다음과 같은 관계(πρός τι)를 나열한다. 숫자에 따른 관계(두 배, 3분의 1, 더 큰, 더 작은)로 동일한, 비슷한, 똑같은 등도 여기에 속한다. 작용 내지 수용하는 능력과 이 능력에 상응하는 현실태의 관계(뜨거워지는 것과의 관련 아래에서의 뜨거워짐), 작용하는 것을 작용의 결과와의 관련 아래에서(아버지), 능력의 결핍의 관점에서(맹목) 바라보는 것 등이다. 이것들은 그 존재에 따라 다른 것에 관계를 맺고 있는데, 그 반면에 측정 가능한 것, 인식 가능한 것, 사고 가능한 것이 관계적이라고 불릴 때는 다른 것이 이것들에 관련되기 때문이다. 그 자체로 관계적인 것은 부분적으로는 이러한 의미로, 부분적으로는 그들의 유가 이러한 종류일 때 그렇게 불린다. 즉 치료 기술은 그것이 속한 학문이라는 유가 여기에 속하기 때문에 속하게 된다. 게다가 부차적인 규정들의 상대성을 근거로 하는 상대적이라는 것도 존재한다. 인간의 두 배라고 말할 수 있는데(두 배나 큰), 그러한 한에서 인간을 관계적이라고도 부른다. 거꾸로 동일성도 관계적인데, 그 이유는 거기에 관련되는 동일한 것이 그렇게 표현되기 때문이다.

말하는 경우가 그렇다.[36] 그러나 만일 그것들의 정의가 구체적으로 언급됨에 따라 취해진다고 가정하면, 그 반대인 셈이 될 것이다. 사실, 이러한 경우에 주체는 그것(우유)들의 정의 안에 유처럼 놓이는 셈이다. 예를 들어 들창코(simum)를 비틀어진 코(nasus curvus)[37]라고 말하는 경우처럼 유의 개념이 질료에서 취해지는 복합 실체들의 양태로 정의될 것이기 때문이다. 또한 관계의 원리가 능동과 수동과 양(量)인 경우처럼 한 우유가 다른 우유의 원리라고 하는 경우도 마찬가지이다. 따라서 철학자는 이러한 것에 근거해 『형이상학』 제5권에서 관계를 구분한다. 그러나 우유의 고유한 원리가 항상 명백한 것은 아니기 때문에, 우리는 때때로 우유들의 차이를 그것들의 결과로부터 취한다. 예를 들어 빛의 풍부함과

---

36 우리는 코의 모양 — 모양은 우유로서 간주된다 — 을 그 본성과 관련지어서만 지칭할 수 있으며, 그 차이(들창코와 매부리코 등) 또한 그에 대한 언급을 통해서만 표현할 수 있다. 구별하는 특징이란 코의 각 모양 내지 이런저런 모양을 지닌 코 자체이다"(Allers, p. 158, n. 21 참조).

37 Thomas Aquinas, STh I-II, 53, 2, ad 3: "우유라고 불리는 것은 무엇이든지 간에, 각각 상이한 방식으로 그 자신의 본질 속에 주체에 대한 의존성을 가지고 있다. 왜냐하면 추상적인 방식으로 의미되는 우유(accidens significatum in abstracto)는 주체에 대한 관계를 내포하고 있는데, 이 관계는 우유에서 시작해 주체에서 끝나는 것이다. 즉 백색성(albedo)은 '그것에 의해 어떤 것이 하얀 것'(qua aliquid est album)이다. 따라서 추상적인 우유의 정의에는 주체가 유라고 하는 정의의 첫 부분처럼 포함되지는 않는다. 그러나 구체적인 [우유]에서는 그 관계가 주체로부터 시작해 우유에서 끝난다. 그 이유는 '흰 것'(album)은 '백색을 가지고 있는 것'(quod habet albedinem)이기 때문이다. 그러므로 우유의 이러한 종류의 정의 안에는 주체가 정의의 첫째 부분인 유처럼 포함되어 있다. 왜냐하면 우리는 '들창코'(simum)를 '비틀어진 코'(nasus curvus)라고 말하기 때문이다. 그러므로 주체의 측면에서 우유들에 적합하지만 그 우유의 의미 측면에서 부합되지 않는 것은, 우유에 추상적으로가 아니라 구체적으로 기술된다. 그리고 이러한 방식으로 어떤 우유들의 강함과 약함이 이루어진다. 따라서 백색이 더 하얗거나 덜 하얀 것이 아니라 '흰 것'이 그러한 것이다. 이러한 것은 소유들과 다른 성질에서도 마찬가지이다. 어떤 부가를 통해 더 증가되거나 감소되는 경우가 아니라면 말이다."

sicut congregativum et disgregativum dicuntur differentiae coloris quae causantur ex abundantia vel paucitate lucis, ex quo diversae species coloris[•] causantur.[••]

• 마리에티 판에서는 'colorum'.

•• 예를 들어 Aristoteles, Met X, 9, 1057b8-9.

부족함에서 야기된 [봄(見)의] 집약적인 것과 분산적인 것이 색깔의 차이라고 불리고, 그러한 것(빛)에서 색깔의 다양한 종(種)이 야기되는 경우가 그렇다.[38]

38 "중세의 자연학에 의하면, 색상의 다른 종은 가장 많은 빛을 가진 흰색과 가장 적게 가진 검은색의 서로 다른 혼합에서 기인한다. 색상의 본질적 차이는 알려져 있지 않기 때문에 색상은 그 작용에 의해 구분된다. 흰 것, 즉 결과적으로 빛을 많이 가진 색은 시야를 넓게 증대한다. 검은 것, 즉 빛을 적게 가진 것은 시야를 좁히고 축소한다" (Maurer, p. 72, n. 14 참조). Platon, *Timaeus* 67e; Aristoteles, Met X, 7, 1057b8-18; Thomas Aquinas, In Met X, 3, n. 1968; X, 9, n. 2106-2107 참조. 우리는 실체들의 존재의 차이를 파악할 수 없고, 그 차이를 부가적인 규정에 따라 구분하게 된다. 그 실체보다 이른바 표면적으로 놓여 있는 우유들에서도 우리는 항상 그 차이들을 직접적으로 바라볼 수 있는 것이 아니라 그것의 존재를 2등급의 우유들에서 인식하고 그로부터 유추해 낸다(Allers, p. 151, n. 15; 각주 553 참조).

[VI, 10] = [VII, 3d]

Sic ergo patet quomodo essentia est in substantiis et accidentibus, et quomodo in substantiis compositis et simplicibus, et qualiter in his omnibus intentiones universales logicae inveniuntur; excepto primo quod est in fine simplicitatis, cui non convenit ratio generis vel speciei et per consequens nec diffinitio propter suam simplicitatem. In quo sit finis et consummatio huius sermonis. Amen.

이렇게 해서 실체와 우유에서 본질이 어떻게 있는지, 복합 실체와 단순 실체에서는 어떻게 있는지, 또한 이 모든 것들 안에서 논리적 보편 개념이 어떻게 발견되는지가 명백해진다. 단순성의 정점에 있는 제1[원인]은 예외로 한다. [이러한 제1원인에는] 유 혹은 종의 개념이 적합하지 않고, 따라서 그것의 단순성 때문에 정의도 [적합하지 않다]. 이러한 것에 이 담화의 목적과 완결이 있는 셈이다. 아멘. 381,163

## ■ 후주

**주) 1 주체(기체基體, subiectum)**

주체(기체), 즉 'Subjectum'은 '밑에 놓여 있는 것'을 뜻하며, 아리스토텔레스의 '휘포케이메논'(ὑποκείμενον, 다른 것을 받쳐 주는 것)의 번역어이다. 중세 철학에서 주체와 객체는 오늘날 사용되는 것과 거의 정반대되는 근원적인 의미를 가졌다. 주체는 현상의 밑에 놓여 있는 것이기 때문에 실재적인 것이다. 그리고 나에게, 즉 바라보거나 생각하는 인간에게 '바깥으로 서 있는 것'은 객체적인 것이다. 따라서 객체는 '내가 바라보는 것과 같은' 현상이다. 예를 들면 현상적 존재(esse apparens)와 객체적 존재(esse objective)는 같은 의미로 사용되었다. —

인격이 주체라고 불리면 그때는 이것이 자립적인 존재자, 즉 드러나는 특성들의 담지자로서 현상의 밑에 놓여 있기 때문이다. 나중에 정신사적인 변화에 따라 주체의 의미가 체험하는 인격 내지 체험하는 의식으로 제한되었다. 데카르트도 오늘날 사용되는 의미의 '주체적'이라는 개념은 모르고 있었다. 그는 이를 위해 '정신 안에만'(in sola mente)이라는 표현을 사용한다. 18세기에 이르러서야 비로소 오늘날 사용되는 표현이 통용되었다.

이와 연관된 개념으로서 라틴어 'subiectum'의 또 다른 사용법과 그 번역 가능성은 한 문장의 '주어' 또는 어떤 학문의 '주제'를 의미하는 것이다. 이 두 가지 번역 가능성은 긴밀하게 연결되어 있다. 학문적인 의미에서 인식된 것은 증명된 한 문장의 내용이다. 각 문장에서는 어떤 것(술어)이 어떤 것(주어)에 대해 서술되었다. 그것에 대해 학문적 진술이 이루어진 진술의 '주어'를 학문의 'subiectum'이라고 부른다(I Sent prol, 1, 4, sol 참조). 이것과 관련된 또 하나의 사용법은, 아리스토텔레스에 따르면, 학문은 '습성'(능력 상태, habitus)이다. 한 습성은 항상 한 '주체'(subiectum)를 전제하고 있다. '소유된' 지식의 주체는 인간의 영혼, 즉 정확히 말해 영혼의 인식하는 부분이다.[1] 토마스는 학문으로서의 '신학'(theologia)이 지닌 단일성을 설명하기 위해 이러한 학문의 이중 '주체성(주제성)'이라는 개념을 STh I, 1, 3에서 효율적으로 활용한다.[2]

**주 2) 자연학자는 육체를 영혼의 정의 안에 포함시킨다**

토마스의 인간학을 알고 있는 일부 독자들은 아마도 이 주장에 대해 의아하게 생각할 수 있다. 왜냐하면 인간의 영혼은 죽음 후에도 육체와 분리되어 존속할 수 있는 자립적인 존재라고 인정하는 데 익숙해 있기 때문이다. 그리스도교 신학자라는 주체 의식을 뚜렷이 가지고 있던 토마스는 인간의 개별 영혼이 불멸적이기에 육체의 죽음 이후에도 존속할 수 있으며, 마지막 부활의 날에 다시 육체와 결합할 것이라고 믿었다는 점에서 아리스토텔레스의 입장과 뚜렷한 차이를 보이고 있다.

---

1 Aristoteles, NE VI, 2, 1139a3-15; 3, 1139b15-18 참조. '학문의 주체'에 대해서는 Thomas Aquinas, STh I-II, 56, 3 참조. "우리는 정신에 두 부분—즉 이치 내지 이성적 원리를 파악하는 부분과 비이성적인 부분—이 있다고 말했다. …… 그런데 이성적인 두 부분의 기능은 다 같이 진리 인식이다. 그러므로 두 부분 각각으로 하여금 가장 잘 진리 인식에 도달하게 하는 모든 상태가 이 부분의 덕이다."

2 로버트 킬워드비(*De ortu scientiarum* c. 2)는 이 두 가지를 명쾌하게 구분하기 위해 다음과 같은 표현을 썼다: "subiectum enim est duplex, scilicet de quo et in quo."

아리스토텔레스에게서는 죽지 않는 지성과 육체의 형상으로서의 영혼이 정확히 어떤 관계를 맺고 있는지가 분명히 나타나지 않는다. 죽지 않는 정신이 영혼의 분리 가능한 부분처럼 말해지는 곳도 있지만, 그것이 영혼의 '밖에서' 온다고 표현할 때나 영혼이 육체의 형상이라는 점을 강조할 때는 영혼이 지성을 포함하지 않는 것처럼 보인다. 따라서 아리스토텔레스의 보편적인 질료형상론을 엄격히 적용하면 영혼은 바로 육체의 형상이기 때문에 육체를 떠나 존재할 수 없다. 아리스토텔레스에 따르면, 어떤 것의 형상은 그것과 함께 실체를 이루는 질료를 떠나 자립할 수 없기 때문이다.

대표적으로 아베로에스는 아리스토텔레스의 『영혼론』 제3권의 불사성(不死性)에 관한 매우 애매한 말에 대해 다만 하나의 죽지 않는 지성이 있어 그것이 일시적으로 개개의 인간들과 합쳐지고, 또한 개개의 인간들에게서 그 어떤 기능을 수행하는 것이라는 뜻으로 해석했다. 이에 따르면, 개인의 불사성은 없게 된다. 라틴 아베로에스주의자들은 능동적인 지적 원리가 특정 개인에게서 활동할 때는 일종의 개인적 지성이 존재할지라도, 인간이 죽고 난 뒤에 존속하는 지성이란 유일한 능동적인 지적 원리들 중 하나의 계기로서 존속하는 것에 불과하다고 주장했다. 그들은 신학적인 입장을 논외로 한다면 이것이야말로 아리스토텔레스가 가르친 바를 표현한 것이고, 이에 따라 철학적인 성찰에만 의해서는 단지 하나의 불사적인 지성 밖에는 없다는 것이다.

그러나 토마스는 이 학설을 다음의 두 가지 이유로 반박했다. 첫째, 모든 인간 안에 단지 하나의 불사적인 지성 밖에 없다는 학설은 해당 텍스트를 잘못 이해한 주해자가 아리스토텔레스의 것이라고 잘못 주장했다. 둘째, 이 학설은 그 자체가 이상한 것으로 그것을 뒷받침해 줄 아무런 증명도 없다.

토마스는 우선 그리스도교 신학자로서 각 인간 존재자가 육체의 죽음을 넘어 존속하며, 고대하는 육체의 부활 사건이 일어나기 이전 시기 동

안에도 계속해서 사고하고 원욕하는 어떤 불멸의 영혼을 가지고 있다는 것을 믿고 있었다. 그에 따르면 인간의 영혼은 육체가 자연적인 방법으로 인간의 육체로서 존재를 얻었을 때, 그 육체의 형상으로 신에 의해 창조된 것이다. 그래서 인간의 영혼은 비록 육체를 떠난 뒤에는 그 모든 능력을 행사할 수 없을지라도, 육체의 형상이었던 영혼은 그 복합체의 분해 이후에도 존속할 수 있다.

그러나 토마스는 이러한 존속의 근거를 단순히 신앙의 진리만으로 주장하는 것이 아니라 이성적으로 설명하려고 시도한다. 그는 무엇보다도 그 근거를 앞서 언급했던 인간 영혼의 비질료적 성격과 이에 수반되는 자립성으로부터 찾는다. 인간의 지성적 영혼은 비질료적이기 때문에 사멸할 수 없다. 만일 영혼이 질료와 형상으로 구성되어 있었더라면, 질료가 형상으로부터 분리될 때 존속을 그치게 될 것이다. 그러나 오직 형상뿐이므로 존속이 그치려면 자기 자신으로부터 분리되어야 할 터인데, 이것은 불가능하다. 또한 영혼이 육체에 내적으로 의존하고 있는 것이 아니고 육체로부터 독립적인 어떤 것이라면, 육체가 분해될 때 영혼은 존재를 중단할 수도 없다. 육체의 파멸은, 육체가 지닌 우유적 형상들이나 동물의 영혼처럼 자립적이지 못한 실체적 형상들에서 일어나듯이, 그 자체 필연적으로 영혼의 파멸을 가져오지 않는다. 그 자체가 하나의 형상인 것은 형상을 잃을 수 없으며, 따라서 자립적인 형상은 실존을 중단할 수 없다. 인간의 지성적 영혼은 자립적인 형상이기 때문에 이것이 본질적으로 그것에 의존하지 않는 그 육체의 파괴에 의해 영향을 받을 수 없는 것이다.[3]

또 다른 증거는 인간이 지니고 있는 불멸에 대한 자연적 갈망으로부터 나온다. 이러한 자연적 갈망은 신으로부터 주어진 것으로서 그것이 헛되

3 Thomas Aquinas, STh I, 75, 6; CG II, 79-81; QDA 14; CT 84; II Sent 19, 1; IV Sent 50, 1, 1; Quodl X, 3, 2 참조. 일부 학자들은 이 맥락에서 불멸성과 불사성을 구별한다. 이에 대해서는 이재경, 2011과 그곳에 제시된 참고문헌 참조.

다는 것은 불가능하다.[4] 다른 모든 사물도 존재의 존속을 갈망하지만 인간은 다만 짐승들이 가지는 바와 같은, 여기 그리고 지금 있는 현존에 관한 파악뿐만 아니라 존재(esse) 자체에 관한 지성적 이해력도 가지고 있다. 이러한 이해력을 바탕으로 인간은 현세의 시간적인 제한 없이 존재 자체를 이해하고 파악하며, 더 나아가 현재의 순간으로부터 분리되어 영속적인 존재를 이해할 수 있다.[5] 그리고 이러한 이해에 대해 대응하는 것이 바로 인간이 지니고 있는 자기 영혼의 불멸에 대한 자연적 갈망이다. 이렇게 본성에 따르는 '영원성의 갈망'은 불멸성의 표지이다. 결론적으로 말해 인간의 영혼은 육체의 분해에 의해서도 파괴되지 않는 것이다. 이와 같이 인간의 영혼은 '본성적으로' 불멸적이다.

그렇다고 토마스의 이러한 주장이 영혼의 파괴가 아예 불가능해 인간 영혼이 절대적으로 영원히 존속한다는 것을 의미하는 것은 아니다. 그는 영혼의 존속이 창조되어 나온 것을 다시 허무로 돌릴 수 있는 것은 신의 능력에 좌우된다고 믿었다. 따라서 영혼의 불멸성은 신이 이를 파괴하지 않는 한, 영혼은 아무런 기적도 필요로 하지 않고 존재를 계속한다는 의미에서 본성적으로 불멸적이다.[6] 비록 토마스가 명시적으로 아리스토텔레스와의 견해차를 강조하지는 않았더라도, 이것은 분명히 아리스토텔레스의 입장은 아니었다.

이러한 토마스의 독특한 주장에 대해 많은 비판이 쏟아졌다. 아리스토텔레스를 추종하는 이들은 어떻게 그의 질료형상론을 따른다는 자가 한 존재자가 사라져 버렸는데 그 존재자의 실체적 형상이 존속할 수 있다고 주장할 수 있는가라고 비판했다.[7] 다른 이들은 토마스가 인간 영혼의

4 Thomas Aquinas, SCG II, 79, n. 1602; STh I, 75, 6 참조.

5 Thomas Aquinas, STh I, 75, 6 참조. 이 구절에 대해서는 신창석, 1997, 75~79쪽의 설명 참조.

6 Thomas Aquinas, STh I, 75, 6, c & ad 2 참조.

7 F. C. 코플스톤, 1993, 249~51쪽.

불멸성을 주장하는 플라톤적 입장과 영혼을 육체의 형상으로 보는 아리스토텔레스의 견해를 억지로 결합함으로써 모순을 초래했다고 비판했다.[8] 둔스 스코투스와 같은 중세 후기의 철학자들은 인간의 활동 중 어떤 것이 질료적인 작용자의 능력을 초월한다는 것을 인정한다고 해도, 인간의 영혼이 복합체의 분해 후에도 존속한다는 결론이 반드시 나오는 것은 아니라는 견해를 가지고 있었다.[9] 이들에 의하면, 토마스의 논법은 개연적인 이론의 영역을 벗어나지 못하는 것이며 엄밀한 증명이라고 할 수 없다. 현대의 해석가 앤서니 케니(Anthony Kenny)는 토마스가 추상적 형상 관념과 행위자로서의 형상 관념을 혼동해 사용함으로써, 불멸성에 의문을 제기하는 논거들을 충분히 반박하지 못한다고 비판했다.[10]

여기서 이러한 비판을 모두 검토할 수는 없지만, 토마스의 의도를 검토해 보는 것은 그의 견해를 정확히 이해하는 데 도움이 될 수 있다. 토마스 당대에 그리스도교가 전반적으로 받아들여지고 있던 환경에서 사람들은 이미 영혼의 불멸성을 믿고 있었다. 따라서 그리스도교 신학자인 토마스가 첫 번째로 관심을 가졌던 것은 육체가 죽은 뒤의 영혼의 존속을 철학적으로 증명하는 문제가 아니었다. 그에 의하면, 모든 인간에게 중대한 문제는 신의 은총에 힘을 합쳐 나아가 스스로의 초자연적인 목적에 도달하느냐 도달하지 못 하느냐에 있는 것이지, 단순히 육체를 떠난 일종의 정신으로서 생존을 계속하느냐 안 하느냐는 것이 아니었다.[11] 이러한 그의 관심은 육체와 분리되는 영혼의 자립성이 불완전함을 강조

8 아랍 철학자 아베로에스나 르네상스 철학자 피에트로 폼포나치(Pietro Pomponazzi)도 영혼의 불사성이 철학적으로 입증될 수 없음을 주장한다. 이러한 비판에 대해서는 이재경, 2006; 유원기, 2006과 그곳에 제시된 참고문헌 참조.

9 F. C. 코플스톤, 1993, 253쪽.

10 A. 케니, 1999, [제11장] 참조. 유사한 비판에 대한 요약과 토마스의 입장을 해석하는 표준적 관점과 대안적 관점, 그리고 그에 대한 평가는 박승찬, 2012a와 그곳에 제시된 참고문헌 참조.

11 F. C. 코플스톤, 1993, 250~51쪽 참조.

하는 곳에서도 분명히 드러난다.

영혼의 불멸성을 강조할지라도, 토마스가 단순히 아리스토텔레스를 떠나 플라톤의 영혼 불멸성으로 돌아가려 하지 않는다는 것은 그가 왜 영혼이 지성적 실체이면서도 육체와 합일되어야만 하는가라는 질문에 대한 대답에서 발견할 수 있다. 영혼과 육체가 합일되어 있음은 영혼이 '그 본성에 따라' 활동할 수 있기 위해서이다.

> 인간의 목적은 진리의 관상에 도달하는 것이다. 따라서 이것 때문에 영혼은 육체와 합일된다. 이것이 인간 존재인 셈이다. 따라서 [영혼은] 육체와 합일됨으로써 소유한 지식을 상실하는 것이 아니라 오히려 지식을 얻기 위해 육체와 합일된 것이다(CG II, 83, n. 1675).

인간의 영혼은 천사들과 마찬가지로 지적인 실체이지만, 그들과 달리 감각적 힘들과 감각 기관들 없이는 이해할 수 없다. 즉 인간의 영혼은 사고력을 가지고 있으나 생득 관념을 가지고 있지 않으므로, 감각 경험에 의해 그 관념을 형성하지 않으면 안 된다. 그렇게 하기 위해서는 육체가 반드시 필요하다. 모든 지성적 실체 가운데 가장 낮은 실체로서의 인간 영혼은 그것의 모든 지식을 감각을 통해 얻어야만 한다. 그러므로 그것의 본성상 인간의 영혼은 지성적인 작업을 수행하기 위해서라도 육체를 필요로 한다.

더욱이 토마스에게서 영혼은 엄격하게 육체와 연관되어 있어서 육체 없는 영혼은 종적 본성을 완전히 갖추지 못한 불완전한 상태로 몸에서 떨어진 손과 같다.[12] 영혼이 육체에서 분리되어도 실존할 수는 있지만, 분리된 영혼은 감각적 능력을 행사할 수 없다. 따라서 그것은 완전한 인

12 Thomas Aquinas, STh I, 75, 2, ad 1 참조. 그러나 손과의 차이점도 무시되어서는 안 된다. Norman Kretzmann, 1993, p. 135 참조.

간으로서 인식할 수 없고, 부분적으로 자신과 영적인 대상들을 인식할 수 있을 뿐이다.[13] 토마스는 플라톤주의자들처럼 이러한 상태를 더 완전한 상태나 영혼의 본성에 일치하는 것이라고는 생각하지 않았다. 그에 따르면 영혼은 본성적으로 육체의 형상이기 때문에, 육체로부터 분리된 상태에 있는 영혼은 '본성을 거스르는 것'으로 엄밀히 말해 '완결된 전체'인 인격이라고 할 수 없다.[14]

따라서 토마스에 의하면, 인간의 영혼은 육체와 분리되어 있는 것보다는 결합해 있는 것이 더 좋다. 이렇게 육체로부터 분리된 영혼의 불완전성을 강조하는 사고방식은 마지막 날에 '육체의 부활'이 필요하다는 점을 입증하는 데로 나아간다. 그때 모든 영혼은 다시 자기 몸과 합쳐지고 '결합체'로서 구원 또는 영벌(永罰)을 받게 될 것이다.[15]

물론 토마스는 한 인간이 한 특정 유형의 물체라는 자신의 관점에 일관되게끔 육체를 떠난 영혼이 한 인간 존재라는 것을 부인한다. 더 나아가 그는 인간이 '영혼'만으로 자신의 완성에 이르는 것이 아니라 그의 육체성 역시 신의 구원을 통해 인간의 완성 과정에서 지속적인 중요성을 지니고 있다고 주장한다. 그리스도교가 단순히 영혼의 불멸성이 아니라 영혼과 육체가 결합된 인간 전체의 부활을 가르치고, 토마스가 이를 위한 이론적 설명을 찾고 있었다는 사실은 그의 의도를 이해하기 위해 중요하다. 그러나 이러한 그의 설명은 아리스토텔레스의 일반적인 질료형상론, 즉 질료에 기반을 둔 개체화 등의 명제들과 일관성을 유지하기는 어려워 보인다.[16]

---

13 Thomas Aquinas, SCG II, 81 참조.

14 박승찬, 2010a, 89쪽; 장욱, 2003b, 251~53쪽; U. Degl'Innocenti, 1955 참조.

15 Thomas Aquinas, SCG IV, 79 참조. 이 부분에 대한 상세한 논의는 박승찬, 2012a, 126~31쪽 참조.

16 이에 대한 깊은 논의가 국내에서도 벌어졌다. 이에 대해서는 박승찬, 2010a; 이재경, 2010; 이재경, 2012; 박승찬, 2012a와 여기에 제시된 참고문헌 참조.

**주 3) 실체적 형상과 우유적 형상의 공통점과 차이점**

보빅은 실체적 형상과 우유적 형상의 공통점과 차이점을 다음과 같이 요약한다. "실체적 형상도 그리고 우유적 형상도 불완전한 본질을 가지는데, 그것들 각각은 존재하기 위해 주체 — 이러한 주체는 그것들의 정의 안에 위치한다 — 에 의존한다"(Bobik, p. 246 참조)라는 점에서는 공통된다. 그렇지만 "실체적 형상은 완전한 본질은 아니지만 그럼에도 완전한 본질의 부분인 반면, 우유적 형상은 완전한 본질도 아니고 완전한 본질의 부분도 아니다"(Bobik, p. 243 참조)라는 점에서는 차이를 보인다.

실체적 형상과 우유적 형상의 차이점과 관련해 보빅은 다음과 같이 더 자세히 설명한다.

> 우리는 실체적 형상과 우유적 형상의 차이에 주목해야 한다. 실체적 형상이 완전한 본질은 아닐지라도, 그럼에도 그것은 완전한 본질의 부분이다. 실체적 형상은 그것의 주체 안에 있는 질료로부터 분리되어 홀로 존재하지 않는데, 이것(실체적 형상)이 완전한 본질이 아니라고 불리는 이유이다. 질료도 실체적 형상으로부터 분리되어 홀로 존재하지 않는다. 즉 각각(질료와 실체적 형상)은 고유한 방식으로 서로 다른 쪽에 의존한다고 말할 수 있다. 존재하는 것은 질료-형상 복합체(the matter-form composite)이며, 질료-형상 복합체는 완전한 본질이자 본질적으로 하나인 어떤 것이다.
>
> 반면에 우유적 형상은 완전한 본질도, 완전한 본질의 부분도 아니다. 왜냐하면 우유는 획득된 것이기에 '이미 완전한 본질인 무엇'을 전제하는데, ('이것'은) 본질적으로 하나인 어떤 것인 질료-형상 복합체로 명명되는 것이다. 그러므로 우유와 주체의 결합은 본질로부터 도출되지 않으며, 본질적으로 하나인 어떤 것에서 도출되지 않는다. 왜냐하면 우유는 이미 구성되어 있는 실체를, 그래서 이미 본질적으로 하나인 어떤 것을 전제하기 때문이다. 우유와 주체의 결합은 우유적으로 하나인 어

떤 것을 구성하는데, 왜냐하면 우유는 '실체의 무엇임'의 부분도 아니고(우유가 전제하는 실체), 실체도 '우유의 무엇임'의 부분이 아니기 때문이다(Bobik, p. 247).

**주 4) 선차적이나 후차적임에 따라 다양한 방식으로 서술**

중세 논리학자인 페트루스 히스파누스[17]와 중세에 큰 영향을 끼친 아랍의 학자 알-가잘리(Al-Ghazali/Algazel, 1058?~1111)는 일의성과 다의성의 중간에 있는 것에 대한 '존재자'(ens)라는 예를 '선차적 내지 후차적(per-prius-et-posterius-) 의미 지시'라고 표현하고 있었다.[18] 또 다른 논리학자 오세르의 람베르투스는 한 걸음 더 나아가 다른 논리학자들이 '의도적으로 사용하는 다의성'이라고 부르는 『궤변론』(*De sophisticis elenchis*)에서의 다의성의 두 번째 양식을 일반적으로 '선차적 내지 후차적 의미 지시'와 동일시했다.[19] 이와 매우 유사한 방식으로 토마스는 항상 유비라는 개념을 '선차적 내지 후차적 의미 지시'를 통해 바꾸어 표현하고 있다.

> 어떤 사물들에 대해 선차적 내지 후차적으로 서술되는 것은 확실히 일의적으로 서술되지 않음이 분명하다. 왜냐하면 선차적인 것은 후차적인 것의 정의 속에 포함되기 때문이다(SCG I, 32, n. 289). 신과 다른 사물에 대해 언명되는 이름은 일의적도 아니요 다의적도 아니며, 오히려 유비적으로 서술된다는 점이 남게 된다. 즉 어느 하나를 향한 질서나 관계를 따른다는 뜻이다. …… 그러나 본성에 있어서는 선차적인 것이 인식에 있어서는 후차적일 때, 유비 속에서는 사물 [자체에] 따른 질

17 Petrus Hispanus Portugalensis, 1972; Peter of Spain, 2014 참조.

18 박승찬, 1998, 147쪽; 150~51쪽 참조. 보다 포괄적인 논의에 대해서는 Park, 1999와 그곳에 제시된 참고문헌 참조.

19 Lamberto d'Auxerre, *Logica* 104v 참조.

서와 의미에 따른 질서가 동일하지 않다. …… 그러므로 우리는 결국 다른 사물에서 출발해 신의 인식에 이르기 때문에, 신과 다른 사물에 부여된 이름을 통해 언명되는 사물은 [신] 자신의 방식에 따라 선차적으로 신 안에 있지만, 그 이름의 의미는 후차적인 것으로서 있다. 이 때문에 신도 그자신이 야기한 결과에 따라 명명된다고들 말한다(SCG I, 34, n. 297-298).[20]

토마스가 비록 매우 자주 '선차적 내지 후차적'(per prius et posterius 내지 secundum prius et posterius)이라는 문구를 명시적으로 언급하지는 않았다고 할지라도 확실하게 유비의 의미로 사용하고 있다.[21] 이 문구가 매우 자주 사용되었다는 것은 토마스가 이것에 얼마나 큰 의미를 부여하고 있는지를 알려 준다.

20 Thomas Aquinas, PrincNat 6과 비교: "그러므로 존재자는 실체에 대해 선차적으로, 다른 것들에 대해서는 후차적으로 말해진다. 실체의 유(類)나 양의 유에 속하는 것이 아니다. 왜냐하면 어떠한 유도 자기의 종들에 대해 선차적이나 후차적으로 서술되지 않기 때문이다. 유는 오히려 유비적으로 서술된다. 그래서 우리는 실체와 양은 유에 있어서는 다르나 유비적으로는 같다고 말했던 것이다"; Thomas Aquinas, QDP 7, 7: "서술의 첫 번째 방식[즉 많은 것들의 하나에 대한 유비]에서 둘이 관계를 맺고 있는 어떤 것은 둘보다 앞선 것이어야 한다. 그러나 두 번째 방식[즉 하나의 다른 것에 대한 유비]은 하나가 다른 것보다 선차적이어야 한다. 그러므로 아무것도 신보다 앞서 있어서는 안 되고 신이 피조물보다 앞선 것이어야 한다"; Thomas Aquinas, STh I, 13, 6: "이것은 『형이상학』 제4권에서 말하는 바와 같이, 명칭이 의미 지시하는 개념은 정의이기 때문에 이러한 명칭은 필연적으로 다른 것들의 정의 안에 주어지는 것에 대해 더 먼저 사용되고 [그 밖의] 다른 것들에 대해서는 후차적으로 말해진다. 이러한 다른 것들에 대해서는 그 첫 것에 많게 혹은 적게 가까워짐에 따라 말해지는 것이다."

21 Thomas Aquinas, I Sent 25, 1, 2, c & ad 2 & ad 3; II Sent 13, 1, 2; 37, 1, 2; III Sent 33, 1, 1, qa. 2, ad 1; QDV 1, 2; 4, 1, c & ad 10; QDP 7, 5, ad 8; STh I, 13, 2; I, 13, 3; I, 16, 1, ad 3; I, 16, 3, ad 1; I, 16, 4, c & ad 2; I, 16, 6; I, 33, 2, ad 4; I, 33, 3; I-II, 26, 4; II-II, 120, 2; QDM 1, 5, obj. 19 & ad 19; Quodl 5, 10, 19; In Met III, 8, n. 437-38; V, 1, n. 749; V, 5, n. 824; V, 13, n. 942 & 951; VII, 4, n. 1331; In Eth I, 20, n. 242 참조.

이 표현의 근원은 아리스토텔레스에게서 나오는 '하나와 관련된 진술'이다. '하나와 관련된 진술'이 근거로 삼고 있는 전통적인 장소는 형이상학의 대상으로서의 존재자 자체에 대해 토론하고 있는 곳이다. 여기서는 존재자 자체로서의 실체가 다른 범주의 존재들과 어떤 관계에 있는지가 문제시되고 있다. 아리스토텔레스는 자주 그러하듯이 언어적인 사용 방법에 대해 일반적으로 고찰하는 것으로부터 논증을 시작하고 있다.

> 존재자는 여러 가지 의미에서 진술되고 있다. 그러나 항상 하나에 대한 관계에서(πρὸς ἕν), 즉 단 하나의 본성과 관련해 진술되고 있는 것이지 순수한 동명 이의성에 의해 진술되는 것이 아니다(Met 1003a33-34).[22]

아리스토텔레스는 이 사용을 명확히 하기 위해 유명한 예들, 즉 '건강한'(Met 1003a33-b1; 1061a5-7 참조)과 '의학적인'(Met 1003b1-5; 1060b37-1061a5 참조) 등을 들고 있다. 이 예들에서 그 단어들을 통해 지칭되는 것들은 완전히 서로 다른 범주에 속하는 것이고, 그렇기 때문에 모든 문장에서 같은 정의를 가질 수 없다. 그럼에도 불구하고 이 사용 방식들은 연관성이 없이 나열되어 있는 것이 아니라 서로 어떤 하나, 즉 동일한 것과의 관계를 통해 연결되어 있다. 다양한 의미에서 사용되고 있는 표현들을 위해 어떤 첫째 것(토마스에게는 '하나'unum)이 동일한 하나로서 존재하고 있고, 이것은 항상 다양한 의미가 관련을 맺는 대상으로서 작용하고 있다. 이와 같이 동일한 하나가 존재하는 것을 통해 '하나와 관련된 진술'은 엄격한 일의성뿐만 아니라 순수 다의성과도 구별될 수

22 비교: Aristoteles, Met I, 1, 981a10; IV, 2, 1003b14; VIII, 3, 1043a36f; XI, 3, 1060b35; 1061a11; NE I, 6, 1096b23-29; EE VII, 5, 1236b23-26; Top 148a30-33.

있다.

우리가 앞에서 본 것처럼 중세에는 실체가 다른 범주에 속하는 존재들에 대해 가지고 있는 관계 규정이 종종 '하나와 관련된 진술'의 기본적인 예로서 사용되었다. 토마스는 이 예를 당연한 것으로 여기고 매우 자주 사용하고 있다.[23] 토마스가 『존재자와 본질』 제6장에서 "존재자가 열 가지 유(범주)에 대해 선차적이나 후차적임에 따라 다양한 방식으로 서술됨에 따라"라고 말하는 것도 바로 이 주제와 연관된 것이다.

마찬가지로 '선차적 내지 후차적 의미 지시'의 사용을 올바로 이해하게 해 주는 매우 중요한 다른 요소 또한 아리스토텔레스에게서 발견할 수 있다. 그것은 '먼저/나중'(πρότερον/ὕστερον, prius/posterius)이라는 표현이 다양하게 사용되고 있는 방식을 관찰하는 것이다. 아리스토텔레스는 『범주론』(Cat 14a26-b23)[24]에서 뿐만 아니라 『형이상학』 제5권(V, 11, 1018b9-1019a14)에서도 '먼저'라는 개념을 분석하고 그 표현의 다양한 사용 방식을 열거하고 있다. 이 생각은 하나와 관련된 진술과 밀접하게 연결되어 있지만 적용 범위가 더욱 넓다. 이 다양한 예들의 관찰이 토마스를 이해하는 데 결정적인 도움을 주는 것은 아리스토텔레스가 '정의

23 Thomas Aquinas, I Sent prol. 1, 2, ad 2; 19, 5, 2, ad 1; II Sent 37, 1, 2; III Sent 33, 1, 1, qa. 2, ad 1; QDV 2, 11, c & ad 6; SCG I, 34; QDP 7, 7; In PH 1, 5, n. 19; In Eth 1, 20, n. 242, In Met IV, 1, n. 538; X, 12, n. 2142; XI, 3, n. 2147 참조.

24 『범주론』에서 그는 '먼저'라는 단어가 다섯 가지 방식으로 사용되고 있다고 말한다. (1) 시간의 기준에 의하면 둘 중에 더 오래된 것이 먼저라고 불린다(시간적인 우선 prius tempore)(=PrC1). (2) 그는 먼저의 두 번째 방식을 존재의 순서에 있어서 뒤집어 질 수 없는 것이라는 형식으로 기술하고 있다(=PrC2). (3) 사람들은 세 번째로 특정한 질서에 따라 먼저를 이야기한다(=PrC3). (4) 아리스토텔레스는 본성에 따른 '먼저' (prius natura)가 다양한 의미에서 사용되고 있다는 것을 주목하면서 우선 보다 더 좋고 존경받을 만한 것이라는 의미로 쓰이고 있다고 생각한다. 그에 의하면, 이 방식이 앞에서 말한 네 가지 방식 중에 아마도 가장 부적합한 방식일 것이다(=PrC4). (5) 본성에 따른 먼저의 다른 의미는 존재의 순서와 관련해 뒤바뀔 수 있는 두 사물 사이에서 발견될 수 있다. 이 경우에는 다른 것의 존재 원인일 수 있는 쪽이 더 먼저이다(=PrC5).

내지 개념에 따라서 먼저'인 모든 사물이 항상 '본성에 따라 먼저'일 수는 없다는 것을 명백하게 밝히고 있다는 점이다.

> 그러므로 개념에 따라서는 수학의 대상들이 먼저일 것이다. 그러나 개념에 따라서 먼저인 것들 모두가 또한 본질에 따라서도 먼저인 것은 아니다. 즉 본질에 따라서는 독립적으로 존재하며, 존재에 따라서 우선성을 지니고 있는 것이 더 먼저이다. 그러나 개념에 따라서는 그 개념이 다른 것들로부터 추상되는 것이 더 먼저이다. 이 두 가지는 동시에 일어나지 않는다(Met XIII, 2, 1077a36-b4).

여기서 이 두 가지 기준의 구분과 다른 사용 방식에 대한 구분이 오류 추론을 피하기 위해 매우 중요하다는 것에 주목해야 한다. 왜냐하면 어떤 것들은 한 기준에 따라서는 '먼저'이지만, 다른 기준에 따라서는 다른 어떤 것보다 나중일 수 있기 때문이다. 이러한 구분을 무시하는 것이 오류 추론의 중요한 원인들 중의 하나임에도 불구하고, 논리학 전서들에서는 이 문제를 명시적으로 다루지 않았다.

이러한 논리학자들과 달리, 토마스는 '먼저/나중'이라는 질서가 생겨나게 되는 기준들에 대해 연구하고 그 기준들을 다양한 개념의 구분을 도입해 표현하고 있다. 토마스는 매우 자주 '선차적 내지 후차적 의미 지시'에서 사용되는 기준들에 따라 다양한 선후의 질서가 확정되어야 한다는 것에 대해 주의를 환기하고 있다.

이러한 구분 과정의 확실한 예를 우리는 『신학대전』(STh I, 13, 6)에서 발견할 수 있다. 유비란 선차적 내지 후차적 의미 지시라는 개념 규정을 다시 한 번 짧게 언급한 다음에, 비유적인 의미에서 신에게 부과된 모든 명칭은 신보다 피조물에게 우선적으로 사용되어야 한다는 것을 밝힌다(P 1). 계속해서 그는 비유적으로 신에게 부과되지 않는 다른 명칭들(P 2)이 신에게 피조물 안에 있는 그의 원인성을 근거로 해서 부과되는

지(P 2.1), 또는 그의 본질을 나타내기 위해 부과되는지(P 2.2)를 구분한다. (P 2.1)의 경우에 그 명칭들은 (P 1)과 같은 순서, 즉 신보다 피조물에게 먼저 사용되게 된다. (P 2.2)의 경우에는 그 순서를 더 명확하게 규정하기 위해 그는 다른 곳에서도 매우 자주 사용하고 있는 '의미된 사물'(res significata)과 '의미의 양태'(modus significandi)라는 구분을 도입한다. 신은 마침내 의미된 사물의 관점에서 피조물보다 우선적이다. 그러므로 다양한 기준과 질서는 다음과 같이 요약될 수 있다.

**〈표〉『신학대전』 I, 13, 6에 나타난 다양한 '선차적 내지 후차적 의미 지시'**[25]

<table>
<tr><td>(P 1) 비유적인 명칭<br>(metaphorice)</td><td colspan="3">(P 2) 비유적이 아닌, 즉 본래적인 의미로 사용되는 명칭<br>(non metaphorice, proprie)</td></tr>
<tr><td rowspan="2"></td><td rowspan="2">(P 2.1) 원인 관계에만<br>근거한 경우<br>(causaliter tantum)</td><td colspan="2">(P 2.2) 원인 관계와 본질적인 측면이<br>고려된 경우<br>(causaliter et essentialiter)</td></tr>
<tr><td>(P 2.2.1) 의미된 사물<br>(res significata)의<br>관점에서</td><td>(P 2.2.2) 의미의 양태<br>(modus significandi)의<br>관점에서</td></tr>
<tr><td>C 〉 D</td><td>C 〉 D</td><td>D 〉 C</td><td>C 〉 D</td></tr>
</table>

앞서의 서술을 통해 신과 피조물에게 유비적 또는 비유적인 방식으로 사용되는 명칭들에는 그 기준에 따라 다양한 질서들이 확정될 수 있다는 것이 밝혀졌다. 만일 우리가 한 질서를 그 기준에 대한 고려 없이 다른 차원이나 맥락으로 전이한다면, 우리는 쉽게 오류 추론에 빠져들게 된다. 그래서 우리는 항상 한 토론에서 얻어진 결론들을 다른 토론으로 전이할 때, 두 토론이 같은 차원 내지 동일한 기준에 의해 이루어지고 있는지를 주의해야만 한다.

25 'C 〉 D'는 그 명칭이 신(*Deus*)께 보다 피조물(*Creatura*)에게 먼저 말해진다는 것을 의미한다.

# 참고문헌

## 1. 아리스토텔레스와 토마스 아퀴나스의 저작들(약어표)

### 1) 아리스토텔레스 저작들의 약호


Cat *Categoriae* (범주론)
『범주들, 명제에 관하여』, 김진성 옮김, 이제이북스, 2008.

DA *De anima* (영혼론)
『영혼에 관하여』, 오지은 옮김, 아카넷, 2018.

DCM *De caelo et mundo* (천계론)

De Sensu *De Sensu et Sensato; De Sensu et Sensibilibus* (감각과 감각 대상)
『자연학 소론집』, 김진성 옮김, 이제이북스, 2015.

EE *Ethica Eudemia* (에우데모스 윤리학)
『에우데모스 윤리학』, 송유레 옮김, 한길사, 2012.

Met *Metaphysica* (형이상학)
『형이상학』, 조대호 옮김, 도서출판 길, 2017.

NE *Ethica Nicomachea* (니코마코스 윤리학)
『니코마코스 윤리학』, 강상진 · 김재홍 · 이창우 옮김, 도서출판 길, 2011.

Phys *Physica* (자연학)

APo *Analytica Posteriora* (분석론 후서)

Top *Topica* (토피카)
『변증론』, 김재홍 옮김, 까치, 1998/도서출판 길, 2008.

### 2) 토마스 아퀴나스 저작들의 약호

| | |
|---|---|
| STh I, I-II, II-II, III | 신학대전(제1부, 제1부 제2권, 제2부 제2권, 제3부) |
| SCG | Summa contra Gentiles(대이교도대전) |
| CT | Compendium Theologiae(신학요강) |
| DEE | De ente et essentia(존재자와 본질/유와 본질) |
| DSS | De Substantiis Separatis seu De Angelorum Naturae(분리된 실체) |
| DUI | De Unitate Intellectus contra Averoistas Parisienses(지성 단일성) |
| In BDT | Super librum Boethii de Trinitate expositio(보에티우스의 삼위일체론 주해) |
| In DA | In Aristotelis libros De anima expositio(아리스토텔레스의 영혼론 주해) |
| In DCM | In Aristotelis libros De caelo et mundo expositio(아리스토텔레스의 천계론 주해) |
| In DDN | Exp. in lib. Dionysii de div. nom.(디오니시우스의 신명론 주해) |
| In De hebd. | Expositio libri Boetii De hebdomadibus(보에티우스의 주간론 주해) |
| In De Sensu | In De Sensu et Sensato(아리스토텔레스의 감각과 감각 대상 주해) |
| In Eth | In Aristotelis libros Ethicorum expositio(아리스토텔레스의 니코마코스 윤리학 주해) |
| In de Causis | In Librum de Causis(원인론 주해) |
| In Met | In Aristotelis libros Metaphysicorum expositio(아리스토텔레스의 형이상학 주해) |
| In PA | In Aristotelis libros Posteriorum analyticorum expositio(아리스토텔레스의 분석론 후서 주해) |
| In PH | In Aristotelis libros Perihermeneias(De Interpretatione) expositio (아리스토텔레스의 명제론 주해) |
| In Phys | In Aristotelis libros Physicorum expositio(아리스토텔레스의 자연학 주해) |
| PrincNat | De principiis naturae ad fratrem Sylvestrum(자연의 원리들) |
| QDA | Quaestiones disputate de anima(영혼에 관한 토론 문제) |
| QDM | Quaestiones disputate de malo(악론) |
| QDP | Quaestiones disputate de potentia(권능론 혹은 신의 능력에 대한 [정기] 문제 토론) |
| QDSC | Quaestiones disputate de spiritualibus creaturis(영적 피조물론) |
| Quodl. | Quaestiones Quodlibetales(자유토론 문제집) |
| QDV | Quaestiones disputate de veritate(진리론) |
| Sent | Scriptum super libros Sententiarum(페트루스 롬바르두스의 명제집 주해) |

(토마스 아퀴나스의 문헌은 각각 최신의 비판본을 참조했다.)

**3) 토마스 아퀴나스 저작들의 국내 번역서**

『대이교도대전』 I, 신창석 옮김, 분도출판사, 2015.

『대이교도대전』 II, 박승찬 옮김, 분도출판사, 2015.

『대이교도대전』 III-1, 김율 옮김, 분도출판사, 2019.

『신앙의 근거들』, 김율 옮김, 철학과현실사, 2005.

『신학대전』 1-6, 10-12, 16, 정의채 옮김, 바오로딸, 1985~2003.

『신학대전』 7, 윤종국 옮김, 바오로딸, 2010.

『신학대전』 8, 강윤희 옮김, 바오로딸, 2020.

『신학대전』 9, 김춘오 옮김, 바오로딸, 2010.

『신학대전』 13, 김율 옮김, 바오로딸, 2008.

『신학대전』 14, 이상섭 옮김, 바오로딸, 2009.

『신학대전』 15, 김정국 옮김, 바오로딸, 2010.

『신학대전』 17, 이상섭 옮김, 바오로딸, 2019.

『신학대전』 18, 이재룡 옮김, 바오로딸, 2019.

『신학대전』 19, 김정국 옮김, 바오로딸, 2020.

『신학대전』 20, 이재룡 옮김, 바오로딸, 2020.

『신학대전』 21, 채이병 옮김, 바오로딸, 2020.

『신학대전』 22, 이재룡 옮김, 한국성토마스연구소, 2020.

『신학대전』 23, 이재룡 옮김, 한국성토마스연구소, 2020.

『신학대전』 24, 채이병 옮김, 한국성토마스연구소, 2020.

『신학대전』 28, 이진남 옮김, 바오로딸, 2020.

『신학대전(자연과 은총에 관한 주요 문제들)』, 손은실 · 박형국 옮김, 두란노아카데미, 2011.

『사도신경 강해설교』, 손은실 옮김, 새물결플러스, 2015.

『신학요강』, 박승찬 옮김, 나남출판사, 2008/도서출판 길, 2021.

『영혼에 관한 토론문제』, 이재룡 · 이경재 옮김, 나남, 2013.

『자연의 원리들』, 김율 옮김, 철학과현실사, 2005.

『지성단일성』, 이재경 옮김, 분도출판사, 2007.

『진리론』(부분 번역), 이명곤 옮김, 책세상, 2012.

## 2. 고대 및 중세 철학 관련 원전들

**• 오세르의 람베르투스(Lambertus Autissiodorensis)**

*Logica, (Summa Lamberti)* a cura di F. Alessio. Publicazioni della facoltà di lettere e filosopia dell'università di Milano LV, sezione a cur dell'istituto di storia della filosofia no. 18. Firenze: La nouva Italia, 1970. (Florence, 1971)

**• 로버트 킬워드비(Robert Kilwardby, 1215?~79)**

*De ortu scientiarum*, ed./tr. by Albert G. Judy, Brepols, 1998.

**• 보에티우스(Boethius, 470~524)**

『철학의 위안』, 박문재 옮김, 현대지성, 2018; 이세운 옮김, 필로소픽, 2014.

*Commentaria In Categorias Aristotelis*, PL 64.

*De hebdomadibus*, PL 64.

*De persona et duabus naturis in Christo*, PL 64.

H. F. Stewart · E. K. Rand · S. J. Tester, *Boethius: the Theological Tractates; the Consolation of Philosophy,* Cambridge, Mass./London; Harvard University Press, 1973. (LCL 74): *De persona et duabus naturis in Christo* 포함.

**• 프란시스코 수아레스(Francisco Suárez, 1548~1617)**

*Disputationes Metaphysicae*, in: *Opera Omnia*, 1597; Paris, Vivès, 1856~61; repr. by Hildesheim, Georg Olms, 1965.

**• 아베로에스(Averroes, 1126~98)**

『결정적 논고』, 이재경 옮김, 책세상, 2005.

*Averrois Cordubensis commentarium magnum in Aristotelis De anima libros*, ed. Crawford FS. The Mediaeval Academy of America, Cambridge, 1953.

*Metaphysica. Ibn Rushd's Metaphysics, A Translation of Ibn Rushd's Commentary Aristotle's Metaphysics, Book Lam* by Charles Genequand, Leiden: E. J. Brill, 1986.

*In Metaph.* (ed. Venetiis 1552) Arnzen, Rüdiger (ed.), *Averroes on Aristotles Metaphysics,* de Gruyter, 2010.

*Philosophie und Theologie von Averroes*(Fasl al-maqual), Aus dem Arab. übers. v. M. J. Müller, hrsg. v. d. Königlich-Bayerischen Akademie der Wissenschaften, München, 1875; ND: Osnabrück, 1974. Mit einem Nachwort v. M. Vollmer,

Weinheim, 1991.

• **아비체브론(Avicebron, 또는 Avencebrol, Solomon ibn Gabirol, 1020?~70?)**

*The Font of Life (Fons vitae)*, (Mediaeval Philosophical Texts in Translation), trans. by John A. Laumakis, Milwaukee: Marquette University Press, 2014.

• **아비첸나(Avicenna, 980~1037)**

*Metaphysica*, ed. Venetiis 1508(=*Metaph.*).

*The Metaphysica of Avicenna. A critical translation-commentary and analysis of the fundamental argument's Avicenna's Metaphysica in the Dānish Nāma-i 'Alā'i (The Book of Scientific Knowledge)* by Parviz Morewedge, Columbia Univ. Press, 1973.

*Sufficientia*, in: *Avicenna, Opera Philosophica*, ed. Venetiis 1508, rist. anast. Louvain, 1961.

• **아우구스티누스(Augustinus, 354~430)**

『고백록』(*Confessiones*), 성염 옮김, 경세원, 2016.

『삼위일체론』(*De trinitate*), 성염 옮김, 분도출판사, 2015.

『신국론』(*De Civitate Dei*; 제1~10권, 제11~18권, 제19~22권), 성염 옮김, 분도출판사, 2004.

• **캔터베리의 안셀무스(Anselmus Cantuarensis, 1033~1109)**

『모놀로기온/프로슬로기온』, 박승찬 옮김, 아카넷, 2002.

• **대(大)알베르투스(Albertus Magnus, 1193~1280)**

*Super Sententiarum,* in: *Opera omnia*, ed. A. Borgnet, vol. 25~30, Paris, 1893.

• **헤일즈의 알렉산더(Alexander de Hales, 1185?~1245)**

*Glossa in librum II Sententiarum*, ed. Quaracchi, 1952.

• **오베르뉴의 윌리엄(William of Auvergne, Guillaume d'Auvergne, Guilielmus Alvernus, 1180/90~1249)**

*De Trinitate*, ed. Switalski Bruno, Toronto: PIMS, 1976; an English translation by Teske Roland et al. is availabel in Mediaeval Philosophical Texts in Translation 28. Milwaukee, 1989.

• **페트루스 롬바르두스(Petrus Lombardus, 1096?~1160)**

*Sententiae in IV Libris Distinctae*, Editiones Collegii S. Bonaventurae Ad Claras Aquas, Grottaferrata, 1981.

• **페트루스 히스파누스(Petrus Hispanus(Portugalensis), ?~1277)**

*Tractatus. Called Afterwards Summulae logicales*, First Critical Edition from the Manuscripts with an Introduction by L. M. de Rijk, Assen: Van Gorcum, 1972.

*Summaries of logic*: text, translation, introduction, and notes by Brian P. Copenhaver; Calvin Normore and Terence Parsons, Oxford: Oxford Univ. Press, 2014.

• **플라톤(Platon, 기원전 428/427~기원전 348/347)**

『향연』(*Symposion*), 강철웅 옮김, 이제이북스, 2014/아카넷, 2020.

『국가』(*Politeia*), 박종현 옮김, 서광사, 2005.

• **플로티누스(Plotinus, 205~70)**

*Enneades*, in: Paul Henry · Hans-Rudolf Schwyzer, *Plotini Opera,* (Editio minor in 3 vols.) Oxford: Clarendon Press, 1964~82.

• **빅토르의 위고(Hugh of Victor, 1096?~1141)**

*De sacramentis Christianae fidei*, PL 176, pp. 173~618.

## 3. 2차 문헌들

Aertsen, Jan A., "Was heißt Metaphysik bei Thomas von Aquin", *MM* 22/1, Berlin-New York: de Gruyter, 1993, pp. 217~39.

Aertsen, Jan A., *Albert der Große in Köln*, Köln: Thomas Institut, 1999.

Aertsen, Jan A., "'Von Gott kann man nichts erkennen, außer daß er ist'(Satz 215 der Pariser Verurteilung). Die Debatte über die (Un-)möglichkeit einer Gotteserkenntnis quid est", *MM* 28, 2001, pp. 22~37.

Aertsen, Jan A., "Die Umformung der Metaphysik. Das mittelalterliche Projekt der Transzendentalien", in: J. Brachtendorf (ed.), *Prudentia und Contemplatio. Ethik und Metaphysik im Mittelalter* (FS f. Georg Wieland zum 65. Geburtstag),

Paderborn-München-Wien-Zürich, 2002, pp. 89~106.

Albertson, J. A., "Esse of Accidents according to St. Thomas", *The Modern Schoolman* 30, 1953, pp. 265~78.

Anwati, G. C. · Hödl, L., "Averroes, Averroismus", *LexMA* I, 1980, pp. 1291~95.

Bächli-Hinz, Andreas, *Monotheismus und neuplatonische Philosophie: Eine Untersuchung zum pseudo-aristotelischen Liber de causis und dessen Rezeption durch Albert den Großen*, Frankfurt: Academia Verlag, 2002.

Barrett, William, *Irrational Man*, New York: Anchor Books, 1962.

Bazán, B. Carlos, "Conception on the Agent Intellect and the Limits of Metaphysics", *MM* 28, 2001, pp. 178~210.

Bazán, B. Carlos, "Radical Aristotelianism in the Faculties of Arts. The case of Siger of Brabant", *AMAA*, 2005, pp. 585~629.

Bejas, A. J., *Vom Seienden als solchen zum Sinn des Seins: Die Transzendentalienlehre bei Edith Stein und Thomas von Aquin*, Peter Lang, 1994.

Bernath K., *Anima forma corporis. Eine Untersuchung über die ontologischen Grundlagen der Anthropologie des Thomas von Aquin*, Bonn-Bouvier, 1969.

Bertolacci, Amos, *The Reception of Aristotle's Metaphysics in Avicenna's Kitāb al-Ṣifā. A Mileston of Western Metaphysical Thought*, Leiden et al., 2006.

Bianchi, Luca, "1277: A Turning Point in Medieval Philosophy", *MM* 26, 1998, pp. 90~110.

Bianchi, Luca, "Aristotle as a Captive Bride: Notes on Gregory IX's Attitude towards Aristotelianism", *AMAA*, 2005, pp. 777~94.

Black, Deborah L., "Al Fārābī", in: M. Fakhry (ed.), *A History of Islamic Philosophy*, I, London: Longman, 1983, pp. 178~98.

Bosley R. · Tweedale M. (eds.), *Aristotle and His Medieval Interpreters*, Calgary: University of Calgary Press, 1991(=Alberta: Univ. of Calgary Press, 1992).

Brague, Rémi, "Maimonides: Bibel als Philosophie", *PM*, 2000, pp. 96~110.

Brams, J., "Guillaume de Moerbeke et Aristote", in: J. Hammesse · M. Fattori (eds.), *Rencontres de cultures dans la philosophie médiévale. Traductions et traducteurs de l'antiquité tardive au XIVe siècle* (Rencontres de Philosophie Médiévale, 1), Louvain-la-Neuve/Cassino, 1990, pp. 317~36.

Brook, Angus, "The Aristotelian Context of the Existence-Essence Distinction in De Ente Et Essentia", *Metaphysica* 20/2, 2019, pp. 151~73.

Brosch, H., *Der Seinsbegriff bei Boethius*, Innsbruck, 1931.

Brown, Montague, "St. Thomas Aquinas and the Individuation of Persons", *ACPQ* 65, 1991, pp. 29~44.

Brown, Montague, "Aquinas on the Resurrection of the Body", *The Thomist* 56, 1992, pp. 165~207.

Callus, D. A., "The Origins of the Problem of the Unicity of Form", *The Thomist*, 1961, pp. 120~49.

Calma, Dragos, "The Exegetical Tradition of Medieval Neoplatonism. Considerations on a Recently Discovered Corpus of Texts", in: Dragos Calma (ed.), *Neoplatonism in the Middle Ages. New Commentaries on 'Liber de Causis' and 'Elementatio Theologica'*, 2 vols, Turnhout: Brepols, 2016.

Caster, K. J., "William of Auvergne and St. Thomas Aquinas on the Real Distinction between Being and Essence", in: J. M. Hackett · W. E. Murnion · C. N. Still (hrsg.), *Being and Thought in Aquinas*, New York, 2004.

Cheneval, F. · Imbach R., Einleitung zu: *Thomas von Aquin: Prologe zu den Aristoteleskommentaren*, herausgegeben, übersetzt und eingeleitet von Francis Cheneval und Ruedi Imbach, Frankfurt a. M.: Klostermann, 1993, pp. XIII~LXX.

Chenu, Marie-Dominique, *Das Werk des hl. Thomas von Aquin*, Übers. Verz. u. Erg. d. Arbeitshinweise von Otto M. Pesch. Vom Verf. durchges. u. verb. dt. Ausg., 2.Auf., Graz/Wien/Köln: Styria, 1982.

Collins, James, *The Thomistic Philosophy of the Angels*, Washington, 1947.

Cristóbal, V. B., "'One for all, and all for one': The problem of universals in De Ente et Essentia of Thomas Aquinas", *Trans/Form/Ação* 40/4, 2017, pp. 9~20.

D'Ancona Cristina, *Recherches sur le Liber de causis*, Paris: Vrin, 1995.

Daiber, Hans, "Lateinische Übersetzungen arabischer Texte zur Philosophie und ihre Bedeutung für die Scholastik des Mittelalters", in: J. Hammesse · M. Fattori (eds.), *Rencontres de cultures dans la philosophie médiévale. Traductions et traducteurs de l'antiquité tardive au XIVe siècle* (Rencontres de Philosophie Médiévale, 1), Louvain-la-Neuve/Cassino, 1990, pp. 203~50.

Davidson, Herbert A., *Proofs for eternity, creation and the existence of God in medieval Islamic and Jewish philosophy*, New York: Oxford Univ. Press, 1987.

De Finance, J., *Etre et agir dans la philosophie de saint Thomas*, Paris, 1945.

Degl'Innocenti U., "De actu essendi substantial et constitutione personae", in: *Sapientia Aquinatia*, 1955, pp. 459~64.

De Libera, Alain, "Philosophie et censure Remarques sur la crise universitaire parisienne de 1270~1277", *MM* 26, 1998, pp. 71~89.

De Libera, Alain, "Albert le Grand et Thomas d'Aquin interprètes du Liber de causis", *Recherches des Sciences Philosophiques et Théologiques* 74, 1990, pp. 347~78.

De Vries, J., "Das esse commune bei Thomas von Aquin", *Scholastik* 39, 1964, pp. 163~77.

Dewan, L., "Being *per se*, Being *per accidens*, and St. Thomas' Metaphysics", *Science et Esprit* 30, 1978, pp. 169~84.

Dewan, L., "St. Thomas, Joseph Owens, and the Real Distinction between Being and Essence", *The Modern Schoolman* 61, 1984, pp. 145~56.

Dewan, L., "Does Being Have a Nature? (Or: Metaphysics as a Science of the Real)", in: W. Sweet (hrsg.), *Approaches to Metaphysics*, Dordrecht, 2004, pp. 23~60.

Di Vona, P., "Forma ed atto d'essere nel De ente et essenta di S. Tommaso d'Aquino", *Acme* 7, 1954, pp. 107~42.

Dobbs-Weinsten, Idit, "Jewish Philosophy", in: A. S. McGrade (ed.), *The Cambridge Companion to Medieval Philosophy*, Cambridge: Cambridge University Press, 2003, pp. 121~46.

Dod, Bernard G., "Aristoteles Latinus", *CHLMP*, 1982, pp. 45~79.

Doig, J. C., *Thomas Aquinas on Metaphysics*, The Hague: Nijhoff, 1972.

Doig, James, "Aristotle and Aquinas", in: B. Davis · E. Stump (eds.), *The Oxford Handbook of Aquinas*, Oxford University Press, 2012, pp. 33~44.

Donati, Silvia, "A New Witness to the Radical Aristotelianism Condemned by Étienne Tempier in 1277", *MM* 26, 1998, pp. 371~82.

Druart, T. A., "Averroes: The Commentator and the Commentators", in: L. P. Schrenk (ed.), *Aristotle in Late Antiquity*, Washington, 1993, pp. 184~202.

Ebbesen, Sten, "Boethius as an Aristotelian Scholar", in: J. Wiesner (ed.), *Aristoteles Werk und Wirkung, II: Kommentierung, Überlieferung, Nachleben*, Berlin/New York, 1987, pp. 286~311.

Ebbesen, Sten, "Boethius as Aristotelian Commentator", *AT*, 1990a, pp. 373~91.

Ebbesen, Sten, "Philophonus, 'Alexander' and the origins of medieval logic", *AT*, 1990b, pp. 445~61.

Edwards, S., "The Realism of Aquinas", *NSchol* 59/1, 1985, pp. 79~101.

Elders, L., "The Doctrine of Being of St. Thomas Aquinas", *Doctor Angelicus* 5, 2005, pp. 55~73.

Elders, L., "The First Principles of Being in the Philosophy of St. Thomas Aquinas",

*Doctor Angelicus* 3, 2003, pp. 59~96.

Elders, Leo, "The Aristotelian Commentaries of St. Thomas Aquinas", *RMet* 63, 2009, pp. 29~53.

Emery, Kent Jr. · Speer, Andreas, "After the Condemnation of 1277: New Evidence, New Perspectives, and Grounds for New Interpretations", *MM* 28, 2001, pp. 3~19.

Endress, Gerhard, "The Circle of Al-Kindi. Early Arabic Translations from the Greek and the Rise of Isalmic Philosophy", in: G. Endress · R. Kruk (eds.), *The Ancient Tradition in Christian and Islamic Hellenism. Studies on the Transmission of Greek Philsophy and Sciences*, Dedicated to H. J. Drossart Lulofs on His ninetieth Birthday, Leiden, 1997, pp. 43~76.

Engelhardt, P., "Intentio", *HWP*, Bd. 4, 1976, pp. 466~74.

Ewbank, M. B., "Remark on Being in St. Thomas Aquinas's *Expositio de divinis nominibus*", *AHDLMA* 56, 1989, pp. 123~49.

Fabro, Cornelio, *Partecipazione e causalità secondo S. Tommaso d'Aquino*, Turin, 1960.

Fabro, Cornelio, *La Nozione Metafisica di Parecipazione secondo S. Tommaso d'Aquino*, 3rd. ed., Turin, 1963.

Feigl, M., "Der Begriff des Wesens und die Verschiedenheit von Wesen und Sein nach 'De ente et essentia' des hl. Thomas v. Aquin", *Philosophisches Jahrbuch* 55, 1942, pp. 277~99.

Fidora, Alexander · Lutz-Bachmann, Matthias (eds.), *Von Bagdad nach Toledo, Das "Buch der Ursachen" und seine Rezeption im Mittelalter*, excerpta classica, DVB, 2001.

Flasch, Kurt, *Das philsophische Denken im Mittelalter: Von Augustin zu Machiavelli*, Stuttgart: Reclam, 1986.

Fotta, P., "Existentialist conception of being of Thomas Aquinas on the background of his *De ente et essentia*", *Filozofia* 60/7, Slovak Academy of Sciences, 2005, pp. 473~89.

Gili, L., "A Renaissance Reading of Aquinas: Thomas Cajetan on the Ontological Status of Essences", *Metaphysica* 13/2, 2012, pp. 217~27.

Gilson, Étienne, *Le Thomisme. Introduction au système de Saint Thomas d'Aquin*, Strasbourg: A. Vix, 1920.

Gilson, Étienne, *Being and Some Philosophers*, 2nd. ed., Toronto, 1952.

Gilson, Étienne, *The Christian Philosophy of St. Thomas Aquinas*, trans. by L. K. Shook, New York: Random House, 1956.

Glanville, J. J., "Aristotelianism", *NCE* I, 1967, p. 804.

Goheen, J., *The Problem of Matter and Form in the De ente et essentia of Thomas Aquinas*, Cambridge [Mass.], 1940.

Goichon, A. M., *La Distinction de l'Essence et de l'Existence d'après Ibn Sina (Avicenne)*, Paris, 1937.

González, O. J., "The Apprehension of the Act of Being in Aquinas", *ACPQ* 68/4, 1994, pp. 475~500.

Grabmann, Martin, "Die Aristoteleskommentare des heiligen Thomas von Aquin", in: M. Grabmann, *Mittelalterliches Geistesleben*, Band I, München, 1926, pp. 266~313.

Grabmann, Martin, "Die Schrift 'De ente et essentia' und die Seinsmetaphysik des heiligen Thomas von Aquin", in: *Mittelalterliches Geistesleben*, Bd. 1, München, 1975, pp. 314~31.

Gracia, J. J. E., "Thomas Aquinas, *On Being and Essence* (ante 1256): Toward a Metaphysics of Existence", in: J. J. E. Gracia · G. M. Reichberg · B. N. Schumacher (Hrsg.), *The Classics of Western Philosophy: A Reader's Guide*, Malden [Mass.], 2003, pp. 137~42.

Gredt, Joseph, *Elementa philosophiae Aristotelico-Thomisticae*, Herder, 1933.

Guldentops, Gui · Speer, Andreas · Trizio, Michele · Wirmer, David, "Philosophische Kommentare im Mittelalter — Zugänge und Orientierungen. Erster Teil: I. Einführung — II. Sparachkreise", *AZP* 32/2, 2007a, pp. 157~77.

Guldentops, Gui · Speer, Andreas · Trizio, Michele · Wirmer, David · Arzen, Rüdiger, "Philosophische Kommentare im Mittelalter — Zugänge und Orientierungen. Zweiter Teil: III. Platonica — IV. Aristotelica arabica et byzantia", *AZP* 32/3, 2007b, pp. 259~90.

Gumppenberg, R., *Sein und Auslegung*, Bonn, 1971.

Gumppenberg, R., "Zur Seinslehre in *De ente et essentia* des Thomas von Aquin", *FZPhTh* 21, 1974, pp. 420~38.

Gutas, Dimitri, *Avicenna und the Aristotelian Tradition. Introductionto Reading Avicenna's Philosophical Works* (Islamic Philosophy and Theology 4), Leiden/New York/Køvenhavn/Köln, 1988.

Gutas, Dimitri, "Avicenna: Die Metaphysik der rationalen Seele", in: *PM*, 2000, pp. 27~41.

Hackett, Jeremiah, "Robert Grosseteste and Roger Bacon on the *Posterior Analytics*", in: M. Lutz-Bachmann u. a. (eds.), *Erkenntnis und Wissenschaft. Probleme der*

*Epistemologie in der Philosophie des Mittelalters*, Berlin, 2004, pp. 161~212.
Hackett, Jeremiah (ed.), *Roger Bacon and Aristotelianism* (=Vivarium 35, 2), 1997.
Hackett, Jeremiah M. G., "Roger Bacon and the Reception of Aristotle in the Thirteenth Century: An Introduction of to his Criticism of Averroes", *AMAA*, 2005, pp. 219~47.
Hankey, W. J., "Aquinas's First Principle: Being or Unity?", *Dionysius* 4, 1980, pp. 133~72.
Haskins, Ch. H., *Studies in the History of Mediaeval Science*, Cambridge Mass., 1925.
Haskins, Ch. H., *Studies in Mediaeval Culture*, Oxford, 1929.
Hayen, A., *L'Intentionnel dans la Philosophie de Saint Thomas*, Paris, 1942.
Hedwig, K., "Natura naturans", in: *Historisches Wörterbuch der Philosophie* VI, 1984, pp. 504~09.
Heimler, Ad. M., *Die Bedeutung der Intentionalität im Bereich des Seins nach Thomas von Aquin, Forschungen zur neueren Philosophie und ihrer Geschichte*, Bd. 14, Würzburg, 1962, pp. 32~39.
Henle, R. J., *Saint Thomas and Platonism*, The Hague: Nijhoff, 1956.
Hjärpe, J., "Averroes", in: *Theologische Realenzyklopädie* V, 1980, pp. 51~55.
Honnefelder, Ludger, *Ens inquantum ens. Der Begriff des Seienden als solchen als Gegenstand der Metaphysik nach der Lehre des Johannes Duns Scotus* (*BGPhMA NF* 16), Münster, 1979.
Honnefelder, Ludger, "Metaphysik und Transzendenz. Überlegungen zu Johannes Duns Scotus im Blick auf Thomas von Aquin und Anselm von Canterbury", in: L. Honnefelder · W. Schüßler (eds.), *Transzendenz. Zu einem Grundwort der klassischen Metaphysik*, Paderborn/München/Wien/Zürich, 1992, pp. 137~61.
Honnefelder, Ludger, "Albertus Magnus und die Aktualität der mittelalterlichen Philosophie", in: L. Honnefelder · M. Dreyer (eds.), *Albertus Magnus und die Editio Colonensis*, Münster: Aschendorff(=Lectio Albertina, 1), 1999, pp. 23~38.
Honnefelder, Ludger, "Die Anfänge der Aristoteles-Rezeption im lateinischen Mittelalter: Zur Einführung in die Thematik", *AMAA*, 2005a, pp. 11~24.
Honnefelder, Ludger, "Die philosophiegeschichtliche Bedeutung Alberts des Großen", *AMAA*, 2005b, pp. 249~79.
Jordan, Mark D., "Thomas Aquinas' Disclaimers in the Aristotelian Commentaries", in: *Philosophy and the God of Abraham: Essays in Memory of James A. Weisheipl, OP,* ed. by R. James Long, Toronto: PIMS, 1991, pp. 99~112.

Jüssen, Gabriel, "Wilhelm von Auvergne und die Transformation der scholastischen Philosophie im 13. Jahrhundert", in: J.-P. Beckmann · L. Honnefelder · G. Schrimpf · G. Wieland (eds.), *Philosophie im Mittelalter, Entwicklungslinien und Pardigmen*, Hamburg: Felix Meiner, 1987, pp. 141~64.

Jüssen, Gabriel, "Aristoteles-Rezeption und Aristoteles-Kritik in Wilhelm von Auvergne's Tractatus de anima", in: S. Knuuttila et al. (eds.), *Knowledge and the Sciences in Medieval Philosophie III*, Helsinki, 1990, pp. 92~95.

Kainz, H. P., "The Suarezian Position on Being and the Real Distinction: A Analytic and Comparative Study", *The Thomist* 34, 1970, pp. 289~305.

Kemple, B., *Ens Primum Cognitum in Thomas Aquinas and the Tradition: The Philosophy of Being as First Known*, Brill, 2017.

Kerr, Gaven, "Aquinas's Argument for the Existence of God in De Ente et Essentia Cap. IV: An Interpretation and Defense", *Journal of Philosophical Research* 37, 2012, pp. 99~133.

Kerr, Gaven, *Aquinas's way to God the proof in De ente et essentia,* New York: Oxford University Press, 2015.

Kluxen Wolfgang, *Philosophische Ethik bei Thomas von Aquin*, Mainz: Matthias Grunewald, 1964(=2., erw. Aufl., Hamburg: Felix Meiner, 1980. =3., durchges. Aufl.. Hamburg: Felix Meiner, 1998).

Kluxen, Wolfgang, "De Commentriis in Opusculum S. Thomae Aquinatis De Ente et Essentia", in: *Acta Pont. Academiae Romanae S. Thomae Aquinatis et Religionis Catholicae*, Nova Series, Vol. V, 1938.

Kluxen, Wolfgang, "Thomas von Aquin: Das Seiende und seine Prinzipien", in: J. Speck (ed.), *Grundprobleme der großen Philosophen*, Göttingen(=UTB 146), 1972; 21978; 31983; 1990, pp. 177~220.

Knasas, J. F. X., "The Intellectual Phenomenology of De Ente et Essentia, Chapter Four", *RMet* 68/1, 2014, pp. 107~53.

Krenn, K., *Vermittlung und Differenz? Vom Sinn des Seins in der Befindlichkeit der Partizipation beim hl. Thomas von Aquin*, Rom, 1962.

Kremer, K., *Die neuplatonische Seinsphilosophie und ihre Wirkung auf Thomas von Aquin*, Leiden, 1966.

Kretzmann, N. · Stump, E. (eds.), *The Cambridge Companion to Aquinas,* New York: Cambridge University Press, 1993.

Kretzmann, Norman, "Philosophy of Mind", in: *The Cambridge Companion to*

*Aquinas*. (eds.) N. Kretzmann · E. Stump, Cambridge: Cambridge University Press, 1993, pp. 128~59.

Kreyche, Gerald, "The Soul-Body Problem in St. Thomas", *NSchol* 46, 1972, pp. 468~84.

Larkin, V., "Saint Thomas Aquinas: 'On The Combining of the Elements'", *A Journal of the History of Science* 51/1, 1960, pp. 67~72.

Leaman, Oliver, *Averroes and his Philosophy*, Oxford: Clarendon Press/New York: Oxford University Press, 1988.

Lehrberger, James, "The Anthropology of Aquinas's De ente et essentia", *RMet* 51/4, 1998, pp. 829~47.

Leppin, Volker, "Die Folgen der Pariser Lehrverurteilung von 1277 für das Selbstverständnis der Theologie", *MM* 27, 2000, pp. 283~94.

Lotz, Johannes B., "Das Sein selbst und das subsistierende Sein nach Thomas von Aquin", in: *M. Heidegger zum siebzigsten Geburtstag* (Festschrift), Pfullingen: G. Neske, 1959a, pp. 180~94.

Lotz, Johannes B., "Sein und Existenz in der Existenzphilosophie und in der Scholastik", in: *Gregorianum*, Rom, 1959b, pp. 401~66.

Lutz-Bachmann, Matthias, "Metaphysik und Theologie. Epistemologische Probleme in den Opuscula Sacra des A. M. S. Boethius", in: M. Lutz-Bachmann · A. Fidora · A. Niederberger (eds.), *Metaphysics in the Twelfth Century. On the Relationship among Philosophy, Science and Theology* (=Textes et Études du Moyen Âge[=TEMA] 19), Turnhout, 2004, pp. 1~16.

MacDonald, S., "The Esse/Essentia Argument in Aquinas's De ente et essentia", *Journal of the History of Philosophy* 22, 1984, pp. 157~72.

Macken, Raymond, "Avicennas Auffassung von der Schöpfung der Welt und ihre Umbildung in der Philosophie des Heinrich von Gent, Kap. 2", in: J.-P. Beckmann · L. Honnefelder · G. Schrimpf · G. Wieland (eds.), *Philosophie im Mittelalter, Entwicklungslinien und Pardigmen*, Hamburg: Feilx Meiner, 1987, pp. 245~57.

Maritain, J., *The Degrees of Knowledge*, tr. by Geoffrey Bles, London: Centenary, 1937.

Marrone, Steven P., "Aristotle, Augustine and Identity of Philosophy in Late Thirteenth Century Paris: The Case of Some Theologians", *MM 28*, 2001, pp. 276~98.

Maurer, Armand, "Form and Essence in the Philosophy of St. Thomas", *MS* 13, 1951, pp. 165~76.

Maurer, Armand, "St. Thomas and the Analogy of Genus", *NSchol* 29/2, 1955, pp. 127~44.

Maurer, Armand, "A Neglected Thomistic Text on the Foundation of Mathematics", *MS* 21, 1959, pp. 185~92.

Maurer, Armand, "Dialectic in the De ente et essentia of S. Thomas Aquinas", in: L. E. Boyle · J. Hamesse (eds.), *Roma, Magistra Mundi: Itineraria Culturae Medievalis: Mélanges Offerts Au Père L.e. Boyle A L'occasion De Son 75e Anniversaire, Louvain-la-Neuve: Fédération des Instituts d'Etudes Médiévales*, 1998, pp. 573~83.

McInerny, Ralph M., *Boethius and Aquinas,* Washington D.C.: The Catholic Univ. of America Press, 1990.

Meyer, H., *Thomas von Aquin*, Paderborn, 1961.

Montada, Josep Puig, "Averroes: Treue zu Aristoteles", *PM*, 2000, pp. 80~95.

Montada, Josep Puig, "Averroes' Commentaries on Aristotle: To Explain and to Interpret", in: G. Fioravanti · C. Leonardi · S. Perfecti (eds.), *Il commento filosofico nell'Occidente latino* (secoli XIII~XV) (Rencontres de Philosophie Médiévale, 10), Turnhout: Brepols, 2002, pp. 327~58.

Müller, Klaus, *Thomas von Aquins Theorie und Praxis der Analogie: der Streit um das rechte Vorurteil und die Analyse einer aufschlußreichen Diskrepanz in der Summa theologiae,* Frankfurt a. M./Bern/New York: P. Lang, 1983.

Mundhenk, Johannes, *Die Seele im System des Thomas von Aquin: Ein Beitrag zur Klärung und Beurteilung der Grundbegriffe der thomistischen Psychologie*, Hamburg: Felix Meiner, 1980.

Murdoch, John E., "1277 and Late Medieval Natural Philosophy", *MM* 26, 1998, pp. 111~21.

Noone, Timothy B., "Albert the Great on the subject of Metaphysics and Demonstrating the existence of God", *Medieval Philosophy and Theology* 2, 1992, pp. 31~52.

Noone, Timothy B., "Roger Bacon and Richard Rufus on Aritotle's Metaphysics: A Search for the Grounds of Disagreement", *Vivarium* 35, 1997, pp. 251~65.

Nordberg, Kevin, "Abstraction and Separation in the Light of the Historical Roots of Thomas' Tripatition of the Theoretical Sciences", in: R. Tyoerinoja · A. I.

Lehtinen · D. Follesdal (eds.), *Knowledge and the Sciences in Medieval Philosophy. Proceedings of the 8th International Congress of Medieval Philosophy (S. I. E. P. M) 3 vols.*, Helsinki, 1990, pp. 144~53.

Novak, Joseph, "Aquinas and the Incorruptibility of the Soul", *History of Philosophy Quarterly* 4, 1985, pp. 405~21.

Ocampo, F., "The debate on the 'Intellectus essentiae argument' and the 'real distinction' between essence and being in the de ente et essentia by Thomas aquinas", *Studia Gilsoniana* 7, 2018, pp. 237~61.

Oeing-Hanhoff, Ludger, *'Ens et unum convertuntur'. Stellung und Gehalt des Grundsatzes in der Philosophie des hl. Thomas von Aquin*, Münster, 1953.

Owens, Joseph, "The Accidental and Essential Character of Being in the Doctrine of St. Thomas Aquinas", *MS* 20, 1958, pp. 1~40.

Owens, Joseph, "Diversity and Community of Being in St. Thomas Aquinas", *MS* 22, 1960, pp. 257~302.

Owens, Joseph, "Unity and Essence in St. Thomas Aquinas", *MS* 23, 1961, pp. 240~59.

Owens, Joseph, "Analogy as a Thomistic Approach to Being", *MS* 24, 1962, pp. 303~22.

Owens, Joseph, *An Elementary Christian Metaphysics*, Milwaukee, 1963a.

Owens, Joseph, *The Doctrine of Being in the Aristotelian Metaphysics*, 2nd ed., Toronto, 1963b.

Owens, Joseph, "Aquinas as Aristotelian Commentator", in: *St. Thomas Aquinas (1274~1974): Commemorative Studies* (A. Maurer et al./eds.), vol. I, Toronto: PIMS, 1974, pp. 213~38.

Owens, Joseph, "Stages and Distinction in *De Ente*: A Rejoinder", *The Thomist* 45/1, 1981, pp. 99~123.

Owens, Joseph, "Aquinas' Distincition at *De ente et essentia* 4: 119-123", *MS* 48, 1986, pp. 159~72.

Owens, Joseph, "Aquinas on the Inseparability of Soul from Existence", *N Schol* 61, 1987, pp. 249~70.

Pannier, R. · Sullivan, Th. D., "Aquinas's Solution to the Problem of Universals in *De ente et essentia*", *ACPQ* (Supplement) 68, 1994, pp. 159~72.

Park, Seung Chan, *Die Rezeption der mittelalterlichen Sprachphilosphie in der Theologie des Thomas von Aquin: Mit besonderer Berücksichtigung der Analogie*, Leiden/Boston/Köln: Brill, 1999. (=STGMA 65)

Pasnau, Robert, *Thomas Aquinas on Human Nature: A Philosophical Study of 'Summa Theologiae', 1a 75-89*, Cambridge: Cambridge Univ. Press, 2002.

Pasnau, R., "Form and Matter", in: R. Pasnau (ed.), *The Cambridge History of Medieval Philosophy*, Cambridge University Press, 2010, pp. 635~46.

Patt, W., "Aquinas's Real Distinction and Some Interpretations", *NSchol* 62/1, 1988, pp. 1~29.

Pegis A. C., *At the Origins of the Thomistic Notion of Man*, New York, 1963.

Pegis, A. C., "The Problem of Matter and Form in the 'De Ente et Essentia' of Thomas Aquinas", *Thought: Fordham University Quarterly* 15/3, 1940, pp. 546~48.

Perkams, M., *Siger von Brabant. Quaestiones in tertium De anima. Über die Lehre vom Intellekt nach Aristoteles. Nebst zwei averroistischen Antworten an Thomas von Aquin*, Freiburg i. Br, 2007.

Phelan, Gerald B., "Verum sequitur esse rerum", *MS* 1, 1939, pp. 11~22. (reprinted in *Selected Papers*, pp. 133~54)

Phelan, Gerald B., "The Being of Creatures. St. Thomas' Solution of the Dilemma of Parmenides and Heraclitus", *Proceedings of the American Catholic Philosophical Association* 31, 1957, pp. 118~25.

Piché, D., *La condemnation Parisienne de 1277. Texte latin, traduction et commentaire*, Paris, 1999.

Pieper, Josef, *Scholastik: Gestalten und Probleme der mittelalterlichen Philosophie*, München: Kösel, 1960.

Principe, H., *William of Auxerre's Theology of the Hypostatic Union*, Toronto, 1963.

Principe, H., *Alexander of Hales' Theology of the Hypostatic Union*, Toronto, 1967.

Renard, H., "Being and Essence", *NSchol* 23, 1949, pp. 62~70.

Rigo, Caterina, "Zur Rezeption des Moses Maimonides im Werk des Albertus Magnus", *AM* 800, 2001, pp. 29~66.

Ross, W. D., Aristoteles, *Metaphysics*, Oxford, 1924.

Salas, V., "The Twofold Character of Thomas Aquinas's Analogy of Being", *International Philosophical Quarterly* 49/3, 2009, pp. 295~315.

Schmidt, R. W., *The Domain of Logic According to St. Thomas Aquinas*, The Hague: Martinus Nijhoff, 1966.

Schneider, Jakob Hans Josef, "Wissenschaftseinteilung und institutionelle Folgen", in: Hoenen, M. J. F. M.·Schneider J. H. J.·Wieland, G. (eds.), *Philosophy and Learning: Universities in the Middle Ages,* Leiden: Brill, 1995, pp. 63~122.

Schütz, L., *Thomas-Lexikon*, Paderbon: Schönigh, 1895.
Shiel, James, "Boethius' commentaries on Aristotle", *AT*, 1990, pp. 349~72.
Sirat, Colette, *A History of Jewish Philosophy in the Middle Ages*, Cambridge: Cambridge University Press, 1985.
Siewerth, G., *Die Abstraktion und das Sein nach der Lehre des Thomas von Aquin*, Salzburg, 1958a.
Siewerth, G., *Das Sein als Gleichnis Gottes*, Heidelberg, 1958b.
Siewerth, G., *Der Thomasmus als Identitätssystem,* Frankfurt a. M., 1961.
Slenczka, N., "Thomas von Aquin: De ente et essentia", in: M. Eckert · E. Herms · B. J. Hiberath · E. Jüngel (hrsg.), *Lexikon der theologischen Werke*, Stuttgart, 2003, pp. 159~72.
Smith, Vincent Edward, *St. Thomas on the Object of Geometry,* Milwaukee: Marquette Univ. Press, 1954.
Speer, Andreas, "The Hidden Heritage: Boethian Metaphysics and its Medieval Tradition", in: P. Porro (ed.), *Quaestio 5: Metaphysica – sapientia – scientia divina*, Soggetto e statuto della filosofia prima nel Medioevo, 2005a, pp. 163~81.
Speer, Andreas, "Der Zirkel des Erkennens. Zu den epistemischen Bedingungen der Metaphysik bei Thomas von Aquin", in: D. Fonfara (ed.), *Metaphysik als Wissenschaft* (FS für Klaus Düsing zum 65. Geb.), Freiburg I. Br./München, 2006, pp. 135~52.
Steel, Carlos, "Moerbeke et Saint Thomas", in: J. Brams · W. Vanhamel (eds.), *Guillaume de Moerbeke. Recueil d'études à l'occasion du 700e anniversaire de sa mort (1286)*, Leuven, 1989, pp. 57~82.
Steel, Carlos, "Siger of Brabant versus Thomas Aquinas on the Possibility of Knowing the Separate Substances", *MM* 28, 2001a, pp. 211~31.
Steel, Carlos, *Der Adler und die Nachteule. Thomas und Albert über die Möglichkeit der Metaphysik*, Münster: Aschendorff (=Lectio Albertina, 4), 2001b.
Stegmüller, Wolfgang, "Das Universalienproblem einst und jetzt", *Archiv für Philosophie* 6, 1956, pp. 192~225; 7, 1957, pp. 45~81.
Stevens, C., "A Prologue to *De Ente et Essentia*", *Angelicum* 57/3, 1980, pp. 389~400.
Stump, Eleonore, "Resurrection, Reassembly, and Reconstitution: Aquinas on the Soul", in: B. Niederbacher · E. Runggaldier (eds.), *Die Menschliche Seele: Brauchen Wir den Dualismus,* Frankfurt a. M.: Ontos Verlag, 2006, pp. 151~72.
Sweeney, L., "Existence/Essence in Thomas Aquinas's Early Writings", *Proceedings of*

*the American Catholic Philosophical Ass'n* 37, 1963, pp. 97~131.

Sweeney, L., *A Metaphysics of Authentic Existentialism*, Englewood Cliffs/New Jersey, 1965.

Swinburne, R., "Soul, nature and immortality of the", in: E. Craig (ed.), *Routledge Encyclopedia of Philosophy*, vol. 9, London: Routledge, 1998, pp. 44~48.

Teske, R., "William of Auvergne on the Individuation of Human Souls", *Traditio* 49, 1994, pp. 77~93.

Toner, Patrick, "Personhood and Death in St. Thomas Aquinas", *History of Philosophy Quarterly* 26, 2009, pp. 121~38.

Toner, Patrick, "St. Thomas Aquinas on Death and the Separated Soul", *Pacific Philosophical Quarterly* 91, 2010, pp. 587~99.

Torrell, J. P., *Magister Thomas: Leben und Werk des Thomas von Aquin*, Freiburg/Basel/Wien: Herder, 1995.

Tweedale, Martin, *Abailard on Universals*, Amsterdam, 1976.

Urvoy, D., *Ibn Rushd (Averroes)*, London, 1990.

Van Inwagen, Peter, "The Possibility of Resurrection", *International Journal for Philosophy of Religion* 9, 1978, pp. 114~21.

Van Inwagen, Peter, "Resurrection", in: E. Craig (ed.), *Routledge Encyclopedia of Philosophy*, vol. 8, London: Routledge, 1998, pp. 294~96.

Van Oppenraay, Aafke M. I., "Quelques Particularités de la Méthode de Traduction de Michel Scot", in: J. Hammesse · M. Fattori (eds.), *Rencontres de cultures dans la philosophie médiévale. Traductions et traducteurs de l'antiquité tardive au XIVe siècle* (Rencontres de Philosophie Médiévale, 1), Louvain-la-Neuve/Cassino, 1990, pp. 121~29.

Van Steenberghen, Fernand, "La preuve de l'existence de Dieu dans le De ente et essentia de saint Thomas d'Aquin", in: *Mélanges Joseph de Ghellinck*, Gembloux, 1951, pp. 837~47.

Van Steenberghen, Fernand, *Die Philosophie im 13. Jahrhundert*, Herausgegeben von Max A. Roesle. Aus dem Französischen übertragen von R. Wagner, Müchen/Paderborn/Wien: Ferdinand Schöningh, 1977a.

Van Steenberghen, Fernand, *Maître Siger de Brabant*, Louvain-Paris: Publications universitaries-Vander-Oyez, 1977b.

Vargas Balcells, C., "'One for all, and all for one': The problem of universals in *de ente et essentia* of Thomas Aquinas", in: *Trans/Form/Acao* (Universidad Católica de

Temuco) 40, 2017, pp. 9~20.

Volke, G. W., *Sein als Bezeichnung zum Absoluten nach Thomas von Aquin*, Würzburg, 1964.

Wawrykow, Joseph P., "Thomas Aquinas and Christology after 1277", *MM* 28, 2001, pp. 299~319.

White, K., "Three Previously Unpublished Chapters from St. Thomas Aquinas's Commentary on Aristotle's Meteora: Sententia super Meteora 2,13-15", *MS* 54, 1992, pp. 49~93.

Wietecha, T., "On Method in Reading the *De ente et essentia*", *International Philosophical Quarterly* 56/2, 2016, pp. 155~70.

Wippel, J. F., "Aquinas's Route to the Real Distinction: A Note on *De ente et essentia*", *The Thomist* 43, 1979, pp. 279~95.

Wippel, J. F., "Thomas Aquinas on the Distinction and Derivation of the Many from the One: A Dialectic between Being and Nonbeing", *RMet* 38, 1985, pp. 563~90.

Wippel, J. F., *The Metaphysical Thought of Thomas Aquinas: From Finite Being to Uncreated Being* (Monographs of the Society for Medieval and Renaissance Philosophy 1), Washington, 2000.

Wippel, J. F., "Thomas Aquinas and Siger of Brabant on Being and the Science of Being as Being", in: S. Brower-Toland (Hrsg.), Sixth Henle Conference: Medieval Metaphysics, Part I, in: *The Modern Schoolman* 82/1, 2005, pp. 143~70.

Wisnovsky, R., "The Nature and Scope of Arabic Philosophical Commentary in Post Classical (ca. 1100~1900 AD) Islamic Intellectual History: Some Preliminary Observations", in: P. Adamson · H. Baltussen · M. W. F. Stone (eds.), *Philosophy, Science and Exegesis in Greek, Arabic and Latin Commentaries*, Bd. 2, London, 2004, pp. 149~91.

Wittmann, Michael, *Die Stellung des hl. Thomas von Aquin zu Avencebrol (Ibn Gebirol)*, Beitraege, III, Münster, 1900.

Zimmermann, Albert, *Ontologie oder Metaphysik? Die Diskussion über den Gegenstand der Metaphysik im 13. und 14. Jahrhundert*, Leiden/Köln, 1965. (2. erw. Aufl. RTPM Bibliotheca 1, Leuven, 1998).

Zimmermann, Albert, "Albertus Magnus und der lateinische Averroismus", in: G. Meyer · A. Zimmermann (eds.), *Albertus Magnus. Doctor universalis. 1280/1980* (=Walberberger Studien. Philosphische Reihe 6), Mainz, 1980, pp. 465~93.

Zonta, Mauro, "The Jewish Mediation in the Transmission of Arabo-Islamic Science and Philosophy to the Latin Middle Ages. Historical Overview and Perspectives of Research", *MM* 33, 2006, pp. 89~105.

강상진, 「12세기 유명론 연구 (1): 사람(homo)과 사람임(hominem esse) 사이의 구별」, 『서양고전학연구』 15, 2010, 107~36쪽.
교황 레오 13세의 회칙, 「영원하신 아버지」(Aeterni Patris, 1879. 8. 4), 이재룡 옮김, 『가톨릭 신학과 사상』 11, 1994, 248~70쪽.
교황 요한 바오로 2세의 회칙, 「신앙과 이성」(Fides et Ratio, 1998. 9. 14), 이재룡 옮김, 한국천주교중앙협의회, 1999.
교황 프란치스코의 회칙, 「신앙의 빛」(Lumen fidei, 2013. 7. 5), 한국천주교중앙협의회, 2013.
그라시아, 조지, 이재룡 · 이재경 옮김, 『스콜라철학에서의 개체화』, 가톨릭출판사, 2003.
김이균, 「'세상의 영원성'에 관한 토마스 아퀴나스의 사상」, 『중세철학』 13, 2007, 157~95쪽.
드 프리스, J., 신창석 옮김, 『스콜라철학의 기본 개념』, 분도출판사, 1997.
드롭너, H. R., 하성수 옮김, 『교부학』, 분도출판사, 2001.
라삼, 요셉, 이명곤 옮김, 『토마스 아퀴나스: 존재의 형이상학』, 누멘, 2009.
루빈스타인, 리처드, 유원기 옮김, 『아리스토텔레스의 아이들』, 민음사, 2004.
마리땡, 쟈끄, 박영도 옮김, 『철학의 근본이해: 아리스토텔레스, 토마스 아퀴나스의 철학』, 서광사, 1985.
박승찬, 「유비개념 발전에 관한 역사적 고찰: 토마스 아퀴나스 유비이론 입문」, 『가톨릭 신학과 사상』 26/겨울, 1998, 139~65쪽.
_____, 「유비개념의 신학적 적용: 토마스 아퀴나스 『신학대전』 I부 제13문제를 중심으로」, 『가톨릭 신학과 사상』 28/여름, 1999b, 181~208쪽.
_____, 『생각하고 토론하는 서양 철학 이야기 ②: 중세-신학과의 만남』, 책세상, 2006.
_____, 「토마스 아퀴나스에 의한 가능태 이론의 변형: 신학적 관심을 통한 아리스토텔레스 철학의 비판적 수용」, 『중세철학』 14, 2008, 65~105쪽.
_____, 「토마스 아퀴나스의 작품에 나타난 '의미된 대상'과 '의미의 양태'의 구분: 그 기원에 대한 개념사적 고찰」, 『철학사상』 33, 서울대학교 철학사상연구소, 2009, 37~80쪽.
_____, 「인격에 대해 영혼-육체 통일성이 지니는 의미: 토마스 아퀴나스의 작품들

을 중심으로」,『철학사상』 35, 서울대학교 철학사상연구소, 2010a, 61～102쪽.
_____,「형이상학의 대상에 대한 논쟁: 철학적 신론 vs 보편적 존재론-스콜라철학 융성기를 중심으로」,『중세철학』 16, 한국중세철학회, 2010b, 107～69쪽.
_____,『서양 중세의 아리스토텔레스 수용사: 토마스 아퀴나스를 중심으로』, 누멘, 2010c.
_____,「'의미된 대상과 의미 양태의 구분'과 '유비'개념의 관계: 토마스 아퀴나스의 작품을 중심으로」,『철학사상』 41, 서울대학교 철학사상연구소, 2011, 255～306쪽.
_____,「영혼의 불멸성과 육체의 부활이 인격에 대해 지니는 의미: 토마스 아퀴나스의 작품들을 중심으로」,『철학사상』 43, 서울대학교 철학사상연구소, 2012a, 99～151쪽.
_____,「중세 시대의 '세계의 영원성' 논쟁」,『가톨릭철학』 33, 2019, 5～64쪽.
박우석,「아퀴나스에서 물질적 단일자에 대한 인식의 문제: 예비적 고찰」,『가톨릭철학』 14, 2010, 137～56쪽.
방 스텐베르겐, F., 이재룡 옮김,『토마스 아퀴나스와 급진적 아리스토텔레스주의』, 성바오로출판사, 2000.
서던, R. W., 이길상 옮김,『중세교회사』, 크리스챤 다이제스트, 1999a.
서병창,「토마스 아퀴나스의 존재와 원인성에 관한 연구」, 연세대학교 박사학위 논문, 1996a.
_____,「신의 섭리와 제2원인자에 대한 고찰」,『중세철학』 2, 1996b, 87～ 144쪽.
_____,「토마스 아퀴나스의 존재 개념에 관한 연구」,『철학연구』 39, 철학연구회, 1996c, 59～84쪽.
_____,「존재의 실현으로서의 선」,『중세철학』 4, 1998, 69～94쪽.
셰뉘, M. D.,「신학대전 연구입문」, G. 달 사쏘·R. 꼬지 편, 이재룡 옮김,『성 토마스 아퀴나스의 신학대전 요약』, 가톨릭대학교출판부, 1997, 591～612쪽.
신창석,「토마스 아퀴나스에 있어서 학문론의 철학적 근거: 추상과 분리」,『중세철학』 창간호, 1995, 159～203쪽.
_____,「존재자의 유한성과 영혼의 불멸성」,『현대가톨릭사상』 16, 대구가톨릭대학교, 1997, 65～87쪽.
양혜정,「토마스 아퀴나스의 철학적 논의에 나타난 창조된 존재(esse creatum)와 창조되지 않은 존재(esse increatum)의 완전성과 두 존재의 관계:『권능론』에 나타난 아리스토텔레스 가능태-현실태의 의미 적용을 중심으로」, 2009a, 가톨릭대학교 박사학위 논문.
_____,「창조와 존재: 창조된 존재와 창조되지 않은 존재의 관계 고찰:『권능론』

제3문제 제1절과 제3절 본문들을 중심으로」, 『중세철학』 15, 2009b, 127~60쪽.

_____, 「토마스 아퀴나스의 현실태 해석과 응용-현실태와 존재」, 『가톨릭철학』 15, 2010, 67~96쪽.

에코, 움베르토 기획, 김효정·최병진 옮김, 차용구·박승찬 감수, 『중세 I: 야만인, 그리스도교도, 이슬람교도의 시대』, 시공사, 2015a.

에코, 움베르토 기획, 윤종태 옮김, 차용구·박승찬 감수, 『중세 II: 성당, 기사, 도시의 시대』, 시공사 2015b.

에코, 움베르토 기획, 김정하 옮김, 차용구·박승찬 감수, 『중세 III: 성, 상인, 시인의 시대』, 시공사, 2016.

엘더스, 레오, 박승찬 옮김, 『토마스 아퀴나스의 형이상학』, 가톨릭출판사, 2003.

오미어러, 토마스, 이재룡 옮김, 『신학자 토마스 아퀴나스』, 가톨릭출판사, 2002.

오웬스, J., 이재룡 옮김, 「성 토마스와 형이상학의 미래」, 『가톨릭 신학과 사상』 29/가을, 1999, 155~96쪽.

와이스헤이플, J., 이재룡 옮김, 『토마스 아퀴나스 수사: 생애, 작품, 사상』, 가톨릭대학교출판부, 1998.

위펠, 존, 이재룡 옮김, 「성 토마스의 형이상학」, 『가톨릭 신학과 사상』 49/가을, 2004, 153~207쪽.

유원기, 「영혼의 불멸성에 관한 폼포나치의 견해」, 『중세철학』 12, 2006, 139~72쪽.

이경재, 「형이상학: 아리스토텔레스 vs. 토마스 아퀴나스」, 『중세철학』 6, 2000, 71~99쪽.

이경재, 「토마스 아퀴나스 〈존재와 본질에 관하여〉 제4장의 본질-존재함(esse) 구별 논증의 출발점에 대한 해석의 문제」, 『철학탐구』 11, 중앙철학연구소, 2005, 113~40쪽.

이나가키 료스케, 정종휴·정종표 옮김, 『토마스 아퀴나스』, 새남, 1995.

이상섭, 「보편학으로서의 '형이상학'과 '지성의 존재': 아리스토텔레스 형이상학의 대상 규정을 둘러싼 논쟁의 한 사례」, 『중세철학』 9, 2003a, 107~41쪽.

_____, 「토마스 아퀴나스의 개념과 실재」, 『동서철학연구』 27, 2003b, 187~212쪽.

_____, 「토마스 아퀴나스의 Species Intelligibilis 개념과 그것의 13세기 철학에서의 위치: 신학대전 I, 85, 2를 중심으로」, 『가톨릭철학』 5, 2003c, 252~81쪽.

_____, 「'개념'은 우유적 속성인가?: 토마스 아퀴나스의 개념의 존재론적 위상에 대한 연구」, 『영원을 향한 철학: 존재와 사유, 인간과 자유』(장욱 교수 퇴임기념 논문집), 동과서, 2004, 317~38쪽.

_____,「중세 스콜라철학의 지향성, 지향의 대상 및 지향적 존재에 대한 연구」,『철학과 현상학 연구』26/가을, 2005, 159~206쪽.
_____,「사물 vs 개념 또는 가지상, 아리스토텔레스의 '영혼 안의 파테마타'에 대한 스콜라철학의 해석」,『서양고전학연구』29, 2007, 187~215쪽.
이재경,『토마스 아퀴나스와 13세기 심리철학』, 대구가톨릭대학교출판부, 2002, 203쪽.
_____,「시제 브라방과 이중진리론:『지성적 영혼에 관하여』제7장」(연구번역),『중세철학』9, 2003, 221~45쪽.
_____,「토마스 아퀴나스와 실재론의 안팎」,『인간연구』8/봄, 2005a, 221~41쪽.
_____,「아랍철학자 아비첸나와 지향성이론」,『서양고전학연구』23, 2005b, 179~207쪽.
_____,「아비첸나의 영혼불멸성과 개체화의 문제」,『철학논집』21, 서강대학교 철학연구소, 2010, 121~48쪽.
_____,「부활, 분리된 영혼 그리고 동일성 문제: 토마스 아퀴나스의 경우」,『한국중세철학회 2011년 가을학술대회 자료집: 인간의 삶과 죽음』, 2011, 49~63쪽.
_____,「아베로에스와 내세의 문제: 종교와 철학의 관계를 중심으로」,『대동철학』61, 2012, 63~81쪽.
이재룡,「토미즘의 형성 및 발전과 근대 철학」,『가톨릭 신학과 사상』11/6, 1994, 158~87쪽.
_____,「토마스 아퀴나스의 '존재' 관념」,『가톨릭 신학과 사상』19/봄, 1997, 99~127쪽.
_____,「토마스 아퀴나스의 추상이론」,『가톨릭철학』창간호, 1999, 134~68쪽.
_____,「서평: 토마스 아퀴나스의 有와 本質에 대하여」,『신학과 사상』15, 1996, 296~98쪽.
잠보니, 쥬세뻬, 이재룡 옮김,『토마스 아퀴나스의 인식론』, 가톨릭대학교출판부, 1996.
장건익,「토마스 아퀴나스의 De Ente et Essentia 4장에 나타난 본질-존재 구별 논증의 성격과 의미」,『가톨릭철학』7, 2005, 386~419쪽.
장 욱,「희랍의 본질 형이상학과 토마스 아퀴나스의 존재의 형이상학」,『중세철학』2, 1996, 31~86쪽.
_____,『토마스 아퀴나스의 철학: 존재와 진리』, 동과서, 2003a.
_____,『그리스도교 사상과 철학』, 동과서, 2003b.
정의채,『형이상학』, 성바오로출판사, 1975.
_____,『존재의 근거문제』, 성바오로출판사, 1981/1987.

정현석, 「토마스 아퀴나스의 인식론과 인간」, 『중세철학』 4, 1999, 95~151쪽.
_____, 「13세기 중세 영혼론의 맥락에서 본 단테의 영혼 이해」, 『중세철학』 25, 2019, 265~99쪽.
질송 E., 정은해 옮김, 『존재란 무엇인가: 존재론의 쟁점과 그 전개과정』, 서광사, 1992.
질송, E., 이재룡 옮김, 『토미스트 실재론과 인식비판』, 서광사, 1994.
질송, E., 김기찬 옮김, 『중세철학사』, 철학과지성사, 1997.
채이병, 「성 토마스 아퀴나스의 인과율에 대한 이론」, 『중세철학』 10, 2004, 33~71쪽.
카푸토, D., 정은해 옮김, 『마르틴 하이데거와 토마스 아퀴나스: 형이상학의 극복에 관한 시론』, 시간과공간사, 1993.
케니, A., 이재룡 옮김, 『아퀴나스 심리철학』, 가톨릭대학교출판부, 1999.
케니, 앤서니, 서병창 옮김, 『토마스 아퀴나스』, 시공사, 2000.
코레트, E., 김진태 옮김, 『전통 형이상학의 현대적 이해: 형이상학 개요』, 가톨릭대학교출판부, 2000.
코르방, H., 김정위 옮김, 『이슬람 철학사: 태동기부터 아베로에스(1198년 死)까지』, 서광사, 1997.
코플스톤, F. C., 박영도 옮김, 『중세철학사: 아우구스티누스에서 스코투스까지』, 서광사, 1988.
페지스, A. C., 이재룡 옮김, 「토마스 아퀴나스와 후설의 지향성 이론」, 『가톨릭 신학과 사상』 25/가을, 1998, 190~218쪽.
하이젠베르크, 베르너, 유영이 옮김, 『부분과 전체: 원자물리학을 둘러싼 대화들』, 서커스, 2016.
회페, 오트프리트 편, 이강서 외 옮김, 『철학의 거장들: 고대·중세편-고대 철학자에서 쿠자누스까지』, 한길사, 2001.
힐쉬베르거, J., 강성위 옮김, 『서양철학사』(상권: 고대와 중세), 이문출판사, 1983.

## 토마스 아퀴나스 연보

| | |
|---|---|
| 1204년 | 제4차 십자군이 콘스탄티노플을 점령함 |
| 1209년 | 아시시의 성 프란치스코에 의해 '프란치스코 수도회'가 창설됨 |
| 1215년 | 제4차 라테란 공의회가 개최됨 |
| 1220년 | 신성로마제국의 프리드리히 2세가 황제로 대관됨 |
| 1224년 | **이탈리아 남부 아퀴노(Aquino)라는 마을 근처 로카세카에서 태어남** |
| 1230/31~39년 | **몬테 카시노의 베네딕트 수도원에 봉헌됨** |
| 1230년 | 미카엘 스코투스가 아베로에스의 주석서들과 아리스토텔레스의 저술들을 번역함 |
| 1237년 | 몽골이 유럽을 침략함 |
| 1239년 | **나폴리 대학에 입학함** |
| 1243년 | 12월 24일 부친 란돌푸스 백작이 세상을 떠남 |
| 1244년 | 4월 **나폴리의 도미니코 수도회에 입회함** |
| 1244년 | 5월 **파리 여행 중에 기사(騎士)였던 형들에 의해 납치된 이후, 어머니 집에 1245년 여름까지 억류됨** |
| 1245년 | 7월 **온갖 유혹을 뿌리친 이후, 도미니코 수도회 복귀가 허락됨** |
| 1245년 | 제1차 리옹 공의회가 개최됨 |
| 1245~48년 | **파리 생 자크 수도원에 들어가 수련생으로서 공부에 매진함** |
| 1248~52년 | **쾰른에서 스승 대(大)알베르투스에게 배움** |
| 1250년 | 12월 신성로마제국의 황제 프리드리히 2세가 서거함 |
| 1250/51년 | **쾰른에서 사제 서품을 받음** |

| | |
|---|---|
| 1256~59년 | **파리 대학의 신학 교수로 임용됨** |
| 1259년 | **파리에서 『대이교도대전』의 집필을 결심함** |
| 1264년 | **『대이교도대전』 집필을 완료함** |
| 1266년 | **『신학대전』 집필을 시작함** |
| 1269~72년 | **파리에서 다시 체류함(제2차 체류)** |
| 1270년 | 12월 10일 아베로에스주의의 13개 명제가 단죄됨 |
| 1271년 | 마르코 폴로가 동방 여행을 시작함 |
| 1272년 | **파리를 떠나 나폴리 대학으로 복귀해 신학 교수가 됨** |
| 1273년 | **건강이 급격히 악화되어 모든 저술 활동을 중단함** |
| 1274년 | 3월 7일 **교황의 초청으로 제2차 리옹 공의회에 참석하기 위해 가던 도중, 포사노바의 한 시토회 수도원에서 세상을 떠남** |
| 1274년 | 3월 9일 **장례식이 거행됨** |
| 1277년 | 파리의 주교 에티엔 탕피에(Étienne Tempier)에 의해 219개 명제가 단죄됨 |
| 1323년 | 7월 **교황 요한 22세에 의해 아비뇽에서 시성(諡聖)됨** |
| 1325년 | 2월 토마스의 가르침에 관한 1277년의 파리에서의 단죄가 철회됨 |
| 1369년 | **토마스의 유해가 툴루즈로 이관됨** |
| 1879년 | **토마스의 사상이 교황 레오 13세의 회칙인 「영원하신 아버지」에 의해 가톨릭교회의 공식 학설로 인정됨** |

# 찾아보기

| ㄱ |

## | ㅇ |

| ㅈ |

**| ㅊ |**

| ㅋ |



| ㅌ |



| ㅍ |

**| ㅎ |**